KB264408

한국노동경제론

한국노동경제론

전기호 著

한국학술정보(주)

머 리 말

　지금 노조의 민주화와 노동자의 권익 신장을 위한 노동운동이 각 공단을 중심으로 요원의 불길처럼 활활 타오르고 있고, 이에 따라 노사분쟁도 격렬하게 일어나고 있다. 노사갈등을 중심으로 계층간·지역간·보혁간의 갈등이 특히 민주화와 통일 그리고 자주화의 문제를 둘러싸고 중층적으로 발생하고 있다. 이것은 물론 한국자본주의의 일정한 발전을 반영하는 것이기도 하며 또한 그 동안 누적된 한국자본주의의 모순구조의 발현이기도 하다.

　현재의 이러한 사태를 두고 어떤 사람들은 위기라고 진단을 내리기도 하고 다른 사람들은 발전의 계기로 보기도 한다. 그러나 그것은 우리가 대처하기에 따라 위기일 수도 있고 발전의 계기일 수도 있는 것이다. 나는 현재의 상황을 발전의 계기로 삼아야 한다고 생각하며 양식 있는 모든 분들이 여기에 동의할 것으로 믿고 있다. 그러나 이 문제에 대처하는 방법은 정치·경제·사회 등 모든 분야에 걸쳐 민주화를 진전시키고, 민족통일과 민족적 자주성을 촉진시키는 역사발전의 방향에서 선택되어야 할 것이다. 단순한 치안차원에서나 또는 역사를 후퇴시키는 방향에서 이에 대처하는 방법은 악수 중의 악수라는 것을 우리 모두 명심해야 할 것이다.

　여기에 내가 그 동안 우리 사회에 대하여 고민하면서 여러 신문·잡지들에 발표한 글들을 한데 모아보았다. 주로 70년대 말경부터 80년대에 걸쳐서 발표한 글 가운데서 현재의 우리 상황에 절실하게 관계되는 부분만을 골라보았다.

나의 주된 관심분야가 노동문제이기 때문에 이 책의 중심주제는 당연히 노동문제일 수밖에 없다. 노동은 인간생활에 필요한 모든 물자를 생산한다는 의미에서 삶의 기본조건이며, 그것은 또한 인류사회와 역사를 발전·변혁시켜온 원동력이다. 자본주의 사회에서는 자본-임노동관계가 기본적인 기초범주이기 때문에 이러한 관점에서 노동문제를 바라보는 것은 자본주의 체제의 경제·사회·정치의 전체 모습을 과학적으로 이해하기 위한 첩경이 된다.

이 책의 중심적인 주제들은 한국의 노동경제, 한국의 노동운동과 노사관계에 관한 것이다. 이러한 주제를 다룬 글들을 제3부와 4부에 묶었다. 그러나 한국의 노동문제를 더욱 총체적으로 이해하기 위해서는 그 산업구조와 분배구조, 독과점, 대외의존성 등의 경제구조를 이해하지 않으면 안되기 때문에 이러한 주제의 글들을 제2부에 묶었다. 뿐만 아니라 환경오염의 문제라든가 자본주의 사회의 휴머니즘 문제 등은 맨 앞의 제 1부 '인간을 위한 경제'에 포괄했는데 이것도 노동문제를 이해하는 데 매우 중요한 부분이라고 생각된다.

노동문제를 중심으로 한 다양한 논제들은 그때그때 신문사나 잡지사의 요구에 따른 것이기 때문에 전체적으로 통일되어 있지는 않다. 그러나 글 전체를 통해서 나의 생각은 분명히 하나의 통일된 모습을 드러낼 것이다. 여기 실린 글들에서 나는 나름대로 노동문제를 중심으로 우리 사회를 객관적으로 분석함과 동시에 미래사회의 바람직한 모습, 즉 나 자신의 일관된 지향성을 반영하고 있기 때문이다.

나는 피가 말라버린 듯 비정하고 파리한 오늘의 경제학에 좀더 따뜻한 온기를 불어넣어 인간적인 경제학을 만들어보려고 노력하였다. 독자 여러분의 많은 가르침을 기대한다.

저자 씀

차 례

제1부 인간을 위한 경제

노동의 의미와 그 역할

1. 노동의 본질

　노동이란 인간이 정신적·육체적 힘을 목적의식적으로 자연에 작용시켜 자연을 인간생활에 적합한 형태로 변화시키는 활동을 말한다. 노동은 인간의 생존과 생활에 없어서는 안될 조건이며 노동 없이는 인간사회는 존재할 수 없다. 이런 의미에서 노동은 인간생활의 영원한 자연조건이며 모든 역사의 하나의 기본조건이라고 할 수 있다. 그러면 인간노동은 어떤 특질을 가지고 있는가?

　첫째, 인간노동은 사회적 노동이다. 노동은 개별적·독립적으로 고립 분산되어 행해지는 것이 아니라, 언제나 사회생활 중에서 동일세대의 제개체적 노동과 유기적인 관련을 가지고 수행된다. 특히 오늘날과 같이 고도로 분업화된 사회에서는 어느 개인은 자기 생활에 필요한 조그마한 물건 하나라도 자신의 노동에 의하여 직접 생산할 수 없는 경우가 대부분이다.

　둘째, 도구나 기계 등의 생산수단을 제작하여 사용하는 노동이다. 인간노동이 직접 자연에 대해서 가해지는 경우도 있으나 대체로 우선 도구나 기계 등 생산수단을 제작하여 이것을 매개로 하여 생산활동을 수행한다. 이러한 과정의 반복과 진보를 통하여 생산력은 비약적으로 발전한다. 이러한 도구를 제작하여 사용하는 노동에 초점을 맞추어 인간의 본질을 공작인(Homo Faber)에서 찾는 경우도 있다.

셋째, 개념적 사고에 기초를 둔 합목적적·계획적 노동이다. 개념적 사고란 개별적·구체적인 것을 일반적·추상적인 것으로 개념화하여 행하는 사고를 말한다.

거미는 실로써 정다각형을 만들 수 있지만, 자신의 분비물인 그 실로써만 만들 수 있고, 또 그 실로써 정다각형만을 만들 수 있다. 실과 정다각형은 서로 개별적 구체적으로 연결되어 있어서 다른 모든 것에 대하여 일반적 추상적인 것으로 전개되지 못한다. 인간은 실뿐만 아니라 무엇으로도, 또 정다각형뿐만 아니라 어떤 형태도 의도적으로 만들 수 있다.

이것은 실이나 정다각형을 개별적 구체적인 것으로뿐만 아니라 일반적 추상적인 것으로 전개하는 개념적 사고의 결과이다. 인간의 노동은 이러한 개념적 사고에 기초를 두고 행하는 합목적적 계획적 노동이기 때문에 노동행위를 하기 이전에 이미 목적과 과정을 생각하여 계획적으로 행하여진다.

넷째, 높은 사회적 축적에 기초를 두고, 또 그것을 실천적으로 담당하는 노동, 즉 축적수단이 기능을 발휘하도록 만들고 축적을 계승하고 추가축적을 실현하는 노동이다.

인간과 인간사회의 하나의 현저한 특징은 발전의 가속성에 있다. 이러한 발전의 가속성은 세 가지 측면에서 포착할 수 있다. 우선 인간의 동물학적 자질 즉 인간이라는 동물학적 종으로서의 진화의 가속성이다. 사람다운 최저의 조건(직립보행과 도구의 제작)을 가장 원시적인 형태로 갖춘 최초의 사람인 원인(猿人, 오스트랄로피테쿠스)→원인(原人, 피테칸트로푸스 등)→구인(舊人, 네안데르탈)→신인(新人, 크로마뇽)→현세인류라는 각 단계에 있어서 진화의 가속성이 존재한다.

다음으로 인간이 자연에 작용하는 능력의 가속성인데 이것을 도구의 발전단계에서 살펴보면 구석기→신석기→동·청동기→철기의 발전단계에 있어서 가속성이 보이며 대자연형태면에서 보면 자연이 주는 것을 그대로 수집하는 채집·수렵시대→자연을 자연 그대로 사육하는 농경목축시대→자연을 변형·가공하는 공업시대의 발전단계에 있어서도 가속성을 발견할 수 있다.

마지막으로 인간이 서로 맺는 사회적 관계, 사회체제의 계기적·역사적인 교체의 가속성인데 이를테면 원시공산제→고대노예제→중세봉건제→자본주의→사회주의 교체에 있어서도 발전의 가속성을 발견할 수 있다.

상술한 발전의 가속성의 결과로 오늘날과 같은 고도의 문명사회를 건설하게 되었다. 이러한 인간과 인간사회의 가속적인 발전을 가능케 만든 장기 동태적인 기본 메카니즘은 무엇인가. 그것은 바로 인간사회에 있어서의 여러 가지 능력이나 성과를 효율적으로 축적·계승하고 여기에 가속적인 추가·축적을 해온 결과인 것이다.

이러한 축적은 두 가지로 구분할 수 있을 것이다. 하나는 인간의 동물학적 자질로서의 축적인데, 그것은 선천적 유전적인 것이다. 이를테면, 성욕·식욕·기억력이나 사고력, 이것을 가능케 하는 대뇌의 발달과 그것에 적합한 두골의 형질, 손을 자유롭게 하여 도구를 제작할 수 있게 만든 골격적 형질 등이 그것이다.

다른 하나는 이와 같이 선천적으로 주어진 동물학적 자질을 전제로 하여 그 위에 사회생활에서 후천적으로 획득하고 계승한 사회적 축적인데 언어, 문자, 로케트 제작 기술 등이다. 이것은 인간의 동물학적 자질 안에 선천적으로 들어 있는 것은 아니고 인간이 획득한 성과를 수만 세대에 걸친 사회생활에서 누적적으로 축적하고 계승하고 발전시켜온 결과이다. 여기서 문제로 삼는 것은 이러한 사회적 축적이다.

노동은 사회적 축적수단을 기능시키고 축적의 계승과 추가축적을 실천하는 실천적 담당자인 것이다.

2. 노동의 역할

1) 인간성립에 있어서의 역할

도구의 제작, 개념적 사고, 언어 및 이들을 가능케 하는 동물학적 자질(골격 특히 대뇌의 발달) 등의 축적수단은 인간의 자연과의 필사의 투쟁, 즉 노동을 통해서 획득되었다. 이러한 의미에서 노동은 인간형성에 있어서 주된 역할을 해왔다고 할 수 있다.

인간이 성립·진화한 제4기 200만년간은 빙하시대였다. 이에 앞서는 제3기(약 7천만 년간)에는 전지구적으로 온난습윤하여 기후가 안정되어 있었음에 반하여 제4기에는 대빙하가 지구의 남북으로 전진 후퇴를 되풀이한 대빙하기가 적어도 4회, 그리고 보다 작은 빙하가 수회 발생하여 지구가 한랭하고 건조했다. 더욱이 한란이 변덕스럽게 교체된 시기였다.

인간이 성립·발전한 것은 이와 같이 자연환경의 가혹성이 증가하여 다수의 동물이 소멸할 정도로 동물에게는 살기 어려운 시기였다.

그런데 현세인류와 동일한 동물학적 자질을 가진 신인이 출현한 것은 자연의 가혹성이 절정에 이르렀던 뷰름빙기라고 한다.

아마도 무리를 이루어 나무 위에서 살고 식물을 채집하며 별다른 육체적 무기를 갖지 않았던 인간의 선조들에 대하여 제4기의 가혹한 자연환경과 그것의 급변은 그들의 노동양식의 변화를 강요했을 것이다. 빙하의 전진과 후퇴에 기인하는 기후의 변화와 식물환경의 변화에 따라서 그들은 서식지를 대규모로 이동시키지 않을 수 없었을 것이다.

건조와 한랭이 증가하고 삼림이 사바나로 변하여 식물채집이 곤란하게 됨에 따라 채집식물의 종류를 다양화시킴과 동시에 특히 육식의 비중을 높이지 않으면 안되었다. 그것을 위해서는 나무에서 내려와 수렵을 하지 않을 수 없었다. 대이동과 가혹한 자연환경을 이기고 살아남기 위해서는, 특히 수렵을 하기 위해서는, 한편으로는 무리의 단결을 강화하고 다른 한편으로는 주력이나 힘이나 이빨과 같은 육체적 무기가 우수한 다른 동물을 사냥하기 위해서도 도구를 제작 사용할 필요가 있었다.

즉 무리를 이루어 수상생활(樹上生活), 4족 보행 또는 탄직립보행, 식물채집 등을 위주로 생활했던 선조들은 무리의 단결을 강화하면서 각지(各地)로 이동하고, 석기와 무리의 단결을 무기로 삼아 다른 동물을 사냥하는 노동양식으로 전환할 필요가 생겼을 것이다. 또 석기의 제작에는 직립보행이 필요했다. 이것은 육체적 무기가 뒤떨어진 선조들에게 있어서는 가혹한 자연환경과 그 급변을 이기고 살아남기 위한 필사의 요구였다.

인간은 살기 좋은 남해의 낙원에서 정태적인 노동을 반복하면서 단순히 긴 시간이 걸려서 성립한 것은 아니다. 가혹성이 증가하고 격변하는 자연환경 밑에서 육체적 무기가 뒤떨어진 동물이 살아남기 위한 자연과의 투쟁, 즉 노동양식의 필사적인 변화에 의해서 인간이 성립된 것이다. 이러한 노동양식의 변화란 무리의 단결 강화와 도구에 의한 노동양식으로 변화한 것을 의미한다.

직립보행과 도구의 제작이타는 '인간다운'최저조건이 일단 획득되면 그 후의 도구의 개량, 무리의 단결 강화, 언어와 불의 발견, 이들과 결부된 대뇌와 개념적 사고의 발달이 이루어진다.

즉 도구를 제작하여 사용하는 노동에 의해서 손은 점점 그것에 적합한 형질을 획득해간다. 노동의 다면화와 무리의 단결의 강화는 언어와 개념적 사고의 발전을 가져온다. 직립보행은 머리부분을 안정시켜 골격 구조적으로 뇌용적(腦容積) 확대의 가능성을 제공한다. 그래서 언어와 개념적 사고의 발달과 대뇌의 발달이 평행적으로 진행된다. 이들 인간으로서의 진화를 가져온 여러 요인들은 상호작용하여 진화의 가속성을 초래한다. 도구, 언어, 개념적 사고, 대뇌의 발달 등은 노동을 통해서 이루어진 일종의 인위적 환경이라고 할 수 있다.

2) 인간과 인간사회 발전의 원동력

노동은 인간과 인간사회 발전의 원동력이다. 앞서 말한 바와 같이 인간과 인간사회 발전의 가속성을 가능케 한 기본 메카니즘은 인간사회에서의 여러 가지 능력이나 성과를 효율적으로 축적·계승하고 여기에 가속적인 추가축적을 해온 데 있다. 노동은 바로 사회적 축적수단이 기능을 발휘하도록 만들어 축적의 계승과 추가축적을 실현하는 실천적인 담당자인 것이다. 따라서 노동은 인간과 인간사회의 변혁을 가져오게 하는 원동력이다.

여기서는 중요한 축적수단에 관해서 설명해보기로 한다. 도구와 언어, 이들과 결부된 개념적 사고, 대뇌의 발달, 직립보행 등은 인간을 일반 동물과 구별하는 표지임과 동시에 인간사회에 있어서 동물학적 자질로서의 축적 및 사회적 축적을 가능하게 한 요인이다. 이러한 축적수단에 의해서 인간사회의 가속적 발전이 보증되었던 것이다.

도구, 언어, 개념적 사고, 대뇌의 발달, 직립보행의 계통발생적인 인과관계에 관해서는 닭이 먼저냐 달걀이 먼저냐 하는 것과 유사한 논쟁이 있다.

도구는 인간의 자연에 대한 작용 능력을 비약적으로 높였을 뿐만 아니라 그에 못지않게 사회적 축적의 물적 수단으로서의 역할도 해왔다. 일반 동물의 사회적 축적이 다른 세대간 및 동일세대간의 직접적 접촉에 의한 관찰과 기억에 기초를 둔 진이(眞以)에 의존하고 있는 데 대하여 인간은 도구는 과거의 경험과 능력의 물적 결정체로서의 축적이며, 다른 세대간 및 동일세대에서 구체적인 물(物)로서 계승되고, 또 그것을 개량하여 추가축적을 용이하게 만든다. 도구의 개량에는 불의 발견이 중요한 역할을 했다.

개념적 사고 또한 중요한 사회적 축적수단으로서의 기능을 한다. 개념적 사고는 인간으로 하여금 개별적인 경험이나 관찰을 일반적 추상적인 개념으로서 머리 속에 축적하는 것을 가능하게 하고, 이러한 축적은 시간과 장소를 초월해서, 또 어떤 것에 대해서도 일반적으로 열려져 있기 때문에 축적의 가능 용량과 그 적용 가능성을 높임으로 강력한 사회적 축적의 수단이 된다.

도구의 제작과 개념적 사고 사이에는 밀접한 관계가 있다. 도구의 제작은 그것의 구체적인 재료에 대하여 가공 후의 형상이 개념으로서 미리 표상되어 있지 않으면 안되고 또 그것은 어떤 작업에 사용되는 것이기 때문에 작업과 도구의 기능적인 관계가 미리 개념으로서 표상되어 있어야만 되므로 개념적 사고의 능력과 결부되어 있다.

그리고 개념적 사고는 이것과 불가분의 관계에 있는 도구와 결부되어 있을 때에 구체적인 형태가 주어지고 개인간의 계승·습득을 가능케 하여 축적수단으로서의 장점을 구체적으로 발휘한다. 또 개념적 사고는 언어와 불가분의 관계에 있다. 언어는 단순한 음성과는 달리 구체적인 사물이나 심상을 음성의 형태로써 개념화·기호화한 것이기 때문에 그 자체가 하나의 개념적 사고라고 할 수 있다. 따라서 언어는 다른 세대간의 축적의 계승과 동일세대간의 축적의 추가에 있어서 그 속도와 정확성과 용량을 높인다. 언어의 문자화는 이러한 장점을 한층 더 높임과 동시에 직접적 접촉에 의지하지 않고 시간과 공간의 제약을 초월하여 축적을 가능하게 한다.

이상의 도구, 개념적 사고, 언어는 대뇌의 발달과 결부되어 있고,

대뇌의 발달은 직립보행과 결부되어 있다. 직립보행은 도구의 제작과 결부되어 있다. 도구의 제작과정에서 손은 점점 보행의 기능에서 자유스러워지고, 손이 자유스러워지면 도구의 제작은 한층 더 용이해 진다.

상술한 여러 가지 축적수단간의 계통적 발생의 인과관계나 순서는 여하튼간에 이들이 일단 획득된 뒤에는 상호촉진적으로 작용하여 인간사회의 누적적인 사회적 축적의 수단이 되어 가속적인 발전을 실현해왔다. 현대의 인간사회도 그 존재와 발전이 이러한 제 요인에 기본적으로 의존하고 있다는 점에서는 과거의 모든 사회와 마찬가지이다.

사회적 축적이 가능하게 되고 실현되게 된 것은 인간이 사회생활을 영위함으로써 집단적인 상호습득을 가능하게 한다는 점에 기인한다. 사회적 축적은 다른 세대간의 연속적인 사회적 접촉을 통한 습득에 의해서만 계승될 수 있다. 또 계승된 사회적 축적 위에 다시 부가되는 추가축적도 동일세대의 각 구성원 사이의 사회적 접촉을 통한 상호습득에 의해서만 가능하다.

그러나 사회적 축적의 능력은 일반 동물과 인간 사이에 현격한 차이가 있다. 일반 동물은 생활양식과 생활능력의 대부분을 선천적으로 주어진 동물학적 자질에 의존하고 있고 사회적 축적에 의존하는 부분은 극히 적다.

따라서 본래 사회생활을 영위하고 있는 동물이 우연히 집단을 떠나서 고립하여 사회적 축적 없이 생활하더라도 집단내의 동료와 크게 다른 생활을 하지 않는다.

이와 반대로 인간은 생활양식과 생활능력의 대부분을 사회적 축적에 힘입고 있으며 동물학적 자질에 힘입는 부분은 매우 적다. 따라서 인간은 집단을 떠나 고립하여 사회적 축적을 계승하지 않고 생활한다면 원숭이에 가까운 생활로 후퇴해버린다. 그 실례로는 이리소녀(狼少女)나 아베롱의 야생아, 일본의 요코이(橫井) 등이 있다. 이것은 개인에 있어서뿐만 아니라 개별적 지역사회에 관해서도 마찬가지다.

현대에도 세계의 변두리에 남아 있는 원시적인 지역사회는 일반적으로 다른 지역사회와의 사회적 접촉이 극히 제한되어왔기 때문에 지역사회간의 상호습득에 의한 사회적 축적의 계승과 추가축적이 매우 제한되었던 고립적인 지역사회이다.

3. 맺는 말

지금까지 인간노동의 본질과 역할에 관해서 설명해왔다. 노동은 인간성립, 인간과 인간사회 변혁의 실천적인 담당자이다. 그러나 노동양식은 경제체제의 발전단계에 따라 다르다.

원시공동체사회에서의 공동노동과 평등분배·공유, 무계급·노예제사회에서의 노예노동과 노예소유자에 의한 노예노동의 일방적인 착취, 중세·봉건제사회에서의 농노노동과 영주에 의한 농노노동 의 수취(地代收納 관계), 자본제사회에서 임노동과 잉여노동의 이윤으로의 전화 등이 그것이다.

모든 경제체제하에서 이루어지는 노동은 필요노동시간과 잉여노동시간으로 나누어진다. 원시사회에서는 생산력이 낮기 때문에 잉여노동시간이 거의 없다.

노예노동이나 농노노동의 형태로 행해지는 잉여노동은 경제외적 강제, 즉 무력에 의하여 노예소유자나 영주에게 귀속된다. 그러나 양자는 자유의 정도에 있어서 현격한 차이가 있다. 후자는 자유의 폭이 훨씬 크며, 전자의 경우에는 필요노동의 일부까지 착취되는 경우도 있다.

임노동에 있어서는 완전한 자유에 의한 계약관계가 성립되지만 잉여

노동은 시장기구의 작용에 의한 경제법칙에 따라 이윤으로 전화된다.
　앞으로의 사회에 있어서는 노동이 고통이 아닌 자기실현이 되도록
보장하며 노동생산물의 노동 자신에의 회귀(사회를 통하여)를 보장
함으로써 노동소외 현상을 방지하는 것이 기본적인 과제이다.

정치·경제적 측면에서 본 휴머니즘

1. 휴머니즘이란 무엇인가

휴머니즘이란 말처럼 자주 쓰이면서도 일의적으로 정으하기 어려운 말도 드물 것이다. 그것이 보통 인문주의·인간주의·인도주의·인본주의 등 다양하게 번역되고 있는 사실에서도 이러한 면을 엿볼 수 있다.

이 말은 별로 유명하지 않은 독일의 철학자 니트하머(F. I. Niethamer, 1766~1848)가 1808년의 저서 『현대의 교수법 이론에 있어서 박애주의와 휴머니즘의 논쟁』에서 사용한 이후부터 서구에 보급되었다고 한다. 그러나 휴머니즘이란 말이 사용되기 전인 근세 초에 이탈리아 르네상스기에서 '인문주의자'(umanista, humanist)라는 말이 먼저 생겼는데, 이것은 인문(humanitas)을 익힌 교양 있는 사람을 가리킨 말이었다. humanitas란 중세 기독교학에서 취급하고 있었던 신·신성·신학에 관한 지식을 가리키는 divinitas에 대하여 인간의 가치·교양을 중요시하는 고대의 전인적(全人的) 학문을 의미하였다. 주로 기독교의 영향을 받지 않은 기독교 이전의 고대 로마, 고대 그리스의 문학·철학·사상 등의 문헌과 그것의 연구, 소위 인문을 가리키고 있었다. 휴머니스트란 이러한 인문을 연구하고 교양을 익힌 사람들인데, 이들 휴머니스트들의 정신 속에는 중세 기독교의 교리와 교권에 대한 저항과 신으로부터의 인간해방이라는 정신이 깃들어 있었다.

휴머니즘이란 말이 여러 가지로 번역되는 것처럼 여러 가지 형이 있을 수 있지만 공통되는 것은 인간의 생명, 인간의 가치, 인간의 교양, 인간의 창조력을 존중하여 이것을 지키고 한층 풍부하게 하려는 정신이라고 할 수 있다. 따라서 휴머니즘은 이러한 것을 부당하게 짓밟거나 억압하여 파괴시키려는 데 대하여 강한 의분을 느끼고 반휴머니즘적인 것에 대하여 투쟁을 불사하는 정신이다. 이것은 인간 존재의 정의관·평등관·행복관과 결부되어 있다.

무타이 리사쿠(務台里作)에 의하면 휴머니즘의 형태에는 공감으로서의 휴머니즘, 태도(무드)로서의 휴머니즘, 그리고 사상으로서의 휴머니즘의 세 가지 형태가 있다고 한다.[1] 이 가운데 가장 중요한 것은 물론 사상으로서의 휴머니즘이다. 그에 의하면 여기서 사상이라는 것은 행동의 가능성을 포함하며, 비인간적인 것, 반인간적인 것에 대하여 대결할 수 있는 힘을 가진 사상을 말한다. 칸트가 "행동 없는 사상은 공허하고, 사상 없는 행동은 맹목적"이라고 했다. 즉 올바른 휴머니즘이란 사상과 행동의 종합에서 성립되는 것이어야 하기 때문에 사상이 행동을 낳고, 행동이 사상을 한층 발전시키는 것이어야 한다.

사상으로서의 휴머니즘은 살아 있는 사상이어야 한다. 살아 있는 사상이란 사상 이전의 생활의식을 모태로 하고 있는 것이다. 사상을 기반으로 생활이 있는 것이 아니라, 생활과 실감이 먼저 존재한 후에 그것이 사상으로 승화되어가는 것이다. 이러한 사상은, 생활 속에 뿌리를 내려 거기서 전진을 위하여 필요한 에너지를 받아들인다. 생활에 뿌리를 내리지 않은 사상은 그것이 아무리 훌륭하게 보일지라도 꺾인 꽃처럼 성장할 수 없다. 그것은 인간적인 것과 비인간적인

---

1) 務台里作, 『現代のヒューマニズム』(岩波新書, 1961).

것을 구별하여 비인간적인 것에 대항할 수 있는 힘을 가질 수 없다. 즉 행동을 위한 에너지를 공급받을 수 없다. 사상이라는 나무는 생활이라는 토양 속에서만 자랄 수 있다. 그렇다고 해서 사상 이전의 실감 무드에 머물러서 사상으로까지 승화될 수 없다면 이것 또한 비인간적인 것, 반인간적인 것과 대결할 수 없고, 결국 현상유지의 체념에 빠져버리고 말 것이다. 사상으로서의 휴머니즘은 생활에 뿌리를 내려 끊임없이 영양분을 공급받아야 하며 여기서 한층 높은 사상으로 승화되어가야 한다.

휴머니즘이 인간적인 것을 유지·발전시키고, 비인간적인 것, 반인간적인 것과 대결하는 정신이라고 한다면 다음으로 물어야 하는 것은 당연히 인간적인 것과 비인간적인 것, 반인간적인 것과의 구별을 위하여 '인간이란 도대체 무엇인가'라는 것이겠다. 그러나 불행하게도 인간은 어떤 특정의 개념을 가지고 일의적(一義的)으로 정의할 수는 없다. 왜냐하면 "만물은 유전한다"는 헤라클레이토스의 말과 같이 인간의 존재양식과 더불어 인간은 변화하는 것이기 때문이다. 상황의 변화에 따라 인간도 변화한다. 그러나 이것은 인간이 상황의 변화에 수동적으로 따라가는 존재라는 것을 의미하는 것은 결코 아니다. 만일 그렇다면 이것은 인간의 창조력이나 가능성을 말살시켜버리는 것이다. 인간은 살기 위하여 끊임없이 상황을 능동적으로 변화시키든가 새로운 상황을 만들어냄으로써 자신의 존재를 변화시켜왔다. 인간은 자연적 조건 및 사회적 조건과 싸워 이것을 변혁시킴으로써 자신의 존재를 변화시켜왔다. 인간은 원래 직접 자신을 변화시킬 수는 없다. 물론 전체의 사회적 관계의 틀 안에서 극히 좁은 범위의 개인적 결단은 가능하지만 말이다. 즉 인간은 자연과 사회의 전체 관계 속에서 자신을 변화시킬 수 있다. 인간이 이러한 전체와의 관계 속에서 변화된다는 것은 단순히 변화되는 것이 아니라 전체로서의 인간을 실현하는 과정인 것이다.

인간은 변화하는 것이지만 전체로서의 인간을 실현하는 것이라고 전제하여 인간의 생명, 인간의 가치, 인간의 교양, 인간의 창조력을 존중하는 것이 휴머니즘이라는 잠정적 정의를 내려두기로 하자. 한마디로 말하면 인간존중 정신이 휴머니즘의 기본정신이다.

상술한 바와 같이 인간이 자연적 조건과 사회적 조건 또는 자연과 사회와의 전체적 관계 속에서 자신을 변혁시켜왔다는 것은 인간이 역사적 존재라는 것을 의미한다. 그래서 전체로서의 인간을 실현시키는 현실적인 단위도 역사의 진전에 따라 변화해왔다. 나는 이러한 현실적 단위를 공동체라고 부르기로 하겠다. 이러한 공동체는 역사상에서 씨족공동체·부족공동체·도시공동체(도시국가)·영역공동체 등 다양한 형태로 전개되어왔다.

오늘날 전체로서의 인간을 실현하는 현실적인 단위는 주로 국가공동체이다. 물론 이러한 국가공동체에는 민족을 바탕으로 하는 민족국가가 많지만 모두가 반드시 그런 것은 아니다. 뿐만 아니라 국가공동체는 국제간의 교류와 이해의 증진으로 인해 인류공동체화하는 징후를 내포하고 있다.

본고에서는 인류공동체·민족공동체와의 관계를 염두에 두고 한국의 정치·경제적 제반상황을 휴머니즘의 입장에서 평가해보고자 한다.

한국의 휴머니즘에 관한 본격적인 논의에 들어가기 전에 오늘의 한국사회가 그 삶의 기초로 삼고 있는 자본주의 체제의 휴머니즘과 그 한계에 관해 일반적인 논의를 먼저 해보기로 한다. 이것은 한국의 휴머니즘의 한계나 반휴머니즘적 측면을 이해하는 데 필수적이라고 생각되기 때문이다.

2. 자본주의 체제의 휴머니즘과 반휴머니즘

현재 지구상에는 많은 사람들이 자본주의 체제 속에서 살고 있으며, 한국 국민도 기본적으로는 자본주의 체제 속에서 살고 있다. 물론 동일한 자본주의 체제라고 하더라도 그 국가 사회의 자본주의의 발전 정도나 그 국가가 가지고 있는 독특한 전통 또는 그 국가 사회와 다른 자본제 국가와의 관계 등에 따라서 여러 가지 다른 점을 가지고 있다. 그러나 여기서는 이러한 모든 편차를 무시하고 역사적으로 형성된 역사적 단계의 하나인 유형으로서의 자본주의 체제가 갖고 있는 일반적인 휴머니즘적 측면과 그 한계를 필자 나름대로 정리해보고자 한다.

역사적으로 형성된 사회체제가 휴머니즘적이냐 반휴머니즘적이냐 하는 것은 물론 다른 사회체제와 비교하여 상대적인 의미에서만 이야기할 수 있다.

자본주의 체제가 가지고 있는 휴머니즘적 요인은 기본적으로 봉건적 질곡에서의 해방에서 찾아야 할 것이다. 봉건제의 농노는 지대를 지주에게 수납하는데 이것을 바탕으로 하여 봉건영주와 농노간에는 신분적 상하관계인 지배·피지배 관계가 형성된다. 다시 말하자면 농노는 토지에 긴박되어 있기 때문에 거주이동의 자유도 직업선택의 자유도 존재하지 않으며 신분적으로 영주의 지배하에 놓여 있다.

자본주의의 형성은 영주에 대한 신분적 예속상태에서의 농노해방, 즉 노동력의 창출과 새로운 노·자관계의 형성에서 이루어진다. 자본주의 사회에서의 노·자 관계는 법률적 형식적으로는 대등한 계약관계이다. 신분적 예속관계에서의 농노의 해방, 자유롭고 대등한 법률적 제약관계의 형성이라는 측면에서 보면 자본주의 체제가 봉건제에 비하여 한층 더 휴머니즘적인 요인을 지니고 있다고 할 수 있다.

이러한 법률적으로 자유롭고 대등한 계약관계를 기초로 하여 시장관계가 형성된다. 시장기구는 자유를 전제로 한다. 모든 생산요소를 판매한다. 자본가들은 생산요소를 시장에서 구입하여 상품을 생산하고 이를 시장에서 판매한다. 즉 그들은 자유롭게 영리활동을 하는 것이다. 이러한 개인들의 자유로운 인간관계는 시장에서 신분적 예속관계가 아니라 물(物)과 물(物)의 관계로 물상화되어 나타난다.

시장관계의 정치적 표현은 선거에 의한 의회제도의 형성이다. 각 정당은 정치강령 속에 각종 상품을 전시하고, 이를 많이 판매하려고 ─즉 많은 투표를 얻으려고─ 노력한다. 많은 투표를 얻은 정당이 권력을 장악한다. 개인은 또한 보통·평등·직접·비밀 투표에 의하여 대표를 선출하고, 이러한 대표로 구성된 의회가 입법권을 행사한다. 모든 통치기구의 구성과 기능, 국민의 권리·의무가 모두·법률로 규정되기 때문에 결국 개인은 투표를 통하여 자신의 운명을 결정한다고 볼 수 있다. 물론 각 개인은 일정한 조건을 갖추면 피선거권도 가지게 된다. 이와 같이 개인이 대표를 통하여 자신의 권리·의무를 규정함으로써 자신의 운명을 결정한다는 측면에서 보면 이는 분명히 앞서 말한 시장에서의 자유로운 경제적 활동과 함께 봉건제에 있어서 신분적 지배·종속 관계에 비하여 훨씬 더 휴머니즘적인 측면이라고 볼 수 있다.

또한 오늘날의 민주주의 헌법에서는 모두 개인의 기본권을 헌법에서 보장하고 있다. 신체의 자유, 종교의 자유, 거주·이전의 자유, 언론·출판·집회·결사의 자유, 노동3권이 모두 헌법에 보장되어 있다. 또한 권력이 집중되는 것을 방지하기 위하여 3권분립 제도가 확립되어 있다. 이러한 측면들은 개인의 기본권을 보장하기 위한 것으로서 자본주의 체제의 휴머니즘적 측면이라고 볼 수 있다. 오늘날의 선진 자본주의 국가는 후생국가적인 성격을 갖는다. 이는 물론 자본주의 사회에서의 계급간의 갈등, 공황과 만성적 대량 실업, 경제

적 불평등의 심화 등 체제위기를 극복하려는 노력의 과정에서 후생
국가적인 성격을 갖게 된 것이다. 경제의 계획화에 의해서 공황과
실업을 완화시키고, 사회보험·공적부조·사회복지 등 소위 사회보
장제도를 통해서 개인의 최저생활을 전생애에 걸쳐 보장하려고 한
다. 또한 노동3권을 보장하고 노·사간의 자유로운 단체협약에 의하
여 임금 및 기타 노동조건을 결정하도록 함으로써 계급간의 갈등을
완화하려고 한다. 또 일부 선진국에서는 노동자의 경영 참여를 법률
적 제도적으로 보장함으로써 경영에 있어서 경영주의 일방적인 결정
에 제약을 가하고 있다.

자본주의 국가의 후생국가토의 성격변화는 물론 그것이 자본주의
의 체제위기 극복책이라고 하더라도 모든 개인에게 인간다운 최저생
활을 보장한다는 의미에서 봉건제나 초기의 자유방임적 자본주의 국
가에 비하여 휴머니즘적인 측면이라고 볼 수 있다.

상술한 자본주의 체제의 휴머니즘적 측면에 대하여 여기서는 그것
의 한계라든지 또는 반휴머니즘적인 측면을 검토해보기로 하겠다.

세계체제로서의 자본주의 체제의 가장 반휴머니즘적인 측면은 식
민지체제로서 나타난다. 과잉자본, 과잉생산 등 자본주의 국가의 기
본모순들을, 해외에서 식민지를 건설하고 식민지 국민들을 착취함으
로써 해결하려고 한다. 이러한 자본주의 열강들의 기본도순은 1·2
차대전에서 그 절정에 이른다. 식민지체제는 그 종주국에는 이득을
가져다주겠지만 식민지 종속국민들에게는 가장 반휴머니즘적인 착취
와 지배를 당하게 만든다. 종주국은 식민지의 주권과 그 국민들의
정치적·사회적 권리 등을 박탈하고, 그들의 자유를 빼앗을 뿐만 아
니라 종주국 과잉자본의 투자대상지, 상품의 시장, 원료공급지로서의
식민지를 착취함으로써 식민지 국민들의 경제생활의 기반을 파괴하
였다. 때로는 종주국의 전쟁을 수행하기 위하여 물자와 인력을 동원
시켜야만 했다. 식민지 국민들은 종주국의 전쟁을 수행하기 위하여

전장에서 목숨을 잃었고, 전쟁물자의 생산과 보급을 위한 인간 이하의 노동자로서의 삶을 소진하였으며, 때로는 정신대로서 종주국 군인들의 성적 희롱의 대상으로 젊음과 순결을 짓밟히기도 했다. 이것이야말로 가장 반휴머니즘적인 지배와 착취가 아닐 수 없다. 이러한 식민지체제는 제2차대전 이후에 식민지 제민족의 해방투쟁으로 점차 극복되어 이제 노골적이고 직접적인 지배와 착취는 소멸되었다. 그러나 독립 후에도 파행적인 식민지적 경제사회구조의 유산은 그 이후의 사회발전에 커다란 질곡이 되었으며, 신식민주의의 대두와 함께 이제 이러한 관계는 한층 더 간접적이고 교묘한 방법으로 진행되고 있다.

자본주의 체제의 또 하나의 반휴머니즘적 측면은 노동력의 상품화에 있다. 원래 인간의 노동은 인간생활의 기본조건으로서 공동체 전체를 위한 자기실현이어야 한다. 자본주의 체제에서의 임노동은 거주·이전의 자유, 직업선택의 자유를 가져다주었고, 한편으로는 생산수단으로부터의 자유를 동시에 가져다주었다. 생산수단으로부터의 자유는 살기 위해서는 자신의 유일한 소유물인 노동력을 상품으로서 판매하지 않을 수 없는 다수의 계층을 창출하였다. 노동력은 상품화되었고, 이에 따라 인간의 자기실현이어야 할 노동은 자본의 이윤증식의 수단으로 전락했고, 자본가와 노동자의 계급적인 이해관계의 대립이 발생하였다.

노동자는 생산수단으로부터 소외됨에 따라 생산물의 소유로부터도 소외되고 단지 노동력의 대가만을 임금의 형태로 받는다. 뿐만 아니라 경영에 대한 모든 결정권에서 소외되고 자본의 지배하에 들어가게 된다.

자본주의의 독점화가 강화됨에 따라 경제력은 점점 소수의 독점자본가에게 집중되어간다. 결과적으로 부와 소득의 분배의 불평등은 한층 더 심화되어가는 것이다. 물론 이러한 경향에 대한 시정책이 없는 것은 아니다. 자본주의 체제는 물질적 생산력의 비약적 발전에 의하여 실질임금을 상승시키고 생활수준을 향상시켜왔지만 부와 소득의 상대적 분배의 몫은 점점 더 불평등하게 만들었다. 부의 분배의 불평등을 시정하기 위해서 누진적인 상속세제가 마련되어 있고, 소득의 불평등을 시정하기 위해서 누진적인 소득세제가 마련되어 있다. 그러나 이러한 시정책은 자본주의 체제를 전제로 하는 한 스스로 일정한 한계를 갖지 않을 수 없다. 왜냐하면 지나친 누진율은 자본주의 체제의 장점을 없애고, 결국 그 체제 자체를 부정하는 것으로 되기 때문이다.

사유재산제도와 시장을 전제로 하는 자유 및 법률적 대등관계는 결국 부와 소득의 불평등분배를 야기하고, 인간생활의 기반인 경제력의 불평등은 법률적·형식적 대등관계와 자유를 실질적인 지배·종속 관계와 부자유로 전환시키는 원인이 된다. 자본주의 체제의 기본적인 반휴머니즘은 바로 이 점에서 집중적으로 나타나고 있다. 자본주의 체제는 또한 인간에게 고도의 물질생활의 향유를 가능하게 했지만, 다른 한편으로는 개인주의와 합리주의를 이기주의와 물질주의로 전화시켜 정신적·도덕적 타락을 초래한 측면도 가지고 있다.

3. 한국 휴머니즘의 정치·경제적 장애요인

우선 인류공동체 및 민족공동체의 입장에서 볼 때 가장 두드러진 반휴머니즘의 계기는 남북분단이다. 외세에 의한 남북분단은 크게는 우리의 민족공동체로 하여금 인류공동체의 평화에 기여할 수 있는 기회를 상실하게 하였을 뿐만 아니라 남북대립으로 긴장을 고조시켜 세계평화에 반하는 요인으로까지 되고 있다. 이것은 인류 휴머니즘의 입장에서 볼 때 분명히 반휴머니즘적 측면이라고 할 수 있다.

좁게는 민족공동체의 입장에서 보더라도 남북 분단은 비극적인 동족상잔의 전쟁을 야기시켰으며, 이산가족의 고통을 만들어냈다. 또한 남북대립으로 인한 무기경쟁은 한반도를 현대무기의 집결지로 만들어 끊임없이 민족의 생존을 위협하고 있다.

또한 남북분단과 남북간의 적대·대립 관계의 심화는 남북한 각각에 있어서 민주발전을 저해하는 기본요인이 되었으며, 외세에 대한 의존도를 증가시키는 결과를 초래하였다. 남북간의 극단적인 이데올로기의 대립은 남북한 각각에 있어서 이데올로기의 폐쇄성을 야기시켜 구성원들의 의식을 경직화시켰으며, 다원화된 이데올로기의 선택을 불가능하게 만들었다. 이러한 모든 요소들은 민족구성원의 입장에서 볼 때 분명히 반민족적이며, 반휴머니즘적이다.

이제 인류공동체·민족공동체의 입장을 잠시 떠나서 한국사회 내부의 반휴머니즘적 측면을 검토해보기로 하자.

한국사회는 기본적으로 자본주의 체제를 선택하고 있기 때문에 자본주의 체제 일반이 가지고 있는 체제적인 휴머니즘과 반휴머니즘적인 속성을 모두 가지고 있다. 그러나 여기서는 자본주의 체제에 내재하는 일반적인 휴머니즘과 반휴머니즘은 다시 거론하지 않기로 한다. 다만 현재 한국사회가 독특하게 가지고 있는 정치·경제면에서 휴머니즘의 장애 요인을 검토해보기로 한다.

여기서 휴머니즘이냐 반휴머니즘이냐의 기준은 개인주의적 휴머니즘, 즉 자본주의 체제를 기본적인 사회체제로 삼고 있는 오늘날의 부르주아민주주의 제국의 휴머니즘에 두기로 한다. 왜냐하면 자본주의 체제가 가지고 있는 체제적 반휴머니즘에 관해서는 이미 지적했기 때문이다. 따라서 한국사회가 가지고 있는 휴머니즘의 장애 요인이란 오늘날 선진자본주의 제국이 가지고 있는 휴머니즘적 측면에 반하는 제측면을 말하는 것으로 전제하고 이것을 정치·경제면에서 살펴보기로 한다.

부르주아민주주의, 즉 개인주의적 휴머니즘의 핵심은 바로 의회민주주의에 있다. 국민이 투표를 통하여 권력구조를 형성하고, 삼권분립이 철저하게 확립되어 있으며 국민의 기본권이 보장되는 민주주의야말로 개인의 자유와 권리를 철저하게 관철시키는 개인주의 휴머니즘의 기초라고 할 수 있다. 그러나 한국사회에서는 이러한 민주주의가 정치적으로 철저하게 관철되지 못한 점이 바로 반휴머니즘적 요인이라고 할 수 있다.

우선 이데올로기의 폐쇄성을 들 수 있다. 남북분단으로 말미암아 경직화된 반공적 보수 이데올로기가 사회를 지배했으며, 진보적인 이데올로기는 사실상 용납되지 않았다. 많은 서구 민주주의 국가에서는 보수·혁신의 이데올로기가 공존하며, 실제로 보수정당과 혁신정당－주로 민주사회주의 또는 사회민주주의계 정당－이 교대로 정권을 장악하는 경우도 종종 볼 수 있다. 우리나라에서도 이제 노동자 수가 800만에 이르고 있어서 혁신정당이 대두할 수 있는 기반은 조성되어 있지만 실질적인 힘을 가진 혁신정당은 존재하지 않는다. 이러한 이데올로기의 폐쇄성과 혁신정당의 부재는 그만큼 국민의 선택의 범위를 좁히고 있다.

또한 보수정당끼리라도 정권의 평화적인 교체가 이루어진 경우가 한번도 없다. 4·19, 5·16, 10·26 등 정치적 대사건이 있을 때마다 정권이 교체되었으며 새로운 여당이 탄생하였다. 이러한 정당은 국민을 기반으로 하여 만들어진 것이 아니라 대사건으로 정권을 잡은 계층에 의하여 하향식으로 만들어졌다. 즉 정권의 교체는 기본적으로는 대사건＝힘에 의하여 이루어졌으며 국민의 정부선택권이 철저하게 관철되지 못하였다.

평화적인 정권교체의 부재와 함께 권력분립도 철저하지 못하였다. 국회의 국정감사권은 없어진 지 오래며, 국회는 정부의 의사를 대변하는 기관으로 변질되었다. 사법부의 정치적 중립성도 많은 제약을 받아왔다. 주민의 자치를 보장하는 지방자치제도 매우 짧은 기간을 제외하고는 실시되지 못하였다.

상술한 여러 가지 이유로 말미암아 권력은 소수에게 집중되는 현상을 초래하였으며 의사결정은 밑으로부터 집약되어가는 과정이 아니라 위의 소수에 의하여 이루어지고, 이것이 하향식 명령으로 집행되어가는 정치·문화를 만들어내었다. 이 속에서 관료주의가 팽배하게 되었고 국민의 기본권은 제약을 받아왔다. 헌법상으로 대부분의 기본권이 보장돼 있는 것처럼 보이지만 이것은 사실상 권력의 개입에 의하여 침해되는 사례가 많았다. 인권이 존중되지 않는 사례 중의 하나가 '건수제'(件數制)이다. 건수제란 범법자의 유무에 관계없이 그 건수에 해당하는 만큼 범법자를 만들어내지 않으면 안되는 반인권적·반휴머니즘적인 것이라고 하지 않을 수 없다.

산업사회의 진전에 따라 노동문제가 전면에 대두되면서부터 가장 제약을 많이 받은 것이 노동3권이다. 노동3권이 법률적으로 가장 노골적으로 탄압을 받은 것이 1970년대의 유신체제이다. 1971년 12월에는 '국가보위에 관한 특별조치법'이 제정되어 단체교섭권과 단체행동권의 행사는 미리 주무관청에 조정을 신청하여 그 조정결정에 따르도록 만들었다. 1972년의 유신헌법에서는 노동3권을 법률유보부 기본권으로 만들었다. 70년대에는 노동권에 대한 이러한 법률적·제도적 개입 이외에 노동조합 지도자의 선출이나 노동조합 활동에 대한 사실상의 권력적 개입이 빈번하였고, 이러한 사실상의 권력개입이 노조의 활동을 크게 위축시켜 노동자의 기본권을 크게 제약하였다.

제5공화국에 들어서면서 1981년 12월에는 국가보위에 관한 특별조치법이 폐지되었고, 그 헌법에서 단결권과 단체교섭권에 대한 법률유보를 삭제했지만 단체행동권의 행사는 법률이 정하는 바에 의하도록 함으로써 여전히 법률유보부 기본권으로 만들어놓고 있다.2) 또한 1980년말 노동쟁의조정법 개정에서 공익사업의 범위 확장, 쟁의 행위에 대한 제3자의 개입금지, 냉각기간의 연장, 일반사업의 노동쟁의에도 직권으로 중재에 회부할 수 있도록 규정함으로써 쟁의 행위를 사실상 어렵게 만들고 있다. 단체행동권이 사실상 금지된 상태하에서 노동자의 권리가 지켜지기 어렵다는 것은 노동운동의 역사가 증명하고 있다. 뿐만 아니라 1980년말의 노동조합법과 그 시행령의 개정에서 노동문제에 대한 제3자 개입금지, 사업장(기업) 단위의 노동조합체제의 의무화, 노동조합의 설립요건의 강화 등을 규정하고 유니온 숍 제도를 삭제함으로써 노조활동을 크게 위축시켰다.

노동3권·노조활동·노동운동에 대한 규제는 분명히 비민주적이며 반휴머니즘적이라고 할 수 있다. 서구 제국에서는 일반적으로 노동운동은 혁명에 의해서 자본주의 체제를 전복하려는 반체제적인 경우를 제외하고는 이를 국가에서 보호하고 조장하는 정책을 사용하고 있다. 소위 체제내적인 운동에 대해서는 '엿'을 주고 반체제적인 운동에 대해서는 '채찍'을 가하는 '엿'과 '채찍'의 이중정책이 그 기본이 되어 있다. 그러나 우리의 경우에는 정부권력이 자본에 편향되어 오히려 약자의 입장에 있는 노동자들의 권리나 노조활동·노동운동을 규제하는 정책방향을 채택하고 있다.

경제적인 측면에서의 반휴머니즘적인 요소는 경제력이 소수독점 재벌에게 집중된 데 있다. 인간관계의 물질적인 기초인 부와 소득이 공평하게 분배되어 있지 못하여 소수 독점재벌에게 집중되어 있고, 최저생계마저 보장되지 않는 계층이 다수 존재한다면 이것은 분명히 반휴머니즘이라고 하지 않을 수 없다.

우선 재벌기업에 대한 경제력 집중현상부터 살펴보자. 1985년 말 현재 국내 30대 재벌기업의 계열기업은 413개로 10여 년 전보다

---

2) 헌법 제31조.

163개나 늘었고, 1984년 이들 재벌그룹의 출하액은 전체 광공업 출하액의 40.3퍼센트에 이를 정도로 경제력이 집중되어 있다.

재벌계 기업은 공업자본에 발판을 두고 있지만, 최근에 취해진 은행의 민영화 조치와 더불어 은행·보험·증권 등 금융산업에 대거 진출함으로써 산업자본에 의한 금융자본의 지배라는 형태를 취하고 있다. 은행·보험·증권 회사의 대부분에 이들 재벌계 기업은 과점주주나 또는 독점주주로 참여하고 있다. 재벌의 은행지배를 반영하는 것으로 1985년 5월 31일 현재 30대 재벌에 대한 은행의 대출 규모는 총 13조 1,747억 원으로 이는 전체 민간여신의 35.8퍼센트에 해당된다. 현대·대우·삼성의 3대 재벌에 대한 대출만도 5조 9,910억원으로 전체 민간여신의 16.3퍼센트를 차지하고 있다.

재벌에의 소유 집중은 한 기업의 다른 기업에 대한 일방적 출자뿐만 아니라 기업간 상호출자 형식으로 이루어지고 있는데 이렇게 함으로써 개인이 소액의 자본으로 많은 자본을 지배할 수 있다. 상위 10대 재벌에 국한해서 보면 1982년말 현재 계열기업의 지분이 49.0퍼센트, 개인의 지분이 11.7퍼센트로서 최소한 60.7퍼센트의 소유집중(단순평균)을 나타내고 있다고 한다.

재벌들의 기업결합의 유형은 주로 혼합결합이다. 현행 공정거래법은 다른 업종과의 혼합결합에 대해서는 일체 규제를 하지 않고 있기 때문에 재벌기업에 의한 문어발식 기업 확장이 성행되고 있는 것이다. 혼합결합 중에는 재벌그룹내의 계열기업간의 상호출자가 상당수 포함되어 있어서 재벌들은 실질적인 자본유입이 없는 자본증식을 꾀하고 있다.

또한 재벌들은 수직결합을 통하여 원료와 판매망을 지배하기도 한다. 일본의 사카키바라(神原芳雄)는 한국 재벌의 특징의 하나로 원세트 주의를 지적하고 있다. 한국의 재벌그룹에서 보여 지는 운영상의 커다란 특징은 많은 산업분야에 걸쳐서 계열기업을 갖고 있으며 또한   소재에서부터 가공·조립·판매·수출까지 모든 단계에 관계하고 있다는 점이다.3) 원세트 주의를 철저하게 관철하려는 독점자본의 노력은 최근 재벌들이 전통적으로 중소기업의 고유업종으로 되어 있던 자동차부속품 업종과 백화점 등의 유통업계 및 증권업계에 대거 진출했거나 또는 진출하려고 하는 점에서 더욱 뚜렷하게 나타나고 있다.

한국에 있어서 이러한 독점재벌의 형성은 선진자본주의 국가의 예에서처럼 산업자본주의 단계의 경쟁을 통하여 자생적으로 독점자본주의로 이행한 것과는 달리 처음―해방 이후―부터 국가권력에 의하여 그 계기가 주어졌고 계속 국가권력의 비호 아래 발전해왔다. 따라서 한국의 독점체의 형성·발전은 경제법칙에 의하여 자생적으로 이루어진 것이 아니라 경제외적 요인, 즉 국가권력에 의하여 인위적으로 이루어진 것이다.

독점자본의 형성·발전의 계기는 해방 후의 귀속재산불하, 미원조물자에의 접근, 외국차관도입, 성장정책하의 각종 특혜 등 국가권력과 자본의 유착으로 이루어진 것이다.

경제의 중화학공업화와 더불어 독점체는 이제 첨단기술분야로 그 사업범위를 확대시켜가면서 국가의 기간산업을 장악함은 물론, 국가정책까지도 장악하고 있다.

정부는 자본축적=독점재벌의 형성=경제발전이라는 등식하에서 소수의 독점자본을 형성하기 위하여 이들에게 갖가지 혜택과 지원을 아끼지 않는 한편 성장 대가의 공정분배를 요구하는 근로계층에 대해서는 상당한 규제정책을 시행해왔다. 전술한 노동3권·노조활동·노동운동에 대한 규제와 함께 직접적으로는 임금인상에 대한 규제정책도 시행하였다. 임금인상의 억제를 뒷받침하기 위하여 농산물의

---

3) 조용범, 정윤형 외, 『한국 독점자본과 재벌』 (풀빛, 1984), pp.188~89.

수입자유화를 확대하여 농산물가격의 안정을 꾀하였다. 곡가를 비롯한 농산물가격의 억제는 농업기계화와 함께 농민분해를 촉진시켜 노동력을 창출하고 있다. 이것은 다시 저임금을 위한 시장적 조건을 형성한다.

우리나라의 경우 농민분해는 상하 양극분해라기보다도 하강일변도의 분해, 즉 농민의 몰락·이촌으로 나타난다. 농가 호당 부채액은 평균 200만 원 이상에 이르고 있으며 경지면적은 1976년의 223만 8천 헥타르에서 1981년에는 218만 8천 헥타르로 감소했으며, 경지이용율 역시 1976년의 141.7퍼센트에서 1982년에는 122.4퍼센트로 낮아지고 있다. 인구가 많고 국토가 좁은 우리나라의 경우에 이러한 토지자원의 이용률마저 떨어져 농산물의 해외의존도는 더욱 높아졌고 자립적인 삶의 기반은 그만큼 약화되었다.

또한 대기업과 중소기업간의 관계는 대등한 분업연관 관계, 또는 계열화나 전문화의 관계가 아니라 하청관계인데, 이로 인해 대자본의 중소기업에 대한 착취가 이루어지고 있다. 뿐만 아니라 중소기업 분야에도 점차 대기업이 진출하여 경제력은 더욱 재벌계 대기업에 집중되고 있고, 이것은 중산층의 확대를 막는 기본요인이 되고 있다. 물론 정부는 중소기업 고유업종 지정제도를 통하여 중소기업을 보호하고 있으나 당국의 심의를 거쳐 대기업이 중소기업 고유업종에 진출하는 사례가 많다. 중소기업 지정제도가 사실상 유명무실해지고 있다. 1987년 8월말까지 대기업이 중소기업 고유업종 진출을 요청한 15건의 산업조정 심의신청 중 11건이 조건부로 고유업종 참여를 허가받아 대기업의 중소기업 고유업종 진출시도가 대부분 관철되고 있다고 한다.4)

또한 노동시장 내에서도 학력과 성에 따르는 단층구조가 형성되어

---

4) 『동아일보』, 1986년 10월 6일자.

있다. 이효수 교수의 연구5)에 의하면 중졸 이하 남자와 고졸 이하의 여자, 소위 제2단층의 노동자는 승급의 기회는 있으나 승격의 기회가 거의 없어서 저임금의 핵심을 이루는 평생 공원신분을 면하기 어렵게 되어 있다. 이들은 자신의 경제생활을 개선할 수 있는 여지가 별로 없다. 또한 우리나라의 노동시간은 세계에서도 가장 긴 노동시간에 해당된다.

우리나라에서는 아직까지 사회보장제도가 미비하여 기본적인 생계가 보장되어 있지 못하다. 물론 앞으로 사회보장제도를 정비 확충해 갈 예정이지만 현재의 사회보장제도의 핵심은 보험원리, 즉 수익자 부담원칙에 입각하고 있기 때문에 가장 도움이 필요한 계층은 이 제도의 혜택에서 제외되고 있는 형편이다.

이상에서 지적한 소수재벌로의 경제력 집중, 노동자세력 미약성, 다수의 소외계층의 존재 등이 한국경제에 있어서 반휴머니즘적인 측면이라고 할 수 있다.

4. 맺는 말

우리 민족에게서 반휴머니즘을 제거하여 휴머니즘을 발전시키는 기본방향은 우선 남북의 평화적인 통일에 의한 민족국가(＝민족공동체)를 형성하고 이것을 통해서 인류공동체의 평화와 발전에 기여하는 것이어야 한다. 이렇듯 민족사적인 위대한 드라마를 연출해내기 위해서 우선해야 할 일은 남북한 모두가 이데올로기의 폐쇄성과 경직화를 극복하는 것이다. 이데올로기가 인간을 위해서 존재하는 것

---

5) 이효수, 「한국노동시장의 단층구조분석」 (서울대학교 대학원 박사학위논문, 1983).

이지 인간이 이데올로기를 위해서 존재하는 것은 아니기 때문이다.

한국사회에서 휴머니즘의 발전을 위한 길은 앞에서 지적한 여러 가지 반휴머니즘적 측면을 제거하는 것이다. 이것도 한마디로 말한다면 정치·경제에서의 민주주의를 발전시키는 것이라고 생각된다.

정치적으로는 정권의 평화적인 교체, 권력분립의 진전과 의회의 권한 강화, 지방자치제의 실시, 기본권의 철저한 보장, 의사결정의 분산 등 정치적 민주화를 위해서는 반민주적인 여러 제도나 법령의 개정·보완이 필요한 부분도 있고, 한편으로는 제도나 법령에는 민주적인 요건은 다분히 갖추고 있으면서도 제도와 현실 운영 간에 갭이 존재하는 경우도 있기 때문에 이 갭을 제거할 필요가 있는 부분도 있다.

지금까지 남북 분단이 민주주의의 발전에 큰 장애요인으로 되어온 것이 사실이다. 국가안보가 최우선의 지상목표로 되어왔다. 그러나 민주화가 제대로 발전하지 못한 모든 책임을 남북분단에만 전가시켜서는 안된다. 오히려 역으로 민주주의의 발전 그 자체가 통일을 앞당길 수 있다는 신념과 의식이 더욱 필요할 것이다.

경제부문에 있어서도 경제력의 지나친 집중을 막을 수 있는 장치가 필요하다. 중소기업의 고유분야를 확장하여 대기업의 진출을 막고, 중소기업이 기술축적을 통하여 전문화의 방향으로 나갈 수 있도록 해야 한다. 하청관계에 의한 대기업의 착취를 막는 조치가 필요하다.

재벌계 대기업에 의한 국가기간산업의 장악은 매우 위험한 일이다. 이를 완화시키기 위하여 중요 산업부문의 대기업에 대한 개인상속의 제한이 필요할지도 모른다. 즉 이러한 부문의 범위를 지정하여 개인에게 상속할 수 있는 주식의 한도를 정하고 나머지 주식에 대해서는 사회 전체가 공동상속하는 형식을 취할 수도 있다(단, 이때 개인의 창의력이나 경영능률이 떨어지지 않도록 하는 조치가 필요할 것이다).

경제력의 집중을 막기 위한 또 하나의 방법으로서는 길브레드가 말하는 소위 대항력(Countervailing Power)으로서 노동세력을 강화시킬 필요가 있다. 노동3권의 철저한 보장, 노동조합과 노동운동에 대한 규제완화와 건전한 노조활동과 노동운동에 대한 보호 조장이 필요하다. 이것을 통해서 근로자의 분배의 몫이 커지고 그들의 노동조건이 개선된다면 이것이야말로 우리 사회의 휴머니즘이 그만큼 발전하게 되는 것이다. 휴머니즘을 인간존중 정신이라 한다면 이러한 인간존중은 위로부터 시혜되는 성질의 것이 아니라 아래로부터 쟁취하는 것이어야 한다.

또한 경영의 독주를 막기 위해서 노동자 대표의 경영참가가 필요할 것이다.

더욱 중요한 것은 정부정책의 결정에 자본가 대표와 노동자 대표가 참석하여 사전협의를 거치는 제도가 필요할 것이다. 지금까지 경제정책 결정의 결과를 보면 대체로 경영자 측-전국경제인연합회나 한국경영자총협회 등-의 주장이 정책으로 결정되고 노조 측의 주장은 소외되는 경향을 가지고 있다. 그 하나의 예로서 노조 측에서 주장한지 오래 된 최저임금제가 아직까지 실시되고 있지 않은 사실-물론 정부는 이를 1988년부터 일부 업종에 한해서 실시한다고 발표하고 있다-을 지적할 수 있다.

경제적인 측면에서의 휴머니즘이란 무엇보다도 모든 구성원에게 인간다운 최저한의 생활을 보장해주는 것이다. 노동할 능력이 없거나 기회가 주어지지 않은 사람들의 생활 보장, 생계비에 미달하는 지나친 저임금 노동자의 보호 등이 바로 휴머니즘의 기초라고 할 수 있다. 따라서 사회보장제도의 정비·확충과 내실 있는 최저임금제의 전반적 실시가 필요하다 하겠다.

경제성장과 환경오염

1. 머리말

산업혁명 시기에 나타난 분업의 발전은 경제의 생산력을 크게 향상
시켜 경제성장을 초래했다. 그 결과 인류의 생활수준은 급격하게 향상
되어왔다. 사람들은 새로운 상품을 사용할 수 있게 되었고, 평균수명
은 연장되었으며, 많은 질병도 정복되었다. 그러나 경제성장은 새로운
많은 도전적인 문제들을 제기했다. 새로운 활동을 위해서 요구되는 원
료의 고갈, 대량의 에너지 사용에서 오는 환경오염, 도시의 인구집중
으로 인한 식물(食物)순환의 파괴, 폐기물을 흡수하여 재순환시키는
환경능력에 대한 지나친 혹사,1) 인플레이션의 가속화 등이 그것이다.
  이 가운데서 특히 환경문제는 가격기구의 외부에 존재하는 것으로
서, 가격기구에 의해서는 해결할 수 없는 문제이므로 여기에 대한 새
로운 분석용구와 처방이 필요하게 된다. 최근에 활발하게 전개되기
시작한 환경경제학이나 공공경제학은 환경이나 공공재, 좁게는 공해
의 문제를 해결하려는 노력의 일단이라고 할 수 있다.
  환경문제에 대한 경제학적 접근방법으로는 여러 가지가 생각될 수

---

1) Matthew Edel, *Economies and the Environment*(Englewood Cliffs, New
    Jersey: Prentice-Hall, Inc., 1973), p.58.

있지만 첫째, 환경파괴의 원인이나 환경에 대한 자원배분의 메카니즘을 경제학적으로 분석하고, 이러한 분석의 기초 위에서 환경보전을 위한 자원배분을 최적화(最適化)하는 조건을 해명하는 것이 가장 보편적으로 행하여지고 있는 경제학적 분석이다. 둘째로는 경제성장과 환경의 질과의 관계를 경제학적으로 분석하여, 경제성장과 환경의 질의 개선조건을 해명하는 시도도 행하여지고 있다. 그 이외에도 투입산출표를 적용하여 오염물질의 산업간의 움직임을 분석한다든지 공해방제를 위한 비용부담의 원칙을 검토한다든지 하는 시도가 행하여지고 있다.[2]

이상의 여러 가지 방법 가운데서 이 글은 둘째의 방법에 관한 것이며, 특히 경제성장과 공해의 관계를 중심으로 논의하고자 한다.

2. 인간환경과 환경자본

환경문제는 여러 가지 관점에서 분류될 수 있지만 자연환경·거주환경·노동환경의 세 가지 문제로 나누는 것이 하나의 방법이다. 인간은 자연환경 중에서 어떤 거주환경에 살고, 대부분의 사람들은 인생의 상당한 부분을 노동환경 속에서 보낸다. 이 세 가지의 환경을 통틀어 인간환경이라고 부를 수 있다.[3]

1972년 스톡홀름에서 개최된 유엔 인간환경회의에서는 이 세 가지 인간환경의 영역이 모두 취급되었지만, 1970년대의 최초에 국제적으로 가장 관심을 끌었던 것은 자연환경의 문제 중에서 공해에 의한

---

2) 丸尾直美, 「公害と環境」, 飮田經夫·山田浩之 편, 『社會資本の經濟學』(本斐閣, 1976), p 170.
3) 같은 책, pp.169~70.

환경파괴였다. 그 후 1973년에는 석유위기를 계기로 하여 자연자원의 고갈이 문제로 되었다. 같은 시기에 노동환경의 인간화문제가 북유럽을 중심으로 하여 대두되었고 1975년부터는 거주환경의 인간화문제가 인류복지 문제로서 중요시되어오고 있다.

　오늘날 자연환경은 일종의 자본으로 생각하는 경향이 점점 짙어지고 있다. 어빙 피셔(Irving Fisher)에 의하면4) 일반적으로 자본이란 일정기간에 걸쳐서 유용한 서비스를 만들어내는 원본이 되는 물질이며, 거기서 만들어지는 서비스의 흐름이 자본의 생산물이다. 그래서 이러한 자본의 생산물에서 자본의 기능을 양호한 상태로 보전하는 데 필요한 서비스의 양과 자본의 손모부분(損耗部分)을 보전(補塡)하여 자본가치를 일정하게 유지하는 데 필요한 서비스의 양을 공제한 잉여부분이 소득이다. 이러한 일반적인 자본 개념에 입각할 때 보통 자본이라고 생각되고 있는 기계설비·건물·재고품과 같은 물적 자본, 능지나 택지 등의 토지자본 및 이들의 화폐형태로서의 화폐자본 이외에, 우리들은 인간의 체력과 지식·기능, 그리고 자연환경도 자본이라고 생각할 수 있다. 인간자본이나 환경자본에서 나오는 서비스의 흐름으로서 생산물이나 소득은 물적 자본이나 화폐자본의 경우처럼 화폐단위로써 완전하게 측정할 수는 없다. 특히 환경자본의 경우가 그러하다. 그러나 자연환경이 우리의 생물적 생존에 불가결한 서비스의 흐름과 경제체계에서 방출되는 무수한 폐기물을 흡수·동화하는 정화 서비스의 흐름을 장래의 무한기간에 걸쳐서 공급하고 있는 것은 틀림없는 사실이며, 이러한 의미에서 자연환경은 바로 자본인 것이다. 만일 대기 등의 자연환경이 누구에 의하여 사적으로 소유되고 있다고 생각한다면, 우리들은 그것의 사용에 대하여 막대한 금액을 지불하지 않으면 안될 것이며, 그때에는 환경생산물이나

---

4) Irving Fisher, "The Nature of Capital and Income", 1906; *The Theory of Interest*, 1930 참조.

환경소득이라는 개념이 명확한 형태를 가지게 될 것이다.

자연환경의 자정능력(自淨能力)을 양적·질적으로 초과하는 다량의 폐기물이 방출될 때 자연환경 자본이 파괴된다. 보통의 물적 자본의 경우에는 손모부분이 곧 대체된다. 왜냐하면 자본주의에 있어서의 이윤원리는 화폐적·물적 자본의 보전과 축적을 체제적 생명으로 하고 있기 때문이다. 그러나 자연환경자본의 경우에는 이러한 유인이 전혀 작용하지 않는다. 환경자본은 파괴된 그대로 방치되고, 따라서 거기에서 나오는 서비스의 흐름도 양적·질적으로 감소되지 않을 수 없다. 이러한 상황이 바로 공해문제이다.5)

더욱이 환경파괴의 효과는 상승적 비가역적(非可逆的)이며, 점점 은폐된 효과를 수반하는 데 반하여, 기업의 행동과 정부의 정책은 미시적·단견적이며, 가측주의적(可測主義的, 측정 가능한 요인을 중시하는)인 것이 많기 때문에 환경파괴의 비용은 과소평가되기 쉽다.6) 여기에 환경 내지 공해문제의 심각성이 있는 것이다.

3. 환경충격을 일으키는 기능적 요인들

만일 매년 환경으로 유입되는 일정한 오염량을 환경충격(environ mental impact= I)이라고 규정한다면 I와 I의 치(値)에 영향을 주는 주요한 세 개의 요소의 효과 사이에는 다음과 같은 관계식이 성립한다.7)

---

5) 稻毛滿春, 『산업구조론』, (동양경제신문사, 1971), p.193.
6) 丸尾直美, 「公害と環境」, 飮田經夫·山田浩之 편, 앞의 책, p.172.
7) Barry Commoner, "The Environmental Cost of Economic Growth,"Sam H. Schurr, ed., *Energy, Economic Growth, and the Environment* (Balti-more and London; The Johns Hopkins University Press for Resources for the Future, Inc.,

$$I = 인구 \cdot \frac{경제재의 \ 양}{인구} \cdot \frac{오염량}{경제재의 \ 양}$$

위의 식에 의하면 환경에 대한 총 충격량은 ① 인구의 크기, ② 1인당 생산(또는 소비) 즉 풍요, ③ 생산(또는 소비) 단위당 환경충격 즉 오염량에 의하여 결정된다.

위의 세 가지 요인 가운데서 ②와 ③은 경제성장과 같은 직접적인 관계가 있다. 1인당 생산량의 증가는 바로 경제성장을 의미하며, 생산물 단위당 환경충격은 생산기술의 성격, 즉 경제성장에 따르는 상품구성의 변화를 나타내기 때문이다. 지금까지의 경험에 의하면 경제성장에 따라 1인당 생산량의 증가는 오염량을 증가시켜왔으며, 생산기술의 변화에 수반하는 생산물의 구성도 오염을 증가시키는 방향으로 진행되어왔다. 인구의 크기는 경제활동과 직접적으로 관련되지는 않지만 간접적으로는 이것과 관계가 있다.

이렇게 본다면 환경충격은 인간의 생물적인 활동이라기보다는 주로 인간의 생산(소비) 활동에 의하여 발생되며 따라서 경제과정에 의하여 규정된다.

나이트(F. H. Knight)에 의하여 적절히 지적되고 있는 바와 같이 "기본적 경제량(가치 또는 효용)은 서비스이지 재화는 아니다. 그것은 본래 유량(流量) 내지 시간적 흐름이다……"[8] 즉 우리가 소비한다고 하더라도 그것은 재화가 가지고 있는 유용한 서비스의 흐름을 소비하는 것을 의미한다. 따라서 가령 소비에 의하여 재화가 유용성을 상실했다고 하더라도 재화를 구성하고 있는 물질 그 자체는 가치 없는 재화 또는 어떤 폐기물로서 잔존하는 것이다. 그래서 경제과정에 있어서 문자 그대로의 최종생산물이란 사실 기체, 액체 또는 고

1972), p.37.

8) Frank H. Knight, *Risk, Uncertainty and Profit*(Boston: 1921), 재판서문.

체의 형태로서 폐기물이라고 할 수 있다.

따라서 생산소비와 폐기물 방출은 인간이라는 종의 결합생산물이라고 할 수 있다.9)

그런데 경제과정에 의하여 야기되는 환경충격은 폐기물에 의한 것에만 한정되는 것은 아니다. 그것은 다음과 같은 몇 가지 경로를 통해서 발생한다.10)

첫째, 어떤 경제적 획득들은 생태계(ecosystem)의 생물학적인 생산력을 약탈함으로써 얻어진다. 이 경우에 경제적인 가치를 가진 생태계의 구성분자, 이를테면 농작물, 목재, 또는 어류 등은 생태계에서 유리되어 나온다. 유리된 것 또는 적절한 대체물이 영양물로서 생태계에 도로 주입되지 않는다면, 그것은 생태계를 고갈시켜 그것을 파괴시킬 것이다.

둘째, 환경충격은 위에서 말한 것과는 반대의 방향, 즉 생태계의 어떤 구성분자의 양이 그 체계 외부에서 증가되어 유입될 때에도 나타날 수 있다. 이것은 앞서 말한 폐기물 처리나 또는 생태계의 회전율을 가속화시켜 생산을 증가시키려는 목적에서 이루어진다. 하천으로 하수를 유입시키는 경우가 그 예이다.

셋째, 자연적인 생태계의 구성분자의 집중도를 외부적으로 변경시킴으로써 나타나는 상술한 두 가지 경로 이외에, 환경충격은 생태계에 완전히 이질적인 물질을 투입함에 의해서도 나타날 수 있다. DDT의 살포가 그 예인데, 이것은 독충과 독충이 먹는 식물과 그리고 독충을 먹이로 하는 곤충 사이에 존재하는 생태적 관계의 자연적 균형을 전복시킴으로써 환경충격에 강력한 영향을 나타낸다.

---

9) Ralph C. D'Arge, "Essay on Economic Growth and Environmental Quality," Peter Bohm and Allen V. Kneese, ed., *The Economics of Environment*(Macmillan St Martin's Press, 1971), p.27.

10) B. Commoner, "The Environmental Cost of Economic Growth," S. H. Schurr, ed., 앞의 책, p.34.

환경충격은 인구의 크기·풍요·생산기술에 의하여 결정된다는 것은 전술한 바이다. 코머너(Commoner)는 이 세 가지의 영향력에 관하여 다음과 같이 말하고 있다.

> 1946년부터 현재에 이르는 동안에 미국의 오염수준은 크게 증가해왔다.……상술한 자료에 의하면 이러한 증가의 대부분은 환경충격에 영향을 미치는 세 가지 요인 중의 하나인 생산기술에 기인하며, 인구성장과 풍요의 증가는 훨씬 적은 영향을 미치고 있다는 것은 명백한 사실이다. 그래서 미국에 있어서 환경충격의 현저한 증가를 초래한 주요인은 전후의 생산기술의 급격한 변화이다. 광범위한 환경충격을 주는 생산활동이 환경충격이 훨씬 적은 생산활동을 대체했다. 성장유형이 반생태적(counter-ecological)인 것이다. 따라서 이러한 결론은 기술 자체가 생태적으로 해로운 것으로 오해되기 쉽다.[11]

그리고 그는 생산기술의 변화에 따르는 생산물 구성의 변화를 다음과 같이 한층 더 구체적으로 지적하고 있다.

> 요약하면 1946~68연간에 있어서 미국의 경제성장의 유형은 다음과 같이 요약될 수 있다. 총 GNP의 약 3분의 1을 차지하고 있는 기본적인 생활필수품의 생산량은 대체로 인구성장과 같은 속도로 성장했기 때문에, 전반적인 1인당 생산에 있어서는 중요한 변화가 발생하지 않았다. 그러나 전반적인 재화의 범위—식료품, 섬유 및 의복, 운반수단, 가정필수품 등—내에서는 합성제품에 의한 자연제품의 대체, 비교적 동력소모적인 제품에 의한 동력보존적인 제품의 대체, 일회에만 사용할 수 있는 용기에 의한 재사용 가능한 용기의 대체 등의 현저한 대체가 있었다.[12]

---

11) 같은 책, p.63.
12) 같은 책, pp.40~41.

요컨대 코머너에 의하면 미국에 있어서 환경충격의 주요인은 경제성장에 따르는 기술변화, 따라서 생산물 구성의 변화에 있다고 한다. 이러한 기술변화는 산업구조 또는 공업구조의 변화와 밀접한 관련을 가질 것이다. 그의 이러한 견해는 환경충격의 주요한 원인이 경제성장 자체에 있는 것이 아니라 오히려 성장의 유형, 따라서 경제성장 과정에서 선택된 기술의 종류에 있다는 것을 말하는 것이다.

4. 경제제도와 환경충격

경제성장과 더불어 경제가 자원을 낭비하고, 오염을 과잉생산하며, 인간과 자연간의 균형을 교란시키는 이유를 경제제도의 결함에서 찾는 세 가지 견해가 있다.[13]

첫째의 이론(공유자원의 사용에 관한 外部不經濟의 이론)은 재산권의 적용에 있어서의 불완전성이 결함이며, 이러한 불완전성은 시정될 수 있다고 주장한다. 두 번째의 견해는 사회적비용은 너무나 광범위한 것이기 때문에 개발국에 있어서는 재산권은 의사결정자로 하여금 모든 비용을 고려하도록 조정될 수는 없다는 것이다. 세 번째의 입장은 환경문제와 사회적비용은 재산권제도의 기초가 되어 있는 그 사회의 기본적인 세력관계에서 발생하는 것이기 때문에 경제체제 자체에 결함이 있다고 주장한다.

---

13) M. Edel, 앞의 책, p.75 참조.

1) 사유재산제도의 불완전성: 공유자원과 외부불경제론

첫째의 이론은 시장경제에서는 대부분의 자원이 사유화되어 있지만, 모든 자원이 사유화되어 있지는 않다는 사고에 초점을 둔다. 토지는 지주에게, 광산은 그 소유자에게, 노동력은 노동자에게, 그리고 기계와 재고품과 여타의 재화는 자본가에게 귀속되어 있지만 대기와 물의 경우에는 배타적인 소유자가 없다. 이들 자원은 사유화되어 있지 않아서, 무료이기 때문에, 남용된다는 것이다. '자유'자원의 남용은 일반적으로 모든 자원이 사유화되어 있다면 사용되었을 수준과의 비교에서 규정된다.

시장경제에서는 각 재화의 생산자는 그 재화의 한계비용이 한계수입과 일치되는 생산수준을 결정할 것이다. 만일 경제가 '완전히 경쟁적'이라면, 한계수입은 그 재화의 가격과 일치할 것이며, 그 가격은 그 가격으로 재화를 구입하기로 자유롭게 선택하는 소비자에게 있어서의 가치와 일치할 것이다. 만일 완전경쟁 모델의 제 조건이 충족된다면 각 재화의 한계비용은 그것의 한계편익과 일치할 것이다. 각 재화에 대한 가격, 따라서 한계편익은 동일하게 주어져 있기 때문에, 결국 생산자간의 경쟁이 각각의 생산자로 하여금 최소의 비용이 드는 기술을 사용하도록 요구할 것이다. 경제는 자동적으로 적정 생산수준에 이를 것이다.

그러나 이상의 논의는 모든 자원이 사유화되어 있어서 사적비용과 사회적비용이 일치할 때에만 타당한 것이다. 이러한 조건하에서만 자원은 적정배분 될 것이며, 각 재화의 생산은 그 적정수준에 이를 것이다.

그러나 대기·물 등의 공유자원은 사유화되어 있지 않기 때문에, 시장가격으로 매매되거나 임대되지 않는다. 이러한 무료의 자원은 남용될 것이다. 이러한 자원의 사용은 사회적으로는 비용이지만 개별 생산자들의 내부비용으로는 되지 않는다. 경제학자들은 생산자들의 사적(私的) 비용에 반영되지 않는 이러한 사회적비용을 외부불경제(external diseconomies)라고 규정한다.

외부효과(externalities)의 개념은 일반적으로 의사결정자에게 돌아가지 않는 이익인 외부경제와 의사결정자가 부담하지 않는 비용인 외부불경제의 양자를 포함하도록 확장된다. 외부효과는 또한 금전적 및 기술적 외부효과(pecuniary and technical externalizes)로 나뉠 수 있다.14)

금전적 외부효과란 의사결정자와 시장관계를 가지고 있지 않는 제3자에게 시장기구를 매개로 하여 발생하는 비용의 증가와 감소이다. 예를 들면 의사결정자가 재화의 구매자이고, 어떤 재화에 대한 그의 구매가 그 재화의 공급자로 하여금 규모의 경제를 이용할 수 있게 하여, 다른 제3자가 동일한 공급자로부터 그 제품을 싼 값으로 구입할 수 있게 하는 경우이다. 이러한 금전적 외부경제는 특히 경제성장의 초기단계에서 성장의 추진력의 개발에 중요하다. 금전적 외부경제 및 외부불경제는 또한 근대적인 도시내부에서 기업 및 가계의 위치선정에서도 발생할 수 있다. 어느 한편의 이전이 타인의 수송비나 공공서비스의 요금을 증가시킬 수도 있고, 감소시킬 수도 있다.

기술적 외부효과는 이러한 관계가 전연 시장을 매개로 하지 않고 이루어지는 것이다. 어떤 한 스비자를 위해서 재화를 생산하는 기업이 매연을 방출한다면, 그 기업은 거기에서 아무것도 구입하지 않는 타인들에게 영향을 미칠 수 있다. 시장에 들어가지 않는 공유자원은 외부효과의 매개자(이 경우에는 매연을 운반하는 대기)가 될 수 있기 때문에 많은 외부불경제는 공유자원의 존재에서 초래된다. 일반적으로 생산자들은 사회비용을 부담할 필요가 없기 때문에, 외부비용을

---

14) Tibor Scitovsky, "Two Concepts of External Economies," *Journal of Political Economy*, vol. 62, April 1954, pp.143~51.

타인들에게 전가, 즉 공유자원을 남용하려는 경향을 가질 것이다.

공유자원과 기술적 외부경제와의 관련성은 외부효과의 정의가 재산제도에 의존한다는 사실을 해명한다. 예를 들어 어느 하천이 어느 지주의 소유라면 그는 소비용이든 또는 폐기물 처리용이든 물의 사용에 대하여 요금을 매길 것이다. 그러나 만일 이 하천이 사유화되어 있지 못하다면, 자원은 무료이기 때문에 남용되어 오염은 더 이상 용인할 수 없는 수준에 이르게 될 것이다. 이 경우에는 시장은 '보이지 않는 손'으로서 유효하게 생산을 지시하지는 못한다.

많은 경제학자들은 경제성장 과정에서 환경파괴가 발생하는 이유는 경제성장이 사유화되지 않은 공유자원의 배분을 필요하게 한다는 데 있다고 주장해왔다. 만일 폐기물이 호수에 그렇게 많이 투입되지 않아서 자연의 분해과정이 폐기물을 제거할 수 있다면, 호수가 사유화되지 않았다는 사실은 별로 문제가 되지 않는다. 일단 호수의 산소공급이 자연적으로 분해할 수 있는 한계 이상으로 폐기물이 방출된다면, 공유자원의 남용은 비용으로 되기 시작한다. "어떤 의미에서 경제학자들은 소유제도가 성장에 뒤떨어져 있다고 주장한다. 그래서 자원이 희소해져감에 따라 모든 자원에 대한 소유자(또는 소유자와 동등한 자격자)를 지명함으로써 소유제도를 완성할 필요가 있다고 주장한다."15)

이 견해에 따르면 만일 공기와 물을 사유재산화 할 수 있는 방법이 있다면, 그 소유자가 그것의 사용에 대하여 요금을 매길 수 있다. 매연처리를 위해서 그것을 임대하려는 사람들과 호흡하기 위해서 그것을 임대하려는 사람들 간의 경쟁에 의해서 균형가격이 성립될 것이다. 결국 가장 효율적인 사용수준이 초래될 것이다. 그러나 대기를 전부 어느 개인의 소유로 하지 않으면, 그것을 사유재산으로 전환시

---

15) M. Edel, 앞의 책, p.77.

키는 방법은 없을 것이다. 밀가루가 사용이나 매매를 위해서 부대로 나누어질 수 있는 것처럼 대기의 특정 부분이 다른 부분에서 분리될 수는 없는 것이다. 그렇다고 대기를 전부 이윤을 추구하는 어느 개인의 소유로 한다면 독점이 발생하여 시장으로 하여금 대기의 적정 사용수준을 발견하지 못하도록 할 것이다. 그러나 사유와 유사한 제도가 있을 수 있으며, 경쟁적인 사유재산제하에서 나타나는 것과 같은 가격이 대기사용에 대하여 매겨질 수 있다고 한다. 이러한 제 방법은 오염이 환경파괴를 일으키는 경우에, '오염권'(rights to pollute)에 대한 요금의 정부에 의한 경매와 기타의 공공규제 및 외부성을 제거하기 위한 여러 가지 재산에 대한 소유제도의 결합(이를테면 오염자가 계속 매연을 방출하려면 바람이 불어가는 쪽의 재산을 구입하도록 하는 재판소의 명령 등)을 포함한다.

"어쨌든 이상의 제 방법의 요점은 약간의 불완전성이나 공유자원의 경우를 제외하면, 시장이 자원배분에 대하여 효과적으로 작용할 것이라고 가정하고 있다는 사실이다. 그러나 이러한 불완전성은 특수정책에 의하여 시정될 수 있다고 한다. 이 견해에 의하면 경제성장은 새로운 정책의 도입을 요구하며, 이러한 정책이 수행되면 사유재산제도와 시장은 여전히 기본적인 경제제도로서 이용될 수 있다고 한다."16)

2) 시장제도의 결함 : 광범위한 외부비용론

어떤 경제학자들은 재산권과 유사한 제도를 통해서 시장을 교정하면 자원의 효율적인 이용이 가능하다고 주장하고 있지만, 모든 경제

---

16) 같은 책, p.78.

학자들이 여기에 동의하고 있는 것은 아니다. 어떤 경제학자들은 경제성장이 사회적비용, 특히 환경에 대한 영향을 통해서 작용하는 사회적비용을 너무나 광범위하게 창출해내기 때문에 보이지 않는 손이 적절하게 작용할 수 있도록 하는 재산권 제도는 도저히 성립될 수 없다고 주장한다. 미샨(Ezra Mishan)과 캐프(Karl Kapp)가 특히 이러한 주장을 내세우고 있다. 너무나 많은 물질이 대기권과 성층권, 즉 강, 호수 및 대양, 지하수면, 토양 속과 야생생물 속에서 순환하고 있기 때문에, 그들은 모든 자원이 시장에서 거래될 수 있도록 사유재산화할 수 있다는 데 대해서 회의를 느끼고 있다. 그리고 만일 모든 자원이 사유재산으로 될 수 없다면, 더욱 많은 자원을 사유재산화하는 것이 더욱 적은 자원을 사유재산으로 남겨두는 것보다 더욱 좋은 결과를 가져오리라는 보증은 없다. 이것은 차선의 최적이론(theory of the second best)이라는 고급 경제이론의 복잡한 논의의 응용이다. 차선의 최적이론은 비록 모든 시장을 완전하게 하는 것이 최선의 결과를 가져올지라도, 만일 한 경제에서 몇 개의 요소에 대한 시장이 불완전하다면(즉 그 시장들이 한계편익과 한계비용을 일치시키지 않는다면), 또 하나의 시장을 완전하게 하는 것이 반드시 경제를 더욱 좋은 상태로 이끌어가는 것은 아니라고 주장한다.17) 예를 들어 만일 물이 사유화되어 물의 폐기물 처리능력에 대하여 완전시장이 성립된다면, 이것은 개별적인 폐기물 생산자에게 하수의 처리를 위해서 더욱 많은 비용을 들게 만들 것이다. 그러나 많은 폐기물이 용해되는 대신에 소각될 수 있기 때문에, 만일 물과 더불어 대기가 사유재산화되지 않으면 대기오염이 증가될 것이다. 차선의 최적이론은 만일 모든 사람들의 반응을 정확하게 예측할 수 없다면, 물에는 재산권을 설정하고,

---

17) Allen V. Kneese, Robert U. Ayres, Ralph C. D'Arge, *Economics and the Environment: A Materials Balance Approach*(Baltimore and London: The Johns Hopkins Press for Resources for the Future, Inc., 1970), pp.87~107.

대기에는 그렇게까지 하지 않는 것이 사회를 개선시키는 것인지 또는
개악시키는 것인지에 대하여 알 방법이 없다고 주장한다.

 캐프는 이것이 시장을 통해서 효율을 달성하려는 모든 사고를 무
효화시킨다고 주장한다.

> 우리가 신고전학파의 가격분석의 전통적 추상을 넘어서서 무시되
> 어왔던 불불(不拂)의 사회적비용을 고려하기 시작하면, 곧 사적투자
> 기준의 사회적 능률, 따라서 이미 주장되어온 사기업조건하에서의
> 자원배분과정의 유리한 결과는 대체로 환상이라는 것이 명백해진다.
> 왜냐하면 만일 생산비의 일부가 다른 사람들의 어깨 위에 전가되는
> 경향이 있기 때문에, 기업가의 지출이 실질적인 총 생산비를 측정하
> 지 못한다면, 전통적인 비용－편익계산은 오산될 뿐만 아니라, 사실
> 대규모의 약탈에 대한 제도화된 가면으로서 봉사한다.[18]

 폴라니(Karl Polanyi)의 이론도 캐프의 이론과 비슷하다. 그러나
폴라니는 사유재산으로 만들 수 없는 것 속에 대기, 물, 기본적인
지생화학적 순환(basic biogeochemical cycles)의 이용과 안정적인
사회공동체의 이익을 포함시킴으로써 후자보다 한층 더 철저하다.
폴라니는 사회의 일부를 가격변동에 의하여 이동될 수 있는 상품(노
동)으로 전환시키고, 자연의 일부를 그 사용이 역시 가격변동에 의
하여 변경될 수 있는 상품(토지)으로 전환시킴으로써 매우 불행한
결과가 야기되었다고 주장했다. 가격의 급격한 변동은 급격한 노동
의 지역적 이동과 토지이용의 대변동을 초래했다. 촌락은 황폐화되
고, 도시는 너무 크게 성장하여, 안정적인 사회관계는 불가능하게 되
었으며, 자연자원은 단기적인 이득을 위해서 파괴되었다. 어느 경우
에 있어서나 시장에 적응하는 행동이 사회적 및 환경적인 외부불경

---

18) Karl William Kapp, *Social Costs of Business Enterprise*(Bombay: Asia
 Publishing House, 1963), p.271.

제를 일으켰다고 말할 수 있다. 자동조절적인 시장으로써 경제를 운영하려는 시도는 실패해버리고 만 유토피아적인 실험이었다는 것이 폴라니의 신념이었다. 더 이상의 불행을 방지하기 위해서 사회가 경제를 떠맡아야 한다고 그는 주장했다. 즉 계획에 의한 경제의 대체가 필요하다. 다만 문제는 계획이 민주적인가 또는 독재적인가 하는 것뿐이다.[19]

　폴라니의 주장에 대한 반대의견이 쉽게 제기될 수 있다. 그는 시장이 사회에 의하여 규제되지 않는 '자동조절기구'(self-regulating mechanism)이기 때문에, 그것이 파괴적이라고 주장했다. 그러나 생태학자들은 자연의 제생태계는 자동조절기구이기 때문에 안정적인 때가 종종 있다는 사실을 알고 있다. 시장의 옹호자들은 사실 모든 자원에 가격이 매겨진다면, 시장은 또한 훌륭하고 안정적인 기구가 될 수 있다고 주장한다. 그들의 견해에 따르면 필요한 것은 모든 공유자원을 사유재산으로 만드는 일이다. "그러나 만일 최근의 경제성장이 물질의 유량을 너무 많이, 그리고 잠정적으로 너무 비싸게 환경으로 유입시켜서, 재산권이 모든 것에 대하여 더 이상 유효하게 작용할 수 없다면, 시장의 귀결에 대한 폴라니의 기본적인 논의와 그 결과에 대한 기본적인 비가역성(非可逆性)은 지금이나 또는 장래에도 타당하게 될 것이다. 비록 그것이 그가 고찰했던 19세기에 있어서처럼 타당하지는 않을지라도."[20]

---

19) Karl Polanyi, *The Great Transformation* (Boston: Beacon Press, 1957).
20) M. Edel, 앞의 책, pp.79~80.

3) 자본주의와 사회적비용

시장제도와 환경에 대한 제3의 기본적인 견해는 비록 모든 것이 사유재산이라고 하더라도 경제가 과도한 사회적비용을 부담하는 경향이 있을 것이라고 주장한다. 이 견해에 따르면 생산자원에 대한 사유재산제도야말로 바로 핵심적인 문제이다. 이 견해의 근원은 19세기 마르크스의 경제분석이지만, 이것은 자본주의 국가가 한층 발전함에 따라 수정될 수 있다.

마르크스에게 있어서는 자본주의 체제의 작용으로 인하여 노동자에게는 사회적으로 규정된 생존비 임금, 즉 노동자가 세대적으로 재생산될 수 있도록 그 자신과 그의 가족을 부양할 수 있는 임금만이 지불된다. 기업은 언제나 새로운 설비에 의하여 노동을 대체함으로써 비용을 절감하고, 노동자를 실직시킬 수 있기 때문에, 노동시장의 기능이 언제나 임금을 그 이하로는 아무도 일할 수 없는 생존비수준으로 되돌아가도록 강요할 것이다. 반면에 노동자들은 다른 소득의 원천을 전연 가지고 있지 않기 때문에, 노동시장에 참여하지 않으면 안된다. 엔클로저(enclosure)의 결과, 그들의 농업과 분리된 이후로 그들은 자신의 생산수단을 아무것도 가지고 있지 않게 되었다. 그들은 임금을 받고 자본가에게 판매할 수 있는 노동력 이외에는 그들의 생계를 유지할 수 있는 아무런 자원도 가지고 있지 않게 되었다. 이러한 임금의 대가로 자본가들은 노동자들로부터 생존임금과 설비에 대한 감가상각뿐만 아니라, 또한 정상적인 기업이윤에 충당할 만큼 충분한 노동을 빼낼 수 있었다고 마르크스는 썼다.

그러나 하루에 수행될 수 있는 노동량은 생물학적으로 결정된 수준은 아니다. 마르크스에 의하면 그것은 오히려 노동자와 자본가 사이의 계급투쟁에 의존한다. 집단으로서의 노동자들은 생활하는 데 있어서 그 이하로는 도저히 받아들일 수 없는 최저한을 결정하고,

작업장에서의 노동시간과 노동의 강도에 일정한 한계를 설정하려고
했다. 자본가 측은 생존비를 인하하고 하루의 노동량을 증대시키려
고 노력했다. 모든 생산수단을 자본가에게 집중시키는 재산분배 상
태가 주어진다면, 시장기구는 이와 같이 사회적으로 규정된 생존과
인내의 한계점이 모든 노동자에게 적용되는 것을 보증해준다.

　이러한 교섭상태 내에서 마르크스는 노동조건과 노동시간을 크게
강조했다. 그는 19세기의 공장 환경을 매우 자세하게 기술했다. 그
는 과도노동에서 초래되는 사망의 예, 12시간, 14시간, 심지어는 20
시간교대에서 오는 과로로 말미암아 발생하는 노동자들의 재해, 도
자기공, 대장장이 및 아동노동자들의 높은 사망률 등을 기록했다.[21]
이러한 상태는 모두 기업이 사회적비용을 노동자에게 전가시키는 현
상으로 볼 수 있다.

　이러한 비용의 많은 부분이 최근에 주의를 끌었다. 살충제가 포도
와 상치 따는 사람을 해친다. 광산의 먼지와 가스는 광부의 탄진폐
질환(black lung disease)의 원인이다. 어떤 공장에서는 카드뮴 중독
이 노동자의 신경계통에 영원한 손상을 준다. 얼마 전에는 수은중독
이 모피를 다루기 위하여 그것을 사용한 모자제조공을 미치게 만들
었으며, 카드뮴으로써 시계숫자판에 손으로 발광체를 칠하는 것은
공장노동자의 암의 원인이었다.[22] 이들은 특히 손상이 큰 경우의 예
에 불과하다. 이러한 위험들을 제거하자면, 생산비가 상승하여 기업
이윤을 감소시키거나 소비자가격을 인상시킬 것이다. 대신에 이러한
비용이 노동자에게 전가될 수 있다면, 소유자나 또는 소비자가 이득
을 보겠지만, 아마도 노동자의 고통보다는 적은 이익을 볼 것이다.
이것은 사유재산제도의 완전성 여하에 관계없이, 자본가가 발생시키

---

21) Karl Marx, *Capital* (1887) (New York: International Publishers, 1967), vol. I,
　　Chap.10, p.15.
22) M. Edel, 앞의 책 p.81.

는 사회적비용을 부담하는 경우에 해당된다. 비록 대기와 물이 이미 자본가가 되어 있는 자의 사유재산으로 된다고 하더라도, 노동자에게 부담시킨 사회적비용이 감소되리라고 기대하기는 어렵다.

그러나 어떤 경제학자들은 다음과 같이 주장한다. 만일 노동자들이 어떤 종류의 작업은 위험하고 불결하기까지 하다는 사실을 안다면, 그들은 특별한 위험이나 손상을 보상할 만큼 충분한 보수가 지급되지 않는 한, 그 일을 받아들이지 않을 것이고, 만일 이것이 사실이라면 공장경영자는 그 지역의 오염을 감소시키거나 불안한 노동조건을 개선하는 데 들어가는 비용과 노동조건을 계속 나쁜 상태에 두면서 그 공장으로 노동자를 유치하는 데 들어가는 비용을 비교해야 할 것이다. 만일 노동시장이 완전하다면 이것은 원칙적으로 가장 적정한 손상수준을 초래하게 할 것이다. 사실 위험한 직업은 노동자를 유인하기 위하여 더욱 높은 임금을 지급하는 때가 가끔 있다. 이것이 균등화 임금격차(equalizing differences)라고 불리는 것이다.

그러나 많은 경우에 노동자들은 개별적인 시장 활동을 통해서 위험한 직업에 대하여 더욱 높은 보수를 주장할 수 없다. 개별노동자는 고용주가 말하지 않으면, 어떤 일에 내포되어 있는 위험을 모르는 때가 종종 있다. 더욱이 어떤 노동자들에게는 낮은 교육수준, 직장이 드문 지역에 남아 있을 필요성, 인종차별 또는 일반적인 경제불황 등의 이유로 직업선택이 제한되어 있다. 이사(移徙), 학교로의 복귀 그리고 전반적인 경제수준의 변경 등은 노동자들로서는 어찌할 수 없는 일들이다. 그래서 그들은 위험한 직업과 보수가 낮은 완전한 직업간의 선택이 아니라, 오히려 위험한 직업과 무직간의 선택을 하지 않으면 안된다. 그 결과 위험하고 불결한 직업은 종종 가장 보수가 낮은 직업이며, 인생에서 가장 기회가 적은 노동자들이 감당하지 않으면 안되는 직업이기도 하다.23)

더욱이 만일 모든 공장들이 공해비용을 노동자들에게 전가시킨다

면, 노동자들이 직업을 바꾸거나 또는 위험도가 높은 직업에 대하여
차별적으로 더욱 높은 임금을 받음으로써 손상을 회피할 가능성은
없을 것이다. 사실 손상이 전경제의 노동자의 수를 감소시킬 만큼
충분히 크지 않다면, 집단으로서 고용주들은 그 손상을 노동자들에
게 부담시킬 수 있다. 만일 의사결정단위로서의 회사가 생활의 질이
그들의 임차대조표에 포함되지 않는다는 사실을 안다면, 그리고 만
일 개개의 회사중역이 개인의 부의 힘으로 훌륭한 교외에 주택을 구
입한다든지 또는 에어콘디션과 여가에 투자함으로써 그 사회에서 오
염을 회피할 수 있는 가장 능력 있는 사람이라면, 회사들은 오염을
전 근로대중에게 부담시킴으로써 비용을 절감할 수 있다. 그래서 특
정의 오염은 자본가들이 노동자에게 부담시키는 비용의 한 형태일
수도 있다. 그래서 노동시간의 단축이나 공장의 노동조건을 더욱 완
전하게 만드는 등 오염을 중단시키는 일은 자본가에게 대항하여 집
단으로서의 노동자의 조직이 수행해야 할 과제라고 생각된다. 대기
를 현재의 재산소유자(또는 마르크스가 기업에 의하여 조종된다고
주장한 정부)의 재산으로 만드는 일은 조금도 도움이 되지 않을 것
이다.24)

환경보전에만 한정해서 말한다면 이윤동기를 재생산의 기축으로
하는 자본주의 체제가 사회주의 체제에 비하여 불리한 입장에 있는
것은 사실이다.

기업이 사회화되어 있는 사회주의국에는 이윤동기가 자본주의의
경우처럼 강하게 작용하지는 않기 때문에, 그만큼 사회적비용의 발
생을 억제할 수 있다. 사회화와 계획화를 기초로 하는 체제가 환경
보전에 유리한 또 하나의 점은 공적 기관이 토지 등의 자연자원 및

---

23) Lester Thurow and Robert Lucas, *The American Distribution of In-come: A
    Structural Problem*(Washington: Joint Economic Committee, 1972), pp.47~50.
24) Edel, 앞의 책, p.82.

공공재의 공급을 우선적으로 확보할 수 있다는 것이다. 따라서 토지 및 자연자원의 보전과 공공재 공급에 대한 충분한 자원배분을 행하기 쉽게 되어, 자연자원의 황폐나 공공재 공급의 사적재(私的財) 공급에 대한 사회적 불균형을 회피할 수 있다.[25]

이와 같이 사회화된 계획체제는 사유제의 자유시장체제보다도 공해방제와 환경보전의 점에서 유리한 측면을 가지고 있다. 그러나 사회화와 계획화를 기초로 하는 공산권 국가에서도 공해가 발생한다는 것은 바이칼호의 오염이나 발트해의 오염 등의 예에서도 알 수 있다. 그리고 공산권 국가가 기업의 성취의 기준으로서 이윤이나 비용 삭감을 중시할수록 비용을 사회적비용으로 전환시키려고 하게 된다.

다른 한편 자본주의 국가에서도 외부불경제(사회적비용)를 내부화하여, 기업이 이것을 사적비용으로 계산하지 않을 수 없는 정책조치를 채용함과 동시에, 외부경제가 매우 광범위하게 미치는 공공재의 공급의 경우에는 이것을 사회화하여 시장경제와 사유제의 불비점을 보완하면 공해방제와 환경보전이 가능하게 된다. 영국이나 스웨덴 등 혼합경제체제를 채용하고 있는 국가에 있어서 환경의 질이 높은 것은 이러한 정책을 일찍부터 추진시켜왔기 때문이다.

---

25) 丸尾直美,「公害と環境」, 飯田經夫 · 山田浩之 편, 『社會資本の經濟學』(有斐閣, 1976), pp.168~69.

5. 경제성장과 환경오염

1) 생태학자와 경제학자간의 견해의 차이

경제성장과 환경의 관계에 대해서는 생태학자와 경제학자간에 상당한 견해의 차이를 보이고 있다. 이것을 헬러에 따라서 요약하면 다음과 같다.26)

(1) 생태학자들은 생물학적인 생존을 위해서는 경제성장의 종식, 또는 그것의 현저한 감속을 필요로 한다는 환경적인 요구를 주장한다. 이에 대하여 경제학자들은 사회적 생존을 위해서 성장을 지속할 필요가 있다는 사회경제적 요구를 가지고 이에 맞선다. 어떤 생태학자들은 성장의 억제가 생태계를 구제하기 위한 충분조건은 아니라고 하더라도, 필요조건이라고 생각한다. 반면에 경제학자들은 성장이 사회의 진보와 안정을 위한 충분조건은 아니라고 하더라도, 필요조건이라고 생각한다. 이러한 차이를 더욱 엄격하게 생각해보면, 경제학자들은 환경적인 해악의 원천은 성장이라는 사실이 아니라 그것의 구조에 있다고 생각한다. 그리고 그들은 성장 자체를 환경회복을 위한 전제 조건의 하나라고 생각한다.

(2) 생태학자들은 성장이라는 위대한 신은 진흙 발(결함缺陷)을 가지고 있다고 생각한다. 그들의 견해에 의하면 만일 우리가 수질, 대기, 토지, 시각 및 소음 공해, 즉 환경자본감소의 풀 코스트를 계산한다면 과거 4반세기에 걸친 GNP의 증가는 환상으로 될지도 모른다고 한다. 경제학자들은 GNP가 사회후생의 지표 또는 그것에 관하여 단일의 복지지표를 세울 수 있다거나 또는 물질적 복지의 증가가

---

26) Walter W. Heller, "Coming to Terms with Growth and the Environ-ment,"Sam H. Schurr, ed., 앞의 책, pp.4~6.

더욱 큰 행복의 보증이라는 환상에 빠져 있지는 않다. 그러나 그들은 경제사회적인 데이타를 보면 인구, 물가 및 공해를 고려하더라도 1인당 실질 GNP가 증가해왔다는 설득력 있는 증거가 있다고 믿고 있다. 그리고 또한 그들은 사회후생의 증가가 재화와 서비스의 산출 증가에 뒤따랐다는 것을 믿고 있다.

(3) 매우 실질적인 의미에서 생태학자와 경제학자간에 존재하는 가장 격심한 견해의 차이는 증거의 해석에 있어서의 상위(相違)에 있는 것이 아니라, 사고방식의 상위에 있을지도 모른다. 강조하기 위해서 과장의 위험을 무릅쓰고 말한다면, 헌신적인 환경보호론자는 지수적 파괴율, 경계점, 인화점, 그리고 절대적 금지로 취급되어야 할 절대적 한계라는 관점에서 생각하는 절대주의자들이다.

기본적인 접근법에 있어서는 경제학자들도 크게 다른 의견을 나타낼 수는 없다. 그들은 한계주의, trade-offs, 및 신중한 비용－편익계산이라는 관점에서 생각한다. 그들이 보는 바로는 자연과 인간, 환경과 성장, 그리고 기술과 생태간의 균형을 위한 올바른 해석방법은 비용(재화의 서비스의 추가공급을 하지 않음으로써 포기되는 만족)과 편익(깨끗한 대기, 물, 풍경 및 음파에서 얻어지는 만족)이 꼭 일치하는 점까지 공해방지를 밀고 나가야지 그 이상이어서는 안되는 것이라고 한다. 경제학자들이 합리적이라고 생각하는 것은 극복되는 'bads'와 그 과정에서 포기되는 'goods'와의 신중한 조화에 있는 것이다.

(4) 경제학자들과 생태학자들이 해결책을 모색하려고 할 때에는 상당한 부문에 관하여 의견의 일치를 보인다. 이를테면 오늘의 'goods'와 내일의 'bads'간에 선택문제가 발생할 때에는 합리적인 계산을 하기 위해서 정부가 개입해야 된다는 점에서 의견의 일치를 볼 것이다. 사실 환경문제의 같은 부분은 정부의 금지나 규제, 집단적 하수처리, 토지간척과 환경정화를 위한 공공지출에 의해서만 수행될 수 있다. 정부는 또한 성장과 환경에 동시에 이바지하여,

trade-offs 관계에 있지 않는 변화를 조사하는 데 참여할 수 있다. 이를테면 우리는 에너지원으로서 나무 대신에 석탄과 석유를 사용하도록 하고, 철도 대신에 파이프라인을 통해서 석유와 석탄을 수송함으로써 비용과 디젤 엔진 공해의 양자를 감소시키도록 만든 기술진보를 생각할 수 있다. 그리고 우리는 열부산물(熱副産物)이 공해발생 요인에서 공업·상업·아파트용 빌딩의 냉난방을 위한 생산적 자원으로 전환될 수 있는 날을 내다보고 있다.

그러나 엄격한 선택이 행하여져야 할 경우에는 경제학자들은 될 수 있는 대로 많은 것을 가격기구에 맡기기를 원한다. 경제학자들이 원하는 주요한 방식은 이를테면 오염방출료 또는 공해허용료 등의 형태로 공업 및 상업폐기물을 땅에 버리게 함으로써 대기, 물 및 토지의 자유로운 사용에 대하여 정가표를 붙이는 방법이다. 환경론자들은 본능적으로 이러한 '오염특허장'(license to pollute)에 반대한다. 동일한 논법으로 그들은 광물자원과 화석연료가 가격기구에 의하여 관리되도록 하는 것은 생태계에 대한 '착취특허장'(license to exploit)이라고 생각하며, 이러한 특허권은 폐지되거나 더욱 엄격한 규제를 받아야 한다고 느낀다. 그러나 경제학자들은 정보를 소화하고, 거기에 대응하는 데 있어서 가격기구의 자동조절작용, 광범위한 의사결정을 통합하는 가격기구의 능력, 자연자원보전에 대한 유인, 그리고 정부관료주의에 대한 필요성의 감소 등을 이용하기 위하여 가격기구의 망(網)을 한층 넓히고자 한다. 그들의 목표는 물론 수수료나 조세를 징수하는 것이 아니라, 오염방지를 위하여 시장기구의 경제적 유인을 만들자는 것이다.

2) 제로성장논쟁

경제성장과 환경문제의 관련에 관하여 어떤 논평가들은 사회가 피할 수 없는 선택에 직면해 있다고 주장한다. 사회는 물질의 소비수준을 낮추든가 그렇지 않으면 환경을 파괴하여 인류의 생존을 위태롭게 하든가의 선택에 직면해 있다고 한다.

많은 사람들은 경제성장이 탄드시 오염을 증가시킨다고 주장한다. 데일(Dale)은 다음과 같이 썼다.

> 유감스럽게도 대기와 물의 오염을 줄이고자 노력할 때, 고체폐기물 등을 처리할 때에 피할 스 없는 몇 가지 '철의 법칙'이 있다 .……확실한 불변의 사실은 생산의 성장이 오염성장의 기본적인 원인이라는 점이다.[27]

이러한 견해에 따르면 오염을 상당한 정도 제한하는 유일한 방법은 생산을 줄이는 방법뿐이다. 그러나 데일은 이것이 대량실업을 유발시킬 것이라고 주장한다. 미국의 노동력은 연1퍼센트씩 증가하고 있고, 1인당의 잠재적 노동생산성의 증가가 3퍼센트이기 때문에 완전고용을 달성하기 위해서는 경제가 매년 4퍼센트씩 계속 성장해야 한다. 즉 생산이 18년마다 배가되어야 한다. 따라서 우리는 "경제성장이 환경오염의 원인이라는 단순한 이유 때문에 생산의 축소를 선택할 수 없다"[28] 데일은 오염에 대한 모든 노력이 완전히 무용한 것이라고는 하지 않는다. 그는 가능한 한 최소한으로 오염을 줄이는 생산방법을 촉진시키기 위한 우인을 주장한다. 그는 또한 오염을 줄이기 위한 정부지출을 주장한다. 인구성장의 감소도 장기적인 오염

---

27) Edwin L. Dale, Jr., "The Economics of Pollution," *New York Times Magazine*, April 19, 1970, p.27.
28) 위와 같음.

의 경감을 가져올 것이며, 기술도 오염을 감소시키는 방향으로 개선
되어야 한다. "그러나 결국 이런 일들이 수행될 것이라고 확신할 수
는 없다."29)

그러나 오염과 인구, 생산간의 밀접한 관련이 가정된다면 한층 더
우울한 전망이 나온다. 이러한 전망에 대한 컴퓨터 처리가 포레스터
(Jay W. Forrester)와 로마클럽, 기업가 및 경영전문가집단에 의하여
이루어졌다.30)

그들의 모델은 지속적인 인구 및 산업성장이 '인류의 곤경'(the
predicament of mankind)에 대하여 가지는 영향을 검토하고자 한다.
그것은 광물자원 부존량, 지구의 식량생산능력 및 환경의 폐기물 처
리능력이 일정한 한계를 가지고 있는 것으로 가정하고 있다. 또한
그것은 인구와 산업의 생산능력이 증가함에 따라 고정된 세 가지 능
력에 대한 수요가 증가하는 것으로 가정하고 있다. 컴퓨터의 예언은
이 세 가지 능력에 대한 수요와 산업성장률이나 인구성장률을 관련
시키는 일련의 방정식에 기초를 두고 있다. 인구와 생산은 지수율로
성장하여 만일 상술한 세 가지 능력이 거의 고갈되는 상태로 되지
않는다면 비교적 짧은 2배수기간을 갖는 것으로 가정되고 있다. 그
러나 만일 식량공급능력이 생존수준으로 떨어지고, 광물자원이 소진
되거나 또는 폐기물 처리능력이 공해에 의하여 과중한 부담을 지게
된다면, 방정식은 급격한 인구감소나 산업생산의 저하라는 가정을
포함하게 된다. 이와 같이 가정된 제 관계하에서는 컴퓨터의 미래에
대한 예측은 얼마 동안 급속한 성장을 보여주고, 일단 하나의 능력
이 한계에 부딪치면 인구나 소득의 급속한 하락이 뒤따르게 된다는
것을 보여주고 있다. 그러한 하나의 예측은 그림 1과 같다.

---

29) 위와 같음.
30) Jay W. Forrester, *World Dynamics*(Cambridge, Mass: Wright-Allen Press, Apr.
    1971); The Club of Rome, *The Limits to Growth*(New York: Universe Books,
    1972).

그림 1

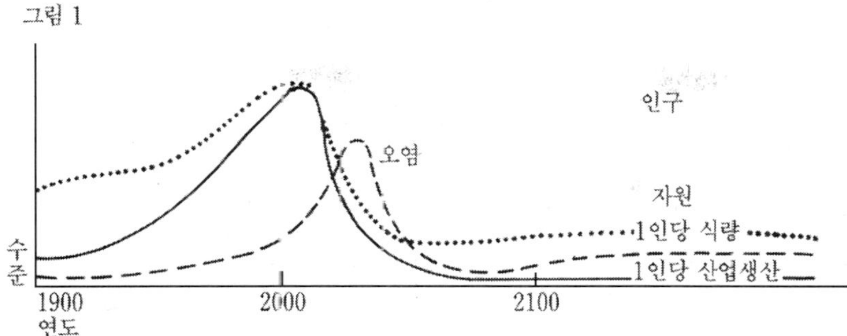

자료: Donella and Dennis Meadows et al., for The Club of Rome, *The Limits to Growth* (New York: Universe Books, 1972).
이것은 컴퓨터가 만들어낸 일련의 시나리오 중의 하나이다. 하나하나는 모두 도표에 나타난 5개의 변수가 서로 어떻게 관련되어 있는가를 나타내는 상호관계에 대한 자의적인 가정에 기초를 두고 있다.

이것의 결과는 확실히 놀랄 만한 예측이다. 기근·공해로 인한 대량사망, 산업생산의 오해가 성장이 곧 정지되지 않으면 불가피한 것으로 생각된다. 비록 포레스터가 "복합체계는 직관적인 것이 아니며," 컴퓨터만이 인류가 어디로 가고 있는가를 보여줄 수 있다고 주장하고 있지만, 이 그림은 새로운 것은 아니다. 산업생산이 인구와 오염, 또는 광물고갈, 그리고 기근과 꼭 같이 작용하고 있다는 가정을 제외하면, 그 가정들은 본질적으로는 맬더스의 가정과 같다. 맬더스와 마찬가지로 포레스터와 로마클럽도 가능성을 남겨놓고 있다. 소득성장의 인구에 다한 부(負)의 효과, 오염을 발생시키는 생산물로부터의 생산의 전환, 재순환의 증대 등은 모두 모델의 기초가 되고 있는 제 관계를 변경시킬 수 있다. 또한 세 가지 능력 중의 어느 하나의 소진이 문화의 급작스런 몰락을 초래하리라는 가정을 위해서 제시된 설득력 있는 증거는 없다. 컴퓨터는 여러 가지 가능한 미래의 청사진을 그려낼 수는 있으나, 어느 것이 정확하다는 것을 결정할 수는 없다. 컴퓨터는 언제나 결론의 근거를 프로그래머의 제 가정에 두고 있다.

로마클럽의 모델에 근거를 두든지 또는 산업이 오염을 유발시키고 있다는 보다 직접적인 인식에 근거를 두든 지간에, 몇몇 저술가들은 제로 GNP성장 과제로 인구성장을 주장하기 시작했다. 그들은 미국과 기타의 선진국들은 인류의 파멸을 막기 위하여 1인당 생활수준을 낮추어야 한다고 건의하고 있다. 한 분석자는 다음과 같이 결론을 내렸다.

> 환경과 자연자원을 고려하면, 적정생산량은 낮은 일정수준에서 이루어져야 한다. …… 상당한 정도로 GNP를 감소시키는 것은 가능하다. 우리와 미국경제가 의존해온 지나친 물질소비와 국방비지출을 하지 않고서도 지낼 수 있어야 한다.[31]

이러한 논의들이 1970년 '지구의 날'(환경보호일)과 스톡홀름에서 열린 유엔환경회의에 제시되었을 때, 환경보호론자들의 입장에 대한 비판을 야기시켰다. 빈국 및 선진국내의 가난한 소수의 대표들은 자기들이 지나치게 소비하고 있다는 것을 부인하였다. 그들은 성장을 중단시키고자 하는 기도가 부유한 자들에게 보다 깨끗한 놀이터를 제공하기 위하여 자기들로부터 안락한 생활수준의 가능성을 빼앗을 것이라고 주장했다. 많은 사람들은 환경문제가 존재한다는 사실조차 부정했다.

성장의 찬성론자나 반대론자를 막론하고, 생태적 파멸과 빈곤이 유일한 선택인가 하는 점을 고려하지 않았다. 경제성장은 인구성장과 마찬가지로 어느 정도 환경의 수용능력을 초과할 수 있다. 결국 안정

---

31) John Hardesty, Norris C. Clement, and Clinton E. Jencks, "The Politi-cal Economy of Environmental Destruction,"in W. A. Johnson and J. Hardesty, *Economic Growth us. the Environment*(Belmont, Cal.: Wads-worth, 1971), p.105.

적인 인구와 산출량이 생존을 위해서 필요한 것이다. 제로 GNP성장론은 환경에 덜 파괴적인 성장의 여러 가지 형태가 있다는 것을 무시하고 있다. 그리고 또한 그것은 오늘날 측정되고 있는 GNP와 수준간에 너무 밀접한 관련이 있는 것으로 가정하고 있다. 아마도 모든 성장이 반드시 소멸될 필요는 없을 것이다. 어쨌든 GNP와 오염을 연결시키는 데는 다음과 같은 서 가지 약점이 내포되어 있다.32)

① 대체의 가능성

GNP와 오염을 연결시키는 데 있어서의 첫째의 취약점은 GNP에 포함되는 모든 행위가 동일한 양의 오염을 발생시키지는 않는다는 것이다. 이를테면 제트폭격기의 운행을 위해서 지출된 100만 달러는 공원(公園)을 위해 지출된 100만 달러 ―만일 후자가 다량의 자동차 수송을 필요로 하지 않는다면― 보다 많은 오염을 발생시킬 것이다. 따라서 산업구조, 공업구조, GNP의 구성요소, 그리고 기술의 변경에 의하여 동일한 GNP에 대한 오염의 수준을 감소시킬 수 있다.

② 재순환의 가능성

GNP와 오염을 연결시키는 논의의 또 하나의 취약점은 그것이 재순환을 통하여 오염을 줄일 수 있는 가능성을 무시하고 있다는 점이다. 폐기물은 대기, 물, 기타 다른 것에 의하여 흡수될 수도 있고, 담프 기타의 저수시설에 보존될 수도 있다. 이러한 경우에 그것은 생태계나 인간의 감각을 해칠 수도 있다. 그러나 폐기물은 또한 새로운 생산과정의 투입물로서 재사용될 수 있다. 고철이나 파지는 재사용되는 때가 종종 있다. 어떤 도시에서는 하수는 비료생산을 위하여 처리되기 시작했다. 석탄을 이용하는 발전소의 유황은 시장에 다시 등장되기도 한다. 그러나 이러한 활동은 비용이 많이 들기 때문에 기업들은 전시와 같은 물자부족시기를 제외하고는 일반적으로는

---

32) M. Edel, 앞의 책, pp.69~74

기도하지 않았다. 그러나 지구의 총자원은 한정되어 있기 때문에, 생태학자들은 자원공급을 무한히 유지하기 위해서는 현재 폐기물이라고 생각되는 것을 이용해야 한다는 점을 지적하고 있다.

재순환의 가능성은 투입―산출표를 확장함으로써 추적될 수 있다.[33] 확장된 물질균형접근법(materials balance approach)에서는 물질은 생산자나 소비자에 의해서 소모될 때 보통의 투입―산출표에서처럼 경제 외로 탈락해버리는 것으로 취급되지는 않는다. 오히려 여러 가지 폐기물이나 찌꺼기의 양과 확장된 에너지 등은 추가생산물로서 기록된다. 그래서 이를테면 강철의 생산자는 강철뿐만 아니라 또한 화학폐기물·광물찌꺼기·폐기열에너지 등을 생산하는 것으로 기록된다. 여러 가지 자원의 투입과 여러 가지 재화, 폐기물 및 에너지 산출은 물리적 화학적 법칙에 의하여 연결된다. 이러한 회계(會計)구조에서는 여러 가지 폐기물은 서로 대체될 수 있다(어떤 공장이 폐기물을 태워버리거나 하수로 방출하거나 또는 그들을 고체로 내버리거나 재가공하는 때와 마찬가지로)는 사실을 나타낼 수 있으며, 경제활동의 최종생산물이 어떻게 최초의 원료와 연결되는가를 보여줄 수 있다. 만일 동일한 물질이 각 공정의 마지막에 폐기되는 대신에 차라리 가공되고, 몇 번이나 재가공된다면 보다 많은 물질을 소모하지 않고도 순경제활동이 증가될 수 있다는 것은 분명하다. 이것이 GNP증가가 오염감소와 양립할 수 있는 또 하나의 방법일 것이다.

③ GNP와 복지

성장과 공해의 연결에 있어서 세 번째의 약점은 GNP의 측정에 관련되고 있다. 현재 측정되고 있는 바의 GNP의 증가가 아니라 인간복지의 증가가 성장의 척도로서 채택된다면, 성장은 환경보호와

---

33) Allen V. Kneese, Robert U. Ayres, and Ralph C. D'Arge, 앞의 책 참조.

한층 더 양립할 수 있다. 이러한 이유로 환경문제에 관심이 있는 몇몇 경제학자들은 GNP의 측정에 관해서 비판을 가해왔다. GNP에서 감가상각을 공제한 NNP도 사실상 순계(純計)가 아니다. NNP는 후생을 증가시키는 소비재도 포함하지만, 어느 누구의 후생도 증가시키지 않는 자멸적인 경쟁적 소비순환에 이용되는 재화도 포함한다. 군대가 서로 대적하기 위해서 총포에 거액의 비용이 지출된다. 많은 생산자들은 그들의 시장점유율을 유지하기 위하여 광고와 포장에 대한 지출을 증가시킨다. 소비자들은 그들의 지위를 유지하기 위해서 동일한 경쟁에 말려들어간다. 노드하우스(Nordhaus)와 토빈(Tobin)의 추계에 의하면 경찰 서비스와 국방 등 선진산업국가에서는 향유가 아니라 실제로 비용에 불과한 중간지출(수단적 지출)은 미국의 경우, 1965년에 기록된 NNP 5,600억 달러에 대하여 950억 달러나 된다고 한다.34)

많은 경제학자들은 후생을 증대시키지 못하는 이러한 지출은 인간생활에 대한 경제의 긍정적 효과만을 추계하기 위해서 GNP에서 제외되어야 한다고 주장한다. 어떤 학자들은 NNP의 계산에서 인간이 만든 설비의 감가상각과 함께 환경의 소모도 공제해야 한다고 주장한다. 상술한 노드하우스와 토빈의 추계에 의하면, 1965년 환경파괴를 나타내는 '불쾌적'(disamenities) 또는 부(負)의 외부효과는 310억 달러이다.35)

반면 GNP는 후생을 증대시키는 많은 비시장 활동을 빠뜨리고 있다고 비판받고 있다. 경제학자들은 하나의 재미있는 예로서 어떤 남자가 그의 요리사와 결혼해서, 그 여자에게 봉급을 지불하지 않는다면, GNP는 하락할 것이라는 사실을 들곤 한다. 사회의 생산적 노력

---

34) Walter W. Heller, "Coming to Term with Growth and the Environ-ment,"Sam H. Schurr. ed., 앞의 책, p.15.
35) 위와 같음.

의 큰 부분이 주부에 의해서 보수를 받지 않는 형태로서 행하여지고 있다. 따라서 GNP는 여성노동을 저평가하고 있다. GNP는 여가의 증가를 반영하지 못하고 있다. 노드하우스와 토빈의 추계에 의하면 여가의 가치와 가사노동의 가치는 1965년 NNP 5,600억 달러에 대하여 9,250억 달러의 엄청난 부가를 한다.[36]

보울딩(Kenneth E. Boulding)은 GNP 개념에 대하여 한층 더 철저한 반대의 입장을 취하고. 있다. GNP는 생산에 있어서의 노력만을 측정하고, 소비자의 편익을 측정하는 것이 아니기 때문에, 그것은 '국민총비용'(Gross National Cost)이라고 불릴 수 있다. 그는 GNP 측정과 경제학의 모든 측정이 다음과 같이 가정하는 것으로 특징지우고 있다.

경제활동은 광산에서 쓰레기장에 이르는 공장생산량이며 일직선의 과정이다. 경제적 후생의 진실한 측정치는 결코 소득은 아니다. 후생의 진실한 척도는 개인이나 사회의 상태나 조건이다. 소득이라는 것은 그 상태가 부식될 수 있고 …… 소비는 잠식이기 때문에, 즉 당신의 자동차는 닳아지고, 당신의 옷이 헐어빠지게 되기 때문에 우리가 지불해야 하는 불행한 가격이다. 그것은 가솔린을 태워 없앤다. 그것은 또한 음식물을 먹어치운다. 소비는 좋은 것이 아니라 나쁜 것이다. 생산은 소비 때문에 우리가 수행해야 하는 것이다.[37]

GNP 또는 재화의 스토크의 새로운 공급은 기껏해야 잠재적 복지의 조잡한 측정에 불과하다. 보다 효율적인 자원의 재순환, 보존 및 이용은 보다 낮은 GNP로서도 후생을 증가시킬 수 있다. GNP의 증가 없이도 투입산출의 구조의 변화에 의해서도 생태학적으로 후생의

---

36) 같은 책, pp.14~15.
37) Kenneth E. Boulding, "Fun and Games with Gross National Product: The Role of Misleading Indicators in Social Policy,"in H. W. Helfrich Jr., *The Environmental Crisis*(New Haven: Yale University Press, 1970), pp.157~70.

증가가 가능하다.

이상의 논의에서 성장과 오염, 또는 GNP와 오염을 직결시키는 데 있어서의 불합리한 점을 지적했다.

어쨌든 제로 성장론에 대해서는 이상의 비판 이외에도 많은 비판이 가해지고 있다. 노드하우스와 토빈은 다음과 같은 최근의 계량적 증명을 통하여 경제성장이 환경파괴에 대하여 그렇게 심각한 영향을 미친다고는 생각하지 않는 것 같다. 그들의 주장을 요약하면 다음과 같다.38)

(1) 시장에서 이미 경제재로 취급되고 있는 광물과 화석연료 등 사유 가능한 자원에 관한 그들의 통계에 의하면, 자원고갈은 염려해야 할 이유가 별로 없다는 것을 보여주고 있다. 과거와 마찬가지로 화석연료의 가격등귀는 그것의 보존과 대체자원 및 대체공정의 개발을 위한 강력한 동기를 제공하리라고 기대된다.

(2) 사유화할 수 없는 자원, 대기와 물 등의 공공재에 관해서 그들의 남용은 문제를 한층 더 심각한 것으로 본다. 공공의 자연자원을 마치 자유재인 양 취급하는 데서 오는 환경파괴와 자원의 오용은 그들이 믿는 바에 의하면, 요금을 부과함으로써 시정될 수 있다. 이러한 오도는 가격체계의 결함에 기인한다. 그러나 이것은 결코 회복할 수 없는 결함은 아니며, 정상상태의 경제에서는 언제나 나타날 수 있는 결함이다.

(3) 지구적인 생활파괴에 관하여 그들은 경제학자들이 말할 수 있는 것은 아무것도 없다고 한다.

다른 한편 헬러(W. Heller)는 환경파괴가 성장 자체의 문제가 아니라 그 방법의 문제라는 점을 다음과 같이 강조하고 있다.

---

38) William Nordhaus and James Tobin, "LS Growth Obsolete?"(Paper Presented at the National Bureau of Economic Research Colloquium on Economic Growth, San Francisco, December 10, 1970, to be published by the NBER in the Proceedings, 1972).

이 문제의 해결은 요원하다. 그러나 현재까지의 증거에 의하면 미국의 환경문제에 본질적인 것은 성장이라는 사실 자체라기보다도 오히려 성장의 방법과 성과의 사용방법이라는 견해를 뒷받침하고 있다. 기본적인 성장·환경의 trade-offs가 아무리 환상적일지라도 성장의 형태와 이용방법의 변경의 긴급성에 관한 의견의 일치는 구체화되어가고 있는 것 같다. 결국 이 나라는 이미 곤란한 선택과 고통스러운 제도변경에 대한 필요성에 직면하고 있다. 나는 환경회복을 위하여 요구되는 곤란한 선택과 고통스러운 변경이 모두 정체상태에서보다도 성장의 분위기 속에서 훨씬 더 용이하리라고 생각한다.39)

또 그는 더욱 훌륭한 교육을 통해서 이해를 증진시키려는 사람들의 억제할 수 없는 욕구, 지식의 증가와 일을 수행하는 데 있어서 한층 더 용이한 방법에 대한 사람들의 끊임없는 요구를 생각한다면, 우리는 1인 1시간당 산출량의 성장을 정지시킬 수 없다고 한다.40) 그리고 1인 1시간당 산출량은 계속 증가할 것이기 때문에, 총생산량의 성장을 정지시키자면, 평균노동주(平均勞動週)의 급격한 감소와 이것에 대응하는 여가 및 비시장적 활동의 증가가 필요하다. 이것은 노동력이 계속 성장할 것이라는 것을 의미한다. 제로 인구성장정책을 가지고서도 인구를 안정시키는 데는 수십 년이 걸릴 것이라고 한다.41)

그는 이어서 무성장(no-growth)정책의 핵심은 환경의 파괴를 억제하고, 이를 회복시키는 데 있지만, 무성장경제에서도 공해를 변경시킬 아무런 내재적인 요인은 없다고 한다.42) 뿐만 아니라 그는 또 다

---

39) Walter W. Heller, "Coming to Terms With Growth and the Environ-ment,"Sam H. Schurr, ed., 앞의 책, pp.9~10.
40) 같은 책, p.7.
41) 위와 같음.
42) 같은 책, p.8.

음과 같이 말하고 있다.

인류멸종이라는 믿을 만한 위협이 없으므로 대중이 엄격한 규제
와 물질적 생활수준의 변화, 그리고 정상상태를 만들어내고 이것을
관리하는 데 필요한 다액의 소득이전을 받아들이리라고 상상하기는
어렵다. 대량실업과 경제적 혼란 없이 필요한 변화가 달성될 수 있
는지의 여부는 또 별개의 문제이다. 무성장상태로의 전환은 경제체
질을 약화시켜, 그것을 붕괴시킬 만큼 나쁜 상태로 몰아갈지도 모른
다. 그러나 다음과 같은 것을 재빨리 첨가해두자. 만일 인류가 적어
도 부유한 사람들의 생활수준을 낮추지 않으면 자멸할 것이라는 사
실을 발견하게 된다면, 이러한 필요에 알맞는 경제체제의 관리방식
을 개발할 것이라고 나는 감히 말한다. 그러나 심각한 위협은 없기
때문에, 성장은 계속되게 되어 있다고 생각한다. 점증하는 환경오염
에 대처하기 위해서 미국은 성장과 기술의 방향전환 및 성장의 용
도에 있어서의 우선순위의 재조정으로 나아가게 된다.43)

3) 성장의 이익과 환경파괴의 비용

헬러는 성장을 자연환경과의 1차원적인 관계에서만 취급하는 것을
못마땅하게 여긴다. 성장의 이익으로서는 대기, 물, 토지오염, 도시의
과밀과 번잡 등의 물질적 환경을 청결하게 하는 역할 이외에도 다음
과 같은 것을 포함해야 한다고 주장한다.44)

(1) 빈곤, 무지, 영양실조, 그리고 질병이라는 암 등 사회적 환경
    의 정화.

---

43) 위와 같음.
44) 같은 책, p.10.

(2) 도시 및 농촌의 빈민굴에서의 타락과 황폐화라는 인간적 환경
     의 정화.
(3) 범죄와 폭력이라는 인격적 환경의 정화.

그는 이어서 성장이 가져올 수 있는 이러한 가시적인 이익과는 별
도로 보이지 않는 이익도 고려해야 한다고 한다. 변화, 혁신, 그리고
모험이 성장의 분위기 속에서 번성한다. 그것은 사회의 가동성을 증
가시키며, 정상상태가 제공할 수 없는 선택의 여지를 열어준다고 한
다.45)

코머너는 환경파괴가 경제체제에 미치는 비용을 다음과 같이 평가
하고 있다.46)

(1) 환경파괴는 화폐, 사회적 재난, 개인적 고통의 측면에서 본 그
희생이 얼마이든 간에, 주로 1946년 이래 미국의 생산기업을 개조하
기 위하여 채용된 생태적으로 잘못된 기술(技術)의 결과이다.

(2) 여기에서 초래되는 환경충격은 인간의 생활을 지탱하는 기본
적인 생태계를 압박하며, 공업과 농업의 운영에 필수불가결한 '생물
적 자본'을 파괴하고, 그리고 수십 년 내에 생태계의 파멸을 초래할
지도 모른다.

(3) 더욱이 이미 발생한 환경충격은 경제체제의 지속적인 발전을
위협하는 데 충분하다. 코머너는 그 예로서 환경파괴에 대한 국민의
반대 때문에 심각한 전력부족시에 나타난 신발전소 건립의 곤란성과
많은 부문에서의 최근의 산업적 혁신의 축소를 들고 있다.

(4) 따라서 우리가 경제적으로나 생물적으로나 살아남을 수 있으

---

45) 같은 책, p.11.
46) Barry Commoner, "The Environmental Cost of Economic Growth,"Sam H.
    Schurr, ed., 앞의 책, pp.64~65.

려면, 미국경제의 많은 부문에서 1946년 이래로 나타난 기술변화가 말하자면 미국의 생태계의 불가피한 요구와 더욱 밀접하게 조화를 이룰 수 있도록 다시 개조될 필요가 있다. 이것은 생태계가 하수와 폐기물을 직접 땅으로 환원시키는 신기술의 발달을 요구한다. 또한 자연의 생산물에 의한 합성물질의 대체, 농업에서 비옥도를 제거하여 에이커당 생산을 높이려는 현재의 경향의 역전, 낮은 연소온도에서 연료의 효율을 극대화하여 운용되는 육상수송의 개발, 합성유기물질의 사용의 현저한 감소 등을 위한 새로운 기술의 개발이 요구된다. 요컨대 1946년 이래로 개발된 반생태적인 경향을 역전시킬 만한 경제기술의 전환이라는 새로운 시대가 요구된다.

이번에는 공해 자체라기보다도 공해규제가 경제에 미칠 영향을 생각해보자. 가령 공해규제가 기술혁신을 유발하지 않으면 경제성장은 곧 감속한다는 것이 무라카미(村上泰亮)의 의견이다.47) 그는 해롯드의 동학(動學)모델을 가지고 이것을 설명하고 있다.

$$GC = S$$

(G=성장률, C=부가가치에 대하여 측정한 자본계수, S=저축률)

그런데 만일 공해방지를 위하여 종래에는 불필요했던 설비가 필요하게 되었다면, 기술적인 이유로 C는 상승한다. 그러면 위의 식에서 S가 불변이라면 G는 저하하지 않을 수 없다. 공해방지를 위하여 자본설비가 아니라 중간생산물의 부가, 또는 보다 고가한 원료가 필요한 경우도 있을 것이다. 이를테면 전력회사가 저유황원유를 사지 않으면 안되는 경우가 그 여이다. 그때에는 부가가치율이 저하한다. 그래서 부가가치에 대하여 측정된 자본계수 C는 곧 증대한다. 결국 G

---

47) 村上泰亮, 「公害分析をぬぐって」, 建元正弘・渡部經彦 편, 『現代の經濟學』3(日本經濟新聞社, 1971), pp.18~20 참조.

는 저하한다.

공해방지활동이 수행되게 되면, 공해방지라는 신산업이 출현한다. 이것은 하나의 성장 요인이다. 다른 한편 대기나 물과 같은 자원이 제약 요인으로서 새로이 고려되지 않으면 안된다. 이것은 성장의 저해 요인이다.

요컨대 "신산업의 출현이라는 요인, 새로운 자원 제약이라는 요인, 이들 두 개의 대항관계에서 공해방지와 경제성장의 관계가 결정된다. 만일 신산업이 새로운 기술혁신의 물결을 동반하여 발전한다면, 경제성장이 가속화될 가능성마저 있다. 그러나 그 역의 가능성도 물론 강하다. 그래서 그 분기(分岐)는 적절한 대책을 취할 수 있는가 없는가에 달려 있는 것은 아닐까?"[48]

6. 맺음말

지금까지 경제성장과 환경문제의 관련을 여러 가지 각도에서 분석해왔다. 여기에서 내릴 수 있는 하나의 결론은 경제성장이 환경파괴의 주원인이지만, 그러나 경제성장 그 자체가 반드시 환경파괴를 일으키는 것은 아니고, 성장의 유형, 특히 기술의 선택과 성장성과의 사용방법이 더욱 문제라는 것이다. 그리고. 헬러에 의하면 무성장(無成長)경제는 대중이 받아들이지도 않을 것이며, 그것은 불가능한 것이라고 한다. 뿐만 아니라 무성장경제는 성장경제에서보다도 더욱 큰 문제(이를테면 대량실업)를 야기시킬 것이며, 환경보존 자체도 정상상태의 경제에서보다는 성장경제하에서 더욱 용이하다고 한다. 사실 성장

---

48) 같은 책, p.20.

을 완전히 중단시키는 것은 불가능할 것이며, 아마도 이것은 더욱 큰 문제를 야기시킬 것이다. 그렇다고 해서 성장에 내포되어 있는 환경파괴의 위험을 결코 경시할 수는 없다. 경제성장이 환경파괴를 일으키는 원인으로서 많은 학자들은 모든 제도적인 결함을 들고 있다.

환경자본파괴의 효과는 비가역적, 상승적, 은폐적이다. 여기에 환경파괴의 심각성이 있다. 따라서 환경문제는 한층 엄격하게 다루어질 것을 요구하고 있다. 이제 환경오염을 이 이상 증가시키지 않거나 또는 그것을 경감시키기 위해서 경제성장의 방법, 특히 기술의 성격변화와 제도변경이라는 일대전환을 요구하는 시대가 왔다. 그렇지 않으면 인류의 생존 자체가 큰 위협에 직면하게 될 것이다. 극단적인 낙관론이나 극단적인 비관론은 모두 금물이다.

경제성장의 형태를 반생태적인 것으로부터 생태계에 유리한 것으로 바꾸어야 한다. 생산구조·상품구성·기술의 성격이 환경에 유리한 것으로 전환되어야 한다. 폐기물이 환경오염의 요인이 아니라 유용한 자원으로 재사용될 수 있도록 하는 기술의 개발이 촉진되어야 한다. 환경에 유리한 제도의 변경으로서는 여러 가지 견해가 나와 있지만, 필자는 시장망의 확대라기보다는 오히려 그 반대의 방향인 공공부문의 확대와 공적 규제의 강화라야 한다고 생각한다. 이윤동기를 기축으로 하는 사적 부문은 환경파괴를 가속화시키기 때문에 이것은 환경보호를 위해서 상당한 정도로 제한되어야 한다. "적어도 환경자본에 관해서는 어떤 공공적 의사결정원리와 행동원리를 적극적으로 도입해야 할 것이다. 그 위에 만일 이윤원리에 이점이 있다면 이것을 보조수단으로 이용하는 환경자본보전을 위한 새로운 체제적 기구와 유인을 조속히 만들어낼 필요가 있을 것이다".49)

마지막으로 언급해두어야 할 것은 인간자본의 파괴가 "과잉노동력

---

49) 稻毛滿春, 앞의 책, p.194.

의 완화나 기능노동력의 부족화 경향, 노동조합의 발전, 기본적 인권 사상의 정착 등"50)에 의하여 중단되었지만, 그 중에서도 특히 노조와 인권사상의 발전에 의한 노동자들의 끊임없는 역사적 투쟁에 의해서 그 파괴가 중단되었다. 환경자본에 대해서도 같은 말을 할 수 있다. 대중이 환경권이라는 뚜렷한 권리의식을 가지고 이윤극대를 목표로 하는 사기업의 환경파괴를 저지하고 정부로 하여금 그것을 실행할 수 있도록 촉구해야 할 것이다.

---

50) 위와 같음.

노동시간의 경제학

1. 노동시간의 역사

    노동시간은 임금과 더불어 가장 중요한 노동조건의 하나이다. 그래서 노동자들은 언제나 임금인상과 더불어 노동시간단축을 그들의 노동운동에서 핵심적인 것으로 주장해왔다. 산업혁명기와 그 직후의 원생적 노동관계(urwüchsiges arbeitsverhältnis) 밑에서의 과도한 장시간노동은 1833년에 영국에서 제정된 공장법1)에서 일단 제한을 받게된다. 이러한 공장법의 제정은 한편으로는 노동자 자신에 의하여 시간단축 등 근로조건의 개선을 위한 노동운동이 발전하고, 다른 한편으로는 국가와 자본이 노동력의 재생산을 확보하려는 사회정책적 견지에서 시간단축의 필요성을 인정하게 된 결과로써 이루어진 것이다. 그 후 노동시간의 단축운동은 각국의 노동조합에 의하여 표준노

---

1) 영국에서 최초로 제정된 공장법은 1802년의 「도제의 건강 및 도덕법」이었다. 여기에서 교구도제의 노동시간을 최고 1일 12시간으로 제한하였다. 이 법률은 그 후 수차의 개정을 통하여 1833년의 공장법으로 발전한다. 그러나 1933년의 법률 이전의 것은 공장감독제가 확립되어 있지 못하였기 때문에 사실상 사문화되고 말았다. 1833년의 공장법에서 비로소 공장감독제가 확립되었으며, 이 법률은 섬유산업에 한하여 적용되기는 했지만 부인의 노동시간을 1일 12시간 주69시간, 유년자의 그것을 주48시간으로 제한하였으며 연소자의 심야업을 금지시켰다. 이 법률에서 규정된 노동시간에 관한 규정은 근대공업에 있어서 최초의 표준노동을 이라고 평가되고 있다.

동일의 제정을 위한 입법화라는 정치운동으로서 전개되는 것이다. 영국에서는 1830년대 후반에 노동자들의 정치운동인 차티스트운동의 일환으로 10시간노동제가 주장되었고, 이것은 1847년에 입법화되었다. 이러한 시간단축을 위한 노동운동은 8시간노동제, 주40시간제의 요구로 발전되었다. 8시간노동제는 오스트레일리아에서 최초로 확립되었으며, 이후 뉴질랜드, 오스트리아, 스웨덴, 노르웨이 등에서 법제화되었다. 주40시간제의 요구는 1일 7시간 노동의 요구에서 발전한 것이다. 이러한 7시간제의 요구는 이미 제1차대전 직후에 나타나서 영국의 탄갱(炭坑)에서는 한때 이것을 입법화했다. 그리고 소련에서는 1928년부터 7시간제로 이행하기 시작했다. 1929년의 대공황 이후에는 특히 실업대책의 일환으로서 7시간제가 세계적으로 강조되었다.

세계대공황시에는 많은 나라들이 실업대책의 일환으로서 노동시간을 단축했으나 이것이 실업문제를 해결할 수는 없었다. 그러나 제2차대전의 발발은 실업을 해소시킨 반면에 노동시간의 연장사태를 발생시켰다. 제2차대전 직후에는 선후진국을 막론하고 많은 나라에서 소정노동시간의 단축이 이루어졌다. 그러나 1955년까지는 실노동시간은 전전을 상회하는 나라 또는 전후 급속히 실노동시간이 연장된 나라가 많았다. 1955~56년경부터 노동조합의 시간단축운동의 고조와 더불어 그 이후 속도가 느리기는 하지만 실노동시간의 단축이 어느 정도 진행되어왔다.

주당 약 40시간제가 이미 오랫동안에 걸쳐서 실시되고 있는 나라를 제외하고 선진공업국의 전반적인 상황은 실노동시간이 지난 20여 년에 걸쳐서 확실히 단축되어오고 있고, 1960년대 및 1970년대 초기에 걸쳐서 단축률이 한층 증가되는 경향을 보이고 있다. 실노동시간이 이미 주당 40시간 내지 그 이하에 도달한 경우에는 그것을 표준화하려는 경향을 가지고 있는 것이 특색이다. 일시적이고 비교

적 근소한 실노동시간의 증대는 있었지만 주 노동시간의 단축경향
에 역행되는 움직임은 이들 나라에 있어서는 보이지 않는다.2)

그러나 여기에서 우리가 주의하지 않으면 안되는 사실이 하나 있다.
제2차대전 이후로는 노동년(work year)의 길이의 단축은 대체로 다른
형태, 즉 유급휴가나 유급휴일의 증가라는 형태를 취하고 있다. 그러
나 이러한 유급휴가나 유급휴일의 증대에 의한 시간단축은 지불노동
시간을 작업시간과 동일하게 취급하여 지불노동시간3)이라는 개념을
사용하고 있는 나라의 공식통계에서는 나타나지 않는다는 사실이다.
따라서 "공식통계는 역사적인 시간단축의 경향이 1930년대에 끝난 것
같은 그릇된 인상을 주고 있다."4) 통계상에 나타나지는 않지만 실제
상의 시간단축은 있었던 것이다.

소정노동시간이 주 44~40시간으로 단축됨에 따라 나타난 또 하
나의 경향은 거의 모든 선진공업국의 공업부문의 각 사업소 및 다수
의 상업관계의 대기업과 사업소에 있어서는 주휴(週休) 2일제가 주
도적인 관행으로 되었다는 사실이다. 따라서 "주휴 2일제는 주40시
간제에서 주로 생긴 것이라고 할 수 있다."5)

---

2) Archibald A. Evans, *Hours of Work in Industrialized Countries*, ILO, Cha.
   p.5 참조.
3) 지불노동시간은 실노동시간에 '노동하지 않고서 임금의 지급이 있는 시간'이를
   테면 연차유급휴가, 유급공휴일, 유상의 질병기간 및 여타의 휴가가 가산된 것
   으로서 이른바 임금지급의 대상이 되는 노동시간의 합계를 말한다.
4) Albert Rees, *The Economics of Work and Pay*(Harper & Row, 1973), p.27.
5) 藤本武, 『勞動時間』(岩波書店, 1963), p.161.

2. 노동시간의 경제법칙

우선 문제로 되는 것은 자본주의 사회에 있어서 기본적인 노동시간의 경제법칙이 무엇인가 하는 것이다.

모든 사회구성체를 통해서 노동일(workday)은 필요노동시간과 잉여노동시간으로 나누어진다. 전자는 직접생산자와 그 가족의 1일분의 생활에 필요한 물자의 총량에 상당하는 생산물을 생산하는 시간을 말하고, 후자는 그 이상의 여분의 생산물을 생산하는 시간을 말한다. 자본주의 사회에서는 필요노동시간에 의하여 생산되는 생산물의 가치가 임금으로서 노동자에게 지불되고, 잉여노동생산량의 가치(剩餘價値)는 이윤으로서 자본에 귀속된다. 그래서 이윤을 증대시키기 위해서는 잉여노동시간을 증대시키는 것이 필요하지만 일정한 사회에 있어서는 필요노동시간은 일정한 길이를 가지고 있기 때문에 결국 노동일을 연장할 필요가 생기게 된다.

그러나 노동지출량을 결정하는 것은 절대적인 노동시간의 길이 뿐만은 아니고, 거기에는 다음의 세 가지 요인이 작용하고 있다.6)

① 노동시간의 절대적인 길이, 즉 노동의 외연적 대소.

② 노동 강도와 숙련의 정도, 즉 노동의 내포적 대소.

③ 노동의 생산력의 발달 정도.

따라서 이윤의 대소는 노동시간의 외연적 연장과 단위노동시간 내에서의 노동의 내포적 증대에 의존하고 있다. 그래서 자본은 이윤의 증대를 위하여 노동시간의 연장과 노동 강도의 증대를 꾀하려는 충동에 휘말리게 된다. 산업혁명기에는 주로 노동시간의 연장에 힘을 기울였고, 노동운동 및 사회입법의 발전에 따라서 노동시간이 단축되게

---

6) 高梨昌, 「勞動時間と勞動環境」, 大河內一男 편, 『社會政策』(靑林書院新社, 1964), p.125.

되면 중점은 점차로 노동밀도(勞動密度)의 증대로 옮아가게 된다.

자본주의 경제의 발전과 함께 고정설비의 비중은 점차 커지게 되는데, 이것이 또한 장시간노동의 필요성을 한층 강화시킨다. 그 이유는 다음과 같다.7)

① 기계장치를 장시간 가동시키는 것은 자본의 회전을 빠르게 하여 연간이윤율을 증가시킨다. ② 기술진보가 급격할 때에는 기계장치는 물리적으로는 수명을 다하지 않더라도 사회적으로 진부화되어버릴 위험성이 있다. 이러한 사회적 진부화를 방지하기 위하여 가동시간을 증가시켜 감가상각을 빨리 하고, 새로운 우수한 기계장치로 치환시킬 필요성이 증대한다. ③ 기계를 될 수 있는 대로 장시간 가동시키기 위해서는 노동자에게 될 수 있는 대로 장시간 가동시킴과 동시에 인간의 생리적 한계를 넘어서 기계를 가동시킬 목적으로 교체제도가 안출되는 것이다. 그래서 "생산이 더욱 자본집약적으로 됨에 따라 경영층은 점차로 설비를 1교체 이상으로 가동시키려는 유인을 가지게 된다. 철강공장이나 정유공장과 같은 연속적인 작업공정에서는 공장을 매주 168시간 가동시킬 필요가 있다."8) 그러니까 교체제(交替制)의 본질은 시간 연장의 필요성을 변형된 형태로 충족시킨다는 데 있는 것이다.

그런데 노동력의 소유자인 노동자는 살아 있는 인간이기 때문에 노동함으로써 노동력이 소비되는 시간부분과 노동에 의하여 소비된 노동력의 에너지를 보신하기 위하여 시간부분, 즉 수면·휴양·식사·등의 시간부분 사이에 일정한 균형관계를 이룩하지 않으면 안된다. 만일 이러한 균형관계가 노동시간부분의 확대에 의하여 파괴된다면 노동자의 피로의 축적, 여기에 따르는 질병노동재허의 증대 및 노동능률의 저하 등의 현상이 초래되지 않을 수 없다. 그것은 노동

---

7) 藤本武, 앞의 책, p.95.
8) A. Rees, 앞의 책, p.30.

력의 구매자인 자본에게 있어서도 비능률적인 것으로 된다.

이와 같이 노동력의 소비, 즉 노동의 지출은 노동력의 육체적 생리적 재생산을 위한 시간에 의하여 매일 일정한 한계가 지워지는데, 이러한 한계는 이른바 노동시간의 물리적 생리적 한계로서 노동시간의 최고한을 결정하는 것이다.

다른 한편 노동력의 재생산에 필요한 시간에는 소비된 노동력의 육체적 재생산에 최저로 필요한 수면·휴양·식사 등을 위한 시간부분 이외의 시간이 포함된다. 그것은 노동력의 소유자인 노동자가 자본을 위한 단순한 노동력의 제공자로서 존재하는 것이 아니라 사회적·문화적 생활을 영위할 의욕을 가진 인간으로서 존재하기 때문이다. 그래서 노동자의 생활시간의 일정부분은 당연히 이러한 의욕들을 충족시키는 교양·오락·독서 등을 위한 시간으로 할당하지 않으면 안된다. 이러한 사회적·문화적 욕구를 충족시키는 데 돌려지는 시간부분은 다음과 같은 두 가지 요인에 의하여 변화하게 된다.9)

첫째, 경제사회의 물적 생산력이나 기술의 발달이 진행됨에 따라서 자본이 수요하는 노동력의 질이 변화하게 되는데, 여기에 알맞은 기능이나 숙련을 확보하는 데 필요한 교육이나 훈련내용의 변화. 둘째, 임금수준에 의하여 규정되는 노동자의 생활수준의 변화.

이러한 시간부분은 노동시간과 관련을 가지면서 노동시간부분에서 차감되는 시간부분을 구성한다. 이 시간부분이 차감되는 한계가 바로 노동시간의 사회적·도덕적 한계로서 노동시간의 최저한을 규정하는 것이다. 그런데 현실의 노동시간은 물리적·생리적 한계를 최고한으로 하고, 사회적·도덕적 한계를 최저한으로 하여 그 사이에서 결정된다.10) 이러한 노동시간의 두 가지 한계 사이에는 상당한 신축성이 있는 것이기 때문에, 노동시간을 둘러싸고 자본 측과 노동 측은 서로

---

9) 高梨昌, 「勞動時間と勞動環境」, 大河內一男 편, 앞의 책, p.127.
10) 위와 같음.

이해가 대립된다. 최고한에 가까운 노동시간을 결정하려는 자본 측에 대항하여 노조에서는 최저한에 가까운 노동시간을 주장한다. 노동시간을 둘러싼 이러한 양자간의 대립·상충·교섭이 바로 자본주의 사회에 있어서 노동시간에 관한 경제법칙이라고 할 수 있다.

3. 노동시간 단축의 이론

근대산업사회는 끊임없이 경영관리기술과 기계설비의 고도화를 추진시켰고, 이에 따르는 노동생산력의 상승은 잉여노동부분을 증대시켜 노동시간의 단축을 가능하게 하는 조건을 만들었다. 이러한 시간단축의 가능성은 다음과 같은 두 가지의 시간단축의 필요성에 의해서 실현 가능한 것으로 된다.

첫째, 기계기술의 고도화는 당연히 노동의 숙련이나 기능의 고도화·근대화를 수반하고, 이러한 사정은 노동자로 하여금 교육이나 교양을 위한 시간을 한층 더 필요하게 만들었다. 이것은 말하자면 노동자들의 사회적·문화적 성숙의 정도와 관련되면서 노동시간 단축의 한 계기를 만드는 것이다.

둘째, 19세기 말경부터 전개되어온 대량생산방식은 작업의 표준화·규격화를 가져오그, 이것은 종래의 직인(職人)적 숙련의 분해, 즉 숙련의 희석화(dilution)와 각 직무(職務)로 분해된 새로운 형의 숙련을 발생시켰다. 이것은 보통 '트레이드(trade)로부터, 잡(job)으로'표현되는 바와 같이 반숙련·불숙련 작업을 만들어내었다. 이러한 숙련의 변질은 기계에 의한 노동의 대위(代位)이며, 인간의 기계에 대한 종속성을 증가시켰다. 이에 따라 노동능률은 노동자의 노동의 욕에 의해서 직접 규제되기보다는 오히려 기계나 장치의 배치·성능·속도 등에 의해서 구제되게 되고, 노동은 단순·반복되는 단조로운 노동, 기계장치의 운전을 위한 감시노동으로 바뀌었다. 그 결과 노동에 따르는 피로는 육체적인 피로라기보다도 정신적인 피로로 바뀌었다. 육체적인 피로는 많은 경우 충분한 식사와 수면에 의하여 회복될 수 있지만 정신적인 피로는 그것만으로는 해결되기 어렵고, 충분한 여가시간의 이용에 의하여 회복될 수 있는 성질을 가지고 있다. 여기에 노동시간의 단축과 임금수입의 증가에 대한 필연성이 생겨나게 되는 것이다.

시간단축의 가능성과 필요성은 노동조합으로 하여금 시간단축을 위한 운동을 일으키도록 만들었다. 그래서 현실의 노동시간단축은 노조와 자본 측의 힘이 균형을 이루는 점에서 실현되어왔다.

노동시간문제를 둘러싼 노조와 사용자간의 투쟁에 관하여 우리는 다음의 몇 가지 점을 지적할 수 있다.

첫째, 노동시간의 위치와 길이, 노동 시간 내에서의 각 시간부분의 배열 및 노동능률 등은 자본주의 사회에서는 원칙적으로는 노동의 수요자인 자본가에 의하여 결정된다.11) 따라서 노동자의 입장에서 볼 때 노동시간의 질과 양은 사용자에 의하여 타율적으로 결정되는 것이다. 이러한 자본의 노동시간 지배에 대하여 개개의 노동자는 거의 무력하고, 그들의 조직인 노조 등에 의하여 어느 정도 노동시간에 제약을 가할 수 있다. 그러나 이것도 자본주의적 합리성이라는 일정한 한계를 가지게 된다. 왜냐하면 노동조합이 명목적인 노동시간의 단축을 획득했다고 하더라도 능률의 강화에 의하여 그 효과가

---

11) 노동시간에 관한 이러한 수요자지배설(demand dominated view)은 일반적인 견해이며, 여기에는 중요한 진실의 요소가 포함되어 있다는 것을 인정하면서도, 노동자들은 자발적인 의사에 의하여 파트 타임 노동(part-time work)을 요구하며, 이러한 공급자의 요구에 따라 수요자 측에서도 파트 타임 노동을 만들어내고 있다는 이유를 들어 위와는 반대되는 경향도 있다는 것을 인정하는 사람도 있다. A. Rees, 앞의 책, p.21 참조.

상쇄되어버릴 가능성이 크기 때문이다. 그렇지 않다면 시간단축을 장기에 걸쳐서 유지하는 것은 경쟁사회에 있어서는 곤란하다.

둘째, 근대적인 생산사회에 있어서는 노동시간은 획일적으로 결정되는 경향을 가지고 있다. 공장 내의 노동시간이 일정한 기계체계와 관리질서 밑에서 일정한 규율을 가지고 획일적으로 결정되지 않으면 작업이 원활하게 진행될 수 없다. 따라서 개개의 노동자는 마음대로 노동시간을 변경시킬 수 없다. 마음대로 노동시간을 변경할 수 없는 정도는 기계화와 관리질서가 고도화되고 기계에 대한 노동자의 종속도가 강화되면 될수록 커진다. 다른 한편 이러한 공장 내에서의 노동시간의 획일화는 개개의 공장이나 기업에만 그치는 것은 아니다. 경쟁사회의 법칙에 의하여 경쟁조건이 가장 중요한 요소인 노동시간은 표준화하는 경향을 가지고 있다. 따라서 기업간의 노동시간의 격차는 경쟁조건의 동일화라는 견지에서 볼 때 시간 연장의 원인으로 될 수 있다. 이러한 점을 생각해본다면 노동조합에 의한 노동시간단축의 요구는 표준노동시간의 요구로서 나타나지 않을 수 없는 필연성을 가지고 있고, 또 이 요구는 기업의 범위를 넘어서 동일산업, 또는 동일직업의 전반에 걸친 표준노동시간운동으로 되지 않을 수 없다. 뿐만 아니라 국가에 의한 노동시간의 규제도 이러한 자본주의적인 노동시간 표준화의 법칙을 무시하고는 실현될 수 없는 것이다.

셋째, 이러한 표준노동시간의 설정과 단축은 노동자의 임금수입과의 관련 속에서 생각하지 않으면 안된다. 왜냐하면 표준노동시간내의 임금수준이 낮고, 더욱이 임금수준이 표준화되어 있지 못하다면 노동자 사이의 경쟁에 의하여 임금은 낮은 방향으로 표준화되고, 결과적으로 노동시간의 연장을 초래할 수 있기 때문이다. 이러한 경향은 특히 기계화와 관리조직이 발전되어 있지 못하여 노동시간의 획일화가 이루어지고 있지 않은 경우에 강하게 나타난다. 자본주의 발달의 초기에 노동시간의 절대적·외연적 연장이 광범하게 나타나고 있었던 것은 이러한 이유에 기인하는 것이다.

자본주의 사회에서는 노동시간은 결코 고정적인 것은 아니고 산업생산력의 상승을 기반으로 하고 노동자조직의 발달 정도에 따라서 끊임없이 단축되는 경향을 가지고 있다. 그러나 다른 한편으로는 노동시간의 단축은 언제나 노동의 강도화와 농밀화를 수반하기 때문에 시간단축에 의하여 초래된 효과가 상쇄되어버리는 경우가 종종 있다.

4. 노동시간과 생산성

여기서는 노동시간의 단축이 생산성에 어떤 영향을 미치는가를 고찰해보자. 산업혁명기에는 장시간의 과도노동이 만연되어 노동력의 재생산을 불가능하게 하는 소위 원생적(原生的) 노동관계가 지배적이었다. 지나친 장시간노동은 노동력의 재생산을 불가능하게 할 뿐만 아니라, 노동밀도 내지 노동능률을 저하시킨다. 생물로서의 인간은 장시간노동에 종사하게 되면 피로로 인하여 노동밀도가 감소되어 작업능률이 시간에 따라 저하해가기 때문에 노동시간을 단축한 경우에 1시간당의 생산량은 물론이고 총생산량이 증대하는 경우도 종종 있다. 물론 작업의 종류에 따라 그 위치가 다르기는 하지만 노동일을 연장하면 노동의 밀도를 저하시키지 않을 수 없는 어떤 경계점이 반드시 있게 마련이다.

과장노동시간(過長勞動時間)의 영향은 흔히 전시중의 사례에서 나타난다. 과장노동시간이 생산성에도 종업원에게도 나쁜 영향을 미친다는 것을 실증한 좋은 예는 제2차대전시 영국의 군수공장의 그것이다. 포탄공장의 예로서 주60시간노동은 주40시간노동에 비하여 주전체의 생산량을 겨우 5.5퍼센트 증가시킨 데 불과하고 매시간당 생산을 22.3퍼센트 감소시킨 데 반하여 재해율을 10.8퍼센트 증가시켰다는 보고가 있다.12) 여러 가지 사례를 종합한 당시의 결론으로서 전시중이라고 하더라도 주 노등시간은 남자 58시간, 여자 48시간이 생리학적 한계이며 이것을 넘어서는 안된다는 의견이 나와 있다.13)

과장노동시간이 아니더라도 교체근무제의 경우 야간의 작업이 주는 심신에 대한 영향이 크게 나타나고 있다. 명치시대에 일본의 어느 방적공장이 여직공 59명에 대하여 야간작업으로 인한 체중감축을 측정하였는데, 평균체중이 12관 192돈중인 여자가 야간작업 1주일에 평균 154돈중이 줄었고, 그 후 주간작업 1주일 후에 체중을 재어보니 135돈중이 증가했다고 한다. 야간작업 1주일에 154돈중이 줄고 주간작업 1주일에 135돈중이 회복되어 결과적으로 2주일에 19돈중은 회복할 수 없는 체중의 감량으로 된 것이다.14)

일찍부터 조직적으로 시간단축의 연구에 도전한 사람으로서는 제1차 세계대전중의 사례를 연구한 버논(H. M Vernon) 등을 중심으로 하는 노동과학적 연구를 들 수 있는데, 지금까지도 이들의 연구는 귀중한 의미를 남겨놓고 있다. 버논 등은 제1차 세계대전중에 영국의 군수공장에서 주당 노동시간을 66시간으로부터 48.6시간으로 26퍼센트 감소시키더라도 매시간의 생산은 68퍼센트 증가하고, 주당생산도 15퍼센트 상승한다는 사실을 발견하였다. 그는 그 이외에도 많은 연구를 하였는데, 시간단축의 효과는 작업이 과중하면 과중할수록, 그리고 또 일이 수작업(手作業)을 많이 포함할수록(기계에 의한 작업부분이 적다는 것을 의미) 크다고 한다.

이러한 사실은 골드마크(O. Goldmark) 등이 8시간노동과 10시간노동을 비교한 결과에서도 발견되는데, 중근작업(重筋作業)에서는 특

---

12) 豊原恒男, 「勞動時間の管理」, 藤田忠 편, 『人事管理』(有斐閣雙書, 1973), p.168.
13) 위와 같음.
14) 김성진, 『노동경제론』(법문사, 1975), p.18.

히 오후 끝마무리 작업의 능률저하가 10시간노동의 경우에 현저하게 나타난다고 한다.

로스차일드(K. W. Rothschild)도 산업혁명기에는 고용주들이 너무나 긴 노동주(勞動週)를 선택했기 때문에 노동주를 단축함으로써 1인당 주 생산량을 증가시킬 수 있었을 것이라고 주장하고 있다.15)

시간단축의 효과는 단순히 신체적인 피로를 감소시키기 때문에 발생하는 것만은 아니라고 생각된다. 중근작업에 있어서는 시간단축은 신체피로 및 여기에서 결과하는 정신적 노력의 감퇴를 방지하는 의미가 상당히 강하다고 생각되지만, 경노동 기타의 정신노동에서는 오히려 심적 태도의 문제가 더 중요하다고 생각된다. 이러한 사실은 심리학의 실험결과나 직장의 자료에서도 쉽게 얻을 수 있다. 직장의 연구자료 등에서는 시간단축이 결근 기타의 손실시간 감소의 효과를 가져온다고 하는 사례는 적지 않다. 그런데 이것은 단지 피로나 질병만의 문제는 아니고, 근로의욕에도 관계된다고 생각된다.

상술한 바와 같은 노동시간과 생산량과의 관련에서 적정노동시간에 관한 논의가 전개되었다. 일본의 우에노(上野義雄)는 노동과학의 입장에서 1일 8시간의 실노동시간을 적정노동시간으로 보았다. 한편 영국의 플로렌스(Sargant Florence)는 제1차 대전중의 경험의 결과를 요약하여 통상의 경영능률에 있어서, 적정한 시간의 길이는 주48시간이라고 주장하였다. 그는 기계력이 작업속도를 설정하고 있는 산업 활동부문이 큰 경우에는 장시간이 보다 생산적일지는 모르지만, 근소한 생산량의 불이익보다도 더 중요한 단시간노동의 이익이 있는데, 그 가운데는, 첫째 1일 중의 생산량의 안정성, 둘째 생산량에 비하여 보다 적은 손실시간(災害 등), 셋째 소정시간에 비례하고 생산량에는 비례하지 않는 광열 및 기계운전을 위한 동력 등의 총경비의

---

15) K. W. Rothschild, *The Theory of Wages*(Oxford: Blackwell, 1965), pp.50~55.

절약 등이 포함된다고 한다.16)

　그는 또 이러한 사용자의 이윤 및 손실계정에 미치는 영향에 관한 경제적인 고려와 함께 장기에 걸친 약간의 국민경제적인 판정기준도 고려하지 않으면 안된다고 한다. 그는 1일당으로는 조금 적게 생산하더라도 단시간노동이 개인의 노동연수를 연장시키는 것은 국민경제적인 이익이라고 주장하였다. 그 후 콘베이어 시스템에 의한 노동강화가 진행됨에 따라 플로렌스는 주44시간을 적정노동시간이라고 하여 그의 이전의 견해를 수정하였다.

　여기에서 말하고 있는 적정이라는 개념은 어디까지나 고용주의 입장에서 본 것이다. 극대산출량의 점(點)이 적정노동시간의 점이라고 불리는 사실17)에서도 우리는 이러한 것을 알 수 있다. 노동자의 입장에서 보면 임금수입이 일정하다면 노동시간은 짧을수록 좋을 것이다.

　노동과학에서는 산업의학과 산업심리학의 측면에서 노동시간의 적정을 결정하려고 하였다. 그러나 노동과학이 제시하는 일정한 기준은 결국 노동시간의 최고한을 표시하는 데 불과한 것이다. 노동력의 재생산이라는 측면에서 보아 이것을 넘으면 충분한 재생산을 기대할 수 없다는 최고한을 표시하는 것이다. 그러나 이러한 적정의 기준은 작업의 조건이나 환경·속도 등에 따라 변화하는 것이다. 뿐만 아니라 또 적정인가 아닌가의 기준은 단지 의학이나 심리학의 연구만으로 결정되는 것은 아니고, 현실적으로는 조직의 생산성과 인간존중과의 조화문제 중에 존재하는 것이다. 그래서 그 시대, 그 조직사회가 가진 이데올로기와도 관련되어 결정되는 성질을 가지고 있는 것이다.18) 그러나 한 가지 확실한 것은 기술의 발전, 따라서 노동밀도의 강화와 함께 이러한 적정노동시간의 길이는 점차 짧아져가는 경

---

16) 藤本武, 앞의 책, pp.140~41.
17) A. Rees, 앞의 책, p.33, Notes. 5.
18) 豊原恒男, 「勞動時間の管理」,藤田忠 편, 앞의 책, p.167.

향이 있다는 사실이다.

그러면 경제적인 견지에서 보아 낭비에 불과한 과장노동시간이 왜 존재했던가 하는 것이 문제로 된다. 만일 노동시간의 단축이 1시간 당의 산출량뿐만 아니라 일주 동안의 총생산량을 증가시킨다면 어느 한 고용주는 노동시간을 단축시키고 주당 임금을 고정시킴으로써 추가비용을 들이지 않고 노동자들의 만족을 증가시킬 뿐만 아니라, 산출량도 증가시킬 수 있었을 것이다. 그는 아마도 경쟁조건이라는 점에서 다른 고용주보다 우위에 설 것이기 때문에 다른 고용주로 하여금 그를 따르지 않을 수 없도록 할 것이다. 고용주들끼리 공모(共謀)를 했다고 하더라도 이것을 충분히 설명할 수는 없다. 왜냐하면 이러한 공모는 개인적으로 보나 집단적으로 보나 고용주들의 이익에 반하는 것이기 때문이다. 이것을 설명하기 위해서는 모든 고용주들이 무지했거나 또는 근시안적이었다는 논의가 필요하다. 이를테면 로스차일드는 시간단축이 산출량에 유리하게 작용하는 효과는 얼마 동안의 기간이 지난 후에야 느낄 수 있으며, 어떤 고용주도 이러한 효과를 관찰할 수 있을 만큼 충분한 장기간에 걸쳐서 시간단축의 실험을 하려고 하지는 않을 것이라고 주장하고 있다.[19]

5. 노동시간과 실업

이번에는 노동시간의 변동과 실업과의 관계를 고찰해보자. 이 양자 사이의 관계는 두 가지 측면에서 생각해볼 수 있다. 하나는 경기변동에 대한 노동공급의 조절기구로서 노동시간의 변동과 실업과의

---

19) K. W. Rothschild, 앞의 책, p.55.

관계이고, 다른 하나는 노동시간의 단축이 실업을 감축시킬 수 있느냐 하는 데 관련된 것이다.

자본제적 생산체제 밑에서는 경기변동이나 계절변동에 따라서 생산의 증감이 대폭적으로 일어나고, 이에 따라서 노동수요도 변동하게 된다. 따라서 이러한 노동수요의 변동에 적응할 수 있는 노동공급기구가 필요하게 된다. 그래서 노동수요의 변동에 따라서 노동공급을 조절하는 기능을 하는 기구로서는 산업예비군의 존재와 기존고용노동자의 노동시간의 변동을 들 수 있다. 이 양자의 관계는 구체적으로는 노동시장의 상위에 따라 다르지만 다음과 같은 세 가지 유형을 생각할 수 있다.[20]

제1의 유형은 불숙련노동시장에 의존하는 산업의 경우이다. 여기에서는 노동수요의 변동은 단지 불숙련노동자의 고용 또는 해고만으로써 해결될 수 있다. 왜냐하면 한편으로는 노동수요의 성격이 아무런 기술적 훈련도 필요로 하지 않는 불숙련노동자에 대한 수요이고, 다른 한편으로는 불숙련노동력은 일반적으로 공급과잉이어서 양적으로도 이러한 간헐적 수요를 만족시킬 수 있기 때문이다. 불숙련노동시장에서는 산업별 및 기업별 노동시장의 경계는 거의 존재하지 않는다. 불숙련노동시장은 말하자면 국민경제적 규모로 유지되고 있고, 그것이 곧 개개의 기업에 추가노동력을 공급할 수 있는 것이다. 따라서 이러한 경우에는 기업이 작업량을 변경시킬 때에 노동자수의 변동과 노동시간의 변동 중 어느 것에 의하여 노동수요를 조절할 것인가 하는 문제에 당면하여 일반적으로는 전자에 의거한다고 생각할 수 있다. 그것의 한계는 노동수단·작업장소 등 고정자본에 대한 추가투자를 필요로 하는 경우이고, 이러한 경우에 기존 고용노동자의 노동시간 연장이 필연화한다. 이 점에 이르기까지는 기업은 새로 고

---

20) 大河內一男·有泉亨·金子美雄·藻利重隆 편, 『現代勞動問題講座 5: 勞動時間と勞動環境』(有斐閣, 1966), pp.50~52 참조.

용된 노동자의 신선한 노동력을 분출시키는 것이다.

제2의 유형은 숙련노동시장에 의존하는 경우이다. 여기에서도 노동시간의 변동은 오직 숙련노동자의 고용·해고 또는 숙련공의 공급조직으로서의 사외(社外) 하청기업에 대한 발주의 증감만으로써 충족될 수 있다. 왜냐하면 숙련노동자는 원래 직종별 노동시장을 형성하고 있는 것으로 개별기업 또는 산업별 시장을 형성하고 있는 것은 아니기 때문이다. 그러나 숙련공의 경우에는 불숙련공의 경우와는 달리 노동력의 공급이 과잉상태인 것은 아니다. 따라서 직업별 조합의 노동력공급제한정책이 유효하게 기능하고 있지 않다는 조건하에서는 기존 고용노동자의 노동시간의 연장과 숙련노동자의 신규고용·해고의 두 가지 방식이 동시에 추구된다.

제3의 유형은 반(半)고용노동시장에 의존하는 경우이다. 여기에서는 생산량의 변동에 따르는 노동수요의 변동은 기본적으로는 기존고용근로자의 노동시간수의 변동에 의하여 조절된다. 왜냐하면 반숙련공의 출현 그 자체가 고정자본 투하의 거대화와 생산수단 체계의 확립을 전제로 하고 있어서 여기에서는 생산량의 변동은 노동자수의 변동과는 직접 관련되어 있지 않기 때문이다. 노동자수가 증가하더라도 플랜트 건설이 선행되어 있지 않다면 아무런 생산량의 증가도 일으키지 않고, 또 플랜트의 조업도가 떨어지더라도 노동자수는 감소하지 않는다. 따라서 플랜트의 조업시간을 변동시키는 것, 즉 노동시간의 변동과 교체제도의 변경이 문제로 된다. 그러나 현실에는 반숙련공의 경우에도 유기적 구성이 상대적으로 낮은 산업에 있어서는 임시공제도와 같은 노동자수의 변동을 수반하고 있다.

최초에는 실업문제에 대한 대책의 하나로서 노동시간의 단축을 주장하는 경우가 증가하고 있었다.21) 1930년대의 미국은 실업문제의

---

21) 藤本武, 앞의 책, p.110.

해결 내지 완화를 위하여 노동시간을 단축시키는 정책을 시행하였으며, 1960년대초 AFL-CIO도 그러한 의미에서 35시간제의 요구를 결정했다.

단순히 산술적으로 계산하면 주48시간노동을 주40시간노동으로 단축하면 20퍼센트만큼의 인원의 증가가 필요하다. 1주에 48시간을 노동할 때에 취업자수가 1천만, 실업자수가 200만이라고 한다면, 노동시간을 40시간으로 단축한 경우에는 취업자수는 1,200만으로 되어 실업자는 없게 된다. 그러나 현실은 그렇게 단순하지는 않다. 우선 다른 조건을 고려하지 않더라도 200만의 실업자 가운데서 필요한 기능과 질을 가진 노동자만이 흡수될 것이다. 뿐만 아니라 시간단축에 따르는 생산성의 증가도 문제이다. 특히 시간단축이 사용자의 의사에 반하여 노동조합의 압력에 의하여 강제될 때에는 사용자는 비용 상승을 억제하기 위하여 노동력 지출의 강화를 위한 대책들, 이를테면 작업속도의 증대, 기계화, 감독의 강화, 능률급의 채용, 정원 감소 등의 수단을 강구할 것이다. 만일 이러한 수단의 채용에 의하여 단위시간당 생산량이 10퍼센트만큼 증가한다면 새로이 필요한 인원은 10퍼센트밖에 되지 않을 것이고, 10퍼센트는 실업상태로 남아 있을 것이다.

현실의 사태는 한층 더 복잡할 것이다. 임금의 저하 없이 노동시간이 20퍼센트만큼 단축된 경우에 노동 강화와 생산성 상승에 의한 생산증가가 10퍼센트라고 한다면 노무비는 10퍼센트만큼 증가될 것이다. 생산물의 가격이 일정하다면 이러한 노무비의 증가분은 이윤의 폭이 큰 대기업에서는 이윤의 감소에 의하여 이를 소화할 수 있지만, 소영세기업 등의 한계기업은 노무비의 상승으로 손실을 보게 되어 공장을 폐쇄할지도 모른다. 이와 같이 소영세기업이 도산되는 경우에는 그만큼 고용증대효과는 소멸되어버릴 것이다.

다음으로 앞의 모든 경우를 가정하고 이러한 여러 가지 사정이 수요에 미치는 영향을 보기로 하자. 대기업의 이윤감소와 소영세기업의 이윤감소 또는 도산에 의한 이윤소멸은 이윤에 의한 수요를 감소시키지만, 다른 한편으로는 노동시간의 단축에 의한 고용노동자수의 증가, 따라서 임금총액의 증가가 수요를 증가시킬 것이다. 전자는 주로 사치품, 때로는 생산수단에 대한 수요를 감소시킬 것이고, 후자는 생활필수품의 수요를 증가시킬 것이다. 그래서 총수요가 증가할 것인가 또는 감소할 것인가 하는 것은 그때그때의 구체적인 여러 가지 요인의 영향을 받기 때문에 안정적으로 말할 수는 없지만 노동자의 소비성향이 높기 때문에 불황시에는 수요에 대하여 자극을 줄 것이라고 생각된다.[22]

그리고 노동시간의 단축이 소정노동시간의 단축이라면 잔업의 증가에 의하여 실업자의 흡수효과는 감소될 수도 있을 것이다.

시간단축이 실업에 미친 효과에 관하여 미국과 프랑스의 역사적인 사례를 보기로 하자. 미국의 산업부흥법(NIRA)의 경우에는 이미 단시간취업이 상당히 광범위하게 보급되어 있었기 때문에, 그러한 산업에서는 최저임금제에 의하여 시간당 임금의 대폭적인 인상이 있었고, 이에 따르는 유효수요의 증대로 인한 고용증대의 효과만이 있었다. 그리고 그때까지 노동시간이 길었던 산업에서는 시간단축이 실현됨에 따라서 1933년에는 노동생산성이 전년에 비하여 11퍼센트나 상승하게 되었기 때문에 시간단축에 의한 고용증대 효과는 상당히 상쇄되어버렸을 것이다. 실제의 고용지수를 보면 1932년을 100으로 하여 1933년에는 107.6, 1934년에는 122.9로 급격하게 상승하고 있다. 그러나 이것을 시간단축(평균 16% 정도)만의 효과라고는 볼 수 없다. 농업조정법에 의하여 농민의 구매력이 상승한 사실이나 최저임금제에 의하여 노동자의 소득이 증가한 사실 등이 영향을 미쳤다. 또 공

---

22) 같은 책, pp.111~12.

황이 저점(底點)에 이르러 약간 상승하는 시기에 해당되었다는 사실도 생각할 수 있다. 그러나 시간단축이 무시할 수 없을 정도의 영향을 주었다는 것은 분명한 사실이다.

프랑스에서는 1936년에 주48시간으로부터 40시간으로 노동시간의 단축이 실행되었는데, 고용지수는 1년에 6퍼센트, 2년에 10퍼센트 상승했다. 이 가운데서 어느 정도가 시간단축에 의한 것인지는 명백하지 않다.

이상의 역사적인 사례에서 보면 시간단축이 실업의 완화에 좋은 영향을 주고 있다는 것은 부정할 수 없는 사실이지만, 실업을 해소시킬 수 있는 힘을 가지고 있지는 못하다고 결론지을 수 있다.

6. 노동시간과 임금

노동시간과 임금 사이에는 밀접한 관계가 있다.

역사적으로 보면 대부분의 나라에서 노동시간의 단축과 실질시간 임금률의 상승이 병행되어왔다. 그 이유는 임금률이 상승해야만 시간단축이 이루어지더라도 생활이 유지될 수 있기 때문이다.

일반적으로 노동자들은 자신의 생활을 지키기 위하여 노동시간의 단축과 임금인상을 동시에 요구하는 경향을 가지고 있으며, 두 가지 가운데서 어디에 중점을 두는가는 그때그때의 사정에 따라 다르다. 그러나 일반적으로 말하면 시간단축은 어느 시기에 집중적으로 이루어지는 경향을 가지고 있으며, 이미 주40시간 가까이로 노동시간이 단축된 경우에는 시간단축보다도 임금인상에 높은 비중이 두어진다. 위에서 말한 것은 노동시간과 임금과의 관계를 역사적으로 본 것이지만, 이것을 동일시점에서 국제적으로 비교해보더라도 등일한 경향을 발견할 수 있다. 대체적으로 임금이 높은 나라에서는 노동시간이 짧고, 임금이 낮은 나라에서는 노동시간이 길다. 그 이유는 동일한 조건이 각국의 임금과 노동시간을 함께 규정하고 있기 때문이다.

선진국에서는 일반적으로 자본축적과 기술수준이 높아서 노동생산성이 높은데다가 노동운동이 발전되어 있기 때문에 임금은 높고, 노동시간은 짧다. 또한 그들은 국제간의 상품 거래와 자본 거래에서 후진국으로부터 많은 이윤을 뽑아낼 수 있기 때문에 높은 임금과 짧은 노동시간을 보장할 수 있다. 반면에 후진국에서는 자본축적과 기술수준이 낮아서 노동생산성이 낮을 뿐만 아니라, 일반적으로 노동공급이 과잉이고, 또 노동운동이 뒤떨어져 있기 때문에 저임금과 장시간노동이 보편화되고 있다. 이와 같은 현상은 국제간의 비교에서 나타날 뿐만 아니라 한 나라의 경제구조 안에서도 또한 나타난다. 경제구조가 대기업과 중소기업으로 이중구조화되어 있는 일본과 같은 나라에서는 대기업과 중소기업은 서로 밀접한 관련 없이 상이한 재생산구조에 따라서 생산하고 있기 때문에, 노동시장도 이중구조로 되어 있다. 대기업은 높은 노동생산성과 독과점체제에 의한 인위적 고가격으로 말미암아 높은 이윤율을 보장받고 있다. 이러한 높은 이윤율을 밑바탕으로 하여 노동자들에게 상대적인 고임금과 짧은 노동시간을 제공하고 있다. 따라서 대기업에서는 대체적으로 종지고용(終地雇用)이 이루어지고 있으며, 노동이동은 한 기업 안에서의 승진이라는 종단적(縱斷的) 이동이 대부분이다. 반면에 중소기업은 저생산성을 바탕으로 한 장시간노동, 저임금, 그리고 열악한 작업환경을 특징으로 하고 있다. 따라서 노동시장은 개방적이어서 노동이동은 잦으며, 대체로 횡단적(橫斷的) 이동이 많다. 이상의 사실들을 종합해보면 고임금＝짧은 노동시간, 저임금＝긴 노동시간은 역사적으로나 국제적인 선후진국 사이에서나 또는 한 나라 안에서의 대기업과 중소기업 사이에서 나타나는 일반적인 경향이라고 할 수 있다.

마지막으로 하나 더 부언해두어야 할 것은 임금의 감소 없는 노동시간의 단축은 그만큼의 시간당 임금률의 인상을 의미하며, 따라서 임금인상의 하나로 생각해야 된다는 것이다. 임금에 관해서는 임금수입(earnings)과 임금률을 구별하는 것이 중요한데, 시간단축의 경우에 임금수입이 동일하다면 임금률은 상승한 것이다. 그런데 임금의 절하가 없는 시간단축은 아마 잔업을 감소시킬지도 모른다. 그것은 시간당 임금률을 높여서 잔업할증분을 증가시키고 따라서 노무비가 증가할 것이기 때문에, 고용주는 이전에 비하여 잔업을 절실하게 요구하지 않을지도 모른다.

7. 맺는 말

임금과 노동시간은 자본과 노동간에 이해가 대립되는 가장 중요한 노동조건이다. 자본은 그 본질상 잉여노동시간 증대의 요구를 가지며, 여기에는 외연적 노동시간의 증대와 내포적 노동시간 증대가 있다. 기계체계의 발달은 한편으로는 생산력증대와 다른 한편으로는 노동지출의 강화에 의한 노동자의 피로증대를 동시에 초래했다. 따라서 자본에 있어서는 극대생산량을 확보한다는 의미에서 적정노동시간이라는 방향으로 노동시간을 단축할 필요성이 생겨난다. 다른 한편으로 노동자 측에서는 인간적 요구로부터, 또는 실업을 감소시킨다는 의미에서 시간단축을 그들의 노동운동의 주요 목표의 하나로 설정해왔다. 그래서 시간단축은 기계체계의 발달, 따라서 기술진보에 의한 생산력 발전으로 말미암아 양자의 요구를 접근시켰으며, 이것은 노동운동에 의하여 실현되었다. 그러나 근본적으로는 자본가 측은 극대생산량을 보장해주는 의미에서의 적정노동시간 이하로 노동

시간을 단축시키려고 하지는 않는다. 그러나 노동자 측에서는 인간
적인 요구와 실업 감소라는 뜻에서 더 한 층의 시간단축을 요구한
다. 여기에 기본적인 대립점은 여전히 남아 있다. 최근에 선진공업국
에서 주40시간을 전후한 노동시간이 더 한층 단축되지 않고 그대로
고정되어가는 경향은 현재의 생산력 수준에서는 자본가 측에서 더
이상의 시간단축의 요구가 발생되지 않은 것으로 볼 수 있다. 실업
문제의 해결은 자본가 측의 요구는 아니다. 자본에 있어서는 실업의
존재는 오히려 경기에 따라 노동공급을 조절해주는 유효한 기구이기
때문이다. 결국 앞으로의 노동시간의 새로운 단축은 기계기술의 발
전에 따르는 생산력 수준의 변화와 여기에 대응하는 자본가 측과 노
동자 측의 세력관계에 의하여 결정될 것이다.

제2부 한국의 경제구조와 노동문제

한국경제의 현실과 전망

대외의존의 1970년대

한국 대기업과 독과점

한국의 산업구조와 분배구조의 변혁

자주적 경제구조를 위한 내향적 경제성장

한국경제의 현실과 전망

주지하는 바와 같이 1987년 우리나라의 수출은 462억 달러, 수입은 385억 달러로 경상수지 흑자만 해도 98억 5천만 달러로 크게 늘어났으며, 1987년 1인당 GNP도 2,817달러에 이르러 10년 전의 우리나라 경제규모와 비교하면 그 양적인 성장은 실로 괄목할 만한 것이다.

최근의 급격한 경제규모의 팽창이 1986년부터 시작된 3저 현상 즉 저달러·저금리·저유가로 대표되는 국제경제 여건의 변화에 기인한 것이지만, 이를 통해 나타난 우리 경제의 잠재적 역량은 이제 무시하지 못할 수준에 이르렀다.

그러나 그동안의 경제성장이 누구를 위한, 무엇을 위한 경제성장이었나 하는 사실과, 지금 우리에게 보여지는 가시적인 경제규모가 과연 우리 경제구조와 긴밀한 유기적 관계 위에 조성된 것인가 하는 것은 이 시점에서 분명히 한번 되돌아보아야 할 사실이다.

우리 경제의 지속적인 발전을 보장하기 위해서는 우리 경제의 구조적인 장애물을 분명히 인식하고, 이의 극복을 위한 노력도 병행되어야 한다는 것이다.

먼저 우리의 경제가 양적인 팽창을 거듭하고 있으면서도 많은 구조적인 문제점을 갖고 있는 그 연원을 살펴보고자 한다.

1. 우리 경제의 발자취

1945년 한국은 열강에 의해서 해방되기는 했지만 독자적인 국민정부를 수립하고 국민경제를 발전시킬 수 있는 절호의 기회를 갖게 되었다. 즉 일제의 식민지 유제인 식민지 반봉건성을 청산하고, 민족자본의 형성에 최대의 역점을 두어야 했다. 그러나 한국은 이러한 주체적인 조건을 형성하지 못한 채 남북분단의 비극을 맞이함으로써 일제 식민지 반봉건성을 그대로 잔존시키고 대미의존적 사회경제구조를 심화시키고 말았다. 다시 말해서 1945년 이후 1950년대의 한국의 사회경제는 해방의 계기에도 불구하고 주체적 조건인 체제와 제도, 사상 및 질서의 근본적인 변혁 없이 미국이 사회경제의 안정과 성장을 좌우하는 대외의존성(예속성)이 심화되었다.

특히 수출·외자주도 개발기조와 관련지워 당시의 무역내용을 보면 수출은 중석을 비롯한 약간의 광물과 농수산물 등 1차 상품이 대종을 이루었고, 수입은 소비재 중심의 원조물자가 지배적인데다가 규모조차 지극히 영세할 수밖에 없었다. 그리하여 당시 무역은 만성적인 국제수지 적자에 허덕였고, 국제수지의 적자 감소가 최우선 과제로 인식되었다.

미국의 원조물자인 원자재를 원료로 하여 소비재산업이 상당히 육성된 것도 사실이지만, 이들 소비재산업은 국내의 다른 산업과 아무런 분업관련 없이 성장했기 때문에, 미국경제의 유효수요창출에 기여했을 뿐 한국경제의 유기적인 분업관련을 통한 발전에 기여하지 못했다.

또한 소비재산업을 중심으로 하는 공업마저도 그 투자재원의 70퍼센트 이상을 외국자본에 의존했기 때문에 민족자본의 형성은 요원한 것이었다.

따라서 '민족자본의 미형성', '대외의존의 심화'등은 한국 사회경제의 발전을 논할 때 중요한 고제로 남는 것이다.

2. 미·일 의존의 자본형성

우리나라의 경제성장률은 제1차 5개년계획이 시작된 1962년부터 제5차 5개년계획이 끝난 1986년까지의 25년간, 연 8.7퍼센트라는 매우 높은 성장률을 기록하고 있다. 이 같은 성장률을 이룩하는 데 견인차의 역할을 한 자본형성에 관해 살펴보면 국민총지출에 대하여 국가 총고정자본이 차지하는 비율이, 1962년에는 3,889억에 대하여 486억 원으로 13.9퍼센트였던 것이 1986년에는 56조 3,585억 원에 대하여 26조 2,457억 원으로 46.5퍼센트를 차지하여 25년간 3배 이상 커졌다. 이것은 짧은 기간에 '경이적'인 설비투자가 이루어졌음을 의미한다.

이 급격한 자본형성에 결정적인 역할을 담당한 것은 외국자본인데 그 가운데 압도적인 비중을 차지하는 것이 미국과 일본의 자본이다. 1959년부터 도입되기 시작한 차관 잔액은 1987년말 까지 약 355억 달러에 달하는데 그 가운데 1위는 미국으로부터의 공여로 27.2퍼센트를 차지하고 일본으로부터의 차관공여도 11.7퍼센트를 차지한다. 그리고 세계은행·국제통화기금(IMF) 등의 공여분을 합하면 미국과 미국 주도의 도입액만도 전차관액의 절반이 넘는다. 또한 민간직접투자를 보면 1984년말 가동 중인 외국투자회사 1,059개사, 21억 2,300만 달러 가운데 일본자본이 714개사, 10억 900만 달러로 투자총액이 47.5퍼센트를 차지하여 1위이고 미국자본이 207개사 6억 6,200만 달러로 투자총액의 31.2퍼센트를 차지하여 2위를 기록해서 양국의 투자를 합하면 78.5퍼센트로 그 비중은 점점 높아간다. 더욱이 이들 미·일 자본이 한국에서 얻는 이윤은 세계에서 가장 높아, 투하자본에 대하여 연 50퍼센트를 기록하고 있는데, 주요 동기는 주지하듯이 저임금이다.

3. 대외의존적인 국제분업체계

한국경제의 대미·대일 의존성은 그 무역구조에서도 역시 집중적으로 나타나고 있다. 한국경제의 무역의존도는 매우 높아서 1986년의 수출의존도는 42.6퍼센트, 수입의존도는 39.8퍼센트이다. 더욱이 중요한 것은 수출입대상국이 미국과 일본에 집중되어 있다는 점이다. 1986년의 경우 한국의 수출 가운데 미·일에 대한 수출은 55.6퍼센트, 수입은 55.1퍼센트를 차지하고 있다.

한국경제의 미·일 의존실태는 양적인 측면만이 아니라 질적인 측면에서도 명백하다. 미·일의 자본이 자본형성의 중요 산업분야에 집중되어 있고, 한국무역의 미·일 의존이 중요 산업분야에 집중되어 있기 때문이다.

한국은 농산물과 항공기를 주로 미국에서 수입하여, 국민의 식량과 병기를 완전히 미국에 의존하고, 한국산업에 필요한 원동기·섬유기계·발전기 등의 기계를 주로 일본으로부터의 수입에 의존하고 있다. 여기에다 수입액의 10.6퍼센트(86년)를 차지하는 원유수입을 더하면 석유메이저를 포함한 미·일 독점자본이 무역면에서 한국경제를 지배하고 있는 실상은 좀더 분명해진다.

이 특이한 미·일 의존적 무역구조가 바로 한국경제 불균형의 시발점이라 할 수 있다.

1987년 우리나라의 무역수지는 76억 6천만 달러의 흑자였는데도 불구하고 대일 무역수지 적자는 52억 달러에 달해 우리 경제구조의 난맥상을 단적으로 보여주고 있다. 1965년에서 1987년까지 통틀어 보면 무역적자 총액은 280억 2,600만 달러에 이르는데, 대일 적자는 432억 6,100만 달러나 되어 154.4퍼센트를 차지하여 무역적자 총액을 훨씬 능가하고 있다.

4. 대일의존적 고도성장정책의 문제점

대미 무역수지 흑자, 대일 무역수지 적자의 특화현상은 대일 기계류 수출입역조에 기인하는 것으로 이 문제의 해결 없이는 미국에 대한 수입개방 압력을 받으면서, 일본의 기계류를 계속해 수입하는 악순환이 되풀이될 것임이 분명하다. 즉 대미 수출이 늘면 늘수록 부품·원자재의 수입의존도가 높은 품목의 대일 수입도 이에 비례하여 늘어나 대일 수지적자 현상을 심화시키면서 미국에 대한 시장개방압력 및 수입규제는 강화될 것이다.

이러한 최근의 대미 무역마찰은 그동안 우리 경제가 지속해온 '수출주도형 양적 확대정책'즉 대외지향적 고도성장정책의 전개과정에서 누적된 국외적 문제점 중의 하나에 불과하다.

미국과의 통상무역마찰은 1985년 하반기 3저 현상이 가시화되면서 우리의 무역수지 적자폭이 급격히 줄어듦에 따라 시작되었다. 이 시기는 미국 레이건 행정부의 경제정책 실패로 인해 미국의 재정적자가 2천억 달러로 확대되고, 무역수지 적자가 1,500억 달러로 확대되어, 실업률이 7퍼센트를 능가하는 미국경제의 내적 문제점이 고도화된 때로서 서방 7개국 정상회담(G7)에서 국제환율의 조정을 합의

한 직후이다. 즉 미국은 자국경제의 내적 문제점을 국제경제의 질서를 바탕으로 한국을 비롯한 신흥공업국에 전가시키려 한 것이다.

처음 미국은 한국에 대하여 일련의 보호무역조치—컬러텔레비전 덤핑판정, 앨범 덤핑판정, 젠킨스법안 및 더몬드법안 성립 등—를 취함으로써 자국의 시장보호를 최우선 과제로 내세우는 듯했지만, 그것은 결국 대외 시장개방 압력으로 이어졌다. 1986년 상반기부터 시작된 미국의 시장개방 압력은 약간의 시차적 차별을 두고 있지만 그것은 결국 한국의 상품시장, 자본시장, 그리고 서비스시장의 완전개방을 노리고 있다.

미국의 공세에 직면한 한국정부는 약간의 머뭇거림을 보이고 있기는 하나, 그간 정립된 한·일·미 관계의 틀 속에서 결국 미국의 요구를 지연시키는 전략만을 세우고 있을 뿐이다.

1988년 미국의 대한통상압력은 어느 때보다 파고가 높아질 것이다. 지난 한 해 동안 미국은 일본과 심각한 환율전쟁을 벌이는 한편 한국·대만 등 신흥공업국(NICs)에 대해 끈질긴 통상압력을 가했지만, 1988년부터는 공격대상을 한국으로 좁혀 집중타를 가할 움직임을 보이고 있다.

미국이 88년에 들어서기도 전부터 미통상법 301조의 보복조치를 발동하겠다고 위협하고 나섰던 것은 이 같은 움직임의 서곡으로 볼 수 있다.

미국의 최근 요구사항을 정리해보면 대강 세 가지로 요약된다. 첫째, 농산물 시장개방, 둘째 공산품의 관세인하, 셋째 제3차 산업인 서비스시장의 개방확대 등이다(표1 참조).

[표 1] 미국 측의 분야별 개방요구 내용

분 야	요 구 내 용
증권산업	·12개 증권(외국) 회사의 한국내 주식투자 등 증권업무 허용(국내증권사와 동등 영업활동 보장) ·증권거래소 회원 가입자격 부여
회계산업	·공인회계사(CPA) 자격응시 자격 부여 ·기술이전시 로열티 송금절차 간소화 ·외국 CPA에 대한 취업비자 발급 허용 ·합작회계법인 설립 허용
유통업	·곡물·고기·과일·채소 등 12개 업종의 도매업 투자제한 폐지 ·자동차 도·소매점 허용 ·국내진출 미회사의 본사제품 수입·판매 허용
금융산업	·부동산담보대출절차 개선 등 국내은행과 동등 대우 ·1은행 2지점 이상 설치 허용 ·정책금융취급 허용(한은특별계정 이용) 거래 및 외환투자거래(SWAP) 허용 ·양도성 증서(CD) 발행제한 폐지 ·무담보기업어음(CP)과 회사채 인수·매매거래 허용
수입품 과세제도 개선	·포도주 수입과세(362퍼센트) 인하 및 포도주의 일반 음식점직판 허용 ·마이크로 컴퓨터의 방위세·부가세 산정방식 개선 및 수입 관세 인하 ·관세율 30퍼센트 이상 품목의 관세 대폭인하 ·소급관세행위 폐지 ·비상업적 슬라이드필름에 대한 과세 폐지 ·식품검역절차 간소화 ·수입자동차가격이 미시장가격의 2.8배나 되도록 조장하는 과세제도 개선 ·형식승인 절차 및 강도·안전도검사 대폭간소화, 미시판물질 특허 보호
지적소유권 보호, 광고 분야	·무단복사판서적 재고품 유통단속 미흡 ·오디오, 녹음 및 필름의 불법수입 유통 단속미흡 ·광고대행사의 저점설치 허용 ·한국방송광고공사의 방송광고대행사지정행위 폐지 및 광고수수율 조정, 광고공사의 방송광고독점권 폐지
항공분야	·항공화물 자율취급허용, KAL과 차별폐지

해운산업	· 직접투자 허용 · 트럭운송, 창고, 하역, 선적 등 부대업무 수행할 지점 개설 허용(복합운송참여)
통신분야	· 부가가치통신망(VAN)을 공공회선과 연결토록 허용 · VAN서비스합작회사의 경영권장악 허용 · 정보통신서비스회사의 수와 유형제한 폐지
엔지니어링 및 건설	· 과학기술처의 외국엔지니어링업체 등록회피경향 개선 · 한국업체만 엔지니어링 사업의 주계약자가 되도록 제한 한 규정 폐기 · 정부 및 국영기업체의 외국회사 응찰자격제한 폐지
무역법	· 외국회사의 본사상품 수입·판매금지 조항 폐지 · 외국인 오퍼상개설 때 자격요건제한 폐지 또는 완화 · 한국 무역대리점 협회의 사치품수입자제운동 폐지
농수산물 분야	· 가금 및 가금육 수입금지 폐지 · 쇠고기수입금지 해제 및 관광호텔 이외의 음식점에 판매허용 · 사료곡물수입쿼터제 해제(알팔파 포함) · 오렌지, 사과, 복숭아, 과일 칵테일, 포도주스, 농축오렌지주스, 냉동감자 등 수입 허용(150여 품목) · 고급가공식품 수입허가규제 폐지
환율	· 원화를 한국의 경제기반에 맞게 강세 조정(수개월내 10~15퍼센트 수준)
제약분야	· 의약 완제품 수입·시판 허용 · 특허 침해 단속
보험분야	· 미보험회사의 합작회사 설립에 대한 제한 철폐 · 한국 보험사와 동등한 영업활동 보장
기타 정책 사항	· 수입감시품목 폐지 · 채소종자 및 의료용구 수입을 규제하는 각종 특별법 개정 · 컴퓨터 등 국산화 의무비율정책 폐지 · 무기판매시 일정 비율의 한국상품을 구매토록 의무화하는 정책(오프셋 프로그램) 폐지

이 중 농산물시장개방은 최근 들어 미국이 바짝 고삐를 당기고 있는 현안이다. 이는 미국에서 많이 나는 오렌지와 쇠고기·복숭아·사과 등 150여 개 농산물을 수입자유화하고 가공식품까지 사가라는 얘기이다.

둘째, 관세인하요구는 처음부터 우리나라 관세제도를 완전히 개편하라는 식이다. 예를 들어 우리는 사치품수입을 막기 위해, 술·담배·보석·밍크의류·자동차 등의 소비재에는 40퍼센트 이상의 높은 관세를 물리고 있다. 그러나 미국 측은 이 같은 고율관세제를 철폐하고, 모든 상품의 수입관세를 대폭 낮추도록 요청하고 있다. 특히 미국은 포도주, 자동차, 컴퓨터 및 농산물의 수입관세를 인하해주도록 집중거론하고 있다.

한편 서비스분야의 요구사항은 은행·보험·엔지니어링·해운·광고 등에 걸쳐 매우 광범위하다. 이들 분야는 대부분 국내에 지점이나 현지법인, 합작회사형태 등의 회사를 자유롭게 설립하도록 허용해주고 더불어 일단 국내에서 회사가 설립되면 국내회사와 똑같은 영업을 할 수 있도록 보장하라는 것이다.

이밖에 비교적 최근에 미국 측이 중점을 두고 강조하고 있는 분야는 유통업에의 참여를 허용하라는 요구이다. 예를 들어 쇠고기를 일반음식점과 레스토랑에 직접 판매하도록 해달라든가, 포도주와 맥주의 판매대리점을 지방대도시에 설치토록 해달라든가, 자동차판매대리점을 직접 운영하도록 해달라든가 등의 요구사항은 최근 부쩍 강해진 부문이다. 이러한 시장개방이 노동자·농민 등 기층민중에게는 심대한 생활고를 안겨줄 것임은 자명하다.

개방정책을 발표하는 자리에서 정부당국자는 "많이 팔기 위해 우리 시장도 개방하는 것이 불가피하다"고 한다. 그러나 중요한 것은 '무엇을 팔기 위해 어디를 개방하느냐'하는 점이다. 공산품을 팔기 위해 농축산물을 수입하여 농민을 희생시키고 시장개방으로 쏟아져 들어온 외국자본이 중소기업을 쓸어버린다면 누구를 위한 수출이고 시장개방인가를 다시 생각해보아야 한다. 가령 미국 측이 완전개방을 요구하는 최우선 품목인 양담배의 경우를 보면, 양담배가 완전개방되면 국내 담배시장의 30퍼센트가 잠식돼 매년 2,700억 원의 돈이 미국으로 빠져나가고, 담배경작 농가들은 매년 담배농사로 벌어온 3천여억 원의 소득을 빼앗길 것으로 추산된다. 그렇게 되면 담배농사를 포기하는 농가가 속출하고, 이들이 다른 작물에 몰리면 또다시 생산과잉으로 연쇄적인 농산물값 하락 파동을 낳아 전체 농민이 피해를 보는 악순환이 거듭될 것이다.

또한 노동자들도, 국내재벌기업이 다국적기업과 상표계약·기술계약 등으로 그간의 독점이윤을 유지하려 함으로써 노동 강도의 강화가 강요될 따름이다.

따라서 우선적으로는 수입개방에 따른 관세수입 등 제 수입을 노동자·농민 전체를 위해 사용할 수 있는 제도적 창안이 무엇보다 필요하다 하겠다.

다음으로 지난 25년간 지속된 '수출주도형 양적 확대성장정책'과 그것의 전개과정에서 누적된 국내적인 구조적 문제점을 살펴보면 다음과 같다.

① 지나친 수출드라이브정책 때문에 수출산업과 내수산업의 균형적 발전이 저해되었다. 또 대기업을 중심으로 한 경제발전은 부품을 생산하여 대기업을 지원해왔던 중소기업과 원료, 식량생산 및 내수시장으로서 공업을 지원해왔던 농업의 발전을 지연시켰다.

② 우리나라는 산업특화도가 낮은 산업체계하에서 노동집약적 최종 소비재생산으로부터 공업화를 시작했다. 섬유관련제품, 가정용 전기·전자제품 등 최종 소비재를 생산하기 위해서는 원료·중간재·생산재 등의 수입의존도가 높아짐으로 결국 무역구조는 생산재 수입, 최종재 수출이라는 가공무역형 구조로 되지 않을 수 없었다. 이것은 종속형 구조라 할 수 있고 주요한 기초적 생산재를 어느 정도 국내에서 생산할 수 있는 체제를 확립하지 않는 한, 자립적 경제라고는 할 수 없다. 이러한 조건하에서는 국내산업에 미치는 성장의

파급효과는 작고, 성장 파급효과의 대부분이 국외로 유출된다. 바꾸어 말하면 번영하는 수출산업이 국내산업의 성장을 유발하는 힘을 갖지 못하는 2중구조가 형성된다.

③ 가공형 무역구조하에서 이루어지는 수출증대는 불가피하게 생산재 수입을 유발하고 무역수지의 구조를 악화시킨다. 그리고 이러한 구조하에서 경제체질은 대외적으로 극히 취약하게 —경제의 대외의존도가 높기 때문에—되지 않을 수 없다. 즉 경제 전체가 해외시장의 변동에 의해 크게 좌우되게 된다. 이 같은 종속형 경제에서 탈피하여 자립적 국민경제를 구축하기 위해 생산재 생산기반의 확립을 목적으로 하는 중화학공업화가 진행되었다. 그러나 이 중화학공업화는 기초적 생산재 생산을 위한 중공업 또는 공업원료 생산을 위한 기초화학공업의 발전이 아닌 오로지 수출제품의 생산에만 힘을 기울였기 때문에 중화학공업화의 국내산업 관련도는 극히 낮게 되지 않을 수 없었다. 더 나아가 이 같은 중화학공업화는 과잉의욕이라든지, 중복투자 등 많은 문제를 야기시켰을 뿐만 아니라 자본·기술·시장 등의 면에서 대외의존도를 높였다. 또 정부주도하의 고도성장과정에서 정부에 대한 기업의 지나친 의존, 기업에 대한 정부의 지나친 보호는 결과적으로 부실기업과 경제관료화를 양성하고 민간주도경제의 필요성을 강조하도록 만들었다.

④ 고도성장 과정에서 생긴 부와 소득의 불공정한 분배, 경제력의 집중에 따른 독과점의 형성과 그 횡포, 날이 갈수록 심해지는 공해, 기구 확대에 따른 관료제의 경직성과 부정부패 등은 물가상승과 더불어 민생불안을 조상했을 뿐만 아니라 더 나아가서는 민심불안과 불신풍조를 초래했다.

결국 국내적인 구조적 문제적의 내용은 ① 무역구조·경제구조의 종속성 심화 ② 경제구조의 2중화 심화(수출산업과 내수산업, 대기업과 중소기업, 공업과 농업 등에 있어서 상호간의 격차증대) ③ 소득격차의 확대(부익부·빈익빈)라는 세 가지 점으로 집약할 수 있다.

5. 소득분배의 양극화

이와 같이 우리나라 경제정책의 핵심이 고도성장을 통한 자본축적에 있었고 자본축적이 외국자본에 깊이 의존해서 진행됨에 따라 외국독점자본을 정점으로 하는 착취·수탈구조가 '가중적 저임금 압력구조'로 전화됨으로써 한국 경제에는 독과점체제가 뿌리를 내리게 되었고, 소득분배의 양극화가 정착되었다. 즉 국내에서는 독점적 대자본과 중소영세자본간, 대외적으로는 외자도입이나 해외직접투자의 본격화와 더불어 외국자본과 국내자본간에 계층구조가 형성되어 노동자들은 중소영세자본－독점적 대자본－외국독점자본이라는 중첩된 수탈구조 속에 놓이게 되어 부의 분배에서 열악한 위치를 강요당하게 되는 것이다. 그것은 1960년대 이래 우리나라의 소득분배 왜곡상태가 별 변동 없이 아직껏 지속되는 것에서 쉽게 알 수 있다.

표 2에서 볼 수 있듯이 1965년과 1970년에 하위 40퍼센트의 소득계층의 평균소득에 비하여 상위 20퍼센트의 평균소득은 약 4배였다. 그러나 이 비율은 76년·78년·80년을 통해 약6배로 벌어졌다. 그러나 어느 정도 경제침체를 거듭하면서 물가안정이 이룩된 82년·84년·86년을 거치면서 다시 약 4배의 차이를 보이고 있다.

[표 2] 연도별 소득분배 추이

소득계층＼연도	1965	1970	1976	1978	1980	1982	1984	1986
하위40퍼센트	19.3	19.6	16.9	15.5	16.1	18.8	18.9	21.0
상위20퍼센트	41.8	41.6	45.3	46.7	46.7	43.0	42.3	39.6

자료:경제기획원

경제기획원의 자료에 의하면 1986년 전체 도시근로자 가구의 월 평균소득은 48만 1,018원이었으나 실제소득이 이 수준에 이른 가구는 전체가구의 35.2퍼센트에 불과하고 나머지 64.8퍼센트의 가구는 평균소득을 밑돌았다. 월 소득 20만 원 미만의 가구가 전체의 9.5퍼센트나 되며 반대로 80만 원 이상인 가구가 11.8퍼센트를 점하고 있는데 이것은 빈부격차 또는 상대적 빈곤감의 심화를 단적으로 보여 주고 있다. 또 최저소득 10퍼센트 가구(1분위)의 월평균소득은 14만 5,789원, 최고소득 10퍼센트(10분위)의 월평균소득은 117만 5,719원으로 나타나 그 차가 8배를 넘고 있다.

6. 누적되는 노동문제

이러한 소득분배의 양극화에서 비롯된 노동자들의 상대적 궁핍함과 노동조건의 열악화는 1987년 정치적 유화국면을 통해서 건국 이래 최대규모의 노동쟁의를 발생시켰다(6.29~10.5: 3,479건). 이 시기 전국적 각 사업장에서 일어난 노동쟁의의 결과 부분적으로 임금인상, 노조의 민주화, 노조의 설립 등을 쟁취하였고, 전체적으로는 노동법개정, 최저임금제의 실시 등을 얻어내었다.

그러나 1988년 1월 현재 지난 8월쟁의에서 쟁취했던 것들은 그 본질이 흐려지고 있음을 피부로 느끼고 있다. 즉 새로 설립한 노조를 사용자가 위축·붕괴시키고 있다는 기사를 신문에서 쉽게 읽을 수 있고, 임금인상분은 물가상승에 의해 상쇄되고 있다.

또 개정된 노동관계법의 내용을 보면 조직형태의 자율적 결정과 유니언 숍 제도를 조건부로 도입하고 있다. 그러나 공무원의 노동기본권 확보, 노동조합의 정치활동 보장, 제3자의 노동쟁의개입, 경영참가권 보장, 쟁의행위의 완전한 자유 등은 계속 규제되고 있으며, 복수노조의 신설도 금지하고 있어 제도적 측면의 노동통제는 내부적으로 계속 잔존하고 있다.

그리고 88년 1월 1일부터 시행되는 최저임금제의 고시내용을 보면 일급(8시간 기준)이 1그룹(식료품, 신발, 전자기기, 기타 제조업)의 경우 3,700원, 2그룹(인쇄출판·조립금속·기계·정밀기계 등)이 3,900원으로 한달 25일을 기준으로 하면 월 9만 2,500원과 9만 7,500원에 불과하여 최저임금제 실시의 의미를 위축시키고 있다. (표3참조) (또 최저임금의 결정에 정부와 사용자 측만 동의하고, 노총은 이를 거부하며 최저임금위원회에서 탈피한 사실에서도 무엇을 위한 최저임금제의 실시인가가 드러나고 있다.)

최저임금법 제10조 제1항의 규정에 따라 1988년도 최저임금이 1987년 12월 31일자로 다음과 같이 고시되었습니다.

가. 최저임금의 구분

[표 3] 1988년도 최저임금고시

업 종 구 분	최 저 임 금 액		
	일 급 (8시간 기준)	시 간 급	연소근로자 시간급
제1 그룹 (12개업종) 식료품, 섬유, 의복, 가죽, 신발, 나무, 종이, 고무, 플라스틱, 도기, 자기, 전기기기, 기타 제조업, 음료품, 담배, 가구, 인쇄	3,700원	462.50원	416.25원
제2 그룹 (16개업종) 출판, 산업화학, 기타화학, 석유정제, 석유석탄, 유리, 비금속, 철강, 비철금속, 조립금속, 기계, 운수장비, 정밀기계	3,900원	487.50원	438.75원

나. 취업기간이 6개월 미만인 18세 미만 연소근로자에게는 시간급 최저임금액의 90퍼센트를 지급함.

다. 적용기간: 1988. 1. 1.~ 1988. 12. 31.

라. 적용대상: 상시근로자 10인 이상인 제조업의 모든 사업장.

마. 위반에 대한 벌칙.

사용자가 최저임금의 적용을 받는 근로자에 대하여 최저임금액 이상의 임금을 지급치 아니한 경우 또는 최저임금을 이유로 종전의 임금수준을 저하시키는 경우에는 3년 이하의 징역 또는 1천만 원 이하의 벌금에 처하거나 이를 병과하는 처벌을 받게 됨(최저임금법 제28조).

7. 88년 우리 경제의 전망

정부의 경제관료 및 대부분의 관변경제학자는 1988년 우리경제의 전망을 낙관하고 있다. 그 이유로서 3저 현상 중 저달러 부문만 퇴조하고 저금리·저유가는 소폭변화 속에서 안정적일 것이라 분석하며, 일본의 엔고현상과 달러가치의 하락이 한국산업의 경쟁력을 강화하여 세계제조업 생산기지가 일본으로부터 한국으로 이동하는 현상 등을 들고 있다. 한편으로 미국의 국제수지 적자가 줄고 일본의 흑자도 줄어드는 세계적인 국제수지 불균형이 축소되는 과정에서 미국의 경우 긴축과 내핍, 그리고 실업과 수입 감소가 성장을 위축시킬 것이고 일본의 경우 엔고와 수출 감소로 성장이 위축되어 한국경제는 수출시장이 좁아지고, 원화절상과 경제개방 압력으로 우리 경제의 성장기조에 부정적인 면도 없지 않으나 세계경제의 대세가 우리에게 유리할 뿐만 아니라 원화절상과 수입개방도 궁극적으로는 우리 경제의 성장을 촉진하는 촉매제 역할을 하여 88년에도 고성장흑자경제의 기조가 지속되어 8퍼센트의 경제성장, 3,300달러의 1인당 GNP, 60억 달러의 경상수지 흑자는 쉽게 달성하리라고 전망하고 있다.

그러나 국내적으로는 선거와 해외통화증발로 인한 통화긴축정책이 장기화되고 있어 중소기업 및 내수위주 기업은 심한 자금난을 겪고 있는 반면 대기업은 독점을 더욱 가속화하고 있다. 즉 선거특수·올림픽특수·임금인상 등으로 내수시장은 확대될 전망이 뚜렷하므로 자금여유가 있는 대기업은 내수 중소기업의 합병 내지 하청계열화를 급속히 진전시키고 있다.

이러한 독점의 진행은 개방정책으로 표현되는 대외의존성(예속성)의 강화와 불가분의 관계가 있는데, 그 논리는 간단하다. "수출만이 살길이다. 그런데 수출대상국인 미국이 보호무역·원화절상을 미끼로 수입개방을 강요하고 있다. 수입개방을 하면 선진국 상품과 경쟁해야 하는데 그럴 능력은 대기업에만 있다.”따라서 대기업을 육성·보호해야 한다는 것이다. 이것은 “나라가 잘되어야 노동자·농민도 잘되는 것이 아닌가”라는 논리와도 같은 것이다. 이렇듯 한국의 대기업은 결코 자본간 경쟁, 생산력 발전에 따른 성장이 아니라 경제의 대외의존성이 갈수록 더해가고 있다.

제5공화국의 치적이라고 일컫는 소위 ‘물가안정’은 세계경제 여건에서 유가의 불안(19달러 수준에서의 소폭진동이지만 세계적 불황 속에서 국지전은 언제나 확대될 가능성을 가지고 있는 것이다)과 원자재 가격의 상승(비철금속을 중심으로: 표 4 참조)으로

[표 4] 국제원자재 가격의 동향

품목 거래시장 년 월	동 (£/T) 런던	알루미늄 (£/T) 런던	천연고무 (성향C /kg) 싱가포르	원면 (usc/ Ld) 뉴 욕	양모 (호주C /kg) 시드니	소맥 (USC /부셸) 시카고	옥수수 (USC /부셸) 시카고	원마 (USC /Lb) 뉴 욕
1977	751.0	-	200.6	63.6	338.3	2.53	2.29	8.25
1978	710.1	-	225.6	61.0	342.2	3.20	2.35	7.97
1979	933.6	756.3	277.7	64.6	400.6	3.90	2.67	10.08
1980	938.7	776.5	307.8	84.9	460.7	4.52	3.13	29.87
1981	863.8	623.5	234.1	77.2	490.2	4.23	3.25	17.21
1982	845.6	567.0	181.7	65.3	527.5	3.46	2.53	8.68
1983	1,049.3	952.7	225.2	74.9	522.9	3.53	2.18	8.90
1984	1,032.3	933.1	201.8	72.8	568.9	3.51	3.16	5.53
1985	1,104.0	814.2	166.4	62.7	599.5	3.27	2.56	4.20
1986	936.6	784.2	173.0	54.3	627.1	2.88	2.03	6.40

품목 거래시장 년 월	동 (£/T)	알루미늄 (£/T)	천연고무 (성향C /kg)	원면 (usc/ Ld)	양모 (호주C /kg)	소맥 (USC /부셀)	옥수수 (USC /부셀)	원마 (USC /Lb)
	런던	런던	싱가포르	뉴 욕	시드니	시카고	시카고	뉴 욕
1986. 11	914.8	794.6	180.3	48.5	662.8	2.85	1.70	6.31
12	927.6	787.5	179.2	56.2	664.8	2.80	1.60	5.76
1987. 1	893.8	778.1	191.2	58.3	683.7	2.83	1.58	7.00
2	902.7	839.9	194.2	56.2	686.6	2.82	1.58	7.62
3	920.1	858.7	191.7	57.2	749.6	2.91	1.50	7.78
4	909.3	858.8	199.5	60.6	797.6	2.83	1.69	6.76
5	911.9	846.9	203.4	69.6	776.7	2.97	1.86	6.97
6	964.6	903.9	209.7	74.2	822.2	2.65	1.89	6.63
7	1,052.7	1,027.4	216.2	76.5	854.3	2.59	1.65	6.22
8	1,097.5	1,131.7	215.4	78.8	905.0	2.69	1.57	5.66
9	1,100.7	1,061.8	218.8	74.9	787.0	2.85	1.70	6.05
10	1,182.7	1,182.0	216.4	68.2	864.5	3.01	1.88	6.93

자료: McGraw-Hill Inc, Metals Week, 각호.
　　　『일본경제신문』 및 AP-DJ.
주: 1) 기간중 평균치.

　그 원인이 사라지고 있으며 현재의 가시적인 안정을 마구잡이식 통화긴축정책에 의존하고 있다. 이러한 통화긴축은 통화증권 위주의 국채에 주로 의존하고 있는데, 이에 따른 한국은행의 이자부담액이 총 8,100억에 달하고 있다. 그런데 국가부채의 해소는 미래의 재정적자를 의미하며, 증세 혹은 또 다른 국가부채인 통화증발에 의해 해소할 수밖에 없다.

　통화긴축정책이 해외부문 통화증발을 시중에서 흡수함으로써, 즉각적으로 중소기업의 자금난과 대기업의 자금집중을 가져오고 있는

데, 그 결과물인 한국은행 적자는 온 국민의 부담인 증세 혹은 인플레에 의해서만 해소될 수 있는 것이다. 따라서 현 정부의 대기업 위주 통화정책은 물가안정이라는 미명으로 위장되어 있지만 사실은 장래의 인플레에 의한 일반 국민의 부담을 예고하는 것이다.

8. 우리 경제의 과제: 경제민주화의 방향

그동안의 경제의 고도성장은 국가에 의한 독점자본의 형성·발전을 핵으로 하고 있다. 따라서 독점자본의 형성·강화가 경제성장을 주도해온 공로는 인정되나 소수에게 지나친 경제력의 집중으로 많은 소외계층이 그 대응물로 형성·발전되어왔다.

먼저 경제의 민주화를 위한 기본방향에 관하여 지적하면 다음과 같다. 최근 일어나고 있는 근본적인 변화의 하나는 사회를 이끌어가고 있는 또는 이끌어가야 할 주역이 점차로 바뀌어가고 있다는 것이다. 해방 이후 세대들이나, 6·25 이후 세대들의 비중이 증가하면서 사회의 주역으로 부상하려 하고 있거나, 그 영향력을 증대시켜가고 있다. 이들은 지금까지의 주역들과는 자라온 환경이나 교육내용이 전혀 다르다. 이들은 봉건적인 질서교육이나 식민지교육과는 전혀 다른 해방 이후의 민주교육을 받아왔으며, 그들이 자란 사회 또한 봉건적 또는 반봉건적 사회나 식민지 사회가 아니라 산업화가 급격하게 진행되어온 사회이다. 이들은 또한 6·25를 직접적인 체험으로 인식하지도 않았다. 이들은 단순한 반공이념이나, 자유민주주의 이념만으로는 만족하지 않으며, 산업화과정에서 심화되어온 사회의 여러 가지 모순현상에 대해서 민감하게 느끼고 있으며 이에 대하여 비판적이다.

뿐만 아니라 명령복종의 지배관계가 아니라 민주적인 대등관계를 요구한다. 이들에게는 민족주의적 성향도 상당히 나타나고 있다. 앞으로는 반공이나 자유민주주의라는 이념뿐만 아니라 진보적인 이념으로까지 이데올로기의 다양화가 필요하며, 따라서 이를 실현하려는 정당들이 실질적으로 자유스럽게 활동할 수 있도록 보장되어야 한다. 이것이 경제민주화를 촉진시킬 수 있는 한 방향이다.

또 한 가지는 산업화과정에서 노동자수가 대폭적으로 증대되었으며, 특히 핵심적 노동자층의 수와 상대적 비중이 대폭 증가했다. 따라서 노동문제가 사회의 전면에 나타나게 되었고, 노동운동이 사회운동의 중심에 서게 되었다. 최근에 이르러 노동운동계에 기본적인 변화의 조짐이 나타나고 있다. 비제도권 노동운동의 고양, 단위사업장의 범위를 벗어난 전국적 또는 지역적 운동주체 형성 경향, 지식인의 노동운동 참여, 연대투쟁의 경향, 경제투쟁·조합주의·개량주의에 대한 거부적·비판적 태도와 정치투쟁·비합법투쟁의 강조, 다른 사회운동과의 연대 등등의 경향이 특징적으로 나타나고 있다. 이러한 변화와 노동운동이 독점자본에 대한 가장 큰 대항력이라는 점을 고려할 때 경제민주화의 또 하나의 방향은 노동운동의 강화에 의한 대항력의 제고에 있다고 하겠다.

대외의존의 1970년대

1. 머리말

1970년대는 한국자본주의 발전에 있어서 매우 중요한 의미를 가진 연대라고 할 수 있다. 1961년 5월 16일 군부가 정권을 장악한 이후 잇따라 경제개발계획을 수립·실시한 결과 60년대에 한국자본주의는 크게 성장할 수 있었지만, 무리한 대외의존적 성장정책의 추구로 그 모순구조도 발전하여 70년대에 들어오면서 그것이 현재화하게 되었다.

이러한 한국자본주의의 위기구조는 정치·경제·사회 등 모든 분야에 걸쳐서 체제적 위기도 나타났으며 이를 극복하기 위한 방법은 한층 더 독재를 강화하는 소위 유신체제의 확립이었다. 무소불위(無所不爲)의 유신체제하에서 국가는 한편으로는 축적을 위한 각종의 특혜를 자본에 제공하면서 다른 한편으로는 노동운동을 비롯한 민주화운동을 제도와 물리력으로 억압하였다.

또한 1970년대의 한국자본주의는 대외적으로 1973년과 1979년 두 차례에 걸친 석유파동으로 인한 세계경제의 침체, 자원민족주의와 신보호무역주의의 대두에 가일층의 대외의존의 심화도 대응하고 대내적으로는 계급간·계층간의 모순·갈등 구조에 물리적 억압으로 대응하면서도 고도의 성장과 구조의 변화를 이룩한다.

뿐만 아니라 70년대에는 군수와 관련하여 본격적인 중화학공업건설을 추진함으로써 경공업부문뿐만 아니라 국가 기간산업부문에서도 민간독점을 완성하고, 이에 조응하여 이 분야에서도 노동자계급을 양적·질적·의식적으로 성장시켜 노사간의 모순·갈등 구조를 발전시킨다.

이러한 모순·갈등 구조의 발전은 80년대에도 이어져 노동운동의 주류가 경공업부문 노동자(여성노동자가 다수 포함되어 있음)로부터 중공업부문 노동자(주로 남성노동자)에게로 이전해가도록 계기를 마련해 주고, 마침내 성장한 노동자계급을 중심으로 민주세력의 연합에 의하여 민주화투쟁에 승리할 수 있는 조건을 만든다.

최근 해방 이후 한국자본주의 발전의 성격에 관해서는 국가독점자본주의론(1960년대 이후), 주변부자본주의론, 예속독점자본주의론, 제4세대자본주의론, 지도자본주의론 등 많은 논쟁이 있다. 이 논쟁들은 한국자본주의의 성격과 향후의 과제에 대하여 많은 시사점을 던져주고 있으나 너무나 '작명'(作名)에 급급하다는 인상을 주고 있다.

이 글에서는 1970년대 한국자본주의의 전개를 자본·임노동 관계의 발전에 초점을 맞추고 대외의존도의 심화, 국가의 역할에도 주의하면서 고찰하고, 향후의 과제와 전망에 대해서도 언급하고자 한다.

2. 유신체제 확립과 정책체계

1960년대의 대외의존적 경제개발계획의 추진은 그 나름대로 고도성장이라는 성과를 거두었으나 1970년대에 접어들면서 그 모순을 노정하기 시작했다. 외채의 누증과 원리금 상환부담의 가중, 차관원리금 상환 및 무역수지의 대폭적인 역조에 기인하는 국제수지의 지속적 악화, 고도축적을 주도하던 차관기업의 부실화, 차관기업의 독점화와 중소기업의 위축, 수출산업과 내수산업간의 불균형의 심화, 노동자의 빈곤과 열악한 노동조건, 농촌의 피폐와 농민의 하강분해·이농, 극심한 인플레이션의 진행 등이 그 주요한 경제적 내용이다. 그러나 정부는 한층 더 외자와 독점자본과 수출에 매달리면서 상술한 제 모순의 희생을 국민대중 특히 노동자에게 전가하고 이를 위해 정치적 탄압을 강화함으로써 위기에서 벗어나려고 시도했다.

그러나 이러한 모순의 당연한 반영으로서 1970년 11월 13일 청계피복노동자 전태일의 분신자살을 계기로 노동자들의 생존권 투쟁이 폭발하고 이에 따라 학생·지식인·종교인·정치인을 중심으로 각계각층의 반정부운동이 강화되었다. 더욱이 전태일 사건은 학생운동으로 하여금 노동운동과의 연계의 필요성을 인식시켰다.

뿐만 아니라 대외적으로는 미국의 경제력 약화를 배경으로 닉슨독트린이 발표되어, 동서해빙분위기가 고조되어감에 따라 반공과 안보라는 냉전논리에 존립의 근거를 가졌던 박정희 정권의 위기는 한층 절박한 것이 되었다.

이러한 체제위기를 극복하려는 것이 바로 유신체제로의 전환이며, 이는 강력한 독재정권 확립으로 저항세력에 대한 가차 없는 탄압을 통하여 위기를 극복하려는 체제이다.

1969년 9월 3선개헌안 통과에 의해 1971년 4월 제7대 대통령선거에서 당선된 박정희 정권은 1971년 10월 15일의 위수령, 12월 6일의 국가비상사태 선언, 12월 27일 국가보위에 관한 특별조치법 선포 등으로 유신체제로 가는 디딤돌을 놓았다.

1972년 10월 17일 전국에 비상계엄이 선포된 가운데 박정희는 대통령 특별선언을 발표하여 국회를 해산하고, 비상국무회의를 설치하였다. 비상국무회의는 '조국의 평화통일을 지향하는 헌법개정안'을 공고하고, 11월 21일의 국민투표에서 이를 확정한 다음 이 '유신헌법'에 따라 만들어진 통일주체국민회의에서 단독 출마한 박정희 후보를 12월 23일에 제8대 대통령으로 선출함으로써 강력한 독재정권으로서의 유신체제는 확립되었다.

유신체제는 입법부와 사법부를 완전히 무력화시키고 대통령에게 무한의 전제적 권한을 부여하였으며 관료와 정보부 등의 통치기구를 강화하였다. 유신헌법에 의하면 대통령은 통일주체국민회의에서 간접선거로 선출되고 임기는 6년으로 연장, 종신집권이 가능하며 국회해산권과 긴급조치권, 국회의원 3분의 1에 해당하는 유정회의원 지명권을 가진다.

'비상사태의 상시화'라는 특징을 가진 파쇼체제와 유사한 유신체제도 '긴급조치의 상시화'로 점철되었다.

특히 1975년 5월의 긴급조치 9호는 유신헌법의 부정·반대·왜곡·비방·개정 및 폐기의 주장이나 청원·선동 또는 이를 보도하는 행위를 일체 금지하고, 위반자는 영장 없이 체포하도록 되어 있었다.

정치·경제·사회 등 모든 분야에서 전능의 전제적 지배권을 행사할 수 있는 유신체제의 경제정책 체계는 한마디로 말하여 외자의존적 수출드라이브 정책을 강화하면서 한편으로는 독점자본에 재정·금융·세제 등 모든 특혜를 제공하고 반면에 노동계급에는 노동3권을 철저하게 탄압하여 경영 내부에서 자본에 의한 노동의 전제적 지배를 바탕으로 하여 독점자본으로 하여금 고축적을 가능하도록 하는 것이었다.

우선 정부는 1970년 '외국인 투자기업의 노동조합 및 노동쟁의 조정에 관한 임시특례법'을 제정하여 외국인의 직접투자를 촉진하는 동시에 동 기업에 있어서 노동권을 제한하였다.

한편 1972년 소위 '8·3조치'가 발표되었는데 그 주요 내용은 기업이 보유한 모든 사채를 신고하도록 하고 이를 연 16.2퍼센트의 3년 거치 5년 분할상환조건의 채권채무관계로 조정함으로써 기업의

금융비용을 경감하고, 산업은행으로 하여금 기업에 장기저리자금을
공급케 한다는 것이다.

1973년 5월에는 중화학공업장기육성계획을 발표하여 이의 건설에
대한 온갖 지원을 강화함으로써 독점자본이 국가 기간산업부문인 중
화학공업부문을 지배하도록 하는 계기를 마련하였다. 특히 여기서
주목해야 할 것은 대만에서처럼 공영기업이 중화학공업 추진의 담당
자로 된 것이 아니라 민간독점재벌로 하여금 그 담당주체가 되도록
했다는 점이다.

그 이외에도 외자에 의해 건설된 수출지향의 독점대기업에 대하여
60년대 이래로 시행되어온 각종의 특혜조치, 즉 세제·관세 면에서
의 특혜, 재정자금지원, 금융면에서의 융자특혜(은행의 수출지원금융
이 총대출금에서 차지하는 비율은 1970년 19.5퍼센트에서 점차 증
가하여 1979년에는 32.8퍼센트에 이름), 저리융자(1970년대의 수출
금융금리는 연6~9퍼센트로 대체로 일반대출금리의 절반에도 미치지
못했음), 자본시장육성에 의한 자금조달지원, 종합무역상사 조성조치,
환율인상, 수출입 링크제, 심지어 전기요금 할인 등 가능한 모든 특
혜를 베풀었다.

상술한 수출지향의 독점자본에 대한 각종 특혜와는 대조적으로 노
동운동에 대한 법적·지도적·행정적 탄압은 1970년대에 더욱 강화
되었다.

1971년 12월 27일에는 국가보위에 관한 특별조치법을 제정하여 단
체교섭권과 단체행동권의 행사는 미리 주무관청에 조정을 신청하여
그 결정에 따르도록 함으로써 노동권의 행사를 사실상 금압하였다.

1972년 12월 27일에 공포된 유신헌법에서는 노동3권을 법률유보
부 기본권으로 만들었다. 또한 1973년에는 집단적 노사관계법을 개
정하였는데, 그 주요내용은 노동조합의 산별체제의 지양, 노사협의제
의 구체화, 공익사업 범위의 확대 및 노동쟁의의 규제강화, 국가에

의한 노동행정의 강화였다.

1975년 5월 13일의 긴급조치 9호와 함께 사회안전법·방위세법·민방위기본법 등 전시입법체제가 갖추어짐에 따라 노동운동에 대한 통제는 한층 강화되어 법적 규제는 물론이고 물리적 탄압이 계속 자행되었다.

3. 경제의 성장과 구조변화

1970년대에 들어서서 한국자본주의의 위기구조가 현재화되기 시작하고 더욱이 두 차례에 걸친 세계적 석유파동이 있었음에도 불구하고 정부의 독점자본에 대한 특혜지원과 노동운동에 대한 가혹한 탄압으로 인한 저임금 및 열악한 노동조건에 힘입어 대외의존도를 높이면서 한국자본주의는 독점기업의 성장을 주축으로 하여 높은 성장과 구조의 고도화를 이룩할 수 있었다.

우선 1970~79년의 10년간에 걸쳐서 연평균 9.4퍼센트의 높은 성장률을 기록하였는데, 그것은 1961~69년의 8.5퍼센트의 성장률보다 더욱 높은 수치이다. 그래서 GNP는 1970년에는 78억 3,400만 달러에서 1979년에는 623억 7,400만 달러로 되어 약 8배로 증가했으며 1인당 GNP도 같은 기간에 243달러에서 1,662달러로 약 7배로 증가하였다.

이러한 급격한 성장을 주도한 사업은 제조업이라고 할 수 있다. 1970~79년에 걸쳐서 산업별 연평균성장률은 농림어업 3.3퍼센트, 광공업 17.2퍼센트, 그리고 사회간접 자본 및 기타가 9.3퍼센트임을 보면 이를 쉽게 알 수 있다.

또한 같은 기간에 무역규모는 한층 더 급격하게 확장되었다. 통관

액 기준으로 수출은 1970대에는 8억 3,500만 달러이던 것이 1979년에는 150억 5,600만 달러로 18배로 신장되었으며 수입은 같은 기간에 19억 8,400만 달러에서 203억 3,900만 달러로 10배로 신장되었다.

수출의 연평균 신장률은 39퍼센트이며 수입의 연평균신장률은 29퍼센트이다.

1970년대에는 경제의 급속한 성장과 함께 그 구조도 고도화되었다. 표 1에서 보는 바와 같이 산업구조는 부가가치 기준에 있어서나 취업자 기준에 있어서나 농림어업의 비중이 대폭 감소한 반면에 광공업과 사회 간접자본의 비중은 한층 더 높아졌다. 이러한 현상은 고용구조(취업자 기준)에서 볼 때 더욱 뚜렷이 나타난다.

이러한 산업구조의 고도화는 저조업 내부구조에서도 발견할 수 있다.

[표 1] 산업구조의 변동　　　　　(단위: %)

구분	부가가치기준(경상가격)			취업자기준		
	농림어업	광공업	사회간접자본기타	농림어업	광공업	사회간접자본기타
1965	38.0	20.0	41.9	58.6	10.3	31.3
1970	26.9	22.4	50.7	50.4	14.3	35.2
1973	24.5	25.8	49.7	50.0	16.3	33.7
1976	23.5	28.4	48.1	44.6	21.8	33.5
1979	18.5	28.7	52.8	35.8	23.7	40.5

자료: 경제기획원.

표 2에 의하면 1970년 경공업과 중화학공업의 비율은 56.6 대 43.4였으나 1980년에는 그것이 41.1 대 55.9로 역전되어 중화학공업의 비중이 경공업에 비하여 더욱 높다. 중화학공업 중에서도 전기기

계·화학·제1차 금속·수송용기계의 비중이 상당히 상승했다. 이와 같이 중화학공업의 비중이 높아진 것은 1973년 이후 중화학공업 건설에 정책의 중점을 두고 이를 적극 지원했기 때문이다.

[표 2] 제조업 내부구조의 변동

(부가가치, 1975년 불변가격)　　　　　　　　　(단위: %)

구　　분	1965	1970	1975	1980
가. 경공업	65.1	56.6	50.7	44.1
음·식료품	26.2	20.4	14.8	13.9
섬유	16.9	15.6	19.5	15.6
인쇄·출판	4.8	2.6	1.8	1.9
제재·제지	5.1	4.5	3.8	3.3
나. 중화학공업	34.9	43.4	49.3	55.9
화학	4.8	7.6	11.0	12.6
석유·석탄제품	9.0	15.1	9.3	7.9
비금속광물제품	5.4	5.6	4.8	4.5
제1차 금속	2.9	2.4	4.2	6.6
일반기계	2.7	1.3	2.1	2.0
전기기계	1.9	3.0	7.3	11.0
수송용기계	3.5	4.2	4.8	6.2
다. 제조업합계	100.0	100.0	100.0	100.0

자료: 한국산업은행 조사부, 「80년대의 전략산업」(1981), p.20.
* 기타 제조업은 경공업에 포함되며, 합계와는 일치하지 않음.

산업구조 및 공업구조의 고도화는 수출상품구성에서도 그대로 나타난다. 수출상품 중에서 공산품(工産品)이 차지하는 비중은 1970년대에는 83.6퍼센트였으나 1979년에는 90.1퍼센트로 상승했다. 특히 공업제품 중에서 표 3에서 보는 바와 같이 1970년에는 경공업 품이 대부분을 차지했으나 1980년에는 양자의 비중이 거의 비슷한 수준에 이르고 1983년에는 그 관계가 완전히 역전된다.

[표 3] 수출액의 추이와 수출상품의 구성 (단위: 100만 달러, %)

구 분	1970	1975	1980
1차 상품	172.0(20.6)	633.3(12.5)	1,354 2(7.7)
제조업제품	663.2(79.4)	4,447.7(87.5)	16,180 8(92.3)
경 공 업	540.8(64.8)	2,923.4(57.5)	8,316.1(47.8)
중 화 학	122.4(14.7)	1,524.2(30.0)	7,784.7(44.5)
총 액	835.2	5,081.0	17,505.0

자료: 경제기획원.

이러한 사실은 정부가 중화학공업품의 수출에 얼마나 노력했는가를 반영하는 것이다. 정부는 1970년대에 본격적으로 중화학공업건설을 추진하면서 그것의 수출에 막대한 지원을 아끼지 않았다. 이를테면 정부는 1978년 한 해 동안에 철강·비철1차 제품·화학·기계·조선·전자 등 6개의 중화학공업에 대해 수출을 위한 금융지원으로 320억 원의 이자보조를 실시하고, 440억 원의 직접세 감면을 행하였다. 특히 전산업에 대한 실효보호율이 2.3퍼센트에 불과한 데 비해 이들 중화학공업에 대한 그것은 16.4퍼센트에 이른다는 사실은 중화학제품의 수출을 정부가 적극적으로 지원했음을 나타내고 있다.

그러나 이러한 중화학공업화가 생산재공업적이 아니라 소비재공업적으로 전개되었음을 이대근 교수는 지적하고 있다(이에 관해서는 이대근, 『한국경제의 구조와 전개』, 창작과비평사, 1987, 제3부 제2장 참조). 따라서 내구소비재 중심의 중화학공업화는 국내의 산업간에 분업연관관계나 파급효과를 크게 높이지 못하는 한계를 가지고 있다. 그리고 한국의 중화학공업화는 소위 후기산업사회로 넘어간

선진국에서 기피하는 공해다발형, 공장부지·노동력·원료·연료 다
소비형으로 새로운 종속적 국제 분업 논리에 따르고 있는 것이다.

4. 대외의존도의 심화

그러나 상술한 한국경제의 성장과 구조의 고도화는 대외의존도를
심화시키는 대가로 이루어진 성과이다.

그동안 한국경제는 자본·시장·기술면에서 대외의존도를 계속 높
여왔다. 투자재원은 외자도입에 크게 의존했는데 외자도입은 60년대
후반부터 본격화되어 70년대에는 대폭증가하게 된다.

직접투자를 포함하여 외자도입총액을 보면 1966년에서 72년 사이
45억 6,200만 달러였으나 1973년에서 79년 사이에는 221억 2,300만
달러에 이르러 약 5배로 증가했다. 이와 같이 73년 이후에 외자도입
액이 크게 늘어난 것은 중화학공업의 건설이 본격적으로 이루어지면
서 거액의 자금이 필요했기 때문이다. 물론 60년대에도 중화학공업
의 건설이 없었던 것은 아니지만 그 대부분은 정유공업을 비롯하여
비료, 자동차, 선박, 합성수지 등 전형적인 수입대체적 공업화였다.
그러나 70년대 이후에 건설되는 중화학공업은 수출지향적이라는 점
에서 60년대와는 그 성격을 근본적으로 달리한다.

직접투자를 제외한 외자도입잔액을 보면 1965년에 2억 600만 달
러였던 것이 1970년 22억 4,500만 달러, 1975년 84억 5,600만 달
러, 1980년 273억 6,500만 달러로 급증하여 외채 누적에 대한 위기
감을 낳게 했다.

외채누적에 따라 차관원리금 상환문제도 1970년대에 대두되어 심지
어는 이를 갚기 위해서 차관을 도입하는 경우도 있었다. 차관원리금

상환실적은 1970년에서 74년 사이의 5년 동안에 23억 2,100만 달러였으나 이것은 해마다 늘어나 1978년에는 23억 9,100만 달러로 되어 앞의 5년간의 그것을 넘어서고 있다. 1979년에는 31억 7,300만 달러, 80년에는 42억 3,400만 달러로 계속 증가해간다.

이번에는 대외의존도의 심화를 무역의존도를 통해서 살펴보기로 하자.

표 4에 의하면 우리나라의 무역의존도는 1965년에는 25.4퍼센트에 불과했으나 1970년에는 40.5퍼센트, 1979년에는 67.7퍼센트로 급격하게 늘어나고 있다. 이러한 높은 무역의존도는 전술한 자본의 대외의존과 함께 우리나라의 생산·고용·소득·물가경기순환을 해외요인에 종속시키는 것을 의미하기 때문에 한국경제에 대한 불안요인을 가중시킬 뿐만 아니라 경제의 자주성, 나아가서 국가 자체의 자주성마저 위협을 받게 한다.

[표 4] 무역의존도 (단위: %)

연도	수출의존도	수입의존도	무역의존도
1965	9.5	15.9	25.4
1970	15.7	24.8	40.5
1973	30.5	34.2	64.7
1976	33.0	35.3	68.3
1979	30.3	37.4	67.7

자료: 경제기획원.

더욱이 농공간의 불균형성장으로 말미암아 이 양자간에 분업연관은 점점 줄어들고 경쟁력이 약한 농산품은 수입에 의존하면 된다는 안이한 생각 때문에 국민생존의 기초가 되는 식량자급도가 계속 하락하고 있다. 표 5에서 보는 바와 같이 식량자급도는 곡물 전체의

경우 1965년에는 93.3퍼센트였으나 1970년에는 80.5퍼센트, 1975년
에는 73.0퍼센트, 그리고 1980년에는 56.0퍼센트로 급격하게 하락하
고 있다.

이와 같이 식량의 대외의존도가 높다고 하더라도 세계의 식량사정
이 원활할 때에는 별 문제가 없지만 만일 그것이 악화된다거나 또는
어떤 사정으로 인해 대식량생산국이나 곡물메이저들이 이를 무기화
하는 경우에는 우리의 생존 자체가 위협을 받게 된다.

[표 5] 식량종별 자급도 추이 (단위: %)

	1965	1970	1975	1980
쌀	100.7	93.1	94.6	95.1
보리쌀	106.0	106.3	92.0	57.6
밀	27.0	15.4	5.7	4.8
옥수수	36.1	18.9	8.3	5.9
콩	100.0	86.1	85.8	35.1
기타	100.0	96.9	100.0	89.8
곡물전체	93.9	80.5	73.0	56.0

자료: 농림수산부 양정과.
  * 기타에는 薯類가 제외된 해도 있음.

1970년대에 수출과 수입이 동시에 크게 신장되었고 더욱이 수출
의 증가율이 수입의 증가율을 훨씬 앞지르고 있지만 무역수지의 적
자는 대폭 늘어났다.

표 6에 의하면 1970년에 무역수지 적자는 9억 달러 정도였으나
1979년에는 약 44억 달러로 대폭 늘어났다. 수출의 급격한 신장에
도 불구하고, 오히려 그것이 크게 늘어날수록 수입유발효과를 일으
켜 무역수지적자를 가속적으로 증가시켰다.

[표 6] 무역수지   (단위: 100만 달러)

연 도	수 출	수 입	무역수지
1965	175.1	463.4	-240.3
1970	835.2	1,984.0	-922.0
1973	3,225.0	4,240.3	-566.0
1976	7,715.3	8,773.6	-590.5
1979	15,055.5	20,338.6	-4,395.5

자료: 경제기획원.

이러한 늘어나는 무역수지적자와 전술한 차관원리금 상환부담은 한층 더 차관도입을 증가시킴으로써 해결해나갔던 것이다.

외자도입 및 무역에서 하나 지적해두어야 할 것은 그것의 미·일에 대한 편중성이다. 그리고 무역의 경우에는 대일무역에서는 계속 적자를 나타냈지만 특히 1970년대에 적자폭이 확대되어오는 경향이 있는 반면에 대미무역에서는 흑자가 정착되어가는 경향을 보이고 있어 한·미간의 통상마찰을 예고하고 있다.

한국의 미·일에 대한 무역패턴은 일본으로부터 공업용 원자재와 기계류 등 시설재를 수입하고 그것을 가공·조립·제작하여 미국에 소비재로 수출하는 형태이다. 만일 한국이 전체적으로 무역수지의 적자를 줄이거나 해소시키려 한다던 미국에 대한 대폭적 수출증대에 의존할 수밖에 없고, 그러기 위해서는 일본으로부터의 수입을 계속 증대시킬 수밖에 없게 된다. 이런 경우 대일무역 수지적자의 확대, 그리고 대미 무역수지 흑자의 확대와 그 당연한 결과로서의 한·미간 통상마찰이라는 2중의 문제를 야기하게 된다.

요컨대 1970년대의 경제성장은 외자도입과 수출에 일방적으로 기대는 대외의존의 심화를 초래했으며 박정희 정권이 계속 내걸었던 구호인 자립경제의 확립과는 너무나 거리가 먼 것이었다. 더욱이 한국경제는 70년대를 통하여 미·일에 대한 의존도를 더욱 강화하여 미·일 편중의 종속적 경제로서의 성격을 더욱 뚜렷이 부각해갔던 것이다.

5. 자본 – 임노동 모순관계의 발전

유신체제하의 정부는 한편으로 독점재벌에 다양한 특혜를 제공하여 그것을 한층 강화시켜나갔다. 표 7에서 자산기준 30대 기업집단(재벌)의 기업결합 추이를 보면 1970년에는 계열기업수가 126개에 불과하던 것이 1971~79년 동안에 303개가 늘어나 1979년에는 429개로 되었다. 계열기업수가 대폭 증가하여 재벌기업의 문어발식 확장을 엿볼 수 있다.

[표 7] 자산기준 30대기업진단의 기업결합 추이   (단위: 개)

연도	신설	취득	내부합병	매각	순증	계열기업수
1970						126
1971~79	202	135	27	7	303	429
1980~82	30	25	31	51	-27	402

자료: 이규억·이성린, 『기업결합과 경제력집중』(KDI, 1985), p.93.

다음으로 김형기 교수의 독점자본 형성관련 주요 지표를 표 8에서 보기로 하자.

[표 8] 독점자본 형성관련 주요 지표의 총괄

생산수단의 집접	1995	1959	1960	1963	1966	1968	1973	1978	1983
① 1공장당 자본량(백 만원)			38.0	45.3	54.8	88.7	212.1	3˅9.9	
주학중 추계*					146	161	404	667	
송치영 추계**									859
② 1공장당 동력시설(마력)		29.6		46.9		60.5	297.9	6˅8.1	401.4
· 자본수입					(1959)		(1967-	(1962-	(1977
					66년)		71)	76)	-82)
③ 차관도입(제조업, 백만 달러)					178.9		879.9	2,570.9	5,353.3
④ 외국인 투자(제조업, 백만 달러)					22.9		59.9	425.9	514.3
⑤ 기술도입(건)					33***		285	434	1,509
· 무역의존도									
⑥ 수출의존도(대GNP)(%)	2.9	2.8	4.1	5.4	11.9	14.7	31.3	36.2	40.5
⑦ 수입의존도(대GNP)(%)	10.0	10.8	12.7	15.8	20.3	25.9	35.1	39.5	43.4
· 거대기업의 성립									
⑧ 500인 이상 대공장의 수	18	26		72		189	402	643	574
		(1960년 이전)			(1961-65)	(1966-70)	(1971-75)	(1976-80)	(1981-86)
⑨ 상장·등록법인의 설립연도별 기업수(500인 이상 규모)		137			53	77	78	˅1	11
⑩ 10대 재벌의 (인수·합병)(개수)		1			7	9	27	25	39
(설립)(개수)									
기업 결합		37			16	27	51	46	24
· 노동자의 집중									
⑪ 500인 이상 대공장의 노동자 비중(%)	11.7	11.9		22.2		31.3	43.7	43.9	37.3

생산수단의 집접	1995	1959	1960	1963	1966	1968	1973	1978	1983
⑫ 500인 이상 규모의 1공장당 노동자수(명)	1,439	1,196		1,241		1,237	1,258	1,442	1,438
・생산의 집중									
⑬ 500인 이상 대공장의 생산액 비중(%)			17.6	27.8	36.5	46.7	54.1	56.6	56.4
⑭ CR5 음료품(%)			25.4	36.3	47.2	72.6	81.9	76.5	62.9
기계			30.5	30.9	50.3	45.0	70.1	69.6	61.2
제1차 금속			31.5	20.8	43.5	68.4	74.3	62.0	69.1
석유・석탄제품			5.4	13.5	52.6	72.6	77.1	73.8	90.5
						(1970년)	(1974)	(1977)	(1981)
⑮ CR3(전산업)(퍼센트)					54.6.	58.5	58.5	57.0	62.0
(16) 총괄 집중률(상위50대기업)(%)					29.0	30.3	32.9	35.0	36.6

자료: 경제기획원, 과학기술처, 한국은행, 재무부.
　　　김형기, 『한국의 독점자본과 임노동』 (까치, 1988), p.189에서 전재.
　　* 1977년 불변가격, ** 1980년 불변가격, *** 1962~66년간의 합계치.

우선 생산수단의 집적(1공장 당 자본량과 1공장 당 동력시설)은 특히 1970년대에 급격히 이루어지고 있는데 이것은 바로 제조업 장의 평균 생산규모의 급격한 확대를 의미하고 따라서 생산의 집적, 독점자본의 강화를 나타낸다.

자본수입과 무역의존도 역시 1970년대에 급격히 진행되는데 이것은 독점자본의 고축적이 자본수입과 무역에 그 기반을 두고 있음을 의미한다.

노동자의 집중은 1960년대에 급격히 진행되지만 그 경향은 특히 500명 이상 대공장의 노동자 비중의 경우에는 1970년대에도 어느 정도 지속되고 있다.

생산의 집중은 1960년대 후반에 급격히 진행되고 그 경향은 1973년에 이르기까지 속도는 완만하지만 진행되고 있다. 생산의 집중 가운데서 500명 이상 대공장의 생산액 비중은 1978년까지 증가경향을 나타내고 1978년에는 56.6퍼센트로 되어 대기업의 매우 높은 생산

집중도를 나타낸다.

CR_5와 CR_3는 시장집중도를 나타내는 지수로서 제조업의 중분류산업에서 각 산업의 전체 출하액 중에서 상위 5사업체 또는 상위 3사업체가 차지하는 출하액의 비율을 나타내는 출하집중률이라고 한다. CR_5와 CR_3는 60년대에 급격히 증가하고 그 증가 경향은 1978년까지 지속된다.

생산의 집중을 나타내는 총괄적인 지표가 총괄집중률로서 이것은 상위 50대 기업의 출하액이 전체 제조업 출하액에서 차지하는 비율을 나타내는 것으로서 1983년까지 계속 증가하는 경향을 나타내고 있다. 1970년대에는 상위 50대 기업이 제조업 전체 출하액의 3분의 1정도를 차지하고 있다. 김형기 교수의 동일한 자료에 의하면 상위 50대 기업과 상위 100대 기업의 총괄집중률은 각각 1966년의 29.0퍼센트와 38.5퍼센트에서 1981년의 36.6퍼센트와 45.9퍼센트로 증가하고 있는데, 1970~77년간의 증가 정도가 가장 크다고 한다(상위 50대는 30.3→35.5퍼센트로, 상위 100대는 40.6→44.9퍼센트로).

이상의 자료에서 우리는 한국의 독점자본은 1960년대에 이어 1970년에도 크게 강화·신장되었음을 알 수 있다. 특히 한국의 독점자본(재벌)은 ① 소유의 집중이 다른 나라에 비하여 매우 높다는 점, ② 소유와 경영의 분리, 따라서 경영의 민주화가 이루어지지 않고 있다는 점, ③ 수직적으로는 소재에서부터 가공·조립·판매·수출에 이르기까지 모든 단계에 관계하고 있고, 수평적으로는 중화학공업부문에서부터 서비스업에 이르기까지 전 분야에 걸쳐 다각적인 운영을 하는 원세트주의라는 점, ④ 문어발식으로 무리하게 사업을 확장하기 때문에 그 재무구조가 일반기업보다 더욱 나쁘고 타인자본에 대한 의존도가 높다는 점, ⑤ 시장지배력이 높다는 점, ⑥ 수출 지향적이라는 점 등의 특징을 지니고 있다(전기호, 「한국대기업과 득과점」, 『민족과 지성』, 1987년 5월호 참조).

한국의 독점자본은 특히 1970년대에는 독재 권력의 시혜에 의하여 국가기간산업인 중화학공업을 장악한 이후에는 독점체를 전 분야에 걸쳐서 완성하였다. 따라서 독점자본은 국가권력에 대한 하위 동맹자로서의 지위로부터 대등한 동맹자로서의 지위로 상승하여 1970년대 말부터 민간주도형 경제로의 전환을 요구하는 '국가권력으로부터의 독립선언'을 주장하기에 이르렀다.

한편 독점자본을 주축으로 하는 경제의 고도성장은 그 당연한 대응물로서 노동자계급의 양적·질적 성장을 초래했다.

노동자수는 1970년의 378만 6천 명에서 1979년에는 651만 9천 명으로 대폭 증가하였으며 총 취업자 중에서 차지하는 비중도 같은 기간에 38.9퍼센트에서 47.7퍼센트로 늘어났다.

산업구조의 변화에 대응하여 노동자의 구성도 변한다. 전체노동자수에서 제조업노동자가 차지하는 비중은 1960년의 19.7퍼센트에서 1970년에는 28.2퍼센트, 1980년에는 43.3퍼센트로 특히 1970년대에 급격하게 증가한다(노동자수는 각각 30만 4,000명, 111만명, 238만 6,000명으로 증가함). 제조업 중 중화학공업부문 노동자 구성비는 같은 기간에 각각 33.2퍼센트, 38.7퍼센트, 그리고 47.8퍼센트로 증가되어 특히 1970년대에 크게 증가하는데 이것은 1970년대의 대규모 중화학공업건설과 밀접한 관계를 가지고 있다.

전 직종에서 기층노동자라고 할 수 있는 생산직노동자의 구성비를 보면 같은 기간에 각각 34.3퍼센트, 45.3퍼센트, 그리고 51.0퍼센트로 증가하여 1980년에는 전체 노동자의 절반을 넘는다.

전술한 생산의 집중과 함께 공장 노동자의 집중현상(노동의 사회화)이 진전된다. 1963년에는 100인 이상 사업체의 노동자수는 17만, 3,810명으로 전체 공장노동자의 43.2퍼센트였으나 1973년에는 82만 3,809명, 71.2퍼센트로, 다시 1978년에는 156만 2,935명, 74.0퍼센트로 증가한다.

지금까지 설명한 바와 같이 노동자수의 폭발적인 증가와 그 내부구성의 변화, 그리고 노동자의 집중현상은 노동자계급의식을 고양시킨다.

1970년대에 경제가 고도로 성장했음에도 불구하고 노동자의 상대적인 상태는 오히려 악화되었다. 노동자의 대부분의 임금수준은 최저생계비에 미달할 뿐만 아니라 특히 생산직 노동자의 임금은 훨씬 더 열악했다.

뿐만 아니라 학력별·성별·직종별 임금격차가 심하여 저학력, 여성, 생산직은 특히 저임금지대를 형성하고 있고 이들은 경제적 지위 상승의 가망이 별로 없다.

1970년대 후반에는 노동력부족 현상이 나타나 임금이 급격하게 상승했음에도 불구하고 70년대 전체를 통해서 실질임금상승률은 노동생산성 상승률을 밑돌았다.

저임금과 더불어 장시간 노동이 일반화되어 있다.

한국 노동시간의 특징은 세계 최장 노동시간이면서 다른 나라의 시간단축의 경향과는 반대로 표9에서 보는 바와 같이 오히려 시간 연장의 경향이 있다는 것이다. 특히 70년대에 이러한 시간 연장의 경향이 나타나고 있다. 우리나라 노동시간에 있어서 또 하나의 특징은 연령별로 17세 이하의 연소근로자의 노동시간이 다른 연령층에 비하여 가장 길며, 여성의 노동시간이 남성노동자의 노동시간보다 더욱 길어서 연소근로자와 여성근로자는 보호를 받기는커녕 더욱 학대를 받고 있다는 것이다. 다른 나라와는 정반대가 되는 현상이다.

대체로 저임금 노동자가 장시간 노동을 하고 있는 경향이 나타나는데 이로 미루어 보아 임금이 낮기 때문에 생계를 유지하기 위해서는 장시간 노동을 하지 않을 수 없다는 의미에서 저임금이 장시간노동의 기본적인 원인이라고 할 수 있다. 수출지향적 경제성장이 또한 장시간 노동의 한 원인이 되기도 한다.

[표 9] 취업시간별 취업자구성비 추이

구분	1~35시간	36~44시간	45~53시간	54시간 이　상	주당평균 취업시간	제조업주당 노동시간
1969	17.4	20.5	22.1	39.6	50.3	56.3
1970	19.3	23.0	20.3	37.0	48.3	52.5
1971	18.4	21.0	20.3	40.1	49.5	51.9
1972	18.6	18.7	19.0	43.4	50.7	51.6
1973	16.4	18.1	18.3	46.8	51.6	51.2
1974	13.0	17.8	20.6	48.5	52.6	49.9
1975	12.6	17.2	19.6	50.6	53.0	50.5
1976	11.9	16.0	19.0	53.1	54.6	52.5
1977	13.5	15.0	18.8	52.6	54.0	52.9
1978	11.0	16.4	18.7	53.8	54.6	52.9
1979	11.3	15.5	19.7	53.2	54.3	52.0
1980	10.2	17.8	21.2	50.4	54.0	53.1

자료: 경제기획원, 경제활동인구연보 및 노동부, 노동통계연감.

표 10에서 노동 강도 지수 추이를 보면 노동 강도가 70년대에 대체로 강화되는 경향을 나타내고 있으며 특히 1974~78년 동안에 급격하게 강도가 높아지고 있다.

저임금, 장시간 노동, 열악한 작업 환경, 노동 강도의 강화 그리고 이들의 복합적인 원인으로 발생하는 높은 산업재해와 직업병 등이 1970년대 한국 노동자들의 상태이다.

국가의 막대한 특혜지원으로 고축적을 이룩할 수 있었던 독점자본을 기축으로 하는 고도의 경제성장, 다른 한편으로는 양적·질적·의식적으로 급격한 성장을 이룩했음에도 불구하고 열악한 노동자계급의 상태, 이러한 자본·임노동의 모순관계의 발전이 1970년대 한국자본주의 발전의 본질이다.

[표 10] 노동 강도 지수 추이

구분	제조업 전체	식료품	음료품	섬유	제재 목재품	종이	인쇄 출판	피혁	고무 제품	비금속 광물	제1차 금속	기계	전기 기계	운수 장비
1966	100	100	100	100	100	100	100	100	100	100	100	100	100	100
1967	140	131	163	145	157	125	127	78	107	83	139	165	121	124
1968	158	137	164	200	99	189	152	94	98	76	149	134	156	188
1969	188	141	211	299	145	191	113	45	95	65	163	124	169	191
1970	182	166	226	312	123	216	106	52	98	53	141	91	108	113
1971	171	151	163	268	118	246	95	58	94	50	103	58	103	83
1972	203	205	139	425	146	312	82	100	71	49	87	74	137	83
1973	198	148	155	372	156	282	70	159	93	59	86	97	188	92
1974	196	111	171	311	121	272	77	270	83	60	106	76	193	147
1975	215	109	155	355	157	326	73	541	71	56	111	80	181	130
1976	226	108	146	357	214	347	64	563	87	57	112	89	215	116
1977	328	124	187	370	252	407	70	412	86	61	127	55	198	124
1978	251	122	186	370	266	409	73	395	87	81	122	79	235	120
1979	202	123	137	311	175	378	79	279	76	66	91	57	210	121
1980	200	114	115	315	134	370	86	303	82	53	103	40	161	85
1981	225	116	113	384	167	372	101	403	70	51	114	45	207	122
1982	229	140	113	363	205	390	107	463	62	61	110	42	198	112
1983	259	150	120	391	268	438	119	615	80	66	118	63	251	101
1984	274	141	132	385	311	414	99	600	114	68	128	78	261	145

자료: 한국생산성본부, 「노동생산성지수」, 각 연도.
　　　송치영(1986)의 자본 스톡 추계.
　　　김형기, 앞의 책, p.323에서 전재

주:노동강도지수$(LI) = \dfrac{\text{노동생산성지수}}{\text{기계장비율지수}}$

두 지수 모두 1966년 = 100기준

그러나 국가는 이러한 모순관계를 완화시키려고 하기는커녕 한편 이러한 모순관계는 내적으로 확대·심화·가열되어가면서도 극도의 권력적 탄압 때문에 그것이 체제전환적인 조직적 힘으로 발현되지는 않았다. 그러나 느리기는 하지만 그 힘은 자라서 유신체제의 붕괴를 초래한다.

유신체제하에서도 조직노동자의 수는 노동자수의 증가에 발맞추어 증가해간다. 1970년에 약 50만 명이었던 조합원수는 1979년에는 109만 명으로 2배 이상으로 증가한다. 1970년대 노동운동사상 가장 대규모적이고 격렬했던 것은 1974년 9월 19일, 울산현대조선소 기능공 2,500여 명이 '도급제 철폐', '차별대우 철폐', '부당해고 금지', '임금 100퍼센트 인상', '상여금 지급', '노조결성 보장'등의 13개 요구조건을 내걸고 폭력투쟁을 전개한 것이었다. 그러나 이러한 비조직적·자연발생적 폭동은 권력과 자본의 공격 앞에 속수무책이 되어 성과 없이 끝나버렸다.

대한 노총과 산별노련, 그리고 대부분의 단위노조 간부들이 국가권력과 자본에 굴복하여 그 노동통제보조기관으로 전락했음에도 불구하고 1970년대 전반기에 이미 민주노조운동이 발생하여 후반기로 가면서 크게 성장하였다. 이 시기의 대표적인 민주노조로서는 청계피복, 동일방직, 삼원산업, 반도상사, 한국모방(후일의 원풍모방), YH무역 등이 있는데, 대체로 경공업 여성노동자들이 주류를 이루었다. 또 이 시기에는 노동권 외부의 종교단체(도시산업선교회, 카톨릭노동청년회, 크리스천아카데미 등)를 중심으로 한 지식인들이 노동운동을 지원한 것이 하나의 특색이다.

1970년대에는 자본·임노동 모순관계가 60년대에 비하여 크게 진전되었음에도 불구하고 노동운동에 대한 강력한 규제로 말미암아 노사분쟁발생건수는 연평균 100건 내외로 60년대와 비슷한 수준이다.

6. 맺는 말

우리는 지금까지 1970년대의 한국자본주의의 발전을 개관하였다. 1970년대는 정치적으로는 철저한 독재정권인 유신체제의 시기이고, 이 체제는 1960년대에 전개된 모순의 심화가 70년대에 들어오면서 체제위기로 발현하자 이 위기를 극복하기 위한 응급적이고 반동적인 체제이다. 이 체제는 대외적으로는 한층 경제의 대외의존성을 심화시킴으로써 그리고 대내적으로는 한편으로는 독점자본에 가능한 모든 특혜를 제공하고, 반면에 양적·질적·의식적으로 성장하면서도 열악한 노동조건 때문에 불만이 고조되어가는 노동계급의 노동운동을 물리력으로 금압함으로써 대내외적 모순을 극복하려고 한다. 그러나 이것은 대외적으로는 경제의 종속성의 가중, 대내적으로는 자본·임노동 모순관계의 심화라는 대내외적 모순관계의 발전일 뿐이고, 드디어 1970년대 말 유신체제의 붕괴와 80년대로 이어지는 체제의 위기국면으로 나타났다.

그럼에도 불구하고 양적·질적·의식적으로 크게 성장해온 노동자 세력을 힘의 원천으로 하여 지식인·학생·종교인 등 제 민주세력이 연합하여 민주화를 진전시킨 원동력이 70년대의 모순구조의 발전 속에서 자라고 있었던 것이다. 특히 1970년대 중화학공업의 본격적 건설은 80년대에 노동운동의 주류를 경공업의 여성노동자로부터 중화학공업의 남성노동자로 전환해가도록 하는 계기를 제공하고 있다.

더욱이 지금까지의 경험에 의하면 자본·임노동의 모순구조는 정치·경제의 민주화를 통해서 어느 정도 완화되는 것이지 독재와 탄압과 불평등의 가중으로 해결되는 것은 아니다. 독재와 탄압과 불평등의 가중은 모순의 심화와 체제위기를 초래할 뿐이다.

현시점에서 정치의 민주화는 특히 '6·29 선언'이후로 서서히 진행되고 있으나 민주화의 내용이라고 할 수 있는 경제의 민주화는 별로 진척이 없는 것 같다. 경제의 대외종속성은 80년대 초반 이후의 소위 '3저'현상으로 어느 정도 완화되는 것 같지만, 이것은 본질적인 변화는 아니며, 계속 심화되어온 경제의 대외적 모순구조는 그대로 존속하고 있다.

앞으로 한국자본주의가 해결해야 할 과제는 정치적 민주화를 철저하게 이룩해나가고, 경제적 민주화와 경제의 대외적 자립도를 진전시켜나가는 것이라고 생각된다.

한국 대기업과 독과점

1. 머리말

해방 이후 한국자본주의의 발전은 국가권력에 의한 독과점체의 형성·성장을 축으로 하여 진행되어왔다. 그 결과 이제 독과점체(소위 재벌)는 양적으로는 국민경제의 제 분야를 좌우할 정도로 큰 비중을 차지하게 되었으며 질적으로는 국민경제의 핵심 분야인 기간산업분야를 완전히 장악했을 뿐만 아니라 국가부문과 경제정책까지도 포섭하고 있다.

그동안 대외종속과 국가권력에 대한 종속이라는 이중적 종속을 통해서 성장해온 독과점체는 그 막강한 힘을 이용하여 1970년대 말경부터 민간주도형 경제로의 전환을 강력하게 요구해왔는데, 이것은 한마디로 말하면 독과점체의 '국가권력으로부터의 독립'을 선언한 독립선언이라고 할 수 있다. 이러한 국가권력으로부터의 독립은 그 이후의 정책에 의하여 인정되었으며, 해외개방체제로의 전환 과정에서 독과점체의 자율성은 높아졌다. 이러한 자율성은 1980년대에 들어와서 가장 중요한 자본조달기구인 은행의 민영화와 독과점체에 의한 은행지배의 과정을 거치면서 거의 완성된 단계에 들어섰다는 느낌이 든다.

이제 '국가권력으로부터의 독립'이 상당한 정도로 인정된 독과점체는 국가권력에 대한 하위동맹자로서의 지위로부터 점차 탈피하여 대등한 동맹자의 지위로까지 상승되었으며, 따라서 국가권력에 대한 소극적 의존이나 대응에서 그것을 능동적으로 이용하는 단계에까지 이르렀다.

본고는 대기업이라는 것을 개별적인 기업이 아니라 기업집단(재벌)이라는 인식에서 출발하여 이들이 국민경제를 어느 정도로 지배하고 있는가를 실태적으로 파악한 후에 한국의 독과점체가 어떤 성격(특질)을 지녔는가에 관해서 살펴볼 것이다.

그리고 이들이 우리나라의 국민경제에 대하여 미치는 역작용과 이를 시정하는 기본방향에 관하여 언급할 것이다.

2. 독과점의 실태

우선 우리나라 30대 재벌이 가지고 있는 계열기업수를 보면 1970년에는 126개였던 것이 1982년말에는 402개로 크게 증가했다. 1970년대의 중화학건설 경제의 고도성장 과정에서 재벌에의 경제적 집중이 대폭 진행되었음을 나타낸다.

그리고 1982년 30대 재벌이 제조업부문에서 차지하는 출하액의 비중은 40.7퍼센트나 된다. 이것은 1977년의 34.1퍼센트에 비하여 6.6퍼센트 증가한 수치로 재벌에의 경제력 집중이 계속 강화되었음을 의미한다. 제조업부문에서 차지하는 5대 재벌의 출하액 점유율은 1977년의 15.7퍼센트에서 계속 상승하여 1982년에는 22.6퍼센트에 이르고 있는 것을 볼 때 소수거대재벌에 대한 경제력집중이 두드러짐을 알 수 있다.

1982년 제조업부문에서 차지하는 30대 재벌의 부가가치점유율은 33.2퍼센트, 자산점유율은 37.2퍼센트이다.

재벌계기업은 공업자본에 발판을 두고 있으면서 보험증권 등에 대거 진출하고 특히 1982년 은행의 민영화조치와 더불어 은행이 재벌의 지배하에 들어가게 되어 산업자본에 의한 금융자본의 지배가 완성단계에 들어섰다.

1983년말 30대 재벌집단 중 5개 시중은행에는 11개의 집단, 10개 지방은행에는 15개의 집단이 과점 주주로 참여하고 있다. 또한 26개 증권회사 중 11개는 각각 하나의 재벌이 주주로 되어 있고 대부분의 증권회사 주식의 과반수가 단일의 재벌에 의하여 소유되고 있으며, 6개의 생명보험회사는 모두 비공개기업으로 대한교육보험을 제외하면 단일재벌에 의하여 소유되고 있다. 재벌들은 그 이외에도 단자회사·종합금융을 지배하고 있다.

재벌의 은행지배와 더불어 재벌에 대한 총여신(대출금 긫 지급보증)의 비율은 증가해왔다. 30대 재벌의 총여신 점유율의 추이를 보면 1983년말 34.3퍼센트, 1984년말 33.7퍼센트, 1985년 5월 35.8퍼센트, 그리고 1986년 9월에는 40퍼센트로 되어, 1983년말에 비하여 약 6퍼센트 상승했다. 재벌에 대한 편중대출이 매우 심하며, 이러한 편중대출은 단자종합금융의 경우에는 한층 더 심하다. 1984년 9월말 현재 전국 32개 단자회사와 6개 종합금융의 총 여신액 7조 4,587억 원 가운데 69.4퍼센트에 해당하는 5조 원이 30대 재벌기업에 나갔다고 한다.

재벌기업에 대한 여신의 양적 편중뿐만 아니라 여신의 질적인 측면 또한 고려하지 않을 수 없는 것이다. 즉 기간 및 이자율에 있어서 다른 여신에 비하여 조건이 유리한 특혜적 융자가 대기업에 편중되고 있다.

이를테면 대기업에 대한 여신이 완화된 1985년 8월부터 1986년 9

월말까지 수출산업금융 1조 3천억 원, 무역금융 4,500억 원 중에서
80퍼센트 이상이 30대 재벌을 포함한 대기업에 방출되었다고 한다.
뿐만 아니라 일부 재벌기업들은 부실기업 정리과정에서 기업정상화
자금으로 85년 12월과 86년 5월에 걸쳐 9,844억 원의 한은장기저리
융자를 지급받았다.

1982년말 은행의 민영화 조치 이후 재벌소유의 증권회사들은 시
중은행주식을 소유함으로써(그것도 은행대출자금으로써) 민간독점은
일단 완성되어 재벌들이 국가권력으로부터 독립선언을 인정받게 되
었다.

3. 한국 독과점체의 성격과 특징

한국 독과점체(재벌)의 성격에 관해서는 한국자본주의의 성격에
관한 논쟁과정에서 대체로 합의된 바에 의하면 관료자본적 성격을
가지고 있다는 것이다.

한국에 있어서 독과점체의 형성·발전은 경제법칙의 작용에 의해
서 자생적으로 이루어진 것이 아니라 경제외적 요인, 즉 국가권력에
의하여 이루어졌다는 점에서 관료자본적 성격을 갖는다. 독점자본의
형성·발전(제계기)은 귀속재산불하, 원조물자 및 달러의 특혜배정,
격심한 인플레이션하에서의 특혜융자와 토지투기, 외국차관에의 접
근, 1960년대 이후의 성장정책에 의한 각종 특혜(사회 간접자본의
형성, 세제금융면에서의 각종 특혜, 재정자금의 배정, 저임금 등)에
의하여 이루어졌다. 또한 1972년의 8·3조치(사채동결), 1985년의
5·29조치(기업의 공개화와 증권시장·단자회사·상호신용금고의 육
성에 의한 제2금융권의 형성발전), 중화학공업의 조정, 은행의 민영

화 조치 등도 독과점체를 지원한 중요한 정책이었다. 수입자유화정
책에 있어서도 독과점품목의 자유화율이 경쟁품목의 자유화율보다
낮은 점에서 독과점체를 지원했다고 볼 수 있다.

물론 그 이유는 독과점품목이 석유산업·비철금속·특수강 등 기
초소재산업으로 과거 정책적 차원에서 육성되었고 이러한 업종은 대
규모자본과 기술을 필요로 하는 중화학공업이어서 개방에 대한 수용
태세를 갖추는 데 비교적 장기간이 소요되기 때문이라고 한다. 이것
은 독점자본이 국가의 기간산업, 따라서 국가의 경제정책의 핵심적
부분을 장악하고 있다는 것을 의미할 뿐이다.

상술한 바와 같이 한국의 독점체의 형성·발전은 다른 선진자본주
의국가와는 달리 처음부터 국가권력에 의하여 급속히 그리고 경제외
적으로 이루어졌기 때문에 관료자본적 성격을 갖는다.

또한 어떤 논자들은 한국 독점자본이 주변적·종속적 성격을 갖고
있다고 지적하기도 한다.

이러한 한국의 독과점체(재벌)의 기본적 성격에서 다음과 같은 여
러 가지 특질이 파생되어 나온다.

첫째, 한국의 경우에는 소유의 집중이 다른 나라에 비하여 매우
높다는 사실을 들 수 있다. 한국재벌의 주식소유비율은 평균 친족지
주(親族持株)가 17.7퍼센트, 산하기업지주가 14.9퍼센트, 함께 32.6퍼
센트로 미쓰이(三井)의 17.6퍼센트, 미쓰비시(三菱)의 24.3퍼센트, 그
리고 스미토모(住友)의 25.0퍼센트 등 일본재벌에 비하여 훨씬 높다
는 것이다.[1] 또한 한국개발연구원의 『기업결합과 경제력집중』이라는
자료에 의하면 상위 10대 재벌에 있어서 1982년말 현재 계열기업의
지분이 49.0퍼센트, 개인의 지분이 11.7퍼센트로 최소한 60.7퍼센트
의 소유집중(단순평균)을 나타내고 있다고 한다. 기타와라(北原勇)의

---

1) 『동아일보』, 1985년 9월 24일자.

연구에 의하면 미국과 일본의 거대기업에서는 개인 대주주의 지주비율(持株比率)은 계속 줄어들어 이제 보잘것없는 것으로 되어 있고 따라서 '회사 그 자체'가 실질적인 소유주체이기도 하며, 또 그 때문에 지배주체로도 되어 있다는 것이다.2)

둘째, 첫째의 특징에서 당연히 나오는 결과로 소유와 경영의 분리, 따라서 경영의 민주화가 이루어지지 않고 있다는 사실이다. 소유주의 단독경영이나 족벌경영이 지배적이고 전문경영인의 권력이 미약하다. 그리고 혈연·지연·학벌에 의한 경영인맥이 형성되어 있다. 경영의 독재에 대응하여 근로자의 경영참가는 전혀 이루어지고 있지 않으며, 많은 대재벌회사에서는 노동조합마저 조직되어 있지 않기 때문에 노동자의 권리나 노동조건이 매우 미약하다.

셋째, 사카키바라(神原芳雄)가 적절하게 지적하고 있는 것처럼 한국 재벌의 특징의 하나로서 원세트주의를 들 수 있다.3) 한국의 재벌은 많은 계열기업을 갖고 있으며, 소재에서부터 가공·조립, 더 나아가서는 판매·수출에 이르기까지 모든 단계에 관계하고 있다. 현행공정거래법이 다른 업종과의 소위 혼합결합에 대해서는 일체 규제를 하지 않고 있는데, 이것이 재벌기업에 의한 문어발식 기업 확장의 하나의 요인이 되고 있다. 또한 재벌이 중화학공업부문에서부터 서비스업에 이르기까지 전 분야에 걸친 다각적인 운영을 함으로써 산하 기업 수는 많지만 특출한 전문 업종을 가진 재벌이 별로 없다. 그리고 중소기업의 고유분야를 재벌계 대기업이 독점해버리기 때문에 중소기업이 활동할 여지가 별로 없다.

넷째, 재벌기업들이 문어발식으로 무리하게 사업을 확장했기 때문에 그 재무구조는 일반기업들보다 더욱 나쁘고 타인자본에 대한 의존도가 높다. 1981년의 경우 상장기업 중에서 재벌계열기업이 아닌

---

2) 北原勇, 『現代資本主義における所有と決定』(岩波書店, 1984).
3) 조용범·정윤형 외, 『한국독점자본과 재벌』(풀빛, 1984).

독립기업의 자기자본비율은 24.6퍼센트인 데 비하여 재벌기업 상위 5개사의 자기자본비율은 18.6퍼센트에 불과하다.

다섯째, 재벌계기업의 시장지배력이 매우 높다는 것이다. 이러한 사실은 유통과정에서의 불공정 거래, 독과점에 의한 고가격 설정으로 경제력집중을 한층 더 강화시키는 원인이 되고 있다.

1981년 광공업부문의 개별상품시장에서 출하액 기준 상위 3사의 시장점유율이 50퍼센트 이상인 상품을 독과점형 상품이라고 볼 때 독과점형 상품 수는 87.8퍼센트나 된다. 따라서 우리나라 광공업제품의 대부분이 독과점화되어 있음을 알 수 있다.

여섯째, 한국의 재벌은 수출지향적이라는 특징을 갖고 있다.

그동안 한국경제의 고도성장은 국가권력에 의한 독과점체(재벌)의 형성·발전을 핵으로 하고 있다.

따라서 독과점체의 형성·발전이 경제성장을 주도해온 공로는 인정한다고 하더라도 소수에게 지나치게 경제력을 집중시킴으로써 그 대응물로 많은 소외계층을 창출하였다. 한편으로 독과점체는 경제의 각 분야, 국가의 기간산업, 심지어 국가의 경제정책까지도 포섭·장악했으며, 매스컴을 장악하여 각종 독과점체의 이데올로기를 확산시키고 있는 반면에 중소기업이 발전할 수 있는 여지를 짓밟아버리고 농어민을 빚더미 위에 올리고 노동계층을 소외시켰다.

재벌계독점체의 발전은 중소기업의 고유영역을 계속 침투하여, 그 비중과 역할을 감소시켰다. 농가의 가구당 부채액은 농수산부의 공식통계에 의하더라도 1980년달에는 33만 9천 원이었던 것이 1986년 말에는 219만 원에 이르러 그 심각성을 여실히 드러내고 있다. 그래서 드디어 '3·16 농어촌부채대책'이라는 응급조치를 취하지 않을 수 없게 만들었다.

한편 노동관계에 대한 각종의 직·간접의 억제조치로 갈미암아 노조의 조직률은 1980년대에 들어와서는 70년대와는 반대로 계속 저하해가는 경향을 보이고 있으며 임금은 생계비에도 미달할 뿐만 아니라 그 상승률은 생계비상승률이나 노동생산성상승률에 훨씬 못 미치고 있다. 당연한 결과로 노동배분율은 하락추세를 나타내고 있다. 우리나라의 노동시간은 세계에서 가장 긴 노동시간에 포함된다.

1970년대 이후 선진국을 중심으로 소위 노동의 인간화(humanization of work) 또는 노동생활의 질(quality of working life)이 중요한 정책과제로 등장하여 착착 결실을 맺어가고 있다. 생산성 일변도의 작업조직인 테일러의 과학적 관리법이나 포드시스템을 극복하여 인간화시키고, 노동자의 경영참가 등 노동자의 권리를 확대하며 노동조건을 상승시키자는 운동이나 정책이 노동의 인간화이다. 직장외부의 풍요나 민주화를 직장 내에서도 함께 이룩하자는 것이다. 이러한 추세 속에서 우리나라는 노동자의 기본권마저 완전히 보장되어 있다고 볼 수 없는 상태에 머물러 있다.

한편으로 소수 독점재벌로의 부와 소득의 편중화와 다른 한편으로 많은 소외계층의 창출 및 상대적 빈곤의 집적이라는 양대극화(兩對極化)는 최근 이데올로기·생활·수요 등 각 방면에서 표출되고 있으며, 이것이 사회불안의 기본적인 요인이 되고 있다.

4. 맺는 말

소수독점재벌에 대한 경제력집중은 어떤 방법으로든지 규제되어야 한다. 그렇다고 대기업을 중소기업으로 분할하는 것은 능률의 입장에서도 문제가 있을 것이다. 대기업을 그대로 유지하면서 그 소유를 개인 또는 친족 중심에서 사회로 확산시켜야 할 것이다. 개인 또는 친족이 상속할 수 있는 주식 수나 주식비율에 일정한 제한을 가하고 나머지 주식을 사회가 공동으로 상속하는 것도 하나의 방법이 될 것이다. 이때 공정과 창의성이라는 두 가지 점이 조화롭게 고려되어야 할 것이다.

또 하나의 방법은 중소기업의 고유영역을 확대시켜 재벌계 대기업의 문어발식 확장을 막고, 중소기업 육성책을 적극적으로 강구하는 것이다. 그리고 중소기업이나 대기업 모두 전문화의 방향으로 유도해나가야 할 것이며, 이것은 독과점재벌의 경우에도 해당되어야 한다. 재벌계 공업집단에게도 재벌별로 전문화의 방향으로 유도하여 재벌의 원세트주의를 규제해야 한다.

그리고 또 하나의 방향은 각 소외계층을 보호하고 이들의 민주적제 권리를 신장하여 독점재벌에 대한 대항력으로 육성·이용하는 것이다. 갈브레이스가 제시하는 소위 대항력(countervailing power) 정책이다.

이제 이러한 대항력 정책을 추진시킬 기반은 충분히 존재한다고 생각된다. 노동자계층의 수의 증대, 특히 핵심적 노동자계층의 수의 증대와 의식의 제고, 농민을 비롯한 빈민층의 민주적 제 권리에 대한 인식의 고양, 해방 이후 민주교육을 받은 세대의 세력신장, 지식인들의 민주화에 대한 열망의 상승, 소비자들의 의식수준의 향상 등이 그 주요한 기반들이다. 이제 독점재벌에 대한 대항력으로서의 실체와 이와 상응하는 이데올로기가 충분히 존재한다고 생각된다.

단 이상과 같은 제정책을 추진해나가기 위해서 필수적인 전제조건은 국가권력이 재벌에 대한 대항력으로 전환하지 않으면 안된다는 사실이다.

한국의 산업구조와 분배구조의 변혁

1. 머리말

경제개발계획의 실시 이래 한국경제는 1962년에서 1978년 사이에 연평균 9.3퍼센트의 괄목할 만한 성장률을 기록했다. 또한 같은 기간에 수출은 연평균 41.9퍼센트라는 경이적인 증가율을 기록했다. 뿐만 아니라 산업구조면에서도 고도화가 이루어져서 한국은 농업 중심의 정체적인 사회에서 제조업 중심의 사회로 급진적인 변화를 이룩했으며, 공업부문 내부에서도 1960년대 초에는 경공업 부문이 압도적인 비중을 차지했지만, 1970년대 후반기에는 오히려 중화학공업이 생산액 기준에 있어서나 부가가치 기준에 있어서나 경공업을 앞지르고 있다. 이러한 경이적인 경제의 양적·질적 성장에도 불구하고 아니 오히려 그 때문에 한국경제는 많은 도전적인 문제들을 잉태했다.

이러한 도전적인 문제 중의 하나가 산업구조와 분배구조의 문제이다. 산업구조에서 가장 중요한 문제점들을 지적하면 산업간의 성장이 불균형적이고 농업부문이 심히 정체되어 있다는 점, 산업간에 유기적 연관성이 심히 결여되어 있다는 점, 그리고 독과점적인 대기업의 형성·강화와 중소기업의 상대적 약화라는 점 등을 들 수 있다. 또한 분배구조에서는 분배가 심히 불평등하다는 점이 중심문제가 될 것이다. 산업의 불균형적 발전과 독과점기업의 형성·강화는 분배의 불평등을 야기시키기 때문에 이 점에서 산업구조와 분배구조는 밀접하게 관련되어 있다.

그동안 우리나라 경제는 규도의 경제라는 환상과 성장신앙주의(growth fetishism)에 의하여 독과점이 조장되어왔다. 독점자본을 중심경제라고 한다면 노동경제·농업경제·중소기업경제·지역경제 등은 그 주변경제가 될 것이다. 즈변경제의 주체는 민중이다. 1960년대 이후의 개발과정에서는 자본축적을 바로 경제발전으로 인식했기 때문에 자본축적, 독과점 또는 재벌의 형성·강화에 정책적 지원의 중점이 놓여 있었고, 따라서 민중이 주체로 되어 있는 주변경제의 상대적인 쇠퇴 내지 약화를 초래했다. 이 과정에서는 저량(貯量)으로서의 부와 흐름으로서의 소득에 있어서 집중의 원리가 작용하여 끊임없이 중심으로의 집중현상이 일어났다. 말하자면 구심력과 원심력의 교호작용에 의한 균형적인 발전이 아니라 구심력만이 일방적으로 작용하여 중심경제의 부단한 강화·비대가 발생했다. 기업과 가계간에 있어서도 이러한 원리가 작용하여 생산단위인 기업의 상대적인 강화와 소비단위인 가계의 상대적인 약화를 가져왔다. 따라서 80년대의 과제는 바로 개발성과의 민중으로의 확산, 즉 주변경제의 상대적인 강화에 두어져야 할 것이다.

80년대를 맞이하면서 60년대 이후에 전개되어온 한국경제를 이러한 관점에서 분석해보는 것은 매우 의의 있는 일이라 하겠다.

2. 산업구조의 변화

　한국의 국민총생산은 1975년 불변가격으로 1962년에는 3조 711
억 4천만 원이었던 것이 1978년에는 13조 6,932억 6천만 원으로 증
가하여 그동안에 약 4.5배로 되었다.

[표 1] 산업별 국민총생산의 구성비

(1975년 불변시장가격)　　　　　　　　　　　　(단위: %)

| | 계 | 농림
수산업 | 비농림
수산업 | 광　공　업 | | | 사회 간접자본 및 기타서비스 | | | | |
				소 계	광업및 채석업	제조업	소 계	건설업	전 기 가스및 수도업	운 수 창고및 통신업	기 타
1962	100.0	43.3	56.7	11.1	2.0	9.1	45.6	2.4	0.4	2.1	40.7
1963	100.0	43.5	56.5	11.6	1.9	9.7	44.9	2.6	0.4	2.3	39.6
1964	100.0	45.9	54.1	11.7	2.0	9.7	42.4	2.6	0.4	2.4	37.0
1965	100.0	42.9	57.1	13.1	2.0	11.1	44.0	3.1	0.5	2.7	37.7
1966	100.0	42.5	57.5	13.4	1.9	11.5	44.1	3.3	0.5	3.0	37.3
1967	100.0	37.5	62.5	15.1	2.0	13.1	47.4	3.7	0.6	3.5	39.6
1968	100.0	34.2	65.8	16.7	1.7	15.0	49.1	4.6	0.7	4.1	39.7
1969	100.0	33.2	66.8	17.5	1.5	16.0	49.3	5.6	0.8	4.5	38.4
1970	100.0	30.2	69.8	19.6	1.7	17.9	50.2	5.4	0.9	5.0	38.9
1971	100.0	28.4	71.6	21.1	1.5	19.6	50.5	4.8	1.0	5.3	39.4
1972	100.0	27.3	72.7	22.5	1.4	21.1	50.2	4.6	1.0	5.5	39.1
1973	100.0	25.0	75.0	25.2	1.5	23.7	49.8	5.1	1.1	6.1	37.5
1974	100.0	24.5	75.5	27.0	1.5	25.5	48.5	4.9	1.2	6.0	36.4
1975	100.0	24.0	76.0	28.4	1.5	26.9	47.6	5.1	1.3	6.3	34.9
1976	100.0	22.5	77.5	30.2	1.4	28.8	47.3	5.1	1.3	6.5	34.4

1977	100.0	20.8	79.2	31.2	1.4	29.8	48.0	5.8	1.4	6.9	33.9
1978	100.0	18.1	81.9	33.1	1.3	31.8	48.8	6.6	1.5	7.3	33.4

자료: 경제기획원, 『주요경제지표』(1979), p.34.

산업별 국민총생산의 구성비의 변화는 표 1과 같다.

1962년의 구성은 농림수산업 43.3퍼센트, 광공업 11.1퍼센트, 그리고 사회 간접자본 및 기타 서비스 45.6퍼센트로 되어 있다. 따라서 우리는 당시의 한국이 농업 중심의 사회이며, 광공업 특히 공업 부문이 매우 낙후되어 있다는 사실을 발견할 수 있다.

그러나 그 이후의 개발은 공업화에 목표를 두어 이 부분에 집중적인 투자를 했기 때문에 광공업, 특히 제조업의 비중은 급격하게 증가하고, 이에 비례하여 농업의 비중은 격감해가고 있다. 사회 간접자본 및 기타 서비스의 비중은 약간의 증가를 보이고 있다. 그래서 1978년 산업별 국민총생산의 구성은 농림수산업이 18.1퍼센트로 격감했으며, 반대로 광공업은 33.1퍼센트(제조업=31.8퍼센트)로 급증했고 사회 간접자본 및 기타 서비스는 48.8퍼센트로 약간의 증가를 보이고 있다. 그동안 우리나라의 산업구조는 급격하게 공업화되었다.

상술한 산업구조의 급격한 변화는 표 2의 산업별 성장률의 격차에도 뚜렷이 나타나 있다. 1962~1978년간에 걸쳐서 GNP의 연평균 성장률은 9.3퍼센트이다. 그런데 산업별 성장률을 보면 농림수산업의 성장률은 3.4퍼센트에 불과하다. 반면에 광공업의 성장률은 17.3퍼센트(제조업 18.3퍼센트)로 매우 높다. 사회 간접자본 및 기타 서비스의 성장률은 10.2퍼센트이다. 사회 간접자본 및 기타 서비스에서는 전기·가스 및 수도사업 19.5퍼센트, 운수창고 및 통신업 18.3퍼센트, 그리고 건설업 16.8퍼센트 등의 순서로 성장률이 높다.

다른 한편 공업구조에 있어서도 급격한 변화를 찾아볼 수 있다. 표 3의 중화학 공업비율을 보면 생산액 기준 1975년 불변가격으로

1962년에는 26.9퍼센트이었던 것이 1978년에는 55.0퍼센트로 되었다. 따라서 중화학공업의 비율은 같은 기간에 2배 이상으로 증가했으며, 경공업의 비율을 10퍼센트나 앞서게 되었다.

다음으로 독과점적 대기업과 중소기업의 지위변동을 표 4에서 보면 사업체수에 있어서나 시장점유율에 있어서나 중소기업의 상대적인 지위는 계속 하락해왔다. 특히 시장점유율(출하액)의 면에서는 중소기업은 1963년에는 58.5퍼센트를 차지하고 있었으나 1975년에는 그것이 24.3퍼센트로 급격하게 하락했다.

한편 물가지수 가중치가 큰 순서로 본 50개 대 품목 가운데서 집중률 60퍼센트 이상의 독과점 품목은 31개 품목이며, 경쟁품목은 불과 19개 품목에 불과하다. 50개 대 품목 가운데서 독과점품목이 62퍼센트를 차지하고 있는 셈이다.

우리나라에서 이와 같이 독과점적인 대기업이 출현한 요인으로서는 ① 국내시장의 협소, ② 장치산업의 시설대규모화를 불가피하게 만든 수출증대와 수입대체산업의 보호육성정책, ③ 국내자본이 빈곤하여 해외자본에 대한 의존도가 높은데 이것은 다수의 경쟁기업의 참가를 저지한 것, ④ 외자와 함께 기술도입이 수반된 기업의 기술독점에 따라 독과점적인 신규산업이 발생한 것(자동차, 석유화학공업), ⑤ 경제개발과정에서 국내산업육성책(나일론계·알루미늄 등), ⑥ 산업구조가 단순하여 대체재의 범위가 제한되고 가격경쟁 영역이 협소하다는 점, ⑦ 제품의 용도가 한정되어 있거나 또는 수요자가 한정되어 있다는 것(화약 등), ⑧ 기존기업의 상표가 저명하다는 점(정당[精糖], 맥주, 청주 등) 등을 들 수 있다.

[표 2] 산업별성장률

(1975년 불변시장가격)

(단위: %)

	국민총생산	농림수산업	광 공 업			사 회 간 접 자 본 및 기 타 서 비 스							
			소 계	광업및채석업	제조업	소 계	건설업	전기·가스및 수도사 업	운수·창고및 통신업	도소매 및음식숙박업	금융·보험·부동산 및용역업	주택소유	공공행정및 국 방	사회및 개인 서비스 업
1962	2.2	-6.0	13.4	21.8	11.7	8.6	15.3	21.9	13.2	10.1	11.5	2.3	3.7	10.3
1963	9.1	9.5	14.2	5.3	16.1	7.5	18.3	10.8	17.8	7.3	2.4	2.1	3.8	10.5
1964	9.6	15.6	10.5	13.4	9.9	3.5	7.6	18.9	16.2	-1.7	16.4	2.9	2.0	5.5
1965	5.8	-1.0	18.3	7.7	20.5	9.7	24.6	22.0	20.0	11.5	13.3	2.3	3.0	6.9
1966	12.7	11.6	15.3	4.8	17.3	13.0	20.9	19.1	24.6	15.0	10.9	3.0	6.6	8.1
1967	6.6	-5.9	20.2	11.4	21.6	14.6	19.3	28.0	22.2	16.9	16.3	2.3	6.1	9.9
1968	11.3	1.3	23.4	-1.5	27.2	15.3	38.5	24.6	30.8	16.6	16.7	3.9	49.	10.1
1969	13.0	10.5	19.2	-1.4	21.6	14.2	37.6	29.8	26.2	13.4	12.7	4.2	4.6	8.7
1970	7.4	-2.1	19.6	16.6	19.9	9.4	5.0	19.2	19.0	16.0	17.6	4.5	5.1	8.6
1971	8.8	2.1	17.3	1.1	18.8	9.6	-2.2	19.0	14.5	16.9	13.5	4.1	3.6	9.9
1972	5.7	1.6	12.9	-1.2	14.0	5.1	-1.1	12.1	9.7	9.4	2.0	4.0	-1.0	4.7
1973	14.7	5.2	28.6	18.9	29.2	13.6	28.2	22.0	26.5	16.7	10.0	4.1	0.6	6.1
1974	7.5	5.2	15.2	6.1	15.8	4.9	2.6	13.4	7.3	5.5	12.5	4.5	1.8	3.8
1975	7.0	4.9	12.6	12.3	12.6	5.1	13.9	19.1	11.6	6.6	7.0	3.4	1.6	3.1
1976	14.2	7.2	21.5	2.4	22.6	13.4	12.3	18.4	17.4	11.6	14.6	5.7	2.4	5.2
1977	10.5	2.3	14.3	11.8	14.4	12.0	25.2	15.5	18.1	8.4	20.4	4.4	2.6	5.5
1978	12.5	-2.3	19.1	5.3	19.7	14.6	29.5	18.8	18.8	10.3	16.6	6.6	2.4	5.9
평균														
1962~1966	7.8	5.6	14.3	10.4	15.0	8.4	17.2	18.5	18.3	8.3	10.8	2.5	3.8	8.2
1967~1971	9.6	1.0	19.9	5.0	21.8	12.6	18.5	24.1	22.4	16.0	15.3	3.8	4.8	9.4
1972~1976	9.8	4.8	18.0	7.5	18.7	8.3	10.7	16.9	14.3	9.9	9.1	4.3	1.1	4.6
1962~1978	9.3	3.4	17.3	7.7	18.3	10.2	16.8	19.5	18.3	11.1	12.5	3.8	3.1	7.2

자료: 표 1의 자료와 같음.

[표 3] 중화학공업비율

(단위: %)

| | 생 산 액 기 준 | | | | 부 가 가 치 기 준 | | | |
| | 경 상 가 격 | | 1975년불변가격 | | 경 상 가 격 | | 1975년불변가격 | |
	중화학공업	경공업	중화학공업	경공업	중화학공업	경공업	중화학공업	경공업
1962	26.8	73.2	26.9	73.1	28.6	71.4	25.8	74.2
1963	28.7	71.3	29.3	70.7	29.7	70.3	28.7	71.3
1964	30.6	69.4	32.5	67.5	30.4	69.6	31.4	68.6
1965	31.4	68.6	34.8	65.2	31.4	68.6	33.0	67.0
1966	32.5	67.5	36.2	63.8	34.1	65.9	34.2	65.8
1967	33.2	66.8	37.9	62.1	34.7	65.3	36.0	64.0
1968	35.9	64.1	42.5	57.5	38.0	62.0	40.5	59.5
1969	36.2	63.8	43.8	56.2	37.6	62.4	41.6	58.4
1970	36.7	63.3	44.1	55.9	37.8	62.2	41.8	58.2
1971	37.7	62.3	44.2	55.8	39.3	60.7	41.8	58.2
1972	37.1	62.9	43.9	56.1	36.4	63.6	41.8	58.2
1973	39.9	60.1	46.6	53.4	40.5	59.5	44.8	55.2
1974	49.1	50.9	49.4	50.6	50.1	49.9	46.8	53.2
1975	48.7	51.3	48.7	51.3	46.4	53.6	46.4	53.6
1976	49.5	50.5	50.6	49.4	46.8	53.2	48.6	51.4
1977	50.4	49.6	52.9	47.1	48.5	51.5	50.8	49.2
1978	50.6	49.4	55.0	45.0	48.5	51.5	53.0	47.0

자료: 표1자료와 같음.

[표 4] 제조업의 규모별집중율

	사　업　체　수			출하액(시장점유율)		
	1963	1969	1975	1963	1969	1975
제 조 업	100.0	100.0	100.0	100.0	100.0	100.0
대 기 업	1.3	2.6	5.9	41.5	68.4	75.7
중소기업	98.7	97.4	94.1	58.5	31.6	24.3

자료: 『광공업통계조사보고서』, 1963, 1969, 1975년판.

[표 5] 50대 품목의 내역

독과점품목(31개품목)

품　　　목	집중률	가중치	품　　　목	집중률	가중치
쇠　고　기	100.0	15.6	폴리에스터직물	80.3	3.3
돼 지 고 기	91.8	7.0	휘　발　유	100.0	12.3
식　　　빵	61.8	3.5	등　　　유	99.9	3.9
라　　　면	83.0	9.8	경　　　유	99.9	11.4
설　　　탕	76.9	9.1	벙 커 C 유	99.8	14.6
그루타민산소다	98.8	4.5	자동차타이어	85.3	5.4
소　　　주	65.3	11.7	유　리　병	81.4	3.5
맥　　　주	100.0	14.0	석면슬레이트	67.8	3.0
청　　　주	98.2	3.3	강　　　판	66.7	3.4
콜　　　라	80.0	3.1	전　기　동	92.6	3.6
순 소 모 직	65.3	5.8	T　　　V	64.2	6.2
모　조　지	60.3	3.0	선　풍　기	74.9	10.9
신 문 용 지	85.0	5.0	승　용　차	99.7	14.7
요 소 비 료	86.7	11.4	버　　　스	100.0	6.1
복 합 비 료	99.9	6.7	트　　　럭	98.7	5.2
PVC 수　지	75.9	4.2			

			경쟁품목(19개품목)			
품 목	집중률	가중치	품 목	집중률	가중치
소 맥 분	44.3	20.2	와 이 샤 쓰	56.7	6.6
녹 말 가 루	51.9	3.2	합 판 라 왕	53.6	8.7
배 합 사 료	17.8	7.1	골 판 지 상 자	34.0	3.5
주 정	31.2	7.1	자 양 강 장 제	55.9	5.4
메리야스외의	20.1	11.1	항 생 물 질	51.0	30.5
면 사	3.1	6.3	연 탄	17.8	23.6
나 일 론 사	55.7	4.2	폴리에틸렌필름	24.5	4.4
누 에 고 치	13.1	6.1	시 멘 트	3.8	225.1
포 플 린	19.1	3.1	봉 강	51.8	5.6
남 자 양 복	27.9	6.3			

자료: 김재실 「우리나라 독점기업의 실태와 규제내용」, 산업은행 주간연구
자료, 1977, p.25.

이상의 요인을 살펴볼 때 독과점을 형성한 요인에는 시장적인 요
인도 있지만 정책적인 요인도 상당히 작용하고 있다. 독과점을 단순
히 그 규모나 시장점유율에 의하여 규정하기보다 오히려 가격조작
등 그 행태면에서 규정한다면 독과점적인 행위는 정부의 정책에 의
하여 크게 좌우될 수 있을 것이다.

독과점의 형성·강화는 규모의 경제를 실현하고 기술혁신을 촉진
시키는 이점도 가져오지만 관리가격의 유지, 생산량의 제한, 과장된
선전·광고 활동에 의한 소비자 이익의 침해, 자본 및 노동의 이동
제한, 과다한 선전·광고비의 지출에 의한 자원의 적정배분과 효율
적 이용의 저해, 중소원료공급업자에 대한 압박, 중소제품판매업자의
배제, 독점이윤의 확보를 위한 저임금 등에 의한 소득격차의 심화,
그리고 불황기의 불황의 가속화, 중소기업의 파멸, 고용질서의 파괴
등 다대한 피해를 가져온다. 뿐만 아니라 갈브레이스는 독과점이 기

술혁신을 촉진시킨다고 말하지만 경쟁자가 없기 때문에 기존설비나 기계를 온존하려고 하기 때문에 기술혁신 따라서 경제발전을 저해하는 요인으로서 작용할 수도 있다.

마지막으로 국제수지 및 무역구조를 보기로 하자.

표 6에 의하면 우리나라의 국제수지에 있어서 경상수지는 적자를 면치 못하고 있으며 이러한 적자를 외자도입에 의해서 보충하고 있다. 그래서 표 7에서 보는 바와 같이 1978년에 이르기까지 외자도입액은 합계 133억 8,153만 달러에 이르고 있다.

우리나라의 무역수지는 매년 적자를 면치 못하고 있다. 적자액은 1970년에 이르기까지는 증가해왔으며, 그 이후에는 증감이 반복되고 있다.

[표 6] 국제수지

(단위: 100만 달러)

	1962	1963	1964	1965	1966	1967	1968	1969	1970
Ⅰ. 경 제 수 지	-55.5	-143.3	-26.1	9.1	103.4	-191.9	-440.3	-548.6	-622.5
무 역 수 지	-335.3	-410.2	-245.8	-240.8	-429.6	-574.2	-835.0	-991.7	-922.0
수 출	54.8	86.8	119.1	175.1	250.3	334.7	486.2	658.3	882.2
수 입	390.1	497.0	364.9	415.9	679.9	908.9	1,322.0	1,650.0	1,804.2
무역외수지	43.3	7.4	23.9	46.1	106.5	157.1	169.3	197.3	119.3
무역외수입	108.4	88.7	91.0	114.2	204.3	308.2	394.0	492.4	496.8
무역외지급	65.1	81.3	67.1	68.1	97.8	151.1	224.7	295.1	377.5
이전수지(純)	236.5	259.5	194.9	203.3	219.6	225.2	226.1	245.8	180.2
Ⅱ. 장 기 자 본	7.8	69.5	29.0	37.3	211.8	201.2	433.8	576.2	512.1
차관 및 투자	4.5	63.7	22.3	46.5	195.5	210.0	313.7	568.2	547.5
Ⅲ. 기 초 수 지	-47.7	-73.8	2.9	46.4	108.4	9.3	-6.5	27.6	-110.4
Ⅳ. 단 기 자 본	-6.7	18.4	-4.4	-23.1	6.4	85.9	13.2	56.5	-122.4

	1962	1963	1964	1965	1966	1967	1968	1969	1970
Ⅴ. 오차 및 누락	-2.1	-0.4	-1.2	-7.1	4.4	23.0	-20.2	-7.6	-16.2
Ⅵ. 종 합 수 지	-56.5	-55.8	-2.7	16.2	119.2	118.2	-13.5	76.5	-4.2
Ⅶ. 외환보유고	166.8	129.6	128.9	18.3	235.8	347.2	387.7	549.5	583.5

	1971	1972	1973	1974	1975	1976	1977	1978
Ⅰ. 경상수지	-847.5	-371.2	-308.8	-2,022.7	-1,886.9	-341	12	-1,084
무역수지	-1,046.0	-574.5	-566.5	-1,936.8	-1,671.4	-590	-477	-1,813
수　　출	1,132.2	1,675.9	3,270.8	4,515.1	5,003.0	7,815	10,046	12,711
수　　입	2,178.2	2,250.4	3,837.3	6,451.9	6,674.4	8,405	10,523	14,524
무역외수지	27.8	32.9	67.1	-308.3	-442.2	-72	266	257
무역외수입	483.7	550.3	849.4	837.8	880.6	1,643	3,027	.4,383
무역외지급	455.9	517.4	782.3	1,146.1	1,322.8	1,715	2,761	4,126
이전수지(순)	170.6	169.8	190.1	222.4	226.7	349	223	472
Ⅱ. 장기자본	512.0	521.0	666.3	946.4	1,178.3	1,371	1,313	1,945
차관 및투자	556.9	527.3	591.1	732.6	1,059.8	1,302	1,495	1,790
Ⅲ. 기초수지	-335.5	149.8	357.5	-1,076.3	-708.6	1,057	1,325	861
Ⅳ. 단기자본	134.6	-16.3	84.0	-45.4	679.5	357	21	-1,171
Ⅴ. 오차 및 누락	13.1	30.1	18.8	27.9	-218.4	-241	-31	-92
Ⅵ. 종합 수지	-187.8	163.6	460.3	-1,093.8	-150.6	1,174	1,315	-402
Ⅶ. 외환보유고	534.5	693.8	1,034.2	1,049.3	1,541.6	2,961	4,306	4,937

자료: 경제기획원, 『주요경제지표』, (1979), pp.175~76.

[표 7] 외국인투자 및 차관(도착기준)

(단위: 천 달러, %)

	총 계	구성비	차 관						외국인투자	구성비
			소 계	구성비	공공차관	구성비	상업차관	구성비		
1959~1961	4,385	100.0	4,386	100.0	4,386	100.0	-	-	-	-
1962~1966	307,870	100.0	291,195	94.6	115,595	37.5	175,600	57.1	16,675	5.4
1967~1971	2,261,890	100.0	2,165,536	95.7	810,808	35.8	1,354,728	59.9	96,354	4.3
1972	799,177	100.0	737,945	92.3	431,359	54.0	306,586	38.3	61,232	7.7
1973	1,024,301	100.0	865,866	84.5	389,865	38.1	476,001	54.0	158,435	15.5
1974	1,150,889	100.0	988,250	85.9	373,604	32.5	614,656	38.1	162,629	14.1
1975	1,355,707	100.0	1,286,537	94.9	481,891	35.5	804,646	32.5	69,170	5.1
1976	1,658,749	100.0	1,553,175	93.6	712,148	42.9	841,027	35.5	105,574	6.4
(1972~1976)	(5,988,823)	100.0	(5,431,783)	90.6	(2,388,867)	39.8	(3,042,916)	42.9	(357,040)	9.4
1977	1,970,590	100.0	1,868,304	94.8	626,209	31.8	1,242,095	63.0	102,286	5.2
1978	2,847,972	100.0	2,747,515	96.5	817,690	28.7	1,929,825	67.8	100,457	3.5
합 계	13,381,531	100.0	12,508,719	93.5	4,763,555	35.6	7,745,164	57.9	672,812	6.5

자료: 표 6 자료와 같음, p. 207.

[표 8] 구조별수출

	총수출	농산물	수산물	광산물	공산물	총수출	농산물	수산물	광산물	공산물
	Ⅰ. 구성비					Ⅱ. 증가율				
1962	100.0	23.0	22.0	28.0	27.0	32.2	60.0	71.0	-11.9	62.2
1963	100.0	13.3	15.5	19.5	51.7	48.0	-13.9	4.9	3.6	184.8
1964	100.0	10.4	19.9	18.1	51.6	43.2	11.9	83.7	83.3	42.9
1965	100.0	8.7	13.7	15.3	62.3	49.3	24.9	2.9	26.1	80.3
1966	100.0	9.5	14.7	13.4	62.4	41.7	55.1	51.7	23.7	42.1
1967	100.0	4.7	14.7	10.5	70.1	40.2	-30.3	40.8	18.7	55.4
1968	100.0	4.3	10.2	8.2	77.3	39.5	27.3	-3.7	9.0	54.1
1969	100.0	4.2	9.4	7.4	79.0	40.4	37.7	29.9	26.7	43.4
1970	100.0	3.0	8.2	5.2	83.6	42.8	1.0	-24.6	0.2	51.2
1971	100.0	2.8	7.7	3.5	86.0	34.7	26.4	26.3	-9.3	38.5
1972	100.0	2.9	7.6	1.8	87.7	33.7	39.5	32.2	-31.7	36.2
1973	100.0	3.1	7.2	1.5	88.2	80.2	91.0	69.9	53.3	81.3
1974	100.0	2.8	5.3	1.7	90.2	44.7	29.5	7.3	59.2	48.0
1975	100.0	3.3	7.1	1.3	88.3	15.2	34.9	54.7	-8.8	12.7
1976	100.0	2.7	6.4	1.1	89.8	49.5	25.5	33.8	27.4	52.0
1977	100.0	4.1	7.4	0.9	87.5	23.8	27.1	20.3	-1.7	20.8
1978	100.0	4.0	5.4	0.7	89.9	21.4	55.1	11.2	-19.4	21.4
1962~66						42.9	24.5	38.8	13.7	76.2
1967~71						39.5	9.3	22.6	6.7	48.2
1972~76						43.1	42.3	37.9	14.1	44.3
1962~76						41.8	24.6	32.9	11.4	55.8

자료: 표 6 자료와 같음, p.180.

표 8 구조별 수출을 보면 1962년에는 총 수출액 5,670만 2천 달러가운데서 농산물이 23.0퍼센트를 차지하고 있었으나, 1978년에는

총 매출액 127억 1,106만 3천 덜러 가운데서 농산물이 4.0퍼센트로 대폭 감소하고 있다. 수산물과 광산물의 비중도 같은 기간에 각각 22.0퍼센트에서 5.4퍼센트, 28.0퍼센트에서 0.7퍼센트로 대폭 감소하고 있다. 반면에 공산물은 27.0퍼센트에서 89.9퍼센트로 대폭 증가했다. 다시 말하자면 수출상품의 구조가 점차 공산품으로 전환하여 1970년대에 들어와서는 공산품이 수출품의 중심이 되어 수출구조의 고도화가 이루어졌다. 이것은 증가율에서도 그대로 나타나고 있다.

한편 표 9에서 보는 바와 같이 재화형태별 수입에서는 자본재, 수출용원자재, 그리고 석유류의 비중이 크게 증가한 데 반하여 내수용 원자재 및 기타의 비중이 대폭 감소하고 있다. 이것은 우리나라의 산업구조·공업구조의 고도화 및 수출의 급격한 증대에 밀접한 관련을 가지고 있는 것이다.

[표 9] 재화정태별 수입

(단위: %)

	총 액	자본재	수출용 원자재	내수용 원자재 및기타	석유류	총 액	자본재	수출용 원자재	내수용 원자재 및기타	석유류
	I. 구성비					II.증가율				
1962	100.0	16.5	-	76.7	6.7	33.4	64.4	-	18.2	-
1963	100.0	20.6	-	75.2	4.2	32.8	65.6	-	27.5	17.1
1964	100.0	17.2	1.7	74.7	6.4	-27.8	-39.9	-	-26.8	-19.6
1965	100.0	12.9	2.2	78.6	6.2	14.6	-13.7	50.7	20.5	11.6
1966	100.0	24.0	14.1	56.2	5.7	54.6	133.6	872.1	14.9	40.5
1967	100.0	31.1	13.6	49.3	6.0	39.1	80.7	33.7	21.9	49.3
1968	100.0	36.4	14.6	44.0	5.0	46.8	71.9	57.5	31.0	22.6
1969	100.0	32.5	16.3	45.3	5.9	24.7	11.3	-39.5	28.2	47.8
1970	100.0	29.7	19.5	44.1	6.7	8.8	-0.6	30.0	6.0	23.8
1971	100.0	28.6	21.1	42.4	7.9	20.7	76.3	31.1	16.1	40.5
1972	100.0	30.2	27.3	33.9	8.6	5.3	11.1	24.2	-15.8	16.4
1973	100.0	27.4	36.7	28.9	7.0	68.1	51.9	126.2	44.1	26.1
1974	100.0	27.0	29.8	28.3	14.9	61.1	59.8	31.1	57.9	244.5
1975	100.0	26.3	30.0	26.3	17.5	6.2	3.3	6.9	-1.5	24.6
1976	100.0	27.7	25.4	35.3	18.3	20.6	27.1	2.2	62.0	26.6
1977	100.0	27.8	23.4	38.1	17.9	23.2	23.9	13.4	34.9	20.0
1978	100.0	33.9	29.0	22.5	14.6	38.2	68.9	58.4	7.4	13.4
평균										
1962~66	-	-	-	-	-	17.8	32.3	-	8.0	-
1967~71	-	-	-	-	-	27.3	31.9	38.0	20.3	35.7
1972~76	-	-	-	-	-	29.7	28.8	31.8	17.6	54.7
1962~76	-	-	-	-	-	24.8	31.0	62.9[1]	15.2	33.7[2]

주 1) 1965~76. 2) 1963~76.
자료: 표 6자료와 같음.

3. 산업구조의 문제점

지금까지 보아온 바와 같이 우리나라의 산업구조는 근대화 이후로 제조업 비중의 급격한 증대, 제조업내부에서의 중화학공업의 비중의 대폭적인 증대, 대기업의 생산 및 시장점유의 증대, 그리고 수출입의 급속한 증대와 더불어 수출상품구성에서의 공산물 비중의 급증, 산업구조 및 공업구조 고도화에 상응하는 수입구조로의 변화 등 산업구조 전반에 걸쳐서 고도화가 이루어졌으며, 외형적으로는 바람직한 방향으로 전개되어가고 있지만 내면적으로는 여러 가지 심각한 문제점을 던져주고 있다.

첫째로 산업간의 불균형적 발전이 가져오는 문제점이 있다. 원래 공업발전은 여타 산업의 개발을 촉진시키고, 특히 농업혁명을 일으켜야 한다는 과제를 안고 있다. 그러나 우리나라의 공업화는 가공무역형의 수출 공업을 위주로 한 것이기 때문에 이러한 과제를 달성시키지 못했다. 따라서 산업간의 소득격차는 확대되고 농업개발의 부진으로 식료품가격이 대폭 상승하여 서민의 생활을 위협하고 있다. 뿐만 아니라 농업과 광업의 저개발은 공업원료 공급의 어로요인이 되고 있다.

둘째로 산업간의 유기적 관련성의 결여가 문제로 된다. 가공무역형의 수출에 의하여 주도된 경제개발은 산업간의 유기적 연관성을 결여시키고, 국내산업의 전후방 연쇄효과를 크게 파급시키지 못하도록 만들었다. 우리나라의 산업구조는 서로가 투입물과 수요를 제공해주는 밀접한 분업연관관계에 서지 못하고 오히려 해외에 원료나 중간재와 시장을 의존하는 원격지간 분업관련관계를 형성시켰다. 따라서 경제성장의 성과가 해외에 유출되는 부분이 많다.

셋째로 이중구조의 심화를 들 수 있다. 독과점적 대기업의 형성강화와 중소기업의 상대적 약화, 대기업과 중소기업간의 연관관계의 결여는 경제의 2중 구조를 심화시켰다. 독과점의 강화는 가격의 조작, 낭비의 초래, 고용질서의 파괴, 중소기업의 파멸, 소득분배 불평등의 심화, 그리고 자원의 효율적 배분과 이용의 저지 등 막대한 피해를 국민경제에 미친다.

넷째로 산업구조의 변동이 공해다발산업의 비중증대로 나타나 환경파괴가 크게 문제로 되고 있다. 환경파괴는 경제성장 자체에 의존한다기보다는 오히려 성장의 유형, 즉 기술의 선택이나 상품구성의 여하에 의존한다는 것이 오늘날 많은 연구가들에 의하여 지적되고 있다. 그동안 우리나라의 경제성장, 특히 1970년대의 그것은 석유화학계열산업의 급성장에 의해서 주도되어왔고, 이것은 환경파괴를 심각한 것으로 만들었다. 환경자본의 파괴는 비가역적(非加逆的)이며 상승적인 성격을 가지고 있기 때문에 일단 파괴된 환경을 원상으로 복구시키기는 매우 힘들다. 따라서 산업구조는 환경과의 장기적인 관련 속에서 고려되어야 한다.

다섯째, 우리나라의 산업구조는 원료, 특히 우리나라에서는 아직 전연 생산되지 않고 있는 석유다(多)소비형의 구조로 전개되어오고 있다는 점이 문제로 된다. 석유류의 수입액이 수입총액에서 차지하는 비중은 1962년에는 6.7퍼센트에 불과했지만, 시간의 경과와 더불어 점차 증가하여 1978년에는 14.6퍼센트로 크게 증가하고 있다(표 9 참조).

자원이 부족한 우리나라로서는 될 수 있는 대로 자원절약형의 산업구조가 매우 바람직하다. 우리나라에서는 그동안 자원다소비형 산업구조가 전개되어옴과 동시에 원료의 생산성이나 자원의 개발에 대한 노력이 부족했기 때문에 표 10에서 보는 것처럼 원자재에 대한 해외의존도가 매우 높다. 이를테면 원유, 원료탄, 원당, 원면, 그리고 천연고무의 수입의존도는 100퍼센트이며, 원맥의 수입의존도는 90.8

퍼센트, 원목의 그것은 84.5퍼센트, 그리고 철광석·고철·동광의 그
것은 모두 70퍼센트 이상이다.

[표 10] 주요원재료의 수입의존도(1975)

	수입(A)	국내생산(B)	합계(국내 수요) (c)	A/C(%)
원유(천Kℓ)	18,727	-	18,727	100.0
철강석(천M/T)	1,401	457	1,858	75.4
원료탄(〃)	754	-	754	100.0
고철(〃)	966	321	1,287	75.1
동광(〃)	9,365	2,524	11,889	78.8
원맥(〃)	1,339	136	1,475	90.8
원당(〃)	357	-	357	100.0
원면(천俵)	831	-	831	100.0
원모(M/T)	12,142	-	12,142	100.0
원피(〃)	76,106	-	-	-
원목(천m3)	6,283	1,150	7,433	84.5
펄프(M/T)	93,802	201,121	294,923	31.8
천연고무(〃)	71,501	-	71,501	100.0

자료: 한국산업은행조사부, 『한국의 산업』(1976).

[표 11] 무역의존도

	수출1)	수입1)	수출의존도	수입의존도	무역의존도
	100만달러		%		
1962	54.8	421.8	6.0	16.6	22.6
1963	86.8	560.3	5.4	15.8	21.2
1964	119.1	404.4	6.7	13.5	20.2
1965	175.1	463.4	9.5	15.9	25.4
1966	250.3	716.4	11.9	20.3	32.2
1967	320.2	996.2	13.6	22.4	36.0
1968	455.4	1,462.9	14.7	25.9	40.6
1969	622.5	1,823.6	15.4	26.0	41.4
1970	835.2	1,984.0	16.0	25.4	41.4
1971	1,067.6	2,394.3	17.2	28.0	45.2
1972	1,624.1	2,522.0	21.9	27.2	49.1
1973	3,225.0	4,240.3	31.6	35.4	67.0
1974	4,460.4	6,851.8	29.7	42.2	71.9
1975	5,081.0	7,274.4	29.5	40.1	69.6
1976	7,715.3	8,773.6	35.1	37.5	72.6
1977	10,046.5	10,810.5	38.0	38.6	76.6
1978	12,710.6	14,971.9	p)36.7	p)40.0	76.7

자료: 표 10 자료와 같음, p.7에서 작성.

여섯째로 수출의 급격한 성장은 수입을 크게 유발시켜, 무역수지의 악화를 오히려 가속화시켰으며 국민경제의 대외의존성을 높였다. 우리나라의 무역의존도는 표 11에서 보는 바와 같이 1962년에는 22.6퍼센트에 불과했던 것이 1978년에는 76.7퍼센트로 급격히 상승했다. 무역의존도뿐만 아니라 자본과 기술의 해외의존도도 높다. 이러한 높은 해외의존도는 우리나라의 생산·고용·소득·물가·경기 순환을 해외요인에 종속시키는 것을 의미하기 때문에 한국경제에 대한 불안요인을 가중시키는 것이다.

4. 소득분배의 구조

우리는 표 12에서 농림수산업과 비농림수산업간에 성장률의 현저한 격차를 발견했다. 이러한 농업과 비농업간의 불균형성장은 양부문간의 소득격차를 초래하였으며, 따라서 끊임없이 농업부문으로부터 광공업부문으로의 인구의 이동을 초래하였다.

표 12는 산업별 소득 및 취업자구성비와 상대소득(소득구성비/취업자구성비)을 나타내고 있다. 1963년에 농림수산업의 취업자구성비는 63.1퍼센트, 소득구성비는 42.2퍼센트로서 전취업자의 평균소득을 1로 하였을 때의 동부문의 상대소득은 0.67에 불과하다. 그런데 그 이후 동부문의 소득구성비는 취업자구성비보다 더욱 빨리 하락하여 상대소득은 계속 하락하는 추세를 나타내고 있다. 그래서 동부문의 상대소득은 1963년에는 0.67이었던 것이 1977년에는 0.51로 크게 감소했다. 광공업의 상대소득은 1963년에 1.91로 농림수산업의 2.8배 이상이었으며, 1975년 2.7배, 1977년 2.5배를 유지하고 있다. 기타 산업의 상대소득도 언제나 농림수산업의 그것의 2배를 넘고 있는 실정이다.

[표 12] 산업별 소득 및 추업자 구성비

	농림수산업			광공업			기타산업		
	소 득 구성비 (%)	취업자 구성비 (%)	상소 대득	소 득 구성비 (%)	취업자 구성비 (%)	상소 득	소 득 구성비 (%)	취업자 구성비 (%)	상소 득
1963	42.2	63.1	0.67	16.6	8.7	1.91	41.2	28.2	1.46
1964	45.9	61.9	0.74	17.6	8.8	2.00	36.5	29.3	1.25
1965	38.4	58.6	0.66	19.7	10.4	1.89	41.9	31.0	1.35
1966	35.4	57.9	0.61	20.1	10.8	1.86	44.5	31.3	1.42
1967	31.4	55.2	0.57	20.4	12.8	1.59	48.2	32.0	1.51
1968	28.5	52.4	0.54	21.8	14.0	1.56	49.7	33.6	1.48
1969	28.7	51.3	0.56	21.8	14.3	1.52	49.5	34.4	1.44
1970	28.0	50.4	0.56	22.8	14.4	1.58	49.2	35.2	1.40
1971	28.9	48.4	0.60	22.8	14.2	1.61	48.3	37.4	1.29
1972	28.3	50.6	0.56	24.4	14.2	1.72	47.3	35.2	1.34
1973	26.0	50.0	0.52	27.2	16.3	1.67	46.8	33.7	1.39
1974	25.3	48.2	0.52	29.0	17.8	1.63	45.7	34.0	1.34
1975	25.7	45.9	0.56	29.1	19.1	1.52	45.2	35.0	1.29
1976	22.8[1]	44.6	0.51	29.3[1]	21.9	1.34	47.9[1]	33.5	1.43
1977	21.5[1]	41.8	0.51	29.1[1]	22.4	1.30	49.4[1]	35.8	1.38

자료: 취업자는 경제기획원, 『주요업무지표』(1978), 소득은 한국은행, 『경제통계연보』 (1976), 1)은 한국은행, 『경제통계연보』 (1978).

다음으로 기능적 소득분배의 실태를 보기로 하자.

표 13에서는 연도별 비율기준에 의하여 비법인기업소득을 노동소득과 재산소득으로 분해하고 비법인기업소득 중의 노동소득을 피용자보수와 합계하여 노동소득분배율을 계산한 것이다.

이와 같이 계산된 노동소득분배율은 지난 22년 동안에 67.9~73.5

퍼센트의 범위 안에서 변동하고 있다. 이것은 선진제국의 노동소득분배율에 비하여 훨씬 낮은 수준이다. 우리나라의 노동소득분배율은 60년대 이후 계속 감소하여왔으며, 70년대 전반기에는 약간의 상승 기미를 보이다가 후반기에 와서는 다시 하락하고 있다. 전반적인 경향은 하락하는 추세에 있다고 할 수 있다.

[표 13] 분배국민소득 노동소득분배율

연 도	피용자보수(1)	비법인기업소득(2)	재산소득(3)	법인이전지출(4)	기 타(5)	계(6)	노동소득배분율(7)
1953~56	28.	57.9	11.3	0.2	0.2	100.0	67.9
1957~61	34.6	52.0	11.4	0.3	1.8	100.0	73.5
1962~66	32.0	52.0	10.7	0.3	4.8	100.0	70.6
1967~71	38.2	42.6	13.1	0.4	5.7	100.0	69.7
1972~74	37.6	45.1	11.5	0.6	5.2	100.0	71.7
1975~77	41.2	36.7	13.6	0.7	7.8	100.0	68.4

주: (7)란은 연도별비율기준에 의한 것으로 그 계산식은 다음과 같다.
$$(7)=(1)+(2)\times[(1)/\{(1)+(3)+(4)\}]$$
자료: 한국은행, 『한국의 국민소득』에서 작성.

우리나라에서는 1960년대 이후 피용자구성비는 계속 증가해온 데 비하여 피용자보수의 구성비는 대체로 정체되어 있어서 노동소득분배율은 악화되어왔다고 볼 수 있다.

이번에는 노동소득 내부의 임금격차를 보기로 하자.

우리나라 임금구조의 하나의 특징은 저임금계층에 많은 근로자가 집중되어 있다는 사실이다.

평균임금을 중심으로 하여 근로자수의 분포를 보면 평균 이하의 수가 평균 이상의 수보다 월등히 많아서 비대칭형을 이루고 있다.

그러므로 평균임금이 근로자들에게 가지는 의미는 그만큼 줄어든다. 평균임금과 중위임금은 상당한 격차를 나타내고 있다.

1971년의 임금계층별 근로자의 구성비를 표 14에서 보면 평균임금 2만 2,441원 이하의 임금을 받는 근로자의 구성비는 61.2퍼센트, 그 이상의 임금을 받는 근로자의 구성비는 38.8 퍼센트로서 전자가 후자보다 월등히 높다. 같은 해의 중위임금은 1만 7,548원으로 평균임금의 78.2퍼센트에 불과하다.

표 15에서 보는 바와 같이 1977년에는 평균임금 7만 7,375원 이하의 임금을 받는 근로자의 구성비는 69.4퍼센트로서 1971년의 그것보다 8.2퍼센트만큼 증가했다. 한편 같은 해의 중위임금은 평균임금의 68.8퍼센트로서 1971년의 그것에 비하여 9.4퍼센트만큼 감소했다.

1971년과 비교할 때 1977년에는 평균임금 이하의 임금을 받는 근로자의 비율이 증가했으며, 평균임금에 대한 중위임금의 비율은 낮아졌다. 이것은 저임금계층의 근로자의 증가, 따라서 근로소득 내부의 분배에 있어서의 분배불평등의 증대를 뜻한다.

마지막으로 계층별 소득분포를 보기로 하자.

[표 14] 임금계층별 근로자구성비(1971)

(단위: 원, 명, %)

임 금 계 층	근 로 자 수	구 성 비	누적구성비
총수	968,034	100.0	100.0
2,999	7,402	0.8	0.8
3,000~4,999	28,505	2.9	3.7
5,000~5,999	25,532	2.6	6.3
6,000~6,999	34,863	3.6	9.9
7,000~7,999	40,317	4.2	14.1

임 금 계 층	근 로 자 수	구　성　비	누적구성비
8,000～8,999	46,455	4.8	18.9
9,000～9,999	46,964	4.9	23.8
10,000～11,999	75,582	7.8	31.6
12,000～13,999	70,075	7.2	38.8
14,000～15,999	69,170	7.2	45.9
16,000～17,999	50,563	5.2	51.1
(16,000～17,548)	(39,153)	(4.1)	(50.0)
18,000～19,999	47,298	4.9	56.0
20,000～24,999	102,676	10.6	66.6
(20,000～22,441)	(50,126)	(5.2)	(61.2)
25,000～29,999	81,925	8.5	75.1
30,000～39,999	118,323	12.2	87.3
40,000～49,999	58,870	6.1	93.4
50,000～69,999	38,913	4.0	97.4
70,000이상	24,601	2.6	100

주: 중위임금과 평균임금에 대한 근로자수의 계산은 그 임금계층 내에서 근로자
　　가 고르게 분포되어 있다고 가정함.
자료: 노동청, 『직종별임금조사결과보고서』(1971)에서 작성.

　　주학중의 연구에 의하면 전가구계층별 소득분포와 소득집중치는표
16과 같다. 여기에 나타난 분배계수에 의하면 1965년에서 1970년에
이르는 기간에 소득분포는 약간 개선되었다가 1976년에 이르러 크
게 악화되었다. 즉 1965년에 0.3439이던 '지니'계수는 1970년에
0.3322로 낮아졌다가 1976년에 0.3908로 높아졌다. 이러한 현상은
최저소득계층의 최고소득계층에 대한 상대적 소득비율이라는 관점에
서 보더라도 나타나고 있다.
　　최고소득계층인 9～10분위의 소득점유율은 최저소득계층인 1～2

분위의 소득점유율에 대하여 1965년에는 7.3배, 1970년에는 5.7배, 그리고 1976년에는 8.0배로 되어 있다. 1976년에는 1965년이나 1970년에 비하여 역시 소득분배의 악화가 나타나고 있다.

[표 15] 임금계층별 근로자구성비(1977)

(단위: 원, 명, %)

임 금 계 층	근 로 자 수	구 성 비	누적구성비
총수	2,336,327	100.0	100.0
20,000미만	33,570	1.4	1.4
20,000~24,999	94,990	4.1	5.5
25,000~29,999	149,595	6.4	11.9
30,000~34,999	199,022	8.5	20.4
35,000~39,999	215,711	9.2	29.6
40,000~44,999	211,663	9.1	38.7
45,000~49,999	170,865	7.3	46.0
50,000~54,999	144,881	6.2	52.2
(50,000~53,200)	(92,748)	(4.0)	(50.0)
55,000~59,999	111,044	4.8	57.0
60,000~64,999	95,325	4.1	61.1
65,000~69,999	74,862	3.2	64.3
70,000~99,999	325,022	13.9	78.2
(70,000~77,375)	(119,852)	(5.1)	(69.4)
100,000 이상	509,777	21.8	100.0

주: 표 14의 주와 같음.
자료: 노동청, 『직종별임금실태조사보고서』(1977)에서 작성.

[표 16] 전가구 계층별 소득분포와 소득집중치

10분위계층	1965	1970	1976
1	1.32	2.78	1.84
2	4.43	4.56	3.86
3	6.47	5.81	4.93
4	7.12	6.48	6.22
5	7.21	7.63	7.07
6	8.32	8.71	8.34
7	11.31	10.24	9.91
8	12.00	12.17	12.49
9	16.03	16.21	17.84
10	25.78	25.41	27.50
계	100.00	100.00	100.00
'지니'계수	0.3439	0.3322	0.3908
'타일'계수	0.2263	0.2049	0.2505
10분위분배율	19.34/41.81	19.63/41.62	16.85/45.34

자료: 주학중, 「계층별 소득분포의 추계와 변동요인」, 한국개발연구원, 『한국개발연구』, 창간호(1979. 3), p.34.

그러나 우리나라의 소득분포에 관해서는 많은 자료상의 제약이 따르기 때문에 정확한 분석은 불가능하다고 하겠다. 따라서 상기의 분석도 소득분포의 불평등도를 실제보다 낮게 추정한 것으로 생각된다.

상술한 여러 가지 자료에 의하면 우리나라의 소득분배는 산업간, 재산소득과 노동소득간, 그리고 노동소득내부의 임금계층간 그리고 소득계층간에 있어서 불평등도가 상당히 심하며, 또한 대체로 개발계획 이후에 있어서 불평등이 심화되어왔다고 볼 수 있다.

5. 소득분배 불평등의 원인

경제개발과정에서 소득분배의 불평등도가 크게 된 원인으로서는 다음과 같은 것을 지적할 수 있을 것이다.

첫째, 선성장·후분배라는 개발철학이 하나의 원인이 된다. 그동안 정책적 관심의 주대상은 '파이'의 덩어리를 크게하는 데 있었지 그것의 올바른 분배에 있지 않았다. 파이의 덩어리를 크게 하는 것과 이것을 골고루 나누어 먹게 하는 것은 별개의 문제이다.

둘째, 산업간의 불균형성장을 들 수 있다. 농업의 상대적 정체와 비농업부문의 고도성장은 양자간에 소득격차를 확대시킨다.

뿐만 아니라 농업의 상대적인 정체는 비숙련단순노동자의 무한공급에 의하여 공업부문에서의 저임금계층을 형성시켰으며, 또한 공업의 고도화에 따라서 고급직종이나 고기능자의 초과수요, 임금앙등이 발생하여 양자간의 임금격차가 확대된다. 농업의 정체는 물가앙등, 특히 식료품가격을 크게 등귀시켜서 엥겔계수가 높은 저소득층의 실질소득을 한층 낮추어 소득분배를 악화시킨다.

셋째, 독과점의 형성강화는 부와 소득의 집중 현상을 일으켜 소득격차를 확대시킨다. 독과점의 형성은 높은 관리가격에 의하여 농가의 패리티지수를 악화시키며, 독점적인 고이윤과 저임금에 의하여 재산소득과 근로소득간의 분배의 불평등을 심화시킨다. 독과점의 조장은 또한 중소기업을 파멸시켜서 중산층을 약화시킴으로써 재산소득간의 분배도 악화시킨다.

독과점기업은 노동력의 수요독점정책에 의하여 고임금으로써 고급양질의 노동력을 독점함과 동시에 다른 한편으로는 우리나라에서 무한탄력적으로 공급되어온 저임금 단순 노동자를 소유하여 양극화된 노동력을 공유함으로써 임금격차를 격화시킨다.

넷째, 외자도입에 의한 자본축적과 수출주도에 의한 개발정책은 한 편으로는 자산의 집중을 촉진시키고, 다른 한편으로는 국저경쟁력의 강화라는 미명하에 저임금을 강요하여 분배의 불평등을 격화시켰다.

다섯째, 재정금융정책이 소득분배불평등화의 방향으로 영향을 미 쳤다. 재정금융정책이 가계보다는 기업, 근로소득자보다는 재산소득 자, 내수산업보다는 수출산업, 중소기업보다는 대기업을 훨씬 더 많 이 보호·육성하는 방향으로 시행되었고 이것이 각각의 범주에 속하 는 소득집단에게 차별적으로 영향을 미쳐 분배의 불평등화의 방향으 로 작용했다.

최근에 실시된 부가가치서 등 간접세의 강화, 법인 특히 외자기업 과 수출기업에 대한 다액의 조세감면조치, 이들에 대한 금융상의 제 혜택, 중소기업에 비하여 다기업에 대한 편중대출 등은 그 두드러진 예이다.

여섯째, 안정을 희생한 바탕 위에서의 성장은 개발인플레이션을 가속화시켰으며 이것이 정액근로소득자와 재산소득자에게 상이한 영 향을 미쳐서 분배의 불평등을 촉진시킨다.

인플레이션은 정액근로소득자에게는 불리하고, 기업이나 재산소유 자에게는 유리한 영향을 미친다는 것은 너무나 잘 알려진 사실이다.

일곱째, 근로정책에 있어서 노조의 활동에 대한 상당한 정도의 규 제는 노조의 교섭력을 약화시키고, 임금인상을 억제하여, 이것도 또 한 분배의 불평등화의 요인으로 작용해왔다.

여덟째, 사회보장제도의 미비와 이미 실시되고 있는 사회보장제도 에서도 평등화정신의 불철저, 정부의 사회보장적 지출의 과소는 분 배의 평등화에 별로 기여하지 못했다.

6. 산업구조와 분배구조의 변혁방향

앞에서 분석한 여러 가지를 감안하여 산업구조와 분배구조의 개편방향을 제시해보기로 하자.

산업구조의 개편방향은 다음과 같다.

첫째, 산업간의 균형발전으로의 정책전환이 요구된다. 둘째, 산업간의 분업연관관계를 밀접히 하여 전후방 연쇄효과를 최대한으로 파급시켜야 한다. 셋째, 독과점의 저지와 경쟁촉진적인 구조로 개편하여 이중경제를 해소하여야 한다. 넷째, 환경 및 자원사용을 절약하는 산업구조로의 개편이 요구된다. 지식집약형 정보산업, 항공기산업, 공작기계산업 등의 방향으로 산업구조가 전개되어야 할 것이다. 다섯째 자립도를 높이는 방향으로의 개편이 요구된다.

따라서 80년대에 있어서 산업구조의 개편방향은 균형발전, 유기성, 경쟁, 절약, 그리고 자립화의 원리에 따르는 것이라고 볼 수 있다.

그러나 상술한 산업구조의 개편방향 이외에 부와 소득분배의 개선에 한층 직접적으로 영향을 미치는 정책방향은 다음과 같다.

첫째, 최저임금제의 실시와 노조의 활성화에 의한 임금인상이 요구된다.

둘째, 조세정책에 있어서 간접세의 비중저하, 소득세 면세점의 인상과 소득세 및 상속세에 대한 누진율의 강화, 법인세의 각종 특혜조치의 완화, 지출정책에서의 사회보장적 지출의 강화가 요구된다.

셋째, 물가안정이 요구된다. 특히 저소득층이 주로 사용하는 생활필수품에 대해서는 정부의 보조금지급에 의해서 그 가격을 안정시킬 필요가 있다. 따라서 생필품과 여타의 수요의 긴 요도가 낮은 상품간에는 가격의 이중구조를 형성해도 무방하다.

넷째, 사회보장제도의 확충이 요구된다. 이러한 제도의 실시가 투

자재원의 조달이 아니라 평등화의 실시에 목표를 두고 이루어져야
한다.

다섯째, 교육 및 훈련기회의 보편화가 필요하다.

7. 맺는 말

지금까지 산업구조와 분배구조의 실태 및 그 문제점들을 살펴보았다.

1960년대의 개발계획의 추진 이래로 정부는 자본축적을 경제발전
과 동일시하여 자본축적의 촉진에 모든 노력을 경주하였다. 이에 힘
입어 한국경제는 급격한 경제성장과 산업구조의 고도화를 이룩할 수
있었다. 그러나 이러한 개발정책은 중심경제인 독과점, 재벌의 형성
과 강화를 촉진하면서 다른 한편으로 민중이 주체로 되어 있는 노동
경제·농업경제·중소기업경제·지역경제 등 주변경제의 약화를 초
래하였다.

이러한 주변경제는 지엽적인 개발정책의 대상이 되지 않는 바는
아니었으나 이것은 어디까지나 중심경제의 발전에 이바지할 수 있는
한도 내에 한정되었으며, 심지어는 주변경제의 발전이 중심경제의 발
전에 장애가 된다고 생각할 때에는 그 발전을 억제하는 정책을 쓰기
까지도 하였다.

요컨대 중심과 주변의 균형적인 발전이 없이는 장기적으로는 중심
자체의 발전이 제약을 받지 않을 수 없다. 그러나 균형발전을 위하여
중심과 주변의 동시 발전이나 양자의 내적 관련을 강화시키는 정책
을 시행한 것이 아니라 양자, 특히 중심경제가 해외경제와 밀접한 관
련을 가지게 함으로써 국민경제의 대외의존을 크게 하고, 국민경제
내에서 경제의 각 분야가 전체적인 국민경제에 대하여 양호한 구성

의 단위로 되지 못하도록 만들었다.

다시 말하자면 그동안의 한국경제의 성장에 있어서는 산업구조나 분배구조에 언제나 집중화의 원리가 작용하여 불균형과 불평등을 발생시켰다. 부(산업)의 집중화는 소득의 집중화를 초래하였고 소득의 집중화는 부의 집중화를 한층 강화시켜 상승적인 작용을 하였다. 또한 정책적으로도 집중화를 촉진시키는 데 역점이 두어졌다.

경제발전의 주체가 민중일 뿐만 아니라 경제발전의 목적도 민중을 위한 것이어야 한다. 그렇다면 80년대에 있어서 산업구조와 분배구조의 개편방향은 소외된 주변경제로의 경제발전의 확산과 중심과 주변의 균형적인 발전이어야 할 것이다.

다시 말하자면 발전이 정체되었던 주변경제의 발전에 역점이 두어지고, 이것의 발전을 기반으로 한 중심경제의 발전이 요망되는 것이다. 발전의 확산의 원리를 토대로 한 원심력과 구심력의 교호작용 위에서 국민경제가 발전적으로 운행되어야 할 것이다. 그렇다고 해서 중심경제를 주변경제로 분해해서 소멸시켜버릴 필요는 없다. 왜냐하면 규모의 경제단위인 중심경제는 국민경제발전의 전략적 거점이 될 수 있기 때문이다.

규모 자체가 문제가 아니라 그들이 행하는 여러 가지 횡포, 이를테면 가격조작에 의하여 소비자를 괴롭히는 행태 등은 철저히 규제되어야 할 것이다. 그러나 경제발전성과의 민중으로의 확산을 위해서는 규모의 경제를 누릴 수 있는 경제단위 자체의 해체보다는 경제단위의 소유의 분산화가 필요할 것이다.

마지막으로 언급해두어야 할 것은 산업구조의 변혁에 있어서 환경 및 자원절약형의 산업구조로의 개편이 이루어져야 한다는 것이다. 이것도 또한 민중경제의 강화를 의미한다. 왜냐하면 환경파괴와 자원고갈의 희생은 대부분 일반서민대중의 어깨 위에 떨어지기 때문이다. 요컨대 산업구조와 분배구조는 민주화·민중화의 방향으로 개편되어야 한다. 우리는 "아무리 많은 부를 가져 일체의 욕망을 충족시킬 수 있는 부자일지라도 그 이웃 사람이 자기보다 단돈 1원이라도 더 가졌다는 것을 알면 그 순간부터 자기는 가난하다고 생각하며 불행해 한다"는 J. S. 밀의 말을 명심할 필요가 있을 것이다.

자주적 경제구조를 위한 내향적 경제성장

1. 머리말

한국경제는 1980년 상반기 중에 마이너스 4.0퍼센트의 성장률을 기록했으며, 현재에도 불황의 늪에서 헤어나지 못하고 있는 실정이다. 물론 이러한 마이너스 성장은 제2의 석유파동에 기인하는 전 세계적인 불황의 일환이며, 외부적인 요인에 기인한 것이라고 가볍게 넘겨버릴 수도 있다. 그러나 이번 우리나라의 마이너스 성장은 타국에 비해 그 정도가 더욱 심하며, 또한 과거의 고도성장에 비하여 너무나 급격한 사태의 반전이라는 점에 비추어볼 때 문제는 한층 더 심각하다고 하지 않을 수 없다. 우리나라는 현재 성장의 급격한 둔화, 인플레이션의 가속화, 그리고 국제수지 불균형의 심화 등 우려할 만한 요인들을 내포하고 있다. 따라서 우리는 이 시점에서 한국경제의 체질과 정책기조를 다시 한번 검토해볼 필요가 있다고 생각한다.

잘 알려져 있는 바와 같이 60년대 이후 한국경제는 외부지향적(수출주도형) 개발전략에 의하여 큰 성과를 거두었다. 1962년에서 1979년 사이에 한국경제는 연평균 9.3퍼센트라는 고도의 성장률을 기록했으며, 40퍼센트 정도의 높은 수출신장률을 누려왔다. 뿐만 아니라 산업구조 면에서도 고도화가 이루어져, 한국경제는 급격한 공업화를 이룩했으며, 공업구조 면에서도 중화학공업화가 상당한 정도로 진전되었다.

그러나 현재 이러한 개발전략은 여러 가지 애로에 부딪쳐 있는 느낌이며 이러한 개발전략 자체에 대한 재검토가 필요한 단계에 와 있다고 생각된다. 다시 말하자면 국내외적인 제 여건의 변화가 이러한 개발전략에 대한 재검토를 강요하고 있다고 생각된다.

그러나 그렇다고 하여 수출증대 노력을 포기하자는 이야기는 물론 아니다. 다만 정책의 역점을 내부지향적 성장으로 점차로 전환시켜 나가자는 것이다.

한 나라의 경제는 가급적이면 자립적 자기완결적인 재생산구조를 가지는 것이 안정적이긴 하나 현실적으로 이러한 상태는 사실상 불가능하다. 금년 석유수입에 지출되는 가액만 하더라도 60억 달러 정도에 이를 것으로 전망되며, 앞으로 석유가격의 상승에 따라 이것은 더욱 많아질 것이다. 이 이외에도 필수불가결의 원자재 및 자본재의 도입 등을 아울러 생각해본다면 수출노력을 완전히 포기할 수는 없는 것이다. 그러나 이에 못지않게 아니 오히려 더욱더 내부지향적 경제개발에 대한 필요성이 절실해지고 있는 것 같다. 따라서 본고에서는 내부지향적 경제성장의 필요성, 그 방향, 그리고 자원배분 등에 관하여 생각해보고자 한다. 그 전에 편의상 몇 가지 용어에 관하여 정의를 내려두고자 한다.

2. 용어의 정의

우선 외부지향적 경제성장과 내부지향적 경제성장에 관하여 정의를 내려두기로 하자. 전자는 개방체제하에서 한편으로는 적극적인 외자도입에 의해 산업을 건설하고, 다른 한편으로는 해외시장개척에 의하여 수출촉진을 함으로써 경제성장을 이룩하려는 성장전략이다. 이에 반하여 후자는 정부 또는 민간자본과 공공차관으로 자급자족적 공업화를 도모하고, 국내시장의 형성을 중요시하는 자력갱생형의 성장전략이다.[1]

따라서 상술한 개념의 구별은 자본조달 및 판매시장의 양측면에 관련되어 있다.

외부지향적 또는 수출주도형 성장전략은 매우 적극적인 성장전략으로서 국내외의 제 여건이 좋은 조건에 있을 때에는 큰 성과를 거둘 수 있지만, 자국경제의 대외의존성을 심화시키고 경제의 자립성 및 그 체질을 약화시켜 국내외의 제 조건이 악화될 때에는 국내경제의 불안을 야기시킬 우려가 크다. 반면에 내부지향적 또는 자력갱생형성장전략은 소극적인 성장전략으로서 전자에 비하여 성장속도가 느린 결함은 있지만, 안정적이고 착실한 성장을 기할 수 있는 장점을 가지고 있다.

이상의 두 가지 성장전략 중 어느 한 가지를 지속적으로 추구할 수도 있고 또 국내의 제 여건이나 경제발전의 정도에 따라 양자를 번갈아 채택할 수 있을 것이다.

상술한 구별법과는 그 내용이 완전히 다른 것으로서 외연적 성장과 내연적 성장으로 구분하는 분도 있다.[2]

---

1) 김윤환, 『경제정책론』(박영사, 1980), pp.191~93 참조.
2) 조순, 「내연적 성장에로의 전환」, 『정경문화』, 1980년 6월호 참조.

외연적 경제성장이란 그 나라에 부존되어 있는 잉여자원을 개발·이용함으로써 경제성장을 이룩하는 것으로서, 이것은 외부지향적 성장인가 내부지향적 성장인가를 문제시하지 않는다. 이에 반하여 내연적 성장이란 생산요소(특히 노동)의 질적 향상이 이루어져서 국민경제 전반에 걸쳐 생산성이 향상되어 경제성장이 이루어지는 것을 말한다. 내연적 성장 역시 이를테던 자급자족적 형태나 개방형태를 취하는 것을 전제로 하는 것은 아니라고 한다.

대체로 후진국들의 경제개발의 초기단계에서는 외연적 개발방식이 채택되고, 연후에 내연적 개발단계로 옮겨가는데, 진정한 경제성장은 외연적 성장을 탈피하여 내연적 성장이 진전될 때 이루어진다고 한다.

필자는 편의상 논의의 전개에 있어서 상술한 두 가지 기준에 의한 분류와 정의를 그대로 사용하기로 한다.

3. 외부지향적 성장의 조건과 한계

저개발국에서 외부지향적 경제성장정책이 성공을 거두기 위해서는 적어도 다음의 두 가지 조건이 충족되어야 한다.

첫째, 인적 자원이 무제한으로 존재하여 저임금을 바탕으로 한 국제경쟁력이 상당한 정도로 존재해야 한다.

둘째, 자본조달 면에서나 상품판매 면에서 해외의 제 조건이 양호해야 한다.

특히 우리나라와 같이 물적 자원이 빈약한 나라에 있어서는 물적 자원의 수입에 있어서 그 공급수량이나 가격 면에서 조건이 좋아야 한다는 제3의 조건을 추가하지 않으면 안된다.

우리나라 경제는 개발계획의 추진을 시작할 당시에는 전형적인 노

동과 잉형, 자원 및 자본부족형 경제였다. 이러한 여건 속에서 고도
의 경제성장을 추구하자니 노동 이외의 회소 요소인 자본과 자원을
해외에 의존하지 않을 수 없었다. 그리고 해외에서 차입한 자본과
원자재의 수입대금을 치르기 위해서는 유일하게 풍부한 요소인 노동
의 저임금을 바탕으로 한 수출주도형 개발정책을 채택하지 않을 수
없었다. 또한 이러한 개발전략이 성공을 거두기 위한 제2, 제3의 조
건인 국제환경 또한 대체로 좋은 편이었다. 이를테면 국제적 저금리
는 외자도입을 용이하게 만들었고, 세계적인 호황에 의한 세계무역
의 급격한 신장은 수출시장개척을 비교적 쉽게 만들었다. 뿐만 아니
라 석유를 비롯한 원자재의 국제가격은 저렴했으며, 이에 대한 자원
민족주의도 강력하게 대두되지 않았다.

상술한 국내외적인 호조건 속에서 우리나라의 수출주도형 또는 외
부지향적 개발전략은 큰 성과를 거둘 수 있었다. 그러나 특히 70년대
중반 이후로 이러한 국내외적인 제 조건은 점차로 악화되기 시작하여
외부지향적 개발전략이 성공하기는 점점 어렵게 되어가고 있다.

이를테면 첫째로 국내의 노동력은 무제한 공급단계에서 반제한 또는
제한공급단계로 넘어가고 있다. 이러한 경향은 특히 70년대 후반기에
강력히 나타났는데 기능공 이상의 고급인력의 부족현상이 대두되어 이
들에 대한 임금이 급격하게 상승하기 시작하였다. 또한 수출산업의 집
중적인 개발로 인하여 내수 상품의 생산이 낙후되어 심지어 생활필수
품의 공급이 부족하여 그 가격이 급속하게 상승하였고 이것은 또한 임
금상승의 큰 요인으로 작용하였다. 따라서 이제는 저임금을 바탕으로
한 수출증대는 별로 가망이 없게 되었다.

둘째, 자본조달 면에서나 상품판매 면에서의 해외의 제 조건이 악
화되어왔다. 특히 1979년 이래로 야기된 주요 선진국간의 금리경쟁
으로 국제적으로 금리는 계속 상승하고 있어서 외자도입에 어려움이
가중되고 있다. 상품수출 면에서 볼 때에도 그동안 주요 각국의 보

호무역주의적 경향의 강화, 저임금을 바탕으로 한 중공의 국제시장 진출로 인한 우리나라 제품과의 경쟁의 격화 등으로 우리나라 상품의 수출증대는 과거와 같이 쉽게 이루어질 수 없는 상태에 있다.

셋째, 각국의 자원민족주의의 대두·강화로 말미암아 원자재의 공급확보는 수량 및 가격 면에서 큰 난관에 부딪치게 되었다. 특히 2차에 걸친 석유파동으로 말미암아 석유의 안정공급이 큰 문제도 대두되고 있다. 특히 이란·이라크의 전쟁으로 말미암아 원유의 물량확보가 큰 문제이며, 물량이 안정적으로 공급된다고 하더라도 가격상승에 의해서 받는 한국경제의 타격은 매우 심각하다.

1973년의 제1차 석유파동 이전에는 석유가격은 배럴당 2달러 미만이었던 것이 2차에 걸친 석유파동으로 유가는 10배를 훨씬 넘는 수준으로 상승했다. 1979년 11월말 현물시장의 유가는 배럴당 40달러라는 높은 수준에 이르렀다. 현재까지 석유가 전연 생산되지 않고 있는 우리나라로서는 석유의 안정공급은 경제의 사활이 걸린 중대문제이다.

상술한 바와 같은 국내외적인 제 조건의 변화로 말미암아 외부지향적 경제성장은 점점 어렵게 되어가고 있으며, 한계에 부딪친 느낌마저도 준다. 그런데 상술한 제 요인 중에서 석유를 비롯한 원자재가격의 상승은 필요불가결한 석유 및 원자재수입대금의 추가부담을 지불하기 위하여 외부지향적 경제성장전략을 한층 강화시켜야 한다는 논리의 근거로도 될 수 있다. 물론 이것은 사실이다. 그러나 또한 그렇기 때문에 국내의 자원개발 및 대체자원의 적극적인 개발이라는 내부지향적 경제성장의 필요성을 한층 더 강화시켜주기도 하는 것이다. 전자를 소홀히 할 수는 없지만 장기적으로는 오히려 후자에 더욱 역점이 두어져야 할 것이다.

4. 내부지향적 성장의 방향

상술한 바와 같이 국내외적인 제 요인의 변화로 말미암아 외부지향적인 경제성장도 큰 난관에 부딪쳐 있으며 따라서 내부지향적 성장에 대한 노력을 강화시켜야 할 필요성이 생겨나게 된다. 내부지향적 성장의 기본방향은 어떻게 되어야 할 것인가?

현재 우리나라 경제에 있어서 생산면에서 가장 큰 애로점은 역시 자원부족에 있는 것으로 생각된다. 따라서 내부지향적 성장에 있어서 노력의 초점은 우선 자원개발에 집중되어야 할 것이다. 나는 이것을 자원개발형 경제성장이라고 부르기로 한다.

이러한 자원개발에는 전술한 외연적 경제성장과 내연적 경제성장의 양자를 모두 포함하는 것으로 한다. 다시 말하면 유휴자원의 동원·활용의 극대화와 자원 특히 노동의 질의 고도화, 즉 생산성의 증대를 통한 경제성장의 양자를 모두 포함한다. 그리고 또한 여기에서 말하는 자원에는 인적 자원과 물적 자원의 양자를 포함하지만, 생산성의 증대는 특히 인적 자원에 중점을 둔다.

1) 자원동원의 극대화

이것은 유휴자원을 최대한으로 동원하여 생산에 연결시킴으로써 경제성장을 이룩하자는 외연적 경제성장방식이다. 이때 자원동원 또는 개발의 우선순위를 결정하기 위하여 필자는 자원을 가치보존성 여부를 기준으로 하여 두 가지로 분류하고자 한다.

(1) 가치보존성 자원

이것은 자원을 미이용 상태로 두더라도 그 가치가 보존되어 있어서, 소멸되지 않는 자원을 말한다. 광물자원은 대체로 여기에 해당된다. 이러한 자원은 개발의 시기 여하를 불구하고 그 가치가 크게 손상되지는 않는다. 물론 그 자원의 수급사정에 기인하는 가격의 변동, 또는 대체자원의 개발에 의한 가치의 저락 등을 예상할 수 있지만, 현재의 자원수급, 장래의 자원고갈 등으로 미루어볼 때 이러한 자원은 앞으로 상당한 기간 동안에는 오히려 그 가치가 증가될 가능성이 더욱 크다고 보아야 하겠다.

(2) 가치소멸성 자원

자원 가운데는 그것을 미이용 상태로 두면 그 가치가 소멸되어 국민경제상으로 영원한 손실이 되는 것이 있다. 노동력·토지자원·풍력·태양열·수력·조력(潮力) 등등은 이의 대표적인 것이다. 이러한 자원이 제공하는 서비스는 소멸성을 가지고 있기 때문에 그것을 저장해둘 수 없고, 따라서 미이용 상태로 두면 그것은 국민경제적으로 영원한 손실이 되는 것이다. 이러한 유휴자원의 이용시의 기회비용은 영이거나 영에 가깝다. 이와 같이 자원을 구분한 이유는 자원활용의 우선순위를 정하기 위해서이다.

가치보존성 자원에 비하여 가치소멸성 자원의 동원·이용·개발이 더욱 시급하다는 것은 다시 말할 필요도 없을 것이다. 가치소멸성 자원은 아무리 비효율적으로 이용되더라도 생산에 기여하는 방향으로 이용만 된다면 미이용 상태에 있는 것보다는 낫다.

우선 노동력에 관하여 보기로 하자. 현재 우리나라에는 상당한 수의 완전실업자 및 준실업자(불완전취업자)가 존재하고 있다. 물론 시장경제를 주축으로 하는 경제체제에 있어서는 마찰적 실업은 존재하기 마련이고, 또한 그러한 존재는 노동의 한계생산력의 높은 곳으로의 이동을 의미한다는 점에서 볼 때 소망스러운 일이기까지 하다. 그러나 이것은 역시 하나의 사회적인 낭비이기 때문에 이러한 실업자도 극소로 줄이는 것이 바람직하다. 직업안정망의 강화 등으로 실업률을 될 수 있는 대로 줄이고, 나머지 노동력은 공공사업에 동원시킬 수 있다. 여기서 한 가지 부언해둘 것은 과거의 경험에 비추어볼 때 공공사업이 너무나 무계획적이고 형식적인 경우가 많았다는 점이다. 장기적인 안목에서의 계획하에 가장 필요한 사회자본의 건설에 동원되어야 할 것이다. 이러한 공공사업은 단순한 실업대책이 아니라 사회적 생산력의 증대라는 측면에서 고려해야 할 것이다. 넉시(R. Nurkse)의 자본형성이론은 우리에게 많은 것을 시사해주고 있다.

다음으로 토지자원에 관하여 생각해보기로 하자.

우리나라 국토의 가장 많은 부분을 차지하고 있는 산지 가운데는 별 쓸모없는 잡목이 마음대로 자라고 제대로 이용되지 않고 있는 부분이 매우 많다. 이러한 산지에 대한 전면적인 면밀 조사를 한 후에 적절한 수목이나 작물을 생산시킬 필요가 있다. 이것도 역시 장기적인 계획하에 진행되어야 할 것이다.

그 이외의 토지자원도 미이용 상태로 방치되어 있는 곳이 많다. 대도시 주변의 공한지는 그 한 예에 불과하다. 앞으로 우리는 정원에 채소나 고추 등을 심고 옥상에 흙을 부어 작물을 심고, 정원이나 가로에도 유실수를 심어야 할 필요가 있을지도 모른다.

때때로 식량까지도 수입에 의존해야 하는 우리로서는 토지자원을 최대한으로 이용하여 식량·채소류·사료용작물·공업원료 등을 공급해야 할 것이다.

상술한 토지자원의 이용은 토지작물의 전 세계적 또는 국내적인 수급사정을 감안하여 정책적으로 조정할 필요가 있는 것이다.

수자원은 농업용수, 공업용수, 또는 발전용으로 이용될 수 있을 것이다. 수력·조력·풍력·태양 에너지 등은 특히 에너지 자원의 공급원으로서 연구해볼 만한 가치가 충분히 있는 것이다. 특히 석유 공급이 불안정하고, 그 가격이 급상승하고 있는 사정에 비추어볼 때 이러한 에너지 자원이 될 수 있는 자연력은 최대한으로 활용해야 할 것이다.

이러한 가치소멸성 자원은 그 이용이 빠를수록 좋으며, 그것을 이용하는 데는 여러 가지 부대비용이 막대하게 들겠지만 그 자체의 기회비용은 영이라는 것을 항상 염두에 두어야 할 것이다.

가치보존성 자원도 물론 필요에 따라 개발해야 되겠지만 그 개발이 가치소멸성 자원만큼 시급한 것은 아니라고 생각된다.

2) 자원 특히 노동의 생산성 증대

이것은 생산요소 특히 노동의 질적 고도화를 통한 생산성의 증대에 의하여 경제발전을 이룩하려는 내연적 경제성장 방식이다.

우리나라의 그동안의 경제성장은 유일하게 풍부한 자원인 노동력을 동원함으로써 이루어진 것이다. 다시 말하자면 루이스의 무제한 노동공급하의 경제발전모형을 따랐던 것이다.

이 모형은 표 1에서 간단히 설명할 수 있다.

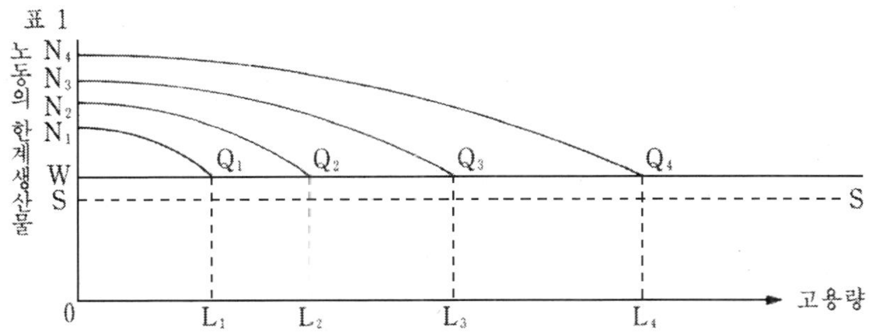

루이스는 경제를 자본주의부문(C부문＝공업)과 생존자료부문(S부문＝농업)의 2부문으로 나누고 있다. 표 1에서 OS는 S부문에 있어서의 생존수준임금이며, 이것이 C부문에 대한 노동공급가격이 된다. 노동공급이 무제한이기 때문에 노동공급곡선은 SS와 같이 무한탄력적으로 된다.

C부문의 임금수준은 OW인데 OS와의 차인 SW는 C부문에 있어서의 높은 생계비, 관습적 생활수준의 차이, S부문으로부터 C부문으로의 노동이동에 따르는 심리적 코스트를 반영한다. 그래서 처음 단계에 있어서 C부문의 고용량은 L_1, 자본가잉여는 WN_1Q_1인데, 이것이 재투자되어 노동의 수요곡선은 N_1Q_1으로부터 N_2Q_2로 이동한다. 그 결과 고용량은 L_1L_2만큼 확대되고, 이것에 의하여 증대된 자본가잉여 WN_2Q_2가 다시 재투자되어 N_2Q_2는 N_3Q_3로 변위된다. 그래서 S부문으로부터의 무제한적인 노동공급이 있는 한 자본가잉여의 재투자→수요함수의 이동→C부문의 확대→자본가잉여라는 경제발전이 계속된다.

우리나라도 대체로 이러한 발전과정을 통하여 경제성장이 이룩되었으며, 특히 외부지향적 경제성장방식을 채택했다는 데 특색이 있다고 하겠다. 그러나 유휴노동력의 풀이 고갈되어 노동공급이 무제한적인 단계에서 반제한 또는 제한적인 단계로 넘어가면 이러한 경제발전방식은 타당하지 않게 된다. 이와 같이 동원될 수 있는 무제한의 노동력이 존재하지 않는다면, 이제는 경제발전은 노동의 생산성의 상승에 의존하는 수밖에 없다.

노동생산성은 물론 노동 자체의 질적 수준뿐만 아니라 생산의 사회적 조직, 생산수단의 규모와 능력 등 노동의 사회적 제 요인에도 의존하고 있다.

여기서는 주로 노동 자체의 질적 수준에 관해서만 살펴보기로 한다.

노동 자체의 질적 향상에 의한 생산성의 증가는 노동자의 육체적 조건, 노동자의 숙련 및 기능의 정도, 과학 및 기술 수준에 의존하고 있다. 갈렌손(W. Galenson)과 프라트(G. Pratt)의 한 연구에 의하면 저개발국에 있어서 1950년에서 1960년 사이에 노동자 1인의 칼로리 증가와 결부된 건강의 증진이 생산성 향상의 주된 결정적 요인이라고 한다.3)

우리는 지금까지 생산성과 임금과의 관계를 단지 생산성상승→임금상승이라는 일방적인 관계만을 생각해왔지 임금상승→건강의 증진→생산성의 상승이라는 역의 관계는 무시해온 것 같다. 특히 생계비에 미달하는 저임금상태에서는 임금상승이 근로자의 건강을 크게 증진시켜 생산성 증가에 공헌할 것이다.

노동의 질적 양상을 통한 노동생산성의 증가에 의하여 경제발전을 이룩하는 또 하나의 방법은 노동자의 숙련 혹은 능률의 평균적인 수준을 향상시키고, 기술적·사회적 지식의 축적량이 증가되어 이것을 생산과정에 응용하는 것이다.

생산에 있어서 가장 능동적인 요소는 노동이며, 따라서 경제발전에 있어서 가장 핵심적인 요소도 사람이다. 훈련과 교육을 통해서 노동의 기능수준을 높이고 연구개발에 대한 투자를 증대시켜 이를 생산과정에 응용하여야 한다. 지금까지 우리나라의 경제개발방식은 주로 물적 자본에 대한 투자를 증가시키는 것이었지 인간자본에 대한 투자는 거의 무시되어왔다. 앞으로는 인간자본에 대한 투자를 증대시킴으로써 적극적인 인력형성정책을 추진해나가야 될 것이다.

인적 자본에 대한 투자를 증대시키는 하나의 방법은 각 개인이 자발적으로 자기의 처지를 개선하기 위하여 자신에게 투자를 하도록 유도하는 방법이다.

각 개인은 교육과 훈련을 받음으로써 발생하게 될 장래소득의 증

---

3) W. Galenson and G. Pratt, *The Quality of Labor and Economic Development in Certain Countries, A Preliminary Study* (Geneva: ILO, 1964).

가분과 인적 자본에 대한 투자비용을 비교하여 자신에 대한 투자 여부를 결정할 것이다. 여기에서 투자비용은 학교수업료와 같은 직접비용과 취학 또는 훈련을 위하여 희생된 포기소득(抛棄所得)의 양자를 포함한다. 그러나 이때 장래소득은 현재가치로 할인하여야 한다.

취업생활기간중에 얻게 되는 평생소득을 현재가치로 할인하는 방법은 다음과 같다.

$$PV = \frac{Y_1}{(1+r)} + \frac{Y_2}{(1+r)^2} + \cdots \frac{Y_n}{(1+r)^n}$$

(PV = 현재가치, Y1 = 제1차년도에 수취하는 소득, Y2 = 제2차연도에 수취하는 소득, Yn = 제n차년도에 수취하는 소득, r = 이자율)

여기에서 이자율이 높아질수록 교육이나 훈련에 대한 투자는 불리해진다. 왜냐하면 이자율이 높을수록 교육이나 훈련을 위해서 장래로 연기된 소득의 현재가치는 줄어들기 때문이다. 따라서 이자율을 낮추는 것이 교육과 훈련에 대한 자발적인 투자를 증가시키는 하나의 방법이 될 것이다.

그러나 이것은 교육과 훈련에 대한 투자가 이자율에 민감할 때에만 효과가 있을 것이다. 그러나 우리나라의 경우 이것은 대체로 사실이 아닐 것이다.

그리고 생산직에 종사하는 대부분의 근로자에게는 인적 자본에 대한 투자가 수지맞는 것이라고 판정되더라도 자발적인 투자를 할 만큼 소득의 여유가 없을 것이다. 따라서 인적 자본에 대한 적극적인 공공투자가 요망된다고 하겠다.

새로운 지식을 산출량의 증가를 위하여 경제활동에 이용하는 과정을 기술변화라고 한다.

인적·물적 자원이 모두 이용되고, 노동자의 숙련이 최선의 상태에 이르렀을 때 종국적으로 노동생산성을 증대시키는 방법은 결국 유용한 사회적·기술적 지식의 축적량을 증대시켜 이것을 경제과정에 응용하는 기술변화 이외에는 없다.

저개발국은 선진기술을 도입할 수 있을 뿐만 아니라 자국의 경제에 알맞은 기술을 개발할 수도 있다. 선진기술의 도입과 연구개발에 대한 투자를 대폭적으로 증가시켜야 할 것이다.

5. 자원배분의 문제

자원이용의 외연적 확장과 내연적 고도화가 이루어진다고 하더라도 이러한 자원을 어디에 배분할 것인가 하는 문제는 여전히 남는다.

자원은 우선 식량을 비롯한 기초적인 생활필수품의 생산을 돌려져야 할 것이다. 그동안 우리나라에서는 외부지향적 경제개발방식으로 인하여 자원이 우선 수출산업부문으로 돌려졌다.

그 결과 내수산업부문이 상대적으로 위축되어 식료품을 비롯한 기초생필품마저도 제대로 공급되지 않았다. 제2의 석유파동이 일어나기 이전까지만 해도 이러한 식료품을 비롯한 기초생필품의 가격상승이 인플레이션을 주도하여 경제불안의 주동적인 요인이 되었다.

대만의 개발모델이 제시하는 바와 같이 기초생필품의 안정공급과 저렴한 가격은 안정성장의 기본적인 조건이 된다.

다음으로 자원은 원료 또는 중간재산업의 생산에 배분되어야 할 것이다. 투자자원은 식량을 비롯한 식료품 생산, 제조업의 기초 원료를 생산하는 데 돌려질 수 있을 것이다.

수력·조력자원 및 풍력자원은 에너지산업인 발전(發電)산업에 돌려져야 할 것이다. 태양열은 열에너지로 실용화할 수 있도록 연구개발이 이루어져야 한다.

우리나라에서는 대부분의 주요자원재를 거의 해외수입에 의존하고 있다. 원료산업의 개발을 강화하여 해외에서의 수입에 의존하고 있는 원자재의 많은 부분을 될 수 있는 대로 국산으로 대체하는 방법을 강구하여야 할 것이다. 이를 위해서는 생화학적·물리화학적 연구개발이 중요시되는바 이에 대한 투자가 고려되어야 할 것이다.

셋째로 자원은 생산재산업부문으로 배분되어야 할 것이다. 내부지향적 경제성장에 있어서는 경제의 자립화가 매우 중요하고, 경제의 자립도를 높이기 위해서는 생산재산업이 우선적으로 개발되어야 할 것이다.

이상의 산업부문에 자원을 우선적으로 배분하여야 한다면 사치성을 띤 재화의 생산에 대한 자원배분은 될 수 있는 대로 억제하여야 할 것이다.

6. 맺음말

지금까지 필자는 내부지향적 경제개발의 기본원칙으로 자원개발형 경제개발에 관하여 논의를 전개시켜왔다.

아직까지 미이용 상태로 방치되어 있는 가치 소멸성 자원, 이를테면 토지자원·수자원·풍력·태양열자원 등을 최대한으로 동원하여 생산과정에 투입하고, 이미 거의 완전이용에 가까운 노동자원은 그 생산성을 높여서 경제성장을 이룩하자는 것이 필자의 논의의 요점이다. 그리고 이러한 자원은 기초생필품산업, 원료산업, 그리고 생산재산업부문에 우선적으로 배분하자는 것이다.

그러나 내부지향적 경제성장이라고 해서 수출을 무시하자는 것은 결코 아니다. 외부지향적인 노력도 아울러 경주되어야 하지만, 내부지향적인 개발에 한층 더 역점을 두자는 것이다. 아직까지는 우리나라에서 전혀 생산되지 않고 있는 석유를 비롯하여 국산으로의 대체가 전혀 불가능하면서도 필수불가결의 원자재와 자본재는 수입에 의존하지 않을 수 없을 것이다. 이것을 수입하기 위해서도 막대한 외화가 필요할 것이다. 그렇기 때문에 수출노력은 결코 포기될 수 없는 것이다.

수출의 경우에 있어서도 무제한 노동공급의 단계에서와 같이 저임금에 경쟁력의 기초를 둘 수는 없는 것이다. 1인당 생산성의 증가와 제품의 고급화, 기술혁신 등에 경쟁력의 기반을 두어야 할 것이다.

제3부 한국의 노동경제

한국 노동현실과 노동문제의 해결방향

1. 경제발전과 노동문제의 대두

우리나라에서는 1960년대 이후 적극적인 산업화과정이 시작된 이래 한편으로는 노동자수의 증가와 다른 한편으로는 노동자들의 자각의 증대로 노동문제가 가장 중요한 문제로 사회 전면에 부각되기 시작하였다. 이를테면 피고용자 수는 1963년에는 241만 명어 불과했으나 1985년 11월 현자 그것은 843만 명으로 증가하였다. 이와 같이 노동자수가 증가하고 경제가 크게 성장하였음에도 불구하고 그동안에 임금과 노동조건은 경제발전에 상응한 만큼 개선되지는 못하였다. 따라서 노동자들은 경제발전이 자신들에게 과연 어떤 의미를 갖고 있는가를 생각하게 되었으며 임금과 근로조건의 개선, 노동3권을 비롯한 민주적 제 권리의 확보에 대한 의식이 고양되어왔다.

이와 같이 노동자의 수적 증대, 자신들의 처지에 대한 노동자들의 의식의 증대에도 불구하고 위로는 노동정책으로부터 아래로는 노동행정에 이르기까지 노동문제를 해결하기 위한 합리적 방안이 제대로 강구되었다고 보기는 어렵다. 국가안보라는 명분 아래 노동문제는 언제나 공권력이라는 물리적 힘에 의하여 해결하려고 하였으며, 이것은 노동문제가 폭발할 때마다 거기에 대응하는 미봉책에 불과하였고, 장기적이고 합리적인 대응책은 결여되어 있었다.

특히 최근에 이르러 노동문제는 곳곳에서 표출되고 있으며 1986년 3월 17일 신흥정밀의 근로자 박영진의 분신자살은 오늘의 노동문제를 집약적으로 표현하는 상징적인 사건이라고 볼 수 있다.

늦은 감은 있지만 지금부터라도 노동문제를 해결하기 위한 장기적이고 합리적 정책이 시급히 수립·시행되어야 할 것이다.

2. 노동실태

우선 최근의 노동실태를 여러 가지 측면에서 살펴보기로 하자.

1985년 3/4분기 임금을 보면 전산업의 경우 월 임금총액은 34만 106원, 특별급여를 제외한 임금은 28만 3,565원이며, 생산직노동자만을 대상으로 보면 전산업의 경우 월 임금총액은 24만 2,603원이다. 한편 한국노총이 발표한 도시근로자 최저생계비를 보면 1985년 5월 31일 현재 4인 가족의 경우 자기 집 38만 3,772원, 전세 50만 7,245원이며 5인가족의 경우 자기 집 49만 2,678원, 전세 64만 3,298원이다. 1985년 3/4분기 현재 한 가구당 인원수 4.2인의 최저생계비를 위에서 구해보면 자기 집 40만 5,553원, 전세 53만 4,455원으로 된다.

상술한 임금수준, 특히 생산직 노동자의 경우에는 가구당 취업인원수(1983년도 1.28인)를 고려해 넣더라도 생계비에 훨씬 미달하는 수준임을 알 수 있다. 더욱이 정부가 저임금으로 보고 있는 월10만원 미만의 근로자의 경우에는 도대체 생계비와는 거리가 멀다. 월10만원 미만이라면 학생들의 한달 하숙비에도 미달하는 액수인데 이러한 근로자수는 1985년 10월 현재 10인 이상 사업장 근로자 332만

명의 5.4퍼센트에 해당하는 18만여 명이나 되며 10인 이하의 사업
장까지 포함하면 저임금근로자는 훨씬 많을 것으로 추정된다.[1]

더욱이 노동부가 10만 원 미만의 저임금 해소를 1983년부터 4년
째 계속 중요한 노동정책의 하나로 내세워 행정지도를 펴고 있지만
아직도 전국 10인 이상 사업체에서만도 16만 명의 근로자가 여기에
속하며, 30대 재벌그룹에서도 완전히 해소되지 않고 있는 실정이라
고 한다.[2] 원래 저임금근로자의 기준을 10만 원 미만으로 잡은 이
론적 근거도 분명하지 않지만 그동안 물가와 생계비가 상승했음에도
불구하고 계속 이 기준을 고수하는 것도 큰 문제가 아닐 수 없다.

그동안 임금상승률을 노동생산성 상승률과 비교해보면 1971~80
년 실질임금 상승률은 연평균 8.4퍼센트인 데 비하여 노동생산성 상
승률은 9.2퍼센트로 전자가 후자에 미치지 못하고 있는데 이 양자간
의 격차는 최근에 훨씬 더 커졌다. 1981~84년 실질임금 상승률은
연평균 5.3퍼센트인 데 비하여 노동생산성 상승률은 12.8퍼센트로
전자가 후자의 절반에도 미치지 못한 실정이다.

한국의 시간당 임금률을 각국의 그것과 비교해보면 1981년의 경
우 한국임금을 100으로 했을 때 대만 128.7, 싱가포르 244.4, 일본
609.3, 미국 738.9로[3] 한국임금은 매우 저임금임을 알 수 있다.

한국의 노동시간을 국제적으로 비교해보면 가장 장시간 노동임을
알 수 있다.

1983년 제조업의 주당 노동시간을 보면 한국 54.4, 미국 40.1, 이
스라엘 38.2, 일본 41.1, 서독 40.5, 프랑스 38.9, 뉴질랜드 39.5시간
으로 한국의 노동시간은 다른 나라에 비하여 대체로 주당 15시간
정도 더 긴 것으로 나타나고 있다. 더욱이 노동시간은 1974년 이후

---

1) 『동아일보』, 1986년 3월 14일자.
2) 『동아일보』, 1986년 4월 11일자.
3) 노동부, 『생산성기준임금 결정과 성과배분』(1984), p.47에 있는 표 3, 표 4 참조.

계속 연장되어왔기 때문에 노동시간 단축화의 경향을 보이고 있는 다른 나라와는 매우 대조적이다. 1974년 한국제조업의 주당 노동시간은 49.9시간이었으나 1983년에는 54.4시간으로 4.5시간이나 연장되었다.[4]

이러한 저임금·장시간 노동과 열악한 작업환경 때문에 직업병과 산업재해는 매년 증가해오는 추세에 있다. 1974년 산업재해건수는 5만 8,485건이었으나 1984년에는 15만 6,479건으로 폭증했으며, 직업병 유소견발생인원은 1978년 5,364명에서 1984년 6,557명으로 증가했다. 1984년 재해자수는 15만 7,800명인데 이중에서 사망자 1,667명, 신체장애자 1만 6,665명으로 되어 있으며 산업재해로 인한 경제적 손실액은 7,109억 원에 이르고 있다.

한국은 세계에서 산업재해가 가장 높은 나라의 하나이다. 국제노동기구(ILO)의 발표에 의하면 우리나라의 산업재해율은 1982년 일본의 10배가 넘는다.

최근에는 또한 고용불안정이 두드러지게 나타나고 있다. 1985년 11월 현재 피고용자 수는 8,43만 1천 명인데 이 가운에서 상용고의 비율은 59.6퍼센트이고 임시고 21.1퍼센트, 일고 18.3퍼센트로서 전년 같은 시기의 피고용자 7,88만 9천 명, 그중 상용고의 비율 62.6퍼센트, 임시고 19.7퍼센트, 일고 17.7퍼센트에 비해 상용고의 비중이 감소한데 반하여 임시고·일고의 비중이 증가했다.

10인 이상 사업장을 대상으로 한 노동부의 통계에 의하면 1985년 들어 9월말까지 휴폐업 업체는 1,913개사, 해고자는 8만 2,400명으로 작년 같은 시기에 비해 무려 3만 명이 늘어났다. 또 해외건설의 부진으로 3만 3천 명에 이르며, 86년 중에도 4만~5만 명이 추가로 귀국할 예정으로 있다.

---

4) 한국경영자총협회, 『노동경제연감』(1985, p.455.)

최근 노사간의 갈등은 저임금과 나쁜 노동조건, 고용불안정 등으로 인하여 노조활동에 대한 여러 가지 제도적·사실적 규제에도 불구하고 계속 분출하고 있으며, 노사분규 또한 크게 늘어나고 있다.

1985년에 발생한 집단적 노사분규는 265건에 이르러 84년의 113건에 비하여 무려 135퍼센트나 격증하고 있다. 노사분규의 발생원인 가운데서 가장 많은 건수를 보면 임금인상 62건, 임금체불 61건으로 임금에 관계된 것이 가장 많다. 다음으로 근로조건단체협약 개선이 47건, 해고 및 부당노동행위 34건 등으로 되어 있다. 한편 이를 행위유형별로 보면 작업거부 108건, 농성항의 154건, 시위 3건 등으로 나타나고 있으며 특히 일부 지역에서는 노사분규가 집단적 농성사태로까지 진행되어 1년 동안 모두 68명이 구속[5]되었다고 한다.

그리고 최근 노동운동계에 나타난 두드러진 특징을 보면 우선 1985년 6월 대우어패럴 노사분규 때 일어났던 연대투쟁이다. 대우어패럴 노동조합원의 파업농성에 대한 동정파업이 구로지역 여러 사업장에서 연달아 일어났는데, 이것은 일찍이 볼 수 없었던 현상이다. 이것은 아마도 기업별노조를 법적으로 강제하고 있기 때문에 이의 약점을 극복하기 위한 자연적인 추세인지도 모른다.

또 하나의 두드러진 특징으로는 노학연대의 형성을 들 수 있다. 학생이 노동자와 함께 시위하거나 직접 공장에 취업하여 노동운동을 지도하는 것 등이다.

---

5) 『동아일보』, 1985년 12월 16일자.

3. 노동문제의 해결방향

앞에서 최근에 발생하고 있는 노동실태에 관해서 개괄적으로 살펴보았다. 이제 노동문제는 바야흐로 그 내연의 단계를 거쳐 점차적으로 폭발할 위험성을 안은 채 분출되어 나오고 있다. 이를 해결하기 위해서는 종전과 같은 공권력의 물리적 힘에 의지한 일시적인 미봉책이 아니라 장기적이고 합리적인 노동정책이 시행되어야 하는 노동정책의 일대 전환이 시급한 단계라고 생각된다. 서유럽제국의 노동정책은 역사적으로 보면 대체로 세 단계를 거쳐왔다고 생각된다.

첫 단계는 본원적 축적기의 노동정책으로 이것은 자본주의적 노사관계 형성을 위한 노동력의 창출·형성 정책이다. 둘째 단계는 노동력의 사용을 완전히 개별자본의 자의에 맡겨놓게 되니까 소위 장기간 저임금노동으로 말미암아 노동력의 재생산이 위협을 받는 소위 원생적 노동관계가 형성되는 단계에 대응하는 것으로서 노동력의 보호에 의하여 노동력의 보전·재생산을 확보하는 단계로서 공장법체계와 사회보험이 그 제도적 장치이다. 셋째 단계는 자각된 노동자의 노동운동에 대응하는 단계로서 자본주의 제국의 노동정책은 소위 '사탕'과 '채찍'의 2중적인 것이다. 즉 노동운동이 자본주의 체제내적인 것인 경우에는 노동3권을 보장하는 등 이를 보호·조성하는 '사탕'정책을 사용하고 자본주의 체제를 전복하려는 반체제적인 것에 대해서는 이를 강력 규제·탄압하는 '채찍'정책을 사용한다는 것이다.

우리나라의 현노동정책은 농민분해를 통한 노동력창출 정책, 국제경쟁력 확보라는 측면에서 임금인상억제 정책, 노동조합 활동과 노동운동에 대한 제도적·사실적 규제정책 등에 중점이 두어져 있으며 근로기준법에 의한 노동력보전 정책도 근로감독관 부족 등 노동행정의 미비로 그 실효성이 크게 떨어지고 있다.

우리나라의 노동정책은 최근의 노동사정에 비추어볼 때 노동력창출 정책이나 임금인상억제 정책, 노동운동에 대한 규제정책을 강화하는 한편 체제내적인 노동운동을 보호·조성하는 자각된 노동자들의 노동운동에 대응하는 단계로 성숙되어야 한다. 이를 위해서는 노동문제를 보는 근본시각을 고쳐야 한다. 노학연대 특히 의식화된 학생들의 공장취업과 노동운동 지도를 단순히 의식화된 학생들만의 문제로 취급하는 것은 현상만을 보는 것이다.

구체적인 몇 가지 노동정책 방향을 들어보면 다음과 같다.

우선 근로자 보호를 위한 근로감독행정을 강화해야 한다. 1986년 3월 29일 노동부의 발표에 의하면 근로기준법을 적용하는 5인 이상 사업장과 근로자수는 1980년 7만 4,090개 업체, 322만여 명이던 것이 1985년에는 10만 3,747개 업체, 410만여 명으로 늘어났으나 전국 41개 지방사무소 근로감독관수는 1980년의 360명에서 지금까지 단 한 명도 늘어나지 않았다고 한다. 현재 감독관 한 명이 평균 300여 개 업체를 담당하고 있으며 주요 감독업무인 근로조건가선, 안전보건 외에도 정부 각 부처의 각종 시책이나 홍보업무까지 떠맡고 있어 근로감독은 사실상 수행하기 어렵다[6]고 한다. 근로감독관을 대폭 증가시키고 근로감독행정을 강화하여 근로기준법에 규정된 최저한의 근로조건만이라도 지켜지도록 해나가야 될 것이다.

둘째, 지나친 저임금을 해소하고 임금격차를 축소시키기 위해서 최저임금제를 하루빨리 시행하여야 한다. 생계비에 훨씬 미달하는 저임금계층의 보호와 임금인상이 시급하다. 이것은 또한 우리나라 상품수출시 소셜 덤핑 판정을 받지 않기 위해서도 필요하다.

셋째, 임금구조의 근본적인 개선이 이루어져야 한다. 우리나라의

---

6) 『동아일보』, 1986년 3월 29일자

임금은 학력과 성에 따라서 심한 격차를 보이고 있으며, 특히 중졸 이하의 남자와 고졸 이하의 여자의 경우에는 승급의 기회는 있으나 승격의 기회가 전연 없기 때문에 평생 공원이라는 특수신분을 면치 못하며 승격이 없는 승급은 매우 미미한 것이기 때문에 그들의 경제적 처지를 개선할 방법은 없다. 이러한 성과 학력에 따른 임금격차, 사무직과 생산직간의 임금격차를 완화시키는 정책이 시급하다.

끝으로 우리나라의 현행 노동법은 노동3권을 비롯하여 노조활동을 크게 제약하고 있기 때문에 이를 개정하여 노동3권을 보장하고 노조활동을 활성화하는 방향으로 개정되어야 한다. 또한 정부는 임금인상억제 정책이나 노사관계에 대한 지나친 개입을 지양하고 노사자치주의를 발전시켜 나아가야 할 것이다.

한국 노동시장의 구조

1. 머리말

　1987년 6월의 시민항쟁과 7월~9월의 노동자대투쟁을 경과하면서 사회민주화의 핵심은 노동자 집단의 사회·경제적 불만의 해소에 있다는 것이 확인되었다. 즉 자본제적 생산양식이 고도화됨에 따라 1965년의 피고용자는 26만 명으로 총취업자 811만 명의 32.2퍼센트에 불과하던 것이 86년에는 피고용자가 843만 명으로 총취업자 1,550만 명의 54.4퍼센트를 차지하게 됨으로써 피고용자(광의의 노동자계급)가 우리나라 계층분포에서 핵심적 위치를 차지하고 있다.

　따라서 노동자 집단에 대한 사회·경제적 구조분석과 그 문제점에 대한 전향적 해결방안이 강구되지 않고서는 건전한 자본주의 발전뿐만 아니라 지속적인 경제성장도 여의치 않다는 점에 주목하여야 할 것이다.

　여기에서는 우리나라 노동경제의 현황을 노동시장의 구조분석을 통해 해명하고자 한다. 자본주의 사회의 가장 기본적인 사회문제인 노동문제는 노동시장과 임금, 노동과정 및 소비생활과정, 노사관계, 노동운동의 부분으로 나뉘어 연구·분석되고 있는데, 이들이 각각 서로 유기적 관련을 가지고 있음은 물론이다.

　노동력이라는 상품을 소유하는 노동자와 화폐상품을 소유하는 자본가 사이에 거래가 이루어지는 총체적 기구인 노동시장은 자본주의 사회에서 경제생활을 총체적으로 주도하는 자본의 운동법칙과 그 구체적 과정인 자본축적 과정에 의해 지배되는 자본주의적 재생산의 절대적 기초인 것이다. 따라서 우리나라의 노동문제를 노동시장의 분석을 통해 살펴보는 것은 우리나라 노동문제의 구조적 문제점을 해명하는 데 유효한 수단이 될 것이다.

2. 노동시장 구조의 일반적 운동원리

　노동시장의 구조는 기본적으로 자본의 운동법칙에 기초한 자본축적 과정에 의해 규정된다. 한 나라 노동시장의 구조와 그 구체적 전개과정은 원시적 축적과정을 포함한 자본축적 과정의 특수성과 그에 따른 기술·기능의 존재형태, 임금노동의 창출과정, 상대적 과잉인구의 존재형태, 그리고 노·자 대항관계의 진전 정도 등 각국 자본주의 전개의 특수성에 따라 상이한 모습을 띠지 않을 수 없다.

　그러나 자본주의적 축적과 노동시장의 구조간의 관계는 기본적으로 다음 세 가지 점으로 집약될 수 있다.

　첫째, 자본주의적 축적과정은 생산력의 발전과정과 이에 대응한 노동과정의 기술변화 과정이다. 이에 따라 임금노동은 질적으로 변화하고 낮은 숙련의 분해에 따라 노동력이 단순화되거나 신기술에 맞는 숙련노동이 창출된다.

　둘째, 자본주의적 축적과정은 생산의 불균등 발전에 의한 자본의 집적·집중 과정으로서 독점자본의 성립·전개를 가져오며, 다른 한편으로 상대적 과잉인구를 창출한다. 이에 따라 대자본과 중소영세자본간의 이중성, 산업예비군과 현역노동자간의 분단과 경쟁이 향상화된다.

셋째, 독점의 진전에 따라 노자간의 총체적 대항관계도 첨예한 양상으로 전개된다. 즉 노동 측에 대한 자본 측의 분할지배정책과 노동력차별화 정책에 의해 노동시장의 분단화 경향이 나타나고, 다른 한편으로 노동 측은 이러한 분단화 경향에 대해 주체적으로 대응하여 노동시장의 단일화를 추구하게 된다.

요컨대 자본주의 발전과정에서 노동시장의 일반적 운동원리는 동태적으로 볼 때 분단화의 조건을 자기모순으로 내포하면서, 단일화의 방향으로 관철되는 것으로 파악되어야 할 것이다.

3. 한국 노동시장의 형성과정

1945년 해방 이후 일제가 남긴 식민직적 경제구조는 남북분단과 대외의존의 심화 등으로 청산되지 못했을 뿐더러 파행적 성격이 더욱 증대되게 되었다. 또한 해방 직후에 공업생산의 급격한 위축현상이 나타나게 되었고, 이에 따라 노동자수도 크게 감소하게 되었다. 그 후 1950년대에 와서는 해방 직후에 비해 산업시설의 가동 및 증설이 있긴 했으나 괄목할 만한 것은 되지 못했으며, 고용수준도 크게 증대되지 못했다. 즉 1963년 광공업부문의 취업자수는 66만 명으로 총취업자 766만 명의 8.7퍼센트에 불과하고, 사회 간접자본 기타 서비스부문의 취업자수는 218만 명으로 28.2퍼센트나 차지하고 있다.

그리고 농림어업의 취업자수는 483만 명으로 63퍼센트의 비중을 보이고 있는데, 이는 영세소능의 형태로 농촌과잉 인구가 퇴적되어 있음을 뜻하며, 이 시기 자본·임노동관계의 확대재생산에 기초한 자본의 고용흡수력이 보잘것없다는 것을 의미한다.

1960년대와 1970년대에 걸친 경제개발계획의 추진에 따라 경제규모의 급속한 확대와 산업구조의 고도화가 이루어져 이 과정에서 임금노동자계급의 급격한 양적 증대와 질적 구성의 현저한 변동이 수반되었다.

정부의 수출주도형 경제개발정책은 국제경쟁력을 강화하기 위하여 한편으로는 임금억제정책을 시행하면서, 다른 한편으로는 낮은 수준의 임금을 보장하기 위하여 끊임없는 노동력 창출정책을 추진하고 있다.

노동력의 창출은 공업화 초기에는 주로 농업부문에서 이루어졌으나, 농업부문에서의 잉여노동력이 점차 감소되어가는 상황에 직면해서는 도시의 비노동력 부문이나 임노동 내부에까지 확대되고 있다. 그렇다고 농업부문에서의 노동력 창출정책은 현재에도 끝난 것은 아니며, 농업의 기계화, 정부 양곡 수매가격의 소폭인상, 농축산물 수입의 자유화 등에 의한 농민분해를 통하여 최근에도 계속 적극화되고 있다.

그러나 배무기 교수는 1975년을 전후로 해서 근대부문의 노동공급 탄력성이 낮아지고 있으므로 노동공급이 무제한적인 조건에서 제한적인 조건으로 변했으므로 이 시점을 한국 노동경제의 전환점으로 보아야 한다고 한다. 하지만 농림어업 취업자가 총취업자 중에 차지하는 비율은 최근까지도 대폭적으로 감소하고 있어 1975년을 고비로 노동공급이 제한적인 단계로 접어들었다고 보기는 어려울 것 같다. 즉 1963년의 농림어업 취업자의 비율은 63.1퍼센트였으며 1970년에는 49.5퍼센트, 1975년 43.3퍼센트, 1980년 32.3퍼센트 그리고 1986년에는 23.6퍼센트로 계속 감소해오고 있을 뿐만 아니라 농림어업 취업자의 절대수도 1976년 551만 명 이후로 뚜렷한 감소를 보여 1986년에는 366만 명으로 감소하였다.

도시 비노동력부문에서의 값싼 노동력의 창출은 자본이 주로 학생이나 주부 등의 비노동력에게 여러 가지 파트타임노동직업을 제공하여 노동력화시킴으로써 나타나는데 특히 최근에 와서 적극화된 느낌이다. 뿐만 아니라 임노동부문 내부에서도 기계화의 촉진, 신기술의 도입, 장시간 노동 등을 통해서 노동력이 창출되고 있으며, 대자본은 중소기업을 압박함으로써 이의 위축·도산에 의한 노동력 창출을 꾀하고 있다.

우리나라에 있어서 특이한 현상은 노동시간 연장에 의한 노동력 창출이란 측면이다. 전 세계적인 추세에 비추어보면, 일반으로 노동운동의 강화, 민주화 운동의 진전에 따라 노동시간이 단축되어가는 경향을 가지나 우리나라는 80년대에 들어와서도 주당 노동시간이 55시간 내외로 세계 최장노동시간을 기록하고 있다. 이것은 아마도 우리나라 노동세력의 조직기반이 약한 데서 기인한 것으로 생각된다.

1986년 현재 노동력의 구성을 살펴보면 대략 다음과 같다.

취업자 1,550만 명 중 피고용자는 843만 명으로 54.4퍼센트를 점하고 있으며 5인 이상 종사 사업체(10만 7,412개)에 고용되어 있는 노동자수는 446만 명이다.

이 가운데 제조업체어 고용되어 있는 노동자수는 또 256만여 명으로 57.4퍼센트의 비중을 보이고 있으며, 300인 이상의 대규모 사업체에 고용되어 있는 노동자수는 162만여 명으로 36.3퍼센트의 비중을 보이고 있다. 산업체 노동자의 연령별·성별 구성을 보면 29세 이하의 청소년노동자가 240여만 명으로 54퍼센트이고, 여성노동자는 152만여 명으로 34퍼센트의 비중을 차지하고 있다.

4. 한국 노동시장의 구조적 특성

1) 상대적 과잉인구의 만성화

임금노동자수의 비중이 양적으로 크게 확대되어 노동시장이 급속히 팽창되어왔지만 동시에 다른 한편으로 상대적 과잉인구층이 광범하게 형성되었다. 수출주도형 경제개발정책하에서 가장 중요한 과잉인구의 원천은 주지하는 바대로 전자본제적 농업부문이었다. 우리나라 농업부문 취업자 구성은 1986년에는 22.4퍼센트로 격감했다. 이에 따라 비농업부문의 취업자 비중은 77.6퍼센트로 증가했지만 광공업부문은 25.9퍼센트에 머물러 농업부문에서 창출된 임노동자가 자본에 의해 직접적으로 포섭된 부문은 매우 제한적이며, 전취업자의 절반을 능가하는 3차 산업부문에 퇴적되어 그 상당부문이 과잉인구화되어 있음을 알 수 있다.

즉 상대적 과잉인구의 한 형태인 중소영세기업 노동자, 상업 및 서비스업 종사자, 대기업의 임시고·일고 등이 광범한 층을 이루고 있다. 특히 임시고·일고 등은 일단 자본으로부터 안정적 고용상태에서 배제되어 상대적 과잉인구의 전형적 형태라 할 수 있는데 이들 숫자는 70년대 고도의 자본축적 과정에서 끊임없이 증대하여 1985년에는 300만 명에 달하고 있다. 요컨대 우리나라의 급격한 자본축적 과정은 상대적 과잉인구의 창출을 축으로 하여 노동시장의 공급과잉이 구조화되어 풍부한 저임금노동자의 무제한적 공급에 의해 뒷받침 되어온 것이다.

2) 고용의 불안정성

가공조립적인 수출주도형 경제개발은 자본, 원자재, 기술 및 시장의 대외종속성을 심화시켜, 생산력 기반의 취약성과 함께 선진국이 주도하는 수직적 국제분업구조의 급변에 따른 노동시장의 격렬한 구조변동을 수반하게 한다. 이를테면 산업별·업종별·숙련도별·자본규모별·지역별 노동시장의 구성은 끊임없이 변용·재편되어 격렬한 노동이동과 고용과 취업의 불안정성이 특징적으로 나타난다.

예컨대 1985년 임시고·일고 노동자가 300여만 명에 이르고, 전산업 월평균 이직율은 3.5퍼센트(제조업은 4.2퍼센트)로 일본의 2.5~3배나 되는 높은 수준을 보이고 있다. 또 이러한 높은 노동이동율에도 불구하고 입직경로를 보면 입직자의 55.6퍼센트가 연고채용이고 직업안정기관을 통한 입직은 총 입직자의 1.9퍼센트에 불과하다.

3) 노동시장의 단일화와 분단화 경향

우리나라 자본주의의 대외의존성과 독점화의 급진전에 따라 산업구조, 공업의 내부구성의 변동과 조정, 도입기술의 편제의 변동과 노동과정의 기술적 교체가 빠르게 이루어지기 때문에 국민적 노동시장의 차원에서 단일화 경향이 가속화되고 있다. 이러한 과정은 대다수 노동자의 단순·비숙련 노동자화와 취업 및 고용의 불안정성 그리고 노동과정의 자동화와 세분화를 가져오고 이들은 단일 노동시장을 형성하는 방향으로 작용하게 된다. 다른 한편으로는 대외의존적 독점체의 형성과 발전에 따른 상대적 과잉인구의 만성화, 생계비 이하의 저임금 체제와 열악한 근로조건에 대한 노동자 집단의 불안고조와 이에 대응한 자본의 노동 분할지배정책 그리고 새로운 기술도입에 따른 일부 숙련노동자의 창출 등은 분단화의 방향으로 작용하고 있다.

황한식 교수의 제조업을 중심으로 한 실증적 연구에 의하면, 관리·사무직 및 기술직 노동자의 경우 대기업 노동시장과 중소기업 노동시장간에 노동이동율과 임금이 현저한 차이를 보이고 있다는 점에서 분단화 현상이 뚜렷이 나타난다. 한편 생산직 노동자의 경우 얼핏 보면, 대·중소기업 모두 노동이동율이 높고, 임금격차도 별로 없어 단일화의 경향을 보인다. 그러나 기업규모별 생산직 노동시장의 분단 여부를 경공업부문과 중화학공업부문으로 나누어보면 경공업부문에서는 단일화의 경향이 나타나지만 중화학공업부문에서는 분단화 현상이 여실히 드러나고 있다.

4) 자본의 노동력 차별화

자본은 자본축적 과정에서 기술변화에 의한 기간노동의 단순화, 노동력 상호간의 전면적 대체성, 경쟁의 진전에 따라 노동시장은 기술적 측면에서 단일화되어간다. 다음에 자본은 노동력 자체가 가지고 있는 자연적 속성(성·연령)과 노동력 매매를 둘러싼 사회적 제조건(지역·학력·신분 등) 면에서 존재하는 구별·차이를 최대한 활용하여 동일노동에 대해 차별화를 행한다. 그 결과 기술적으로 통일된 노동시장(노동의 대체성이 높고 노동이동이 비교적 용이한 시장)이 그대로 현실화되지 않고 노동시장이 분단화되는 것이다.

우리나라 노동시장에서 차별화가 전형적인 형태로 나타나고 있는 것은 성별 차별·학력별 차별·직종별 차별이다.

첫째, 저임금 단순노동력의 확보라는 측면에서 급격히 증가한 여성노동력은 임금 및 노동시간 면에서 심한 차별을 받고 있다.

1986년의 경우 노동부 조사에 의하면 여성노동자는 남성노동자임금의 48퍼센트밖에 받지 못하며 노동시간 역시 전산업에 걸쳐 평균남자보다 월 5시간 더 격무에 시달리고 있다.

이렇게 여성노동자는 저임금·장시간 노동이라는 이중적 차별을 동시에 받고 있고, 상대적 과잉인구의 압력이 상대적으로 여성노동력에 더욱 집중되고 있다.

둘째, 자본의 학력별 노동력 차별화는 대졸과 고졸 이하간의 학력차별에서 집중적으로 표현되고 있다.

학력별 노동차별은 학력간 임금격차로 구체화되는데 1986년 전산업수준에서 대졸 이상 임금수준을 100으로 할 때 고졸이 45, 중졸이하가 34.9로 고졸·중졸 이하의 임금이 턱없이 낮다. 학력간 임금격차는 비단 저학력 노동자의 생계압박과 불평등으로 인한 소외의식을 초래할 뿐만 아니라 사회적으로도 고학력 인력의 비대화 등을 초래하고 있다.

셋째, 1986년의 경우 관리직·사무직·생산직간의 직종간 임금격차는 100 대 47.1 대 31.5로서, 사회적 부의 직접적 생산자인 생산직 노동자가 소득분배에서 지나친 차별을 당하고 있다.

자본에 의한 노동력 차별화는 우리나라의 경우 성별·학력별·직종별 차별화를 특징으로 하고 있으며 이에 따라 노동시장이 각기 분단화되고 있다.

5. 한국 및 미·일 노동시장의 동향

1980년대 세계경제는 국가독점자본주의 단계의 모순이 심각한 양상으로 드러나면서, 그 모습을 은폐하고, 체제를 유지하기 위한 노력이 미국을 중심으로 필사적으로 이루어지고 있다. 따라서 미국을 중심으로 한 국제분업체계에 깊숙이 관련된 우리나라와 일본 등은 재생산구조 자체가 변동하고 있어 노동시장도 크게 변화하고 있다.

80년대에 들어 미국은 통화긴축정책과 저달러의 유지에 의해 생산력을 회복하고 산업을 재조정하려는 공급중시의 경제정책을 폈지만 그 결과는 국내산업의 공동화, 실업의 증가, 서비스산업의 신장 등으로 나타나고 있다. 즉 취업자가 80~83년까지 정체된 수준을 보이다가 84년 이후 약 5~6퍼센트의 신장을 보이고 있지만 제2차 산업, '블루칼라'의 취업구조 악화는 현저하여, 80년에 2,184만 명에 달하던 제조업 노동자가 85년에는 2,087만 명으로 줄어들었다. 한편 제3차 산업의 서비스업에서는 신장률이 비록 둔화되기는 하였지만 계속하여 견실한 증가를 보이고 있다.

또한 비농업부문에서는 생산노동자와 주당 지불노동시간이 80년 이래 계속 줄어들어 85년에는 34.9시간에 불과하고, 경영적·경제적 사유에 의한 비자발적 파트타임 노동자도 80년대 들어 매년 25퍼센트 이상의 신장을 보이고 있다. 즉 80년대의 구조적 불황하에서 미국의 전산업이 생산 감소에 대한 노동투입량의 조정을 고용뿐만 아니라 노동시간 면에서도 꾀하고 있다.

이러한 미국경제의 몸살은 국제적인 분업체계에 동요를 가져와 일본에서는 엔고, 한국에서는 3저 현상으로 이어져 한·일의 노동시장도 크게 변동하고 있다.

엔고의 영향이 구조화된 일본 노동시장에서는 제조업을 중심으로 고용조정의 진전 상태가 다음의 세 단계로 나누어 진행되었다. 즉 제1기는 1985년말에서 86년 초로 이때의 고용조정은 주로 구인삭감과 잔업규제로 이루어졌으며 제2기는 86년 중반으로 이 시기에는 구인삭감과 잔업규제에 더해 사업주 임의의 해고도 증가했다.

제3기는 1986년말에서 87년 초로 고용조정이 본격화되어 그 내용도 일시휴업, 희망퇴직의 모집, 해고라는 극단적인 형태로 이루어졌다. 85년 이래 신규구인이 수출 감소와 신흥공업국으로부터의 수입 증가 때문에 수출관련제조업을 중심으로 크게 감소하고 있다.(86년의 경우 전년대비 16.2퍼센트 감소.) 한편 내수관련의 비제조업의 경우 신규구인은 서비스업, 건설업 및 금융, 보험, 부동산업에서 84년 이래 완만한 증가를 보이고 있다.

특히 급격한 경제구조의 변동으로 파트타임 노동자가 증가하고 있는 것도 특징으로 나타나고 있는데, 일반의 노동자 신규구인이 감소하고 있는 반면 파트타임의 신규구인 노동자는 86년의 경우 월평균 4만 8천 명(전년대비 12.9퍼센트 증가)씩의 증가를 보이고 있다.

또한 우리나라에서도 3저 현상으로 인해 제조업을 중심으로 한 성장추세가 86년 이래 지속되고 있다. 86년 중 우리나라의 고용사정은 80년 이래의 불황에서 벗어나 다소간 개선된 조짐을 보이고 있다. 86년 취업자수는 1,550만 명으로 전년대비 3.6퍼센트의 증가를 보였는데, 이는 1976년 이래 취업자수의 증가율이 점차 둔화되다가 84년에는 심각한 우려를 낳게 하였으나 3저 현상으로 다소간 활력을 찾았다.

그러나 우리 경제구조의 대외종속성으로 인해 80년 이래 취업자의 종사상 지위는 매우 불안정한 모습을 보이고 있는데 피고용자 중 불완전취업자인 임시고·일고의 비율이 82년 32.1퍼센트에서 84년 36.7퍼센트, 85년 37.2퍼센트로 계속 증가추세를 보이고 있다(86년부터 임시고의 통계를 당도에서 상용고와 합산하고 있음).

한국 저임금의 기본원인

1. 머리말

한국의 저임금을 어떤 시각에서 파악할 것이냐에 관해서는 이것을 전체제(全體制)적인 측면에서 하나의 저임금체제로 파악할 수도 있고, 또한 이것을 임금구조적인 측면에서 각종 임금간의 상호관계로 파악할 수도 있다. 전자의 입장에 서면 우리나라의 임금체제 자체가 전체적으로 저임금체제로 파악되는 것이고, 후자의 입장에 서면 어떤 부문의 임금은 높은 데 비하여 어떤 부문의 임금은 낮으며, 이러한 각 부문간의 임금의 상호관계, 즉 격차구조가 어떠한가 하는 식으로 파악되는 것이다.

그러나 본 논고에서는 근본적으로는 전자의 입장에 서면서도 후자의 입장에서 약간의 보완을 가할 것이다. 왜냐하면 우리나라의 경우 대부분의 기층근로자(생산직근로자)의 임금이 저수준일 뿐만 아니라 평균임금 이하의 임금계층에 전체 근로자의 3분의 2에 해당하는 근로자가 집중되어 있어서 임금구조 자체가 저임금체제를 형성하고 있기 때문이다.

저임금체제와 임금구조를 통일적으로 파악하면서도 근본적으로는 전자에 중점을 둘 것이다. 저임금체제라고 할 때에는 무엇과 비교해서 저임금체제인가라는 비교의 기준이 필요할 것인데, 이러한 비교의 기준으로 필자는 생계비, 생산성, 그리고 다른 나라의 임금 등을 선택할 것이다. 특히 생산성과 임금과의 비교에서는 우리나라의 저임금체제가 경제성장 과정에서 얼마나 개선되어왔는가라는 동태적인 관점에서 살펴볼 것이다.

또한 임금구조적인 측면에서의 보완에 있어서는 본격적으로 한국의 임금구조를 다루는 것은 사양하고, 저임금계층의 속성을 파악함으로써 한국 노동시장의 구조를 개관할 수 있는 한도 안에서 언급하고자 한다.

그러나 이 글의 핵심은 어디까지나 한국에 있어서 저임금체제의 기본원인이 어디에 있는가를 살펴보는 데 두어지고 있다. 그동안 경제개발정책의 수행과정에서 정부는 경제발전과 자본축적을 거의 동일시하고, 오직 자본축적에만 총력을 기울여왔다. 이것은 정부가 바로 총자본의 입장을 대변해온 것으로 이해할 수 있다.[1]

자본의 축적요구에 대한 정부와 자본간의 이해의 일치가 저임금체제를 정착·유지시킨 근본적인 요인의 하나라는 것이다. 그러나 이것만으로는 저임금체제의 유지가 어려웠을 것이다. 즉 만일 노동력이 부족하다면 저임금체제의 유지는 어려웠을 것이다. 따라서 정부와 자본에 대한 대응물로서 과잉노동력의 존재가 또한 저임금체제를 유지시켜온 하나의 근본요인이라고 볼 수 있을 것이다.

상술한 저임금체제의 근본원인을 구체화시키기 위한 방법은 정부와 자본의 정책체계로 나타난다. 이러한 정책체계의 핵심에는 노골적인 임금억제정책으로부터 저임금체제를 뒷받침하기 위한 노동력창

---

1) 이러한 견해는 국가를 총자본의 의사체제(擬似體制)로 보는 면에서는 오코우치 카즈오(大河內一男)의 견해와 같으나, 그 방향은 정반대이다. 사회정책의 본질에 관해서 오코우치는 국가가 총자본의 입장을 대변하여 노동력의 보호·유지·확보에 힘쓰는 것으로 되어 있으나, 나의 견해로는 적어도 우리나라에 있어서는 국가가 총자본의 입장을 대변하여 저임금체제의 유지에 노력해왔다고 보는 것이다. 大河內一男 編, 『社會政策』(靑林書院新社, 1964) 참조.

출정책, 노동력차별화정책, 그리고 주요 노동조합의 세력을 약화시킬 목적의 노사관계정책 등이 있다.

요컨대 본고의 목적은 총자본의 입장을 대변하는 정부와 자본의 정책, 다른 한편으로는 과잉노동력의 존재가 저임금의 근본원인임을 논증하는 데 있다.

2. 저임금의 실태

1) 각종기준과의 비교

우리나라의 임금이 저임금인가와 여부를 판단하기 위한 비교의 기준으로서 생계비, 생산성, 타국의 임금 등을 선택하여 임금수준과 비교하기로 한다.

(1) 생계비와의 비교

생계비는 노동력의 재생산을 보장하기 위한 최저비용[2]이기 때문에 저임금 여부를 판단하는 절대적인 기준이 된다. 노동부의 직종별 임금실태 조사보고서에 의하면 1983년도 전체 근로자의 월평균 임금은 1982년도 연간특별급여액의 월평균액을 포함하여 27만 1,178원이다.

생계비에는 실태생계비와 이론생계비가 있으나 임금과 비교되는 생계비는 원칙적으로 이론생계비이어야 한다. 왜냐하면 실태생계비는 근로자가계가 실제로 지출한 금액이므로 오히려 임금에 의해서

---

[2] 노동력의 재생산비에는 생계비 이외에 실업이나 노령기의 최저생활 보장, 질병시의 치료비 및 생활보장비, 기능육성비(물론 이 비용의 일부는 교육비로서 생계비 안에 포함되여 있다) 등이 포함되어야 한다.

규정되는 사후적인 개념으로서 사전적인 임금결정의 기준으로는 적합하지 못하기 때문이다. 한국노총이 조사한 1983년 5월 31일 현재 월 최저 이론생계비는 5인 가족의 경우 54만 7,893원이며, 4인 가족의 경우에는 43만 1,705원이다. 여기에서 1983년도 도시근로자 가구당 평균 인원수 4.3인의 이론생계비를 구하면 46만 6,561원이 되며, 이것을 같은 해 도시근로자 가구당 평균취업인원수 1.28인으로 나누면 36만 4,500원이 된다. 그러니까 1인당 평균임금이 월 36만 4,500원이 되어야 최저 이론생계비에 이를 수 있으나 전술한 바와 같이 전체 근로자의 월평균임금은 27만 1,178원이기 때문에 이것은 최저 이론생계비의 74.4퍼센트에 불과하다. 더욱이 기층근로자라고 할 수 있는 제조업 생산직의 월평균임금은 연간특별급여액을 포함하여 12만 9,715원인데, 이것은 상술한 최저 이론생계비의 35.6퍼센트에 불과하다.

또한 최저 이론생계비에 가까운 35만 원에 미달하는 근르자는 전체 근로자 76.5퍼센트에 이르며, 여성의 경우에는 98퍼센트가 35만 원 미만이다.

이렇게 본다면 월평균임금이 적어도 노총이 조사한 최저 이론생계비에 훨씬 미달하며, 전체 근로자의 4분의 3 이상이 생계비에 미달하는 임금을 받고 있다. 우리나라의 임금은 생계비에 미달하는 저임금수준이라고 결론지을 수 있다.

(2) 생산성과의 비교

상술한 생계비와 임근간의 비교는 1983년이라는 한 시점에서의 비교였다. 생산성상승률과 임금상승률간의 비교를 해봄으로써 우리는 동태적인 측면에서 저임금체제가 개선되어왔느냐의 여부를 판단할 수 있다.

우리나라의 제조업 부문에서 1967~1980년 연평균 실질임금상승률은 10.4퍼센트인 데 대하여 노동생산성 상승률은 13.1퍼센트로서 임금상승률이 노동생산성상승률보다 2.7퍼센트나 뒤지고 있다. 더욱이 최근에 임금상승의 억제정책이 시행되면서 이러한 격차는 한층 더 확대되었다. 이를테면 1980~1982년의 3년간에 걸쳐서 실질임금상승률은 1.1퍼센트인 데 대하여 노동생산성상승률은 11.4퍼센트나 되어 전자가 후자의 10분의 1에도 미달한다. 물론 이 기간이 극심한 불황기였음을 감안한다면 불황이 임금상승률의 둔화를 가져오기도 했겠지만, 여기에 정부의 임금상승억제 정책도 상당한 영향을 미쳤을 것이다. 따라서 노동분배율도 저하되었다. 한국개발연구원의 『한국개발연구』(1983년 겨울호)에 의하면 노동분배율은 1963~72년 평균 60.74퍼센트였던 것이 1972~82년 평균으로는 58.92퍼센트로 1.82퍼센트나 떨어졌다. 또한 한국은행의 『기업경영분석』에 의하면 제조업 노동소득분배율은 1978년에는 51.3퍼센트였던 것이 1979년에는 50.3퍼센트, 1980년에는 51.0퍼센트, 1981년에는 47.5퍼센트, 1982년에는 48.4퍼센트, 1983년에는 48퍼센트, 그리고 1984년 상반기에는 45.6퍼센트로 계속 하락하는 추세에 있다. 그러므로 저임금체제는 그동안의 경제성장 과정에서 상대적으로 보면 조금도 개선되지 않았고 오히려 악화되었다고 볼 수 있다.

(3) 국제비교

그러면 한국의 임금수준을 다른 나라와 비교해보기로 하자. 미국의 시간당임금을 100으로 했을 때 각국 제조업임금을 비교해보면 1983년도의 경우 한국 10, 멕시코 12, 대만 13, 브라질 14, 일본 51, 서독 84로 되어 있다.[3] 우리나라 제조업의 임금수준이 선진국에 비하여 훨씬 낮을 뿐만 아니라 멕시코, 대만, 브라질 등 중진국에

---

3) 1984년 4월 19일 미국 노동성 발표자료를 84년 4월 20일자 『한국경제신문』에서 인용; 전국화학노동조합연맹, 『임금인상교섭자료』(1985. 1), p.71에서 재인용.

비해서도 낮은 저임금 수준임을 알 수 있다.

또한 각국의 미달러 환산 시간당 임금률을 보면 1981년의 경우, 한국 1.08달러, 대만 1.39달러, 싱가포르 2.64달러, 일본 6.58달러, 미국 7.98달러로서, 한국 임금을 100으로 했을 때에는 대만 128.7, 싱가포르 244.4, 일본 609.3, 미국 738.9로 된다. 이처럼 한국의 임금수준은 다른 나라와 비교해볼 때 저임금임을 알 수 있다.4)

3. 저임금 근로자의 속성

우리나라 근로자 중에서 어떤 속성을 가진 근로자가 저임금계층에 속하는가를 살펴보기로 하자.

임금구조론에서는 임금구조를 노동자 측이 가진 속성 또는 기업 측이 가진 속성에 따라 기업 내 임금격차와 기업간 임금격차로 분류한다.5) 본고에서는 근로자 측이 가진 속성으로서 성·직종·연령·학력을 선택할 것이며, 기업 측이 가진 속성으로서 산업·규모·지역을 선택할 것이다. 그래서 근로자나 기업이 가진 속성 중에서 어떤 부류의 근로자가 저임금계층에 속하는가를 조사할 것이다.

다음으로 문제가 되는 것은 저임금근로자의 기준을 어디에 둘 것이냐의 문제이다. 생계비가 그 기준이 되어야 한다는 것은 전술한 바이지만, 우리나라 근로자의 대부분이 생계비에 미달하는 임금을 받고 있기 때문에, 특히 저임금을 받고 있는 근로자의 속성을 알아보기 위해서는 이러한 기준을 훨씬 낮은 선에서 잡아야 할 것이다.

---

4) 노동부, 『생산성기준임금결정과 성과배분』(1984), p.47 표 3, 표 4.
5) 이에 관한 상세한 내용은 전기호, 『노동경제학』(무역경영사, 1983), 제15장을 참조할 것.

　　노동부는 저임금개선을 위해 근로자 10명 이상의 사업장에서 18세 이상 근로자가 받는 최저임금을 월 10만 원으로 취업규칙에 명시하여 제도화하도록 강력한 행정지도를 펴기로 했다고 한다. 노동부는 현재 월 임금 10만 원 미만의 근로자는 고용인 10인 이상 제조업체 근로자 300만 명 중 9.5퍼센트에 해당하는 28만 명이며, 월 임금 20만원 미만은 47퍼센트인 140만 명으로 추산하고 있다.6)

　　여기서 월 10만 원이란 물론 이론적인 기준에서 산출된 것 같지는 않고, 그것이 어떤 범위의 임금인지에 관해서도 명백하지 않다.

　　본고에서도 편의를 위하여 1983년을 기준으로 하여 정액 및 초과급여를 합산해서 월 10만 원 미만, 월 20만 원 미만 근로자를 조사하기로 한다.

　　표 1에서 성별 저임금근로자 구성비를 보면 여성근로자의 약 20퍼센트가 10만 원 미만을 받고 있으며, 20만 원 미만을 받고 있는 여성근로자는 84퍼센트에 이르고 있다. 성별로는 여성근로자가 대체로 저임금계층에 속한다고 볼 수 있다.

[표 1] 성별 저임금근로자 구성비(1983)　　　　　(단위: %)

	10만 원 미만	20만 원 미만
남	3.3	25.4
여	19.9	84.1

주: 정액 및 초과급여.
자료: 노동부, 「직종별임금실태조사보고서」(1983)에서 작성.

　　표 2에서 직종별 저임금근로자의 구성비를 보면 생산직과 서비스직에 저임금근로자가 집중되어 있음을 알 수 있다.

---

6) 『동아일보』, 1985년 2월 28일자.

  표 3에서 연령계층별 저임금근로자의 구성비를 보면 25세 미만에 저임금근로자가 집중되어 있다. 18~19세 근로자의 37.3퍼센트가 10만 원 미만의 저임금을 받고 있다. 뿐만 아니라 20~24세의 연령층에서도 약 18퍼센트의 근로자가 10만 원 미만의 임금을 받고 있음을 알 수 있다. 그러니까 17세 이하의 근로자는 말할 것도 없고, 정부가 임금개선의 대상으로 잡고 있는 18세 이상의 근로자 중에서도 상당수의 근로자가 10만 원 미만을 받고 있다.

  학력별 저임금근로자는 중졸 이하에 집중되어 있다. 그리고 고졸의 약 절반 정도가 20만 원 미만의 임금을 받고 있다.

  근로자 측이 가진 속성에서 보면 여성, 서비스직과 생산직·저연령·저학력 근로자들이 주로 저임금계층을 형성하고 있다.

[표 2] 직종별 저임금근로자의 구성비(1983)

(단위: %)

	10만 원 미만	20만 원 미만
전 문 기 술 직	0.9	10.4
행 정 관 리 직	0.05	0.9
사 무 직	3.4	41.0
판 매 직	6.2	45.0
서 비 스 직	13.5	69.7
생산·운수장비운전사 및 단순노무자	17.5	65.7

  자료: 위와 같음.

[표 3] 연령계층별저임금 근로자 구성비(1983) (단위: %)

	10만 원 미만	20만 원 미만
~17세	57.1	87.2
18~19세	37.3	96.6
20~24세	17.6	86.7
25~29세	3.4	40.3
30~34세	2.8	23.1
35~39세	4.3	24.3
40~44세	5.9	28.9
45~49세	6.5	32.2
50~54세	7.0	33.5
55~59세	6.9	35.3
60세~	6.2	32.8

자료: 위와 같음.

[표 4] 학력별 저임금근로자의 구성비(1983) (단위: %)

	10만 원 미만	20만 원 미만
중 졸 이 하	18.9	69.4
고 졸	6.9	48.7
초 대 (전문)졸	0.9	18.8
대 졸 이 상	0.4	2.1

자료: 위와 같음.

표 5에서 산업별 저임금근로자 구성비를 보면 주로 제조업에 종사하는 근로자들이 저임금계층을 형성하고 있다.

표 6은 규모별 저임금근로자 구성비를 나타내고 있다. 여기서 발견할 수 있는 특이한 사실은 월 10만 원 미만의 근로자의 구성비는 5규

모를 제외하면 기업규모가 클수록 더욱 높고, 20만 원 미만 근로자의 구성비는 100인 미만의 소규모기업보다 100인 이상의 규모에서 더욱 높게 나타나고 있다는 사실이다. 전체적인 경향으로 보면 규모가 큰 기업에 더욱 많은 저임금근로자가 존재한다는 것이다.

[표 5] 산업별 저임금근로자 구성비(1983)   (단위:%)

	10만 원 미만	20만 원 미만
광 업	0.1	1.5
제 조 업	16.3	63.9
전기·가스 및 수도산업	0.06	0.3
건 설 업	1.1	23.7
도·소매·음식숙박업	6.2	46.4
운수창고 및 통신업	5.0	40.9
금융·보험·부동산 및 사업 서비스업	2.7	34.0
사회 및 개인 서비스업	5.1	26.3

자료: 위의 같음.

정성기의 연구에 의하면, 한국의 대기업은 일본의 대기업과 달리 '동일노동'에 대해 중소기업보다 전혀 높은 임금을 지불하지 않거나 때로는 중소기업보다 낮은 임금을 지불할 수도 있다고 한다.[7]

그리고 노동부의 실태조사에 의하면 재벌그룹 산하의 11개 기업 근로자 중에서 기본급을 기준으로 한 10만 원 미만의 임금근로자가 평균 38.5퍼센트에 달하여 10인 이상을 고용하는 전체 제조업종에 근무하는 10만 원 미만 근로자 평균비율인 9.5퍼센트보다 4배 이상

---

7) 정성기, 『한국의 대·중소기업의 노동시장구조와 임금격차』(서울대 경제학과 석사학위 논문, 1984), p.127.

높은 것으로 나타났다고 한다. 이에 따르면 기본급 10만 원 미만의
저임금근로자의 비율이 가장 높은 회사는 충남방적 천안공장으로 전
체 근로자 2,231명 중 78.9퍼센트인 1,761명이 이 그룹에 속한다고
한다. 다음으로 대성모방의 경우에는 근로자 1,226명의 76.2퍼센트
인 931명, 선경그룹의 선경월곡공장에서는 근로자 1,078명 가운데
70.4퍼센트인 759명, 1984년 10월 심각한 노사분규를 겪었던 대우
어패럴은 2,114명 중 56.7퍼센트인 1,199명이 10만 원 미만의 저임
금을 받는 것으로 밝혀졌다고 한다.8)

[표 6] 규모별 저임금근로자의 구성비(1983) (단위: %)

	10만 원 미만	20만 원 미만
1규모(10~29인)	11.6	51.8
2규모(30~99인)	12.4	51.6
3규모(100~299인)	13.1	54.6
4규모(300~499인)	13.5	54.9
5규모(500인 이상)	10.8	52.8

자료: 위와 같음.

　이상의 모든 자료를 종합해보면, 상식적인 추리와는 달리 대기업
체나 재벌기업에 더욱 많은 저임금근로자가 존재한다고 볼 수 있다.
이것은 아마도 기업규모를 자본규모가 아닌 종업원 수에 의하여 분
류한 데 기인하는 것 같다.9) 상술한 재벌계 기업은 방적·방직·의
복계통의 기업으로 여기에는 대체로 임금이 매우 낮은 여성근로자
들, 특히 소녀근로자들이 많이 취업하고 있기 때문에 저임금근로자

---

8) 『조선일보』, 1985년 3월 3일자.
9) 전기호, 앞의 책, p.425.

가 많은 것으로 생각돈다.

표 7은 지역별 저임금근로자 구성비를 나타내고 있다. 10만 원 미만 근로자의 구성비가 가장 높은 지역은 전라북도의 약 20퍼센트이고, 다음으로 경기도의 15.6퍼센트, 충청남도의 15.3퍼센트의 순이다. 한편 그것이 10퍼센트 미만인 지역은 강원도의 7.4퍼센트, 제주도의 7.8퍼센트, 그리고 서울의 9.7퍼센트 등이다.

[표 7] 지역별 저임금근로자의 구성비(1983)

(단위: %)

	10만 원 미만	20만 원 미만
서 울 특 별 시	9.7	45.7
부 산 직 할 시	12.9	61.7
대 구 직 할 시	13.4	63.0
인 천 직 할 시	11.9	54.7
경 기 도	15.6	61.8
강 원 도	7.4	32.0
충 청 북 도	14.3	58.5
충 청 남 도	15.3	62.2
전 라 북 도	19.9	63.5
전 라 남 도	13.2	48.6
경 상 북 도	12.4	54.3
경 상 남 도	10.5	46.4
제 주 도	7.8	49.7

자료: 위와 같음.

또한 20만 원 미만 근로자의 구성비가 높은 지역을 순서대로 보면 전라북도의 63.5퍼센트, 대구직할시의 63퍼센트, 충청남도의 62.2퍼센트, 그리고 경기도의 61.8퍼센트 등이다. 이러한 지역별 저임금근로자 구성비의 차이는 주로 지역별 산업구성의 차이를 반영하는 것으로 판단된다.

4. 저임금의 기본원인

여기서는 저임금의 기본원인을 자본의 입장을 대변하는 정부와 자본 측의 사정과 과잉노동력의 존재라는 노동 측의 사정으로 구분해서 살펴보기로 한다. 단 70년대 중반기까지는 후자의 영향력이 더 컸을 것으로 생각되며, 그 이후에는 전자의 영향력이 더욱 컸을 것으로 생각된다.

1) 저임금의 기본원인

(1) 정부와 자본의 저임금 요구

한국의 경제성장과정에서 정부의 주된 역할은 자본의 축적에 있었으며, 이러한 점에서 정부와 자본의 이해관계는 완전히 일치되었다. 따라서 정부의 경제정책의 주류는 거의 자본의 대변자로서의 정책체계였다고 해도 과언이 아니다. 특히 60년대의 경제개발계획의 시행 이후부터는 정부는 경제발전을 자본축적과 동일시하였기 때문에 경제정책의 핵심을 자본축적에 두어왔으며, 분배의 공정이나 근로자의 복지, 지역적 균형개발, 농어촌개발, 사회개발 등은 부차적인 것에 불과했다.

돌이켜보건대 한국에 있어서 자본축적의 계기는 1945년에서 50년에 걸친 귀속재산불하, 1950년에서 60년에 걸친 미국원조에의 기생

과정, 1960년 이후의 외국독점자본과의 결합에 의한 차관도입의 세 가지 점에서 파악할 수 있다.[10] 여기에 70년대 이후에 본격화된 해외직접투자를 추가할 수 있을 것이다. 이러한 자본축적과정의 특징은 자생적인 민부(民富)의 성장과정이 아니라 외부로부터 주어진 과정이라는 것이다.

자생적 민부의 성장에 의한 자본축적의 계기가 결여된 채 부존자원의 부족이라는 조건 속에서 정부는 대외의존적인 경제성장을 시도해왔다. 또한 남북간의 경쟁에 앞서려는 안간힘에서 정부는 성급한 경제성장을 서둘러왔으며, 특히 미·일과의 정치·군사 면에서의 유대강화는 경제에 있어서의 유대강화로 연결되어 대외의존적 경제성장을 더욱 촉진시켰다.

우선 경제성장에 필요한 원자재·반제품·자본재 도입에 필요한 자원을 조달하기 위하여 수출주도형 개발전략을 선택하고, 외자도입정책을 추진시켜왔다. 가공조립적인 수출주도형 경제개발은 급격히 무역량을 확대시키면서 수출증가 이상의 수입유발을 초래하여 경상수지의 적자폭을 증가시켜왔고, 이것은 결국 외자도입에 의하여 충당되었다. 심지어는 외자의 원리금상환을 위한 외자도입도 이루어져왔다. 외자의 부족은 한층 더 수출을 가속화시킬 것을 요구하지만 수입을 유발시켜 부족 외자 액을 증가시키기 때문에 양자는 서로 상승작용을 하고 있다.

수출주도형 경제개발과정에 정부와 자본은 기초를 오직 저임금에만 두어왔기 때문에, 우리나라에서는 저임금체제가 강고하게 정착하게 되었다. 정부는 경제발전을 자본축적과 동일시하여 저임금에 의한 자본축적을 강화시켜왔다. 반면에 정부는 자본축적을 촉진시키기 위하여 자본에게는 금융세제 면에서, 특히 수출의 경우에는 더 한층

---

10) 김윤환 외저, 『한국노동문제의 구조』(광민사, 1978).

많은 혜택을 베풀어왔다.

자본은 물론 원리적으로는 이윤의 극대화를 위하여 저임금을 요구한다. 그러나 이러한 자본의 저임금 요구는 정부의 노동보호를 위한 여러 가지 사회정책, 노동조합운동의 발전에 의한 노동조합세력의 강화에 의하여 제약을 받게 되면 결국 임금을 인상시키지 않을 수 없게 된다. 더욱이 노동시장이 핍박한 경우에는 노동자를 확보하기 위하여 임금을 인상시키지 않을 수 없다.

그러나 우리나라의 경우에는 정부가 자본의 입장을 대변하여 오히려 저임금정책을 앞장서서 시행해왔다. 즉 노골적인 임금억제정책과 이를 뒷받침하기 위한 노동력창출정책, 노동자의 세력을 약화시키기 위한 노사관계에 대한 제도적·권력적 개입정책 등이 시행되어 왔다. 여기에 자본의 노동력차별화정책이 가세하였다.

우리나라에서는 자본의 많은 부분이 산업자본으로 전화되지 않고 부동산투기, 사채 등 고리대자본, 기타 상업투기자본에 투하됨으로써 고용기회를 제약하여 저임금체제를 강화시켰다. 또한 기업의 문어발식 확장은 재무구조를 악화시킴으로써 저임금개선을 불가능하게 만들었다.

정부의 경제정책의 핵심이 자본축적에 있었고, 더욱이 남북간의 경쟁 속에서 군사력을 뒷받침할 중화학공업을 단시일 내에 건설하기 위해서 몇 개의 재벌에 자본을 집중시켜왔기 때문에 한국경제에는 어느덧 독과점체제가 뿌리를 내리게 되었다. 따라서 국내에서는 독점적 대자본과 중소영세자본간, 대외적으로는 외자도입이나 해외 직접투자의 본격화와 더불어 외국자본과 국내자본간에 계층구조 또는 수탈구조가 형성되었다.

이러한 자본간의 계층구조 또는 수탈구조가 저임금에 크게 영향을 미쳤다. 여기에는 외국자본과 국내자본간의 수탈관계와 국내에 있어서 독점적 대자본과 중소영세자본의 수탈관계가 포함된다. 우선 전자의 수탈관계부터 살펴보기로 하자.

외국자본과 국내자본-예를 들어 대자본이더라도-과의 사이에 뚜렷한 수탈관계가 존재하고 있는 점은 저임금문제를 파악하는 데에서도 지극히 중요한 의미를 갖게 된다. 예를 들어 국내자본은 차관도입 때에는 원리금부채는 물론 타이드 론(tied loan)에 의해 값비싼 상품을 구입할 것을 강제당하고, 직접투자 때에는 이윤배당금의 보장과 소위 이전가격(transfer pricing)이라는 부당가격 조작에 의한 수탈을 받지 않을 수 없는 입장에 있다. 결국 국내에서 메카니즘화한 자본계층간의 수탈구조는 한국경제로 하여금 외국자본과 국제시장과의 관계를 심화시키고, 피라밋의 꼭대기로부터 외국독점자본의 초과이윤이 분출되는 펌프장치로 된다. 물론 외국자본은 저임금을 이용한 직접적 착취도 시행하고 있다.[11]

저임금에 의한 외국자본의 수탈은 주로 일본의 기업체로 구성되어 있는 마산수출자유지역의 평균임금과 전국 평균임금을 비교해봄으로써 명백히 알 수 있다.

표 8에 의하면 마산수출자유지역의 임금은 전국평균을 하회하고

[표 8] 마산수출자유지역과 전국 1인당월평균임금 (단위: 원)

구분 \ 연도		1977	1979	1980	1981	1982	1983	1984
마산수출 자유지역	남	103,258	161,311	195,888	225,925	261,855	293,963	298,337
	여	47,378	66,642	82,236	98,550	107,385	120,113	122,542
	전체	61,545	90,564	1C7,525	125,750	142,915	156,567	161,942
전 국		69,168	119,515	146,684	176,176	202,117		

자료: 마산수출자유지역관리소, 「1985년도 주요업무계획」(1985. 1. 12).

---

11) 정장연, 「한국경제의 저임금체제론」, 김낙중·전기호 외, 『한국경제의 현단계』(사계절, 1985), p.270.

있으며 그 격차는 시간이 지남에 따라 점차 확대되었다. 1982년에는 전자는 후자의 70퍼센트에 불과하다.

독점대자본에 의한 중소영세기업의 수탈은 유통과정을 통한 수탈과 하청계열화를 통한 직접수탈의 두 가지 방법에 의해서 행하여지고 있다. 전자의 수탈은 독점가격·금융집중·재정기구 등을 통해서 이루어지는데 임금에 대한 영향력에 있어서는 하청계열화에 의한 수탈이 중요하다.

수출산업부문에 있어서 대기업과 중소영세기업간의 상호관계는 모든 원자재 및 부자재를 모기업에서 조달하는 단순임가공 하청형태가 과반수를 점하기 때문에 하청기업의 모기업에 대한 수주의존도 70퍼센트 이상인 업체가 전체의 절반 이상을 차지하고 있다.

기업간의 상호관계가 이와 같은 상황에 있기 때문에 ① 하청기업은 모기업의 대금지급지체, ② 품질조건 등의 계약내용수시변경, ③ 싯가 이하의 제품단가, ④ 부적합한 원자재공급, ⑤ 제품검사시의 부당한 불합격 판정 등 많은 불이익을 모기업으로부터 받아왔다. 특히 ③의 가격수준의 문제는 전체 납품업체의 약 절반이 시장가격보다 낮은 가격을 받고, 특히 재하청에 있어서는 더 낮은 납품단가가 강요되고 있을 뿐만 아니라 그 비율도 전체의 60퍼센트에 이른다고 한다.12) 중소영세기업이 대기업으로부터 받는 이러한 압력은 주로 저임금으로 전가된다.

이와 같이 외국자본에 깊이 의존해서 진행된 한국의 자본축적은 외국독점자본을 정점으로 하는 착취수탈구조가 '가중적 저임금 압력구조'로 전화됨으로써 확실히 저임금을 기초로 하여 실현되고 있었던 것이다.13)

---

12) 같은 글, pp.269~70.
13) 같은 글, p.271.

(2) 과잉노동력의 존재

만일 정부와 자본이 아무리 저임금을 요구하고, 그것을 유지하기 위한 정책을 시행한다고 하더라도 노동력이 부족한 경제라면, 저임금체제는 유지될 수 없었을 것이다.

한국의 공업화과정에서 공업노동력은 주로 농민분해에 의해서 조달되었다. 그러나 이러한 농민분해는 상향이동과 하향이동이 돋시적으로 진행되는 양극분해와는 다른 것이었다. 다시 말하자면 농민분해에서 상향이동은 별로 없었고 하향이동이라는 일방적인 이동만 존재했다.

1950, 60년대에는 농촌에 많은 위장실업자가 존재했다. 소영세자작농이 대부분인 농촌에서의 계속적인 인구증가는 농민의 궁핍화에 의한 과잉인구를 대량 창출했다. 이러한 과잉인구는 농촌 내에서 퇴적되거나 아니면 과잉인구의 압력에 의하여 취업기회의 유무를 불문하고 도시로 유출되었다. "따라서 저개발국의 노동시장은 츨가형 노동시장 등이 구상해온 것처럼 노동시장 내부와 외부(농촌)의 두 영역 간의 관계로 구성하는 것으로는 불충분하고 농촌에서의 잠재적인 과잉인구의 존재와 도시에 있어서 보다 현재화된 과잉노동력과 그들을 배경으로 하여 성립하는 노동시장의 3자의 관계로서 파악하지 않으면 안된다."[14] 따라서 당시 한국의 노동시장은 농촌에 잠재적으로 퇴적되어 있는 과잉인구, 도시에 보다 현재화된 과잉노동력, 그리고 이들을 배경으로 하여 성립하는 노동시장이라는 3자간의 관계 속에서 파악하지 않으면 안된다.

어쨌든 60년대 이후의 경제성장 과정에서 고용기회가 확대됨에 따라 도시의 과잉인구와 농촌에 퇴적된 잠재적 과잉인구는 점점 고용기회를 얻게 되었다.

---

14) 隅谷三喜男, 『勞働經濟論』(筑摩書房, 1969), p.89.

그래서 농촌의 과잉인구는 점차 향도이촌(向都離村) 현상을 일으
켰다. 표 9는 이러한 이농자수에 대한 반성환 교수의 추계를 나타내
고 있다. 이 표에서 보면 대체로 60년대 중반 이후부터 이농현상이
본격화되었고, 1957년에서 1982년 사이에 무려 1,230여만 명이 농
촌을 떠나 도시로 이동했다. 이 숫자는 민족의 대이동에 비유할 정
도의 엄청난 수치이다.

그러면 이 동안 도시의 변두리에 퇴적된 과잉인구는 어떤 상태에
있었을 것인가? 물론 여기에 대한 통계는 없다. 그러나 이촌향도 인
구가 바로 노동시장에 모두 고용되었을 리는 없고, 도시 변두리의 과
잉인구는 일부 현역 노동자로 취업되면서 또 이촌 농민의 일부를 받

[표 9] 이농자수의 추정(1957~1982)

(단위: 천 명)

연 도	이농자수	연 도	이농자수
1957	229	1970	1,524
1958	233	1971	29
1959	7	1972	328
1960	252	1973	309
1961	485	1974	1,447
1962	153	1975	448
1963	268	1976	684
1964	141	1977	682
1965	153	1978	975
1966	437	1979	820
1967	105	1980	219
1968	549	1981	1,002
1969	693	1982	468
		계	12,334

자료: 반성환, 「한국의 경제발전과 균형발전의 문제(1): 농공간 균형문제
　　　를 중심으로」, 한국경제학회, 『국제한국인 경제학자학술대회 논문
　　　집(I)』(1984).

아 들이는 과잉노동력의 '풀'로 그대로 남아 있었을 것이다. 이러한 도시의 과잉인구는 변두리의 잡역층을 형성하면서 고용기회를 기다리고 있었을 것이다. 물론 이러한 도시과잉노동력의 '풀'의 수위는 경기상태라든지 이농자의 수에 따라서 때로는 높아지고 때로는 낮아지면서 그대로 현역노동자들의 임금 기타 노동조건에 영향을 미친 것으로 생각된다.

그런데 표 10에서 보는 바와 같이 1970년대 중반 이후로 농림업취업자의 비율뿐만 아니라 그 절대치도 점차로 줄어드는 경향이 있다. 이것과 관련하여 70년대 중반 이후의 한국의 노동시장을 어떻게 인식할 것인가라는 문제가 제기된다. 이를테면 배무기는 1975년을 전후로 해서 근대부문의 노동공급탄력성이 낮아지고 있기 때문에 노동공급이 무제한적인 조건에서 제한적인 조건으로 변화했으며, 따라서 이 시점을 한국 노동경제의 전환점으로 보고 있다. 배무기의 추계에 의하면 노동공급탄력성은 1965년 0.49, 1970년 2.97, 1975년 마이너스 1.24, 그리고 1979년 0.95로 되어 있다.15)

---

15) 裵茂基, 「한국노동경제의 구조변화」, 서울대학교 경제연구소, 『경제논집』 (1982. 12).

[표 10] 농림업취업자수 및 비율

(단위: 천 명, %)

연 도	취업자수	총취업자에 서차지하는 비율	연 도	취업자수	총취업자에 서차지하는 비율
1963	4,644	60.6	1974	5,304	45.8
1964	4,655	59.7	1975	5,123	43.3
1965	4,603	56.1	1976	5,323	42.4
1966	4,695	55.7	1977	5,161	39.8
1967	4,598	52.7	1978	4,920	38.4
1968	4,582	50.0	1979	4,642	34.0
1969	4,687	49.8	1980	4,433	32.3
1970	4,826	49.5	1981	4,560	32.5
1971	4,758	47.3	1982	4,324	30.0
1972	5,110	48.4	1983	4,043	27.9
1973	5,260	47.2			

자료: 경제기획원.

그러나 표 9에서 보는 바와 같이 1976년 이후에도 이농자수는 조금도 줄지 않고 증가해오고 있다. 그리고 1976년 이후 몇 년간 임금이 급격하게 상승한 것은 사실이다. 그리고 이것이 부분적인 노동력 부족에 기인하는 것도 사실이다. 그러나 이것은 장기적인 현상이라기보다는 일시적인 특수 호경기에 힘입은 경기적인 현상이라고 보아야 할 것이다.

이것은 임금 면에서도 나타나고 있다. 1976~78년간에, 실질임금 상승률이 노동생산성상승률을 앞질렀으나, 그 이후로는 전자가 후자를 훨씬 뒤지고 있기 때문이다. 특히 1980~82년간에는 실질임금상 승률이 노동생산성상승률의 10분의 1에 불과하다. 물론 1979년부터 밀어닥치기 시작한 불황의 영향, 정부의 임금억제정책, 노조세력의 약화 등이 임금상승의 억제에 영향을 미쳤겠지만, 아무리 그렇다고 하더라도 노동공급이 제한적인 단계에 들어섰다면 임금의 급격한 상승을 억제하기는 어려웠을 것이다.

그렇다면 1970년대 후반부터 시작된 농림업취업자의 절대수의 감소를 어떻게 해석하여야 옳은가. 물론 이것이 노동공급의 제한적인 단계로의 이행으로 해석할 수도 있겠으나, 이것은 그동안의 농정의 결과로 해석된다. 곡물수매가격인상률의 축소 내지 동결, 농산물수입의 자유화, 농기계화 등에 의한 농민의 하층부분의 분해 내지 몰락의 결과로 해석된다. 이러한 농민분해는 앞으로도 지속될 것이며, 아직 도시지역에도 잡역층이나 또는 전통부문에 상당한 정도의 불완전취업자가 존재하는 것으로 생각된다. 따라서 현재 우리나라의 노동공급이 제한적인 단계로 이행했다고 보는 것은 무리가 있는 것으로 생각된다.

어쨌든 과잉노동력의 존재가 저임금체제의 유지에 하나의 기본요인으로 작용했다고 볼 수 있다.

2) 저임금정책

정부와 자본의 저임금 요구는 구체적으로 저임금정책으로 나타난다. 저임금정책 가운데 주요한 것은 임금억제정책, 노동력창출정책, 노사관계정책, 노동력차별화정책 등이다. 물론 표면적으로는 저임금정책이나 노사관계정책은 주로 정부에 의해서, 노동력창출정책은 정부와 자본에 의해서, 그리고 노동력차별화정책은 주로 자본에 의해서 시행되어왔지만, 이것은 동전의 표리에 불과하고, 그 내용은 정부와 자본의 동일한 의지에 불과하다. 정부가 조국의 근대화, 경제발전, 남북간의 경쟁 속에서의 안보를 달성하려는 핵심을 자본축적에 두는 한 정부와 자본의 이해관계는 동일한 것으로 되었고, 여기에 외국자본의 요구도 곁들여 저임금정책이 시행되었는데, 이러한 정책은 자본축적이라는 면에서는 상당한 성과도 거두었다. 더욱이 부존자원의 부족이라는 조건 속에서의 수출주도형 경제발전전략이라든가 자본과 기술, 원자재 등의 대외의존적 경제개발전략은 한층 더 저임금체제를 요구하게 되었다.

(1) 임금억제정책

임금억제정책은 물론 정부와 자본의 일관된 정책이긴 하지만, 이것이 더욱 노골적으로 나타난 것은 80년대의 일이다.

70년대 중반 이후의 과열경기에 따른 임금의 급상승으로 국제경쟁력이 약화될 것을 우려하여 정부는 경제안정화정책을 80년대의 경제정책의 기조로 삼았다. 임금상승의 억제를 통하여 물가안정과 국제경쟁력을 달성하려는 의지를 강력하게 보여왔다.

1979년 12월 26일 경영자총협회 등 경제 5단체가 개최한 부총리 및 경제각료간담회에서 정부 측은 80년도에 비상경제체제에 들어갔음을 선언하고 임금을 안정적으로 상승시키도록 유도할 방침을 밝혔다. 물론 정부가 연말에 임금인상을 위한 가이드 라인을 적극적으로 제시하지는 않았지만 금융단 등의 임직원의 임금을 10퍼센트선에서 인상 조정토록 강력히 시달하고, 민간부문에서도 이러한 예를 따르도록 시사하여 경제기획원 당국의 임금안정선에 관한 견해를 예시적으로 제시하였다. 이러한 기본정책방향은 그 이후에도 계속되었다. 이를테면 1981년말에 82년 공무원 봉급을 9퍼센트 선에서 인상할 것을 미리 밝혀 민간기업으로 하여금 간접적인 임금인상의 가이드 라인이 되도록 하였으며, 금융단에서는 주거래은행으로 하여금 '임금인상 및 상여금지급내역'을 제출받아 이를 분석하여 과도한 임금인상 업체에 대해서는 여신을 제한하기도 하였다.

이러한 정책방향은 그 이후에도 계속 밝혀졌으며, 또한 강력한 행정지도나 또는 여신규제 등의 방법을 통하여 시행되었다. 그리고 그 하나의 극단적인 예로 호봉인상을 임금인상으로 보는 견해가 정부당국에 의하여 제시되기도 하였고, 실제로 임금이 동결되기도 하였다.

물론 다른 한편으로는 최저임금계층에 대해서는 임금인상을 허용하는 보호정책도 제시되었고, 체불노임을 없애려는 정부의 의지도 보였으나 정책기조는 언제나 임금인상을 억제하는 데 두어졌다.

(2) 노동력창출정책

정부와 자본은 저임금을 유지하기 위한 간접적인 방법으로 노동력창출정책을 시행해왔다. 노동력의 창출은 공업화 초기에는 주로 농업부문에서 이루어져왔으나, 최근에는 농업부문 이외에도 도시의 비노동력부문이나 임노동 내부에까지 확대되고 있다.

그렇다고 농업부문에서의 노동력 창출정책은 현재에도 끝난 것은 아니며 농업의 기계화, 정부의 양곡수매가격 동결, 농산물 수입의 자유화 등에 의한 농민분해를 통하여 최근에는 한층 더 적극화되어가고 있다.

도시 비노동부문에서의 값싼 노동력의 창출은 주로 학생이나 주부 등 비노동력을 노동력화시킴으로써 나타난다. 뿐만 아니라 임노동부문 내부에서도 기계화의 촉진, 신기술의 도입, 장시간 노동 등을 통해서 노동력이 창출되고 있으며, 대자본은 중소기업을 압박함으로써 이의 위축·도산에 의한 노동력 창출을 꾀한다.

원래 자본주의 체제하에서는 상품생산이 생산의 대부분을 지배하게 되며, 심지어 노동력까지도 상품화된다. 모든 상품은 자본에 의하여 직접 생산되지만 노동력이라는 상품은 인간존재, 인간생활 그 자체에서 나오는 것이기 때문에 자본에 의하여 직접 생산될 수는 없다. 따라서 자본주의 성립의 초기에는 농촌의 과잉노동력이 자본축적의 원천이 되지만 농촌의 과잉인구가 감소된 이후에는 농업부문과

아울러 임노동부문에서 노동력(상대적 과잉인구)을 창출하지 않을
수 없다. 여러 가지 노동절약적인 기계·기술의 도입이 그 전형적인
예라고 할 수 있다. 또한 자본은 여러 가지 파트타임 노동직업을 제
공하여 비노동력을 노동력으로 전환시킴으로써 노동력을 창출하기도
한다.

그러나 한국에서는 남북간의 경쟁과 갈등 속에서 경제·군사 면의
우위를 차지하기 위하여 수출주도형의 급격한 불균형 성장전략을 따
르지 않을 수 없었고, 따라서 이를 뒷받침하기 위한 노동력의 창출
은 시급한 과제로 되었던 것이다. 한국자본주의 전개에 있어서 가장
두드러진 특징의 하나는 이러한 노동력창출정책이 정부에 의해서 한
층 노골적으로 주도되었다는 점에 있다. 이러한 노동력의 창출은 물
론 자본에게 있어서는 자본축적에 매우 유리한 조건을 제공하는 것
이기 때문에 '불감청 이언정 고소원'이며 따라서 정부와 자본은 함
께 노동력창출정책을 강화시켜오고 있다.

여기에서는 이러한 정부와 자본의 노동력창출정책의 여러 가지 측
면을 고찰해보고자 한다.

① 농민분해에 의한 노동력창출

그동안 경제성장 과정에서 필요한 노동력은 물론 일부는 도시의
실업자군에서 충당되기도 했지만 주로 농촌의 과잉인구의 풀에서 조
달되었다.

이러한 현상은 표 11에서 잘 나타나고 있다. 총인구에 대한 농촌
인구의 비율은 1960년 64.2퍼센트, 1970년 50.2퍼센트, 그리고 1980
년에는 33.6퍼센트로 대폭적으로 감소해왔다. 연평균증가율을 보면
총인구는 1960~70년에 2.29퍼센트, 1970~80년에 1.76퍼센트이지
만 도시인구는 각각 5.59퍼센트와 4.74퍼센트로 후자가 월등히 높다.
반면에 농촌인구는 각각 0.06퍼센트와 마이너스 3.07퍼센트로 특히
1970~80년에는 대폭적으로 감소해왔다. 농촌으로부터 도시로 인구

의 대이동이 있었음을 알 수 있다.

[표 11] 농촌인구의 감소동향(1960~1980)

(단위: 천 명, %)

구 분	인	구		연평균증가율	
	1960	1970	1980	1960~70	1970~80
총 인 구(A)	24,989	31,434	37,436	2.29	1.76
도 시 인 구[1]	8,947	15,652	24,875	5.59	4.74
농 촌 인 구(B)	16,042	15,782	12,561	-0.16	-2.29
(면 인 구)	15,731	15,656	11,463	0.06	-3.07
농촌인구율(B/A)	64.2	50.2	33.6		

주: 1) 행정구역상 시외 인구 2만 이상인 읍의 인구.
자료: 한국농촌경제연구원, 『농촌경제와 농정의 실정.』(1984).

농업부문에서의 정부와 자본의 노동력 창출정책은 여러 방향으로
나타난다. 우선 들 수 있는 것은 저곡가정책이다. 저곡가정책은 한편
으로는 저임금을 가능케 하여 직접적으로 우리나라 상품의 국제경쟁
력을 강화시키기도 하지만, 다른 한편으로는 농민분해를 통하여 노
동력을 창출함으로써 저임금을 지원해주기도 한다. 저곡가정책은 표
12의 쌀 수매가격 추이에서 뚜렷이 나타나고 있다. 쌀 수매가격의
상승폭은 특히 80년 이후에는 작아졌으며, 1983년에는 완전히 동결
되었다. 이러한 수매가격의 동결이 반드시 노동력의 창출을 목적으
로 시행되었다고는 볼 수 없고, 오히려 양특적자의 증가폭을 줄인다
든지 농산물가격을 안정시키는 데 더 큰 목적이 두어졌겠지만, 이러
한 저곡가정책은 결과적으로 농민분해를 통해서 노동력을 창출하는
역할을 했다는 것이다.

[표 12] 쌀 수매가격 추이 (단위: 80kg들이 2등품 가마당 원)

연 도	수매가격	연 도	수매가격
1978	30,000	1981	52,160
1979	36,600	1982	55,970
1980	45,750	1983	55,970

자료: 표 11과 같음.

저농산물 가격정책 가운데서 가장 영향력이 큰 것이 저곡가정책이지만, 그것은 저곡가정책에 한정되지는 않는다. 최근의 개방경제체제로의 전환과 더불어 농산물수입의 확대정책 또한 그 전형적인 예에 속한다. 1983년 하반기 농림수산물의 수입자유화율은 70.7퍼센트로서 기계류(68.7퍼센트), 전자전기기기(53.6퍼센트)를 훨씬 웃돌고 있다. 이러한 자유화율의 제고와 함께 농산물수입은 크게 증대되었으며, 농산물 무역적자는 해마다 증가해왔다. 1971년에는 농산물 무역적자액이 4억 6천만 달러로 총무역적자의 34.9퍼센트에 지나지 않았으나, 1981년에는 36억 6천만 달러로 총무역적자의 77.1퍼센트, 1982년에는 24억 6천만 달러로 총무역적자의 101.7퍼센트로 되었다.[16) 1982년의 경우에는 농산물 무역적자가 총 무역적자를 앞지르고 있다. 이러한 농산물수입의 대폭적인 증대에 최근의 일부 국내농산물의 과잉생산이 가세하여 농산물가격 상승을 억제해왔다.

농가판매가격은 억제된 반면 농가구입가격은 상승하여 표 13에서 보는 바와 같이 최근에 이르러 농가의 교역조건은 굉장히 악화되었다. 패리티지수는 1980년을 100으로 했을 때 1966년에는 90.0, 1971년에는 100.0, 1976년에는 105.2였으나, 최근에 이르러서는 급격히

---

16) 농산물 수입액은 1971년 5억 5천만 달러, 1981년 43억 달러, 그리고 1982년에는 29억 6천만 달러이다.

하락하여 1981년에는 99.3, 1982년에는 95.0, 1983년에는89.8로 되었다.

　농가구입가격 가운데서 특히 많이 상승한 것이 농업용품인데 1983년에는 187.7로 되어 3년 동안에 무려 88퍼센트나 올랐다. 비료비·농약비·농구비·자재비·원료비의 대폭적인 상승과 이의 사용량 증가로 농가 호당평균 농업경영비는 농가구입가격지수로 환산한 1980년 불변가격으로 1970년에는 34만 6천 원이었던 것이 1983년에는 87만 8천 원으로 폭등했으며, 단보당 농업경영비도 3만 7,400원에 8만 1,100원으로 크게 높아졌다.17) 또한 농가가계비의 지출도 농가구입가격지수로 환산한 1980년 불변가격으로 1970년에 133만 1천 원이었던 것이 1983년에는 259만 5천 원으로 상승하였다.18)

---

17) 한국농촌경제연구원, 『농촌경제와 농정의 실정』(1984), pp.36~37.
18) 같은 책, p.37.

254 한국노동경제론

[표 13] 농가판매가격과 구입가격지수

(1980: 100)

연도	판매가격 총지수(A)	곡물 (곡)	쌀 (물)	곡물이외	청과물	축잠물	기 타	구입가격 총지수(B)	농업용품	가계용품	농촌임요금	패리티 (A/B×100)
가중치	1,000.0	476.9	372.2	523.1	182.8	261.1	79.2	1,000.0	356.5	546.8	96.7	–
1966	8.1	7.2	7.1	9.2	10.2	8.1	11.2	9.0	10.3	10.2	4.0	90.0
1967	9.3	8.1	7.7	11.0	9.1	10.4	12.6	10.3	11.4	11.4	4.7	90.3
1968	10.9	9.2	9.1	13.4	9.7	13.6	13.4	12.3	15.0	13.1	5.7	88.6
1969	12.4	11.2	11.3	13.9	11.2	13.3	15.9	13.5	15.9	14.4	7.0	91.9
1970	14.7	12.6	12.5	17.7	20.3	15.8	18.8	15.6	17.9	16.4	8.7	94.2
1971	17.8	15.8	15.7	20.8	20.7	19.1	24.4	17.8	20.9	18.4	10.4	100.0
1972	21.7	20.0	19.9	24.2	21.5	22.5	30.2	20.4	24.4	20.5	12.4	106.4
1973	24.1	21.4	20.9	28.1	22.9	26.4	37.3	22.3	28.3	21.9	13.6	108.1
1974	31.6	30.3	30.3	33.3	30.5	29.9	44.8	30.0	34.0	31.1	13.1	105.3
1975	39.2	38.3	38.1	40.5	42.4	36.2	49.2	37.1	39.5	39.0	23.3	105.7
1976	48.7	46.0	46.4	52.1	51.8	52.3	52.3	46.3	53.5	46.1	29.5	105.2
1977	56.8	52.8	50.5	61.7	60.2	65.5	54.6	54.2	64.0	52.6	36.6	104.8
1978	74.0	62.2	59.0	89.0	104.6	92.1	63.0	70.5	91.5	62.2	51.8	105.0
1979	82.1	78.0	76.7	87.2	100.1	85.4	76.4	80.2	87.7	76.1	78.1	102.4
1980	100.0	100.0	100.0	100.0	100.0	100.0	100.0	100.0	100.0	100.0	100.0	100.0
1981	128.2	118.0	116.8	137.6	125.3	153.0	115.3	128.5	139.8	123.4	116.0	99.8
1982	137.1	122.4	121.0	150.6	115.2	186.1	115.2	144.3	165.0	133.6	123.9	95.0
1983	140.3	123.8	121.9	155.4	98.1	207.1	117.0	156.2	187.7	139.2	136.5	89.8

자료: 농협중앙회.

이러한 농가경제의 악화로 농가부채는 급격하게 증가하였다. 농가 호당 평균부채액은 1970년 1만 6천 원, 1975년 3만 3천 원, 1980년 33만 8천 원이었으나 1983년에는 128만 5천 원으로 대폭 증가하였다.[19] 이러한 농가경제의 악화로 경지면적은 1963년에 208만 헥타르에서 1971년에는 227만 1천 헥타르로 증가하였으나 1976년과 1981년에는 각각 223만 8천 헥타르, 218만 8천 헥타르로 점감추세에 있으며, 경지이용율 역시 1963년 145.1퍼센트, 1971년 136.5퍼센트, 1976년 141.7퍼센트 그리고 1982년에는 122.4퍼센트로 점감추세에 있다.

이러한 농가경제의 악화에 의한 농민분해를 우리는 농촌의 소작농화에서도 알 수 있다. 1983년에 농촌경제연구원이 조사한 바에 의하면, 조사대상 1,446호 중에서 32.6퍼센트인 472호 농가가 자기 토지를 빌려주거나 남의 땅을 빈 농가였는데 빈 이유는 규모 확대가 58.7퍼센트, 이촌 노동자의 전담인수가 30.8퍼센트, 농토의 집단화를 위해서가 3.4퍼센트, 연작피해를 막기 위해서가 1.7퍼센트, 무응답이 5.5퍼센트였다고 한다.[20]

이상과 같은 농가경제의 악화는 농민층의 분해에 의한 노동력 창출을 촉진시킨다. 이 이외에도 농업의 기계화에 의한 노동력 창출이 있다. 농업의 기계화는 한편으로는 필요노동량의 대폭적인 절감에 의하여 직접적으로 노동력을 창출하고, 다른 한편으로는 영농비의 상승에 의한 농민분해를 통하여 간접적으로 노동력을 창출한다. 표 14는 농기구 및 기계 보유 현황을 나타내고 있다. 농업의 기계화는 70년대 후반에 급격히 이루어졌으며, 80년대에 이는 한층 더 가속화되었다. 70년대 후반과 80년대에는 특히 노동력 절약효과가 큰 농업 트랙터, 동력 병충해방제기구, 동력 탈곡기 등의 보급이 한층 촉진되

---

19) 같은 책, p.39.
20) 같은 책, p.114.

었다. 반면에 도정기나 가마니기계 및 제승기 등은 오히려 감소하여 고용효과를 줄임으로써 노동력 창출에 이바지하였다.

이러한 기계화와 더불어 종자개량 등 농업기술의 진보에 의한 노동생산성 상승 역시 노동력 절약에 의한 창출을 촉진시키는 역할을 했음은 두말할 필요가 없다. 특히 최근에 비닐하우스에서 재배되는 농산물의 과잉생산으로 가격이 폭락하였으며, 과일은 과잉생산 및 수입으로 역시 가격하락을 경험했다. 표 13에서 보는 배와 같이 청과물의 가격은 1980년을 100으로 보았을 때 1981년과 1982년에는 각각 125.3과 115.2로 농가 구입가격 총 지수에 훨씬 미달하고, 1983년에는 98.1로 폭락하여 1980년 수준을 밑돈다. 이러한 기술혁신에 의한 과잉생산이 농민분해를 촉진시켰다.

농민분해는 또한 도시 상업자본의 농촌침투에 의해서도 이루어진다. 도시 상업자본은 발달된 도로에 힘입어 농촌 구석구석까지 차량을 가지고 침투하게 되고, 이것은 농민의 소비의욕을 증대시켜 농민분해를 촉진시킴으로써 노동력을 창출할 뿐만 아니라 농촌의 영세상업자본을 구축함으로써 또한 노동력을 창출하기도 한다.

경제성장이나 공업화와 더불어 농촌인구의 도시이동은 그야말로 자연스러운 일에 속한다. 그러나 우리나라의 경우에는 의식적이었든 무의식적이었든 간에 정부와 자본의 정책이 이러한 자연스러운 경향에 가세하여 급격한 농민분해에 의한 노동력창출이 한층 더 촉진되었다는 특징을 갖는다.

[표 14] 농업용기구 및 기계보유현황

(단위: 대)

	경운정지용			동력양수기	동력제초기	제 승 기	가마니기계	동력병충해 방제기구	탈 곡 기	도 정 기
	계	동력경운기	농업트랙터							
1964	653	653	–	15,350	–	58,020	471,543	5,133	14,610	84,056
1965	1,111	1,111	–	26,029	–	61,280	464,734	7,579	18,909	85,757
1966	1,575	1,555	20	29,929	–	65,241	462,972	8,798	22,338	120,217
1967	3,853	3,819	34	31,613	–	68,038	457,990	12,768	25,474	121,115
1968	6,293	6,225	68	37,796	–	71,675	439,103	11,568	26,675	121,283
1969	8,931	8,832	99	49,534	–	74,166	416,454	24,721	33,878	115,120
1970	11,945	11,884	61	54,078		78,881	382,013	45,008	41,038	122,562
1971	17,025	16,842	183	57,896	–	88,133	350,619	69,407	63,350	114,643
1972	24,998	24,786	212	60,616	–	97,784	33,745	92,292	75,532	114,107
1973	37,953	37,660	293	61,193	44	110,263	322,332	97,306	85,161	107,605
1974	60,444	60,056	388	62,863	73	123,711	313,803	116,065	108,494	106,218
1975	86,286	85,722	564	65,993	96	137,648	304,488	137,698	127,105	104,223
1976	122,869	122,079	790	85,704	52	154,638	289,107	164,172	144,780	100,923
1977	154,656	153,535	1,121	119,956	80	162,323	225,950	194,328	161,092	96,825
1978	196,381	194,780	1,601	180,660	148	165,920	134,175	235,994	185,947	92,955
1979	237,944	235,909	2,035	187,608	323	161,401	149,054	291,061	203,081	85,764
1980	292,443	289,779	2,664	193,943	604	150,391	113,836	331,912	219,896	84,275
1981	354,324	350,462	3,862	209,189	713	139,675	92,318	364,688	238,633	79,906
1982	427,581	422,006	5,575	245,794	843	124,397	69,320	404,582	253,552	76,165
1983	496,765	489,296	7,469	262,628	1,099	109,625	50,718	438,901	269,753	74,048

자료: 농수산부.

② 노동력화에 의한 노동력창출

자본에 의한 노동력 창출은 가정주부나 학생 등 비노동력인구를 노동력화 시킴으로써도 나타난다. 이것은 경제활동참가율의 상승으로 나타날 것이다. 농가의 경제활동참가율은 1963년에는 59.0퍼센트였으나 1971년 61.7퍼센트, 1976년 64.8퍼센트, 그리고 1981년에는 62.6퍼센트로 되어 있어서 증가경향을 나타내고 있다. 특히 농가 여자의 경우에 이러한 현상이 두드러지게 나타나고 있다. 농가 여자의 경제활동참가율은 1968년에 46.0퍼센트이었으나 1971년 48.9퍼센트, 1976년 55.3퍼센트, 그리고 1981년에는 53.4퍼센트로 되어 있어서 대체로 상승경향을 나타내고 있다.

비농가의 경우에도 경제활동참가율은 약간의 상승경향을 보이고 있다. 1968년에는 그것이 52.1퍼센트였으나 1980년에는 54.4퍼센트로 증가하였다. 비농가의 경우에도 남자는 경제활동참가율이 오히려 감소하는 경향이 있다. 이것은 아마도 진학률의 상승으로 인한 저연령층의 참가율 저하에 기인하는 것 같다. 따라서 도시에서도 역시 여성경제활동참가율이 상승하였다. 비농가여성의 경제활동참가율은 1968년에 30.3퍼센트였으나 1980년에는 36.1퍼센트로 증가하였다.

자본의 비노동력의 노동력화에 의한 노동력창출 정책은 특히 최근에 와서 적극화된 느낌이다. 최근 제조업 부문에서의 여성인력 확보난을 타개하기 위하여 가장 손쉬운 방법으로서 부족한 노동력을 가정주부의 채용으로 보충하고 있다. 『대구매일신문』(1983. 5. 29)에 의하면 이러한 가사노동의 임노동화에 의한 노동력 창출은 상당히 급속하게 진행되어 1977년 이후 기혼여성의 연평균 취업증가율은 11퍼센트에 이르고 있다고 한다.

비노동력을 노동력화시키는 또 하나의 원천은 학생이다. 수만 명의 대학생이 일반기업에 아르바이트를 위해 몰려온다고 한다. 자본은 주부나 학생들을 전일제로 고용하기도 하지만, 주부나 학생들의 노동력화를 촉진시키기 위해서 '파트 타임'노동을 만들어내기도 한다. 때로는 두 종류 이상의 직업에 동시적으로 종사하는 사람의 수도 증가하고 있다.

주부나 학생의 노동력화는 자본에게 이중의 이익을 가져다준다. 한편으로는 주부나 학생은 조직되기 어려워 자본에 대한 대항력이 약할 뿐만 아니라 가계보조적이기 때문에 저임금으로 고용할 수 있다. 뿐만 아니라 이들의 노등력화는 노동자간의 경쟁을 격화시켜 전반적인 임금수준의 상승을 억제할 수 있다.

③ 임노동시장에서의 노동력창출

자본은 또한 임노동시장에서 노동력을 창출하는 데 힘을 쓰게 된다. 그 가운데서 가장 핵심이 되는 것이 노동절약적인 기술의 도입에 의한 소위 기술적 실업군의 창출이다.

그동안 우리나라에서도 경제성장과 더불어 급속한 기술진보가 이루어져왔고, 특히 정부에서도 기술도입과 기술개발에 많은 힘을 기울여왔다.

우리나라에서 기술진보의 결과로 노동력이 얼마나 절약되어 창출되었는가에 관한 실증적인 연구는 아직 별로 없는 것 같다. 그러나 우리나라에서도 최근의 급격한 기술진보 특히 컴퓨터의 광범위한 도입으로 노동력감축 또는 노동력증가의 억제가 일어나고 있는 것을 도처에서 경험할 수 있다. 그러나 이러한 논의는 생산단위당 필요노동량이 감소한다는 상대적 의미에서 말하는 것이다. 만일 기술진보의 결과로 우리나라 상품의 국제경쟁력이 강화되어 이에 대한 해외수요가 크게 증가되면 오히려 고용증가의 효과를 초래할 수 있음은 두말할 필요도 없다. 여기서 말하고 있는 것은 자본이 기술진보에 의하여 생산물 단위당 필요노동량, 따라서 임금을 절약하여 상대적 과잉인구를 창출한다는 것이다.

자본이 노동력을 창출하는 또 하나의 정책은 노동시간의 연장에서 찾을 수 있다. 노동시간의 연장은 자본에게 두 측면에서 이익을 제공한다.

첫째는 장시간 노동에 의하여 기계장치를 장시간 가동시킴으로써 자본회전율을 상승시켜 연간이윤율을 증가시킴과 동시에 기계장치의 사회적 진부화를 방지하는 것이다.

둘째는 노동시간을 연장함으로써 실업자 수를 증가시키며, 이것이 저임금을 가능케 하기 때문이다.

이와 같이 장시간노동이 비록 자본에게는 이익이 되지만, 노동자에게는 크게 불리한 것이기 때문에 노동조합은 언제나 자본에 대하여 노동시간의 단축을 요구하며 투쟁해왔다. 그 결과 노동시간은 역사적으로 크게 단축되어온 경향이 있다. 그러나 우리나라의 경우에는 노동시간이 국제적으로 최장시간일 뿐만 아니라, 오히려 연장되어온 경향을 가지고 있다.

ILO통계에 의하면, 1980년 우리나라의 주당 실제노동시간은 53.1시간으로 세계 최장의 노동시간이다. 선진제국은 그만두고 아시아, 아프리카 여러 나라와 비교해보더라도 우리나라는 굉장히 장시간 노동임을 알 수 있다. 이를테면 아시아 지역에서는 이스라엘 38.6, 일본 41.2, 버마 44.4, 스리랑카 45.3, 싱가포르 48.6, 대만 50.9시간 등이며, 아프리카 지역에서는 시에라리온 44.0, 남아공화국 48.4, 그리고 부룬의 49.0시간 등이다.

뿐만 아니라 우리나라의 노동시간은 60년대 이후 계속 연장되어오는 경향이 있다. 1964년의 주당평균 취업시간은 55.4시간이었으나 1982년에는 60.4시간으로 5시간이나 연장되었다. 개략적인 산술계산으로도 1천만 명의 근로자가 5시간씩 시간 연장이 이루어짐으로써 5천만 시간을 더 노동하게 되었고, 이 시간은 만일 주당 50시간을 노동하는 노동자에게 할당하면 100만 명의 근로자를 더 고용할 수 있게 된다. 5시간의 근로시간 연장이 약 100만 명의 노동력을 창출하는 셈이다.

  이러한 노동시간의 연장은 임노동부문에서만 발생한 것은 아니고 농업부문에 있어서 가족영농 종사자의 노동시간 연장에서도 나타나고 있다. 가족영농 종사자의 노동시간은 대체로 1970년대 중반까지는 단축되는 경향을 보이고 있으나, 그 이후로는 계속 연장되는 경향을 보이고 있다.

  한국농촌경제연구원의 보고21)에 의하면, 가족영농 종사자의 1인당 연노동시간은 1976년에 0.5헥타르 이하 295시간, 0.5~1.0헥타르 468시간, 1.0~1.5헥타르 546시간, 1.5~2.0헥타르 571시간, 2.0헥타르 이상 498시간이었던 것이 1981년에는 각각 385시간, 572시간, 680시간, 711시간, 718시간 등으로 되어 대폭적인 시간 연장이 있었다. 농업부문에서도 시간 연장에 의한 노동력 창출이 있었음을 알 수 있다.

  이상의 여러 가지 노동력의 창출 이외에도 자본은 중소기업의 도산, 임시고와 일고의 채용과 배출, 경영의 합리화 등에 의하여서도 상대적 과잉인구를 창출한다.

(3) 노동력 차별화정책

  "자본은 노동의 대체성의 진전에 따른 노동시장의 기술적 통일, 그와 같이 기술적으로 통일된 노동시장의 차별화(관리)에 의한 분단, 그 쌍방으로부터 노동력에 대한 수요독점력을 강화시키는 것이다."22)

  여기서는 노동력 차별화를 이효수의 노동시장의 단층구조분석23)을 중심으로 살펴보기로 한다.

  이효수는 채용관리와 승진관리, 즉 고용관리관행에 의한 구분기준에 의하여 한국의 노동시장이 다음과 같은 4단층으로 구분되어 있음을 실증하였다. 이하 그에 따라 각 단층의 내용을 요약하면 다음과 같다.24)

---

21) 한국농촌경제연구원, 『농업기계화 장기계획을 위한 기초연구』(1983), p.9.
22) 岸本英太郎 편, 『勞動經濟論入門』(有斐閣雙書, 1969), p.59.
23) 李孝秀, 『한국노동시장의 단층구조분석』(서울대 대학원 박사학위논문, 1983).

① 제1단층

이것은 자유노동시장으로 승격이나 승급의 기회가 주어지지 않는다. 이 단층에도 목수·미장이·보일러공 등과 같이 기능을 필요로 하는 직무도 있으나 대부분의 직무가 특별한 지적 능력이나 학교교육을 별로 필요로 하지 않는 단순작업이기 때문에 입직기준도 성·연령·신체조건 등 자연적 선별기준에 주로 의존하고 학교교육 수준에 의한 선별기준은 거의 적용되지 않는다.

목수나 석공·보일러공 등과 같이 특정 작업에 대한 숙련도나 기술을 요하는 경우도 많이 있지만, 그 경우에도 그 기능은 대부분 학교교육보다는 도제적 방식에 의한 2~3년간의 숙련을 통하여 습득될 수 있는 기능들이다.

따라서 제1단층에 속하는 노동자들은 대부분 학교교육 수준에 비하여 연령이 높아 조직노동시장 입직구의 입직자격 요건에 부합되지 않는 자들이거나 아니면 제2단층으로의 입직자격을 갖고 있으면서도 취업기회를 갖지 못하거나 취업의사가 없어서 스스로 제1단층에 머무르고 있는 사람들이다.

제1단층의 핵심적인 노동공급원은 도시잡역층이다.

② 제2단층

승급의 기회는 있으나 관리층으로의 승격의 기회가 거의 없는 단층이다. 한국에서는 중졸 이하 남자와 고졸여자가 여기에 속한다. 여자의 경우에는 고졸자라 하더라도 승격의 기회는 거의 주어지지 않으며 동일직종 내에서 단순반복적이거나 숙련을 요하는 직무에 종사하다 30세를 전후하여 퇴직하는 것이 보통이다.

③ 제3단층

승격·승급의 기회가 모두 주어지나 상위 관리층으로의 승격의 기

---

24) 李孝秀, 앞의 글, 제4장 참조.

회가 사실상 제한되어 있는 단층이다. 고졸남자를 중심으로 전문대졸자·대졸여자 등이 이 단층에 속한다. 전문대졸자나 대졸여자에게는 고졸남자와 동일직급을 부여하는 기업이 많고 그들에게 고졸남자보다 한 직급 상위 직을 부여하는 기업도 그 차이를 크게 하지 않는 반면 대졸남자와는 완전히 다른 직급을 부여하는 것이 보통이다.

④ 제4단층

승격·승급의 기회가 충분히 주어져 있는 단층이다. 제4단층의 직무들은 상당한 정도의 어학 및 기술과 관리능력을 필요로 하는 직무로 우리나라에서는 주로 대졸남자로 충원되는 것이 고용관습화되어 있다. 거의 모든 기업들은 대졸남자들을 대졸사원 또는 3급사원이라 하여 별도로 모집하고 채용 후에도 이들에게는 높은 승진의 기회를 부여하고 있다.

이상과 같은 우리나라의 단층노동시장하에서의 노동이동의 특징은 단층간의 노동이동은 거의 없는 반면에 동일 단층 내에서는 지역간·산업간·직종간·기업규모간 노동이동이 활발하다는 것이다. 동일 단층 내에서의 노동이동이 상대적으로 높은 업종은 섬유업·나무제품·제지·인쇄·제1차금속 등이다. 기업규모간 이동은 제4단층을 제외하고는 상향이동·수평이동·하향이동이 모두 활발하다.

그리고 한국의 단층노동시장하의 임금구조는 다음과 같은 특징을 가지고 있다고 한다.

첫째, 기업규모간·산업간·직종간 임금격차에 비하여 단층간 임금격차가 현저하게 큰 것으로 나타났다.

둘째, 하위계층의 최고임금수준은 차상위계층의 30세 전반의 임금수준과 거의 일치하며, 심지어 제2단층의 최고임금수준은 제4단층의 초임금수준에도 미치지 못할 정드로 격심한 격차를 보이고 있는 것으로 나타났다.

셋째, 제3단층과 제4단층에서는 연령변화가 임금변화에 결정적인 영향을 미치는 데 반하여 제2단층에서는 연령의 임금효과는 오히려 부의 효과로 나타났다. 그리고 제4단층에서는 근속 및 경력의 순임금효과가 거의 무시할 수 있을 정도인 데 반하여 제3단층과 제2단층에서는 모두 정의 효과로 나타났다.

넷째, 단층별 임금구조분석을 통하여 한국 노동시장에서는 일차적으로 단층변수인 학력과 성에 의하여 단층별로 초임금이 결정되고, 이차적으로 상위단층은 연공서열에 따라, 하위단층은 능률급과 직무급에 따라 임금이 결정되는 경향이 있다는 것을 알았다.

상술한 바와 같이 자본에 의한 노동력의 차별화는 학력과 성에 따라서 이루어지고 있으며, 이에 의하여 노동시장의 계층구조가 형성되고 있다. 제2단층에 속하는 중졸 이하의 남자와 고졸 이하의 여자는 승급은 가능하나 승격이 불가능하기 때문에 만년공원신세를 면할 수 없고, 이것은 공원이라는 특수 신분층을 이루고 있다. 제3단층 역시 승격에는 일정한 한계가 주어져 있다. 따라서 학력과 성에 의하여 우선 단층이 결정되고 단층간에는 이동이 불가능하기 때문에 자기의 신분을 상승시킬 방도는 막혀 있는 것이다.

뿐만 아니라 단층간의 임금격차는 매우 크기 때문에 하위단층의 임금은 생활급에 훨씬 미달한다. 제2단층과 제3단층에서 지역간·산업간·기업규모간, 심지어는 직종간에 있어서도 단층 내에는 노동이동률이 높게 나타나는 것은 이들의 임금이 생활을 보장해주지 못하므로 조금만 임금이 높은 곳이 있으면 이동해갈 수밖에 없는 형편이기 때문이다. 수직적인 상향이동이 불가능한 경우에는 수평적인 단층내의 이동에 의해서 조금이라도 자기의 경제생활을 개선할 수밖에 없다. 이렇게 본다면 노동시장의 단층화(차별화)가 단층내의 노동이동을 촉진시키는 역할을 하고 있다. 우리나라의 노동이동률이 일본에 비하여 훨씬 높게 나타나는 것은 생계비에 훨씬 미달하는 저임금과 단층간의 분단화에 그 원인이 있다고 볼 수 있다.

그러나 동일단층 내에서 아무리 이동을 하고 싶더라도 직종별로 노동시장이 분단화되어 있다면, 이동은 불가능할 것이다. 2, 3단층에서 직종간 노동이동이 매우 활발한 것은 노동시장 단일화의 법칙이 작용되고 있다는 것을 의미한다.

기업규모간에도 노동이동이 대우 활발한 것은 우리나라에서는 일본에서처럼 대·중소기업간에 노동시장이 분단되어 있지 않음을 의미한다. 단 제4단층에서 기업규모간 노동이동이 매우 낮은 것은 남자 대졸 이상의 고급인력에 대해서는 대기업이 수요독점책을 채용하고 있다는 것을 의미한다. 특히 제4단층의 임금결정에 있어서 연공급이 지배하고 있다는 사실은 이것을 증명하는 것이다. 우리나라의 대기업은 한편으로는 노동력의 차별화에 의해서, 다른 한편으로는 노동시장 단일화법칙에 의해서 이중으로 이득을 얻고 있다. 학력과 성에 따르는 노동력의 차별화에 의해서 하위단층의 임금을 낮은 수준에 묶어둘 수 있으며, 고급인력에 대해서는 연공제 임금에 의하여 기업별 분단화를 형성함으로써 양질의 노동력에 대한 수요를 독점할 수 있다. 또한 각 단층 내에서는 중소기업과 동일한 임금률을 제공하면 노동력을 확보할 수 있기 때문에 중소기업과의 경쟁어서 유리한 위치에 설 수 있다.

(4) 노사관계 기타 정책

저임금체제를 유지하기 위한 또 하나의 정책은 노동운동·노동조합·노사관계에 대한 정부의 깊숙한 개입이다. 정치·사회적 안정과 급속한 경제발전 즉 안보적 차원에서 노동자들의 소요, 노사간의 갈등을 극도로 경계해온 정부는 노동 분야에 직접·간접으로 깊이 개입하여 노동운동의 약화, 노동조합의 정치시녀화 내지 어용화, 반공적 노동조합주의의 강화를 초래했다. 이러한 경향은 드디어 노사협조의 방향으로 더욱 적극적인 정책적 자세로 나타나고 있다.

해방 이후 한국의 노동조합으로는 조선노동조합전국평의회(전평)와 대한노총이 대립하고 있었다. 그러나 좌익계열인 전평은 미군정의 불법화조치와 대한노총의 공격으로 와해되고, 대한노총만이 노동조합의 대표로서 활동하고 있었다.

그러나 대한노총은 근로자들의 경제적 지위를 개선하기 위해서 임금노동자들이 자발적으로 밑에서부터 조직한 단체가 아니다. 한마디로 말하여 대한노총은 노동조합의 일반적 필수요건인 경제투쟁의 인식 기반 위에 성립된 것이 아니었고, 우익정치인과 자본가, 그리고 미군정의 지원을 바탕으로 반공투쟁을 통하여 기존의 노동조합운동을 분쇄하는 정치적 기능을 행사하는 노동 단체적 형식을 취한 반공단체로서의 특성이 두드러졌던 것이다.25) 노동운동 및 노동조합의 정치시녀화의 계기는 이와 같이 그 출발점에서부터 시작되었던 것이다.

그 이후 노동조합과 노동운동은 계속 정치적 간섭을 받아서 위축되었고 노동조합 상층부와 기층노동자간에는 끊임없는 분열과 갈등이 있었다.

4·19 이후 한때 노동운동의 활성화, 노동조합의 민주화가 이루어지는 듯했으나 5·16으로 좌절되고, 노동조합은 형식적인 산업별 노동조합으로 개편되었다.

노동조합운동에 대한 정부개입이 가장 노골적으로 나타난 것은 1971년, 유신체제를 위한 개헌과 함께 공포된 '국가보위에 관한 특별조치법'인데 여기에서는 노동삼권 중 단체교섭권과 단체행동권을 봉쇄하여버렸다. 이 법률은 1981년에 폐지되었으나 1980년말에는 여러 가지 노동법이 개정되었다.

우선 노동조합법과 그 시행령의 중요한 개정사항을 보면 종래의 산업별조직을 사업체(기업)단위의 노동조합체제로 전환한 것, 직접

---

25) 조영건, 『미군정기 임금노동의 사적 연구』(건국대학교 대학원, 1984), p.167.

근로관계를 맺고 있지 않은 자의 노동문제에 대한 개입금지, 조합임원의 재임기간의 3년 초과 금지, 2개 이상 노동조합의 전임직책 겸임금지, 유니언 숍제도의 삭제 등이다. 그리고 노동쟁의 조정법에서 개정된 주요사항은 공익사업의 범위 확대, 쟁의행위에 대한 제3자의 개입 금지, 냉각기간의 연장(일반사업에서는 20일에서 30일로, 공익사업에서는 30일에서 40일로), 일반사업의 노동쟁의에도 직권으로 중재에 회부할 수 있도록 규정한 것 등이다. 노사협의회에 관해서는 종래에는 노동조합법에서 구정했던 것을 개정법에서는 노사협의회법이라는 독립법을 제정하여 100인 이상의 상용근로자를 가진 사업장에 대해서는 협의회의 설치를 의무화하고 있다.

이상의 노동제법의 개정은 노동조합의 약화를 가져오고 있으며, 뿐만 아니라 노동조합에 대한 정화조치로 노동조합의 조직은 크게 위축되었다. 1980년 노동조합원수는 약 105만 명이었던 것이 198 년에는 82만 명으로 줄었다.

우리나라의 노동운동이나 노동조합활동에 있어서 크게 두드러진 현상은 이것이 정부의 개입이나 간섭으로 말미암아 자주적으로 활성화되지 못하였다는 점이다. 이러한 정부의 개입은 법령이나 정책에 의해서 이루어진 경우도 있지만, 때로는 사실상의 개입으로 나타난 경우도 있다.

또한 노동조합은 반공이라는 이데올로기에 얽매여 크게 그 활동이 제약을 받고 있다. 따라서 노사관계에는 노사의 자주적인 문제해결의 방식이 크게 결여되고 있다.

노동운동과 조합 활동에 대한 정치권력의 개입의 심화로 결과 된 노동자들의 세력 약화가 노동시장에 미친 영향을 보면 임금을 비롯한 근로조건의 전반적 개선 부진, 노동시장에서의 근로자에 대한 자본 측의 차별 강화, 그리고 특히 재벌 대기업에 있어서 노동자들의 조직화의 억제로 말미암아 적어도 생산직에 있어서 대·중소기업간의 노동시장 단일화의 경향 등을 초래하였으며, 이러한 영향들이 저임금체제를 강화시켰다.

이 이외에도 외국인의 투자를 유치하기 위하여 노동쟁의에 제약을 가하는 법률로서 '외국인투자기업의 노동조합 및 노동쟁의 조정에 관한 임시특례법'이 있다. 수출자유지역에 외국자본을 유치할 목적으로 '수출자유지역 설치법'이 제정되었는데, 그 주요내용은 이 지역내의 기업에 대한 조세의 면세와 노동쟁의의 규제이다. 노동쟁의의 규제의 내용은 동법 제8조에서 자유지역내의 입주기업체에 종사하는 노동자의 쟁의 및 쟁의조정에 관해서는 노동쟁의조정법 가운데 공익사업에 관한 규정을 적용하도록 규정하고 있다. 역시 외국자본을 유치할 목적으로 제정된 '외자도입법'의 내용은 내국인 대우, 배당금 송금 및 출자금 회수에 대한 보장, 지불보장 등이다. 이러한 외국인 자본의 보호를 위한 제법은 외국인자본에 대해서 특혜를 주는 조치이며, 특히 노동조합의 활동과 노동쟁의를 규제함으로써 외국인자본에 대해서 저임금노동력의 제공을 보장하는 내용으로 되어 있다.

5. 맺는 말

한국의 임금은 생계비·노동생산성과의 비교, 국제비교의 어느 기준을 택하더라도 저임금이라고 볼 수 있다. 이러한 저임금의 근본원인은 한편으로는 정부와 자본이 저임금을 요구하였으며, 다른 한편으로는 과잉노동력이 존재했다는 데 있다. 정부는 경제발전을 자본축적과 동일시하였고, 따라서 이러한 점에서는 정부와 자본의 요구와 이해관계는 완전히 일치되었다. 이러한 정부와 자본의 요구는 바로 저임금체제였다. 특히 정부는 남북경쟁에서 우위에 서려는 의도에서 급격한 대외의존적 경제성장을 꾀하였고, 이러한 대외의존적 경제성장은 수출상품의 경쟁력을 강화시키는 데 있어서나 외국자본의 유치를 촉진시키는 데 있어서나 저임금을 요구하게 되었다.

자본은 원래 그 축적을 강화하기 위해서 저임금을 요구한다. 그러나 일반적으로 정부의 노동력 보호정책이나 노동자세력의 증대에 의해서 이러한 요구는 제약을 받는다. 그러나 한국에서는 정부의 정책이 바로 자본의 이익을 대변하는 방향으로 전개되었다.

정부와 자본의 저임금에 대한 요구는 구체적으로는 저임금정책으로 나타난다. 이러한 저임금정책의 직접적인 것으로서 정부는 노골적인 임금억제정책을 시행하였다. 또한 저임금을 간접적으로 지원하는 정부와 자본의 정책 중에서 중요한 것으로는 노동력창출정책, 노동력차별화정책, 노사관계정책 등이 있다. 정부와 자본에 의한 노동력창출정책 중에서 중요한 것으로는 농민분해정책(여기에는 저곡가정책, 농산물수입자유화정책, 농업기계화정책 등이 있다), 노동시간연장정책, 비노동력의 노동력화 정책, 그리고 기계화에 의한 노동절약정책 등이 있다. 노동력 차별화정책은 주로 자본에 의한 정책으로 고급인력을 우대하여 고급노동력에 대해서는 수요독점정책을 시행하고, 하급인력, 즉 주로 생산직노동에 대해서는 매우 낮은 임금을 지불하는 정책을 시행해왔다. 자본은 노동력을 차별함으로써 저임금과 고급노동력에 대한 수요독점이라는 이중의 이득을 얻는 것이다.

노사관계에 관한 정책은 주로 노동조합의 활동이나 노동운동에 정부가 법령 등 제도적 개입이나 사실상의 권력개입으로 그것을 약화시킴으로써 저임금을 유지하려는 정책으로 나타났다.

어쨌든 우리나라에서는 정부와 자본의 이해관계가 일치되어 이것이 저임금정책으로 구체화되었으며, 이것과 과잉노동력의 존재가 저임금의 근본원인이라고 볼 수 있다.

한국의 산업간 임금구조

1. 머리말

산업간 임금구조는 그 사회에 있어서 산업별 노동력의 수급상태를 반영하는 것이다. 따라서 이것은 장래의 인력수급계획에 대한 정책적인 지침을 제공해준다.

그러나 이 논문에서는 관점을 약간 달리하여 우리나라의 산업간 임금구조의 특징을 살펴보고, 또한 산업간에 임금격차를 일으키는 원인을 분석해보고자 한다. 우리나라의 산업간 임금구조의 특징을 고찰함에 있어서는 특히 산업별 임금수준의 국제비교에서 제출된 가설이 우리나라의 경우에도 적용될 수 있는지의 여부를 검토해볼 것이다.

그리고 산업간 임금격차를 나타내는 지표로서 필자는 절대액 격차의 경우에는 표준편차[1], 그리고 상대적 격차의 경우에는 변이계수[2]를 이용할 것이다.

---

[1] 표준편차를 S, 각 산업의 임금수준을 Wi, 전산업의 평균임금(산술평균)을 W, 그리고 산업수를 N이라고 할 때, 표준편차를 나타내는 공식은 다음과 같다.

$$S = \sqrt{\frac{\sum_{i=1}^{N}(W_1 - W)^2}{N}}$$

[2] 변이계수를 V라고 할 때, $V = 100 \cdot \dfrac{S}{W}$ 로 표시된다.

2. 산업간 임금구조에 관한 가설[3]

산업별 임금수준의 국제비교에서 제출된 하나의 가설은 산업별 임금수준의 순위 및 산업간 임금격차의 크기가 국제적으로 보아 유사성을 나타내고 있다는 사실이다. 이러한 가설은 레버고트(S. Lebergott), 람페르트(H. Lampert), 호프만(W. G. Hoffmann) 등에 의하여 제출되고 있다.

산업별 임금순위의 국제적 유사성을 처음으로 해명한 레버고트는 미국의 시간당 평균임금수입의 산업별 임금순위를 다른 5개국과 비교하여 다음과 같은 높은 순위상관계수를 얻었다.[4]

    캐나다(1945년)   0.94
    영국(1945년)   0.89
    스위스(1945년)   0.87
    스웨덴(1943년)   0.71
    소련(1937년)   0.92

그래서 그는 이것을 미국내의 4개 지역에도 적용하여 "미국과 캐나다, 영국, 스위스에서의 산업별 임금수입구조의 관련성은……미국과 그 주요지역간의 관련성과 거의 동일한 정도로 밀접하다"[5]는 결론을 내렸다.

람페르트도 또한 이러한 국제적 유사성, 그 자신의 표현을 빌면 "여러 국민경제간의 형식적 산업간 임금구조의 일치"[6]를 지적하고,

---

3) 이 항은 水野朝夫, 『賃金構造變動論』(新評論, 1973)을 많이 참조하였다.

4) S. Lebergott, "Wage Structure", *The Review of Economics and Sta-tistics*, Vol. 29(November 1947), No.4. pp.275~76.

5) 같은 글, p.276.

6) H, Lampert, *Die Lohnstrukiur der Industrie j Ein Beitrag zu einer Theorie*

이것은 국민경제의 발전추세에 있어서의 시간적·공간적 유사성에서 설명된다고 한다.7)

시간적 성질은 당해산업의 성립시기와 그 후의 성장률로 나뉘고, 이 두 가지 요인은 노동시장에 있어서 어떠한 노동수급상태가 역사적인 여건으로 되어왔는가, 그래서 당해산업에 있어서 어떠한 임금수준이 여건으로 되어왔는가 하는 문제에 있어서 결정적인 것이다. 공업화의 초기단계에 성립한 낡은 산업은 노동수요를 낮은 임금으로 충족시킬 수 있다.

이에 반해서 새로운 산업은 높은 임금을 지불하지 않으면 안된다. 그래서 늦게 출현한 산업부문은 다른 조건이 같은 한, 낡은 산업보다도 높은 임금을 지불하게 된다. 또 최고의 성장률을 가진 산업부문은 낮거나 또는 마이너스 성장률을 가진 산업보다도 높은 임금을 지불하리라고 기대하게 된다. 이러한 발전추세는 사실 역사적으로 증명되어오고 있고, 또 일반적으로 저임금을 대표하는 경공업 내지 소비재산업의 성립 시기는 임금위계상 상위에 있는 투자재·생산재 산업에 선행하는 것이었다. 당해산업이 경험하는 성장률도 또한 노동수요를 경유하여 임금수준에 작용한다. 식료품 제조업이나 섬유공업은 조기에 쇠퇴과정에 들어갔지만, 지제조업(紙製造業)은 낡은 산업이면서도 그 생산물에 대한 높은 수요탄력성과 그 결과로서의 수요증가에 의하여 높은 성장률을 나타내었다.

람페르트가 지적한 공간적 성질이란 각 산업에 의하여 선택되는 입지지향의 규칙성, 그 결과로서 산업의 공간적 분포가 국제적으로 유사한 경향을 나타낸다는 것을 의미한다. 일반적으로 공업집적 중심지에 입지하는 산업(주로 투자재관련산업)의 성장률은 상대적으로 높고, 그래서 높은 노동수요증가율이 고임금으로 이끌어가는 큰 요

---

der Lohnstruktur, Ducker & Humbolt (Berlin,1963), p.136.
7) 같은 글, pp.136~40.

인이라고 한다.8)

상술한 이론적 분석들에 대하여 호프만은 그의 실증분석의 결과를 근거로 하여 산업간 임금격차의 크기가 당해제국간의 경제적 관계, 공업화의 단계, 이용 가능한 경제자원 또는 임금수준의 차이에도 불구하고, 일의적 체계적으로 논증할 수 있을 만큼 상위(相違)를 보이지 않는다고 결론을 내렸다.9) 그는 공업화의 단계가 낮을수록 임금구조의 차별화가 심하다는 명제가 승인되는 것 같다고 말하면서도, 이러한 의존관계는 공업화의 초기단계에서만 타당한 현상이라고 해석했던 것이다.10) 그는 또한 국민경제를 봉쇄체계와 개방체계로 나누고, 전자의 유사성의 가능성 조건을 수요·생산구조, 생산기술, 노동력의 구조로부터 설명한다.11) 즉 화학공업의 생산물이나 시멘트에 대한 수요는 표준화되어 있고, 식료품이나 섬유의 수요가 개별적이라는 사실은 국제적으로 공통되어 있으며, 그런 의미에서 수요구조는 생산구조를 크게 규정한다. 그리하여 생산기술이 국제적으로 유사하다면 공급 면으로부터도 유사성이 강화된다. 왜냐하면 예를 들어 섬유공업은 노동자의 적성과 노동비용의 견지에서 대부분이 여자노동에 의해서 수행되고, 더욱이 어느 나라에서나 여자의 임금은 남자보다도 낮다. 그래서 생산물 수요구조와 생산기술, 더욱이 요소구조가 국제적으로 동질화될 때 임금의 절대적 수준과는 관계없이 산업간의 임금관련성의 국제적 유사성이 보증될 수 있는 것이다.12) 경제가 개방체계에 있는 경우에는 유사성이 한층 더 강화된다는 것은 다시 말할 필요도 없다.

---

8) 같은 글, p.140.

9) W. G. Hoffmann, *Die branchen mässige Lohnstruktur der Industrie: Ein intertemporaler und internationaler Vergleich* J. C. B. Mohr (Tü-bingen, 1961), pp.120~121.

10) 같은 글, p.128.

11) 같은 글, p.136.

12) 같은 글, p.137.

마지막으로 파폴라 등의 연구13)도 임금순위와 임금격차의 크기의 국제적 유사성에 관한 문제를 다루고 있다. 그는 임금순위의 유사성에 관하여 표 1을 근거로 하여 선진공업국 상호간에는 임금순위의 유사성이 인정되나, 선진국과 저개발국 또는 저개발국 상호간에는 유사성이 매우 약하다는 것을 확증했다.

그리하여 산업별 임금순위의 유사성은 공업화·경제발전의 단계를 나타내는 한 지표라는 결론을 얻을 수 있다. 이러한 결론은 임금격차의 크기에도 적용될 수 있을 것이다.

[표 1] 산업별 임금순위의 국제적 유사성

국 명	산 업 수	순위상관계수
미국과 스 웨 덴	19	0.7961
미국과 헝 가 리	20	0.7494
미국과 폴 란 드	20	0.8286
미국과 일 본	20	0.7662
폴란드와 헝가리	20	0.8368
영국과 프 랑 스	14	0.5868
인도와 대 만	15	0.0420
케냐와 대 만	15	0.1259
버마와 대 만	12	-0.1101
케냐와 가 나	15	0.0750
케냐와 인 도	14	0.4198

자료: Papola, T. S. and Bharadwaj, V. p.ibid., Table VI.

---

13) T. S. Papola and Bharadwaj V. p.March, "Dynarnics of Industrial Wage Structure, An Intercountry Analysis," *The Economic Journal*, 1970, Vol. 80, No. 317.

파폴라 등에 의하여 측정된 공업화의 수준과 산업간 임금격차와의 관련성은 표 2와 같다.

지금 산업간 임금격차를 Y, 공업화비율 X, 더미변수를 P=(1)르 하면 선형회귀식은

[표 2] 공업화의 수준과 산업간 임금격차(1960)

국 명	공업화비율[*]	산업간격차
가 나	6	33.82
케 냐	11	26.91
코 스 타 리 카	13	17.73
버 마	15	22.23
아 랍 공 화 국	18	24.55
인 도	18	19.98
대 만	19	18.13
멕 시 코	30	29.08
일 본	31	28.51
미 국	34	18.24
프 랑 스	41	18.28
영 국	42	8.47
서 독	46	10.21
폴 란 드	47	14.97
헝 가 리	57	7.57
스 웨 덴	60	8.04
동 독	70	6.67

[*] 공업화비율은 공업활동에서 산출되는 CNP의 비율.
자료: Papola, T. S. and Bharadwaj, V. p.ibid, p.85.

$$Y = 30.0023P - 0.3526X$$
$$(2.5573)\ (0.0679)$$
$$r^2 = 0.6419$$

로 된다

앞의 회귀식은 공업화비율이 1퍼센트 상승하면, 격차는 0.35퍼센트만큼 감소한다는 것을 시사하고 있다.[14] 대상국을 선진공업국과 저개발국의 두 그룹으로 분류하여 고찰하면, 공업화비율이 임금격차에 미치는 효과는 다르다고 한다. 그리하여 선진국의 경우에는 공업화비율 1퍼센트의 상승은 0.46퍼센트의 격차축소와 관련되고, 저개발국 그룹에서는 겨우 0.13퍼센트의 격차축소와 관련되어 있을 뿐이라고 한다.[15]

3. 한국의 산업간 임금구조

1978년도 산업대분류별 한국의 산업간 임금격차는 표 3과 같다. 이 표에 의하면, 우리나라의 산업간 임금격차액은 5만 6천여 원이며, 격차율은 54.0퍼센트로서 매우 높게 나타나고 있다.

표 4에서 보는 바와 같이 1976년도 일본의 산업간 임금격차액은 3만 838엔이며, 격차율은 15.4퍼센트다. 한국의 산업간 임금격차율은 일본의 그것에 비하면, 무려 3.5배나 되어 매우 큰 임금격차를 나타내고 있다.

우리나라의 최저임금산업은 전체 근로자의 약 70퍼센트가 종사하

---

14) 같은 책, pp.85~86.
15) 위와 같음.

[표 3] 산업간 임금격차(1978)

(단위: 원, %)

	전산업	농림·수렵 및 어업	광 업	제조업	전기·가스 및 수 도 사 업	건설업	도·소매 및 음식 숙박업	운 수 창고 및 통신업	금융·보험·부동산 및 용역업	사회및 개인서비스업
임 금	104,132	122,637	131,822	88,626	198,957	196,822	115,261	117,565	180,598	162,07[illegible]
격 차 지 수	100	117	127	85	191	189	111	113	173	156

표준편차(S)=56,231원, 변이계수(V)=50.0퍼센트.

자료: 노동청, 『직종별 임금실태조사보고』(1978)에서 작성.

고 있는 제조업이며, 그 임금은 전산업 평균임금의 85퍼센트이다. 반면에 최고임금산업은 전기·가스 및 수도사업으로, 그 임금은 전 산업 평균임금의 두 배에 가까운 수치이다. 따라서 최저와 최고의 비는 1대 2.2이다.

[표 4] 일본의 산업간 임금격차(1976)

(규모 30인 이상) (단위: 엔, %)

	調査産業計	건설업	제조업	도소매업	금융·보험업	부동산업	운수·통신업	전기·가스수도업	서비스업
임 금	200,242	176,641	183,557	184,442	238,371	209,037	224,276	260,788	228,426
격차지수	100.0	88.7	91.7	92.1	119.0	104.4	112.0	130.2	114.1

S=30,838엔, V=15.4퍼센트

주: 1) 조사산업계에는 상게산업 이외에 광업을 포함한다.

    2) 전기·가스·수도업에는 열공급업을 포함한다.

자료: 노동성 편, 『노동백서』(대장성인쇄국, 1977) 부속통계표 제19표에서 작성.

우리나라의 산업별 임금을 보면 제조업을 제외한 모든 산업은 전 산업 평균임금을 상회하고 있다.

우리나라의 산업간 임금격차에서 최근에 나타난 하나의 특이한 현상은 농림·수렵 및 어업의 임금이 급상승하여, 비교적 높다는 것이다. 1977년에는 그것은 9개 산업 중에서 전기·가스 및 수도사업, 건설업, 금융·보험·부동산 및 용역업, 사회 및 개인 서비스업에 이어 5위를 기록하고 있어, 중간순위를 나타내고 있다. 1978년에는 그 순위가 6위로 떨어지긴 했지만 타국의 그것에 비하면 역시 높은 순위에 해당되는 것이다.

또 하나 특기할 것은 건설업이 전기·가스 및 수도업에 이어서 높은 임금수준을 나타내고 있다는 사실이다. 일본에서는 건설업이 최저임금산업인 점과 좋은 대조를 이룬다. 그러나 미국에서는 표 5에서 보듯이 건설업이 최고임금산업이다.

우리나라와 일본의 고임금산업을 비교해보면, 우리나라에서는 전기·가스 및 수도업, 건설업, 금융·보험·부동산 및 용역업, 사회 및 개인 서비스업의 순으로 되어 있고 일본에서는 전기·가스·수도업, 금융·보험업, 서비스업의 순으로 되어 있어, 건설업을 제외하면 상당한 유사성을 발견할 수 있다. 제조업, 도·소매업이 저임금산업이라는 점에서도 역시 한일 양국간에 유사성이 존재한다. 요컨대 우리나라의 산업간 임금구조는 건설업을 제외하면, 일본의 그것과 매우 큰 유사성을 가지고 있다.

[표 5] 미국의 산업간 임금격차[*]

(단위: 달러)

	1947	1951	1961	1971
건　설　업	1.54	2.02	3.20	5.70
광　　　업	1.47	1.93	2.64	4.04
내구재제조업	1.28	1.65	2.49	3.80
도　매　업	1.22	1.52	2.31	3.67
비내구재제조업	1.15	1.44	2.11	3.26
금융·보험·부동산업	1.14	1.45	2.09	3.28
소　매　업	0.84	1.06	1.56	2.57

* 민간기업의 생산노동자 또는 비감독노동자의 시간당 평균임금.
자료: U. S. Department of Labor, Manpower Report of the President
(U. S. Government Printing Office, 1972), Table C-3, p.217.

그리고 미국에서는 광업이 건설업 다음으로 고임금산업에 속하지만, 우리나라의 경우에는 그것은 오히려 저임금산업에 속한다. 우리나라의 광업의 임금수준은 1977년에는 9개 산업 중 6위를 차지하고 있었으나, 1978년에는 농림·수렵 및 어업의 임금수준을 앞질러 5위로 순위가 높아졌다.

다음으로 제조업 업종간 임금구조를 보면 표 6과 같다.

제조업 내부에서의 업종간 임금격차는 42.4퍼센트로서 산업대분류의 그것에 비하면 낮은 편이지만, 매우 높은 격차율을 나타내고 있다. 1978년도 제조업에서는 제조업평균을 100으로 했을 때 석유정제업이 241.1로서 최고임금업종이며, 의복제조업이 66.0으로 최저임금업종이다. 따라서 최고와 최저의 비는 3.7 대 1의 높은 격차를 크이고 있다.

고임금업종은 석유정제업 21만 3,715원, 산업용화학물 15만 3,622원, 운수장비제조업 14만 1,579원, 유리 및 유리제품제조업 12만

9,023원, 제1차 철강산업 12만 8,223원, 그리고 제1차 비철금속 12만 8,006원 등 대체로 자본집약형 중화학공업부문이며, 저임금업종은 의복제조업 5만 8,574원, 기타 제조업 6만 4,238원, 고무제품제조업 6만 7,887원, 가죽·모피제품제조업 6만 9,000원, 섬유제조업 7만 2,499원, 과학계측 및 조정용기기제조업 7만 3,199원, 도자기 및 토기제조업 7만 6,324원, 가구 및 장치물제조업 7만 7,499원, 그리고 전기기계기구제조업 8만 1,030원 등 대체로 노동집약형 경공업부문이다. 특히 전기기기, 과학계측 및 조정용기기 등 우리나라가 우위업종으로 육성해야 할 기술집약형 업종의 저임금은 이들 업종의 기술, 기능인력 확보에 문제를 제기하고 있다고 하겠다.

[표 6] 제조업 업종간 임금구조(1978)]

(단위: 원)

업 종	임 금	격 차 지 수
제조업전체	88,626	100.0
식료품제조업	101,888	114.9
음료품제조업	125,259	141.3
섬유제조업	72,499	81.8
의복제조업	58,574	66.0
가죽·모피제품제조업	69,000	77.8
나무및나무제품제조업	95,459	107.7
가구및장치물제조업	77,499	87.4
종이및종이제품제조업	109,639	123.7
인쇄출판및관련산업	114,501	129.1
산업용화학물	153,622	173.3
기타화학제품제조업	124,281	140.2

업 종	임 금	격 차 지 수
석유 정제업	213,715	241.1
기타석유 및 석탄제품제조업	121,585	137.2
고무제품	67,887	76.5
달리분류되지않는플라스틱제품	88,293	99.6
도자기및토기제조업	76,324	86.1
유리및유리제품제조업	129,023	145.5
기타비금속광물제품기제조업	115,960	130.8
제1차철강산업	128,223	144.7
제1차비철금속산업	128,006	144,4
조립금속제품제조업	86,019	97.0
기계제조업	110,131	124.2
전기기계기구제조업	81,030	91.4
운수장비제조업	141,579	159.7
과학계측및조정용기기제조업	73,199	82.5
기타제조업	64,238	72.4

자료: 표 1과 같음. S=37,621원, V=42.4.

4. 한국의 산업간 임금구조의 특징

1) 산업간 임금구조의 특징

한국의 산업대분류별 임금수준에서 나타나는 하나의 특징은 농림·수렵 및 어업의 임금이 최근에 급상승하여, 비교적 높게 나타나고 있다는 사실이다. 일반적으로 농업임금은 산업 중에서 최하위에 속하는 것이 보통이다. 레더는 이에 대하여 다음과 같이 말하고 있다.

> 농업은 모든 나라에서 산업간 임금계층의 최하위 또는 거기에 가까운 곳에 있다. 부분적으로 이것은 그것의 투입물에 있어서 다량의 불숙련노동자의 존재 때문이다. 그러나 이것은 또한 상대적 고출산율 및 식료품에 대한 수요의 저소득탄력성의 결과 농촌지역은 노동의 순수한 유출자라는 사실에도 기인한다. 대부분의 경제는 농촌의 고용과 도시의 고용의 순이익의 불균등에 대하여 조정을 하는 시차 중에 있게 되고, 농업은 상대적 저임금의 농촌시장을 이용할 수 있는 지역에 위치하고 있다. 소읍이나 농촌지역에서 효율적으로 수행될 수 있는 다른 산업, 특히 식품가공업은 마찬가지로 이러한 지역적 이점에서 이득을 얻는다.[16]

그러나 우리나라의 경우에는 일반적인 경향과는 달리 농업임금이 여러 산업 중에서 중간 정도의 위치를 차지하고 있다. 이것은 급격한 경제성장 및 공업화의 결과 청소년노동력이 너무나 급격하게 도시로 진출했기 때문에, 농촌노동력의 부족과 농촌임금의 급상승이 초래되었다는 사실에 기인하는 것이다. 반면에 제조업에는 많은 연소근로자

---

16) M. W. Reder, "Wages: Structure," *International Encyclo pedia of the Social Science*, Vol. 16 (The Macmillan Co. & The Free Press, 1974) p.413.

들이 몰려들어 저임금지대를 형성하고 있다.

또 하나 특기할 것은 건설업이 전기·가스 및 수도업에 이어 높은 임금수준을 나타내고 있다는 사실이다. 이것은 건설업의 해외진출에 따르는 많은 노동자들의 해외취업과 국내건설업의 호황에 의한 것이라고 생각된다.

마지막으로 지적해두어야 할 것은 광업의 임금수준이 산업 중에서 중간 정도의 위치밖에 차지하지 못하고 있다는 사실이다. 광산노동의 열악한 노동조건을 고려해본다면, 이러한 현상은 우리나라에서는 균형적 임금격차(equalizing differences) 요인이 제대르 작용하지 않고 있음을 의미하며, 다른 한편으로는 석유의 보급으로 광업이 사양화되어가고 있음을 의미하기도 한다. 미국에서는 광업이 건설업 다음으로 고임금산업에 속한다. 최근에 이르러서는 일본에서도 광업은 저임금산업에 속한다.

요컨대 우리나라의 산업대분류별 임금주조는 건설업의 고임금을 제외하면, 대체로 일본의 그것과 상당히 큰 유사성을 지니고 있다.

한편 제조업내의 산업간 임금격차를 국제적으로 비교하기 위하여 표 7을 작성하였다. 이 표에 의하면 저임금산업과 고임금산업은 여러 나라에서 공통되는 것이 상당수 존재한다. 이를테면 섬유·화의류(靴衣類), 피혁 및 동제품(同製品), 가구, 제재 및 목제품 등 노동집약적인 경공업부문은 어느 나라에서나 저임금산업인 데 반하여, 석유·화학·철강·금속·운송용 기계 등 중화학계열의 장치산업은 대체로 어느 나라에서나 고임금산업에 속한다. 이러한 점에서는 우리나라도 외국과 대체로 같은 경향을 나타내고 있다.

2) 임금격차의 크기

우리나라의 산업간 임금격차에 관하여 뚜렷이 나타나는 특징은 오히려 격차의 크기에서 발견될 수 있다. 표 7에서 볼 수 있듯이 우리나라 제조업 내에서의 산업간 임금격차율은 잠비아를 제외하면 어느 나라에서보다도 크게 나타나고 있다. 선진국과의 비교에서는 말할 것도 없거니와 브라질, 인도, 필리핀, 터키 등과 비교하더라도 한국의 격차가 훨씬 더 크다. 1974년도 한국의 산업간 임금격차율은 52.7퍼센트로서 오스트레일리아에 비해서는 6.5배, 영국에 비해서는 5.7배의 크기를 나타내고 있으며, 대체로 기타 여러 나라에 비해서는 2배 이상의 크기를 보이고 있다.

이번에는 이것을 공업화비율(제조업의 생산액이 GNP에서 차지하는 비율)과 관련시켜서 생각해보기로 하자. 1976년도 현재 우리나라의 공업화비율은 30퍼센트인데 이것은 표 2에서 보는 바와 같이 1960년의 멕시코(30퍼센트), 일본(31퍼센트)과 비슷한 수치이다. 당시의 멕시코와 일본에서 산업간 임금격차율은 각각 29.08퍼센트 및 28.51퍼센트이다. 그러나 1976년도 한국의 산업간 임금격차율은 산업대분류별에 있어서는 63.6퍼센트이며, 제조업내의 업종간에서도 50퍼센트 이상이다. 따라서 동일한 공업화비율을 가지고 있는 국가와 비교하더라도 한국의 임금격차율은 매우 크다는 사실이 판명되고 있다.

[표7] 산업별임금격차의 국제비교(제조업) (제조업 전체＝100)

(단위: %)

	잠비아	브라질	캐나다	미국	인도	일본	한국	필리핀	영국	터키	오스트레일리아	소련
	(1974)	(1972)	(1974)	(1974)	(1972)	(1974)	(1974)	(1971)	(1974)	(1974)	(1974)	(1974)
제조업	100.0	100.0	100.0	100.0	100.0	100.0	100.0	100.0	100.0	100.0	100.0	100.0
식료품	100.7	70.4	89.2	94.3			100.3	98.8	92.9	99.4	97.8	91.1
음료품	138.9	99.6	113.0			84.7	130.8	164.5		109.3		82.0
연초		82.4	115.8	93.9			185.1[1]	88.6		109.5		91.0
섬유	100.7	77.7	77.6	72.3	102.4	71.0	91.2	96.3	87.2	80.8	85.5	83.5
의복	91.4	61.1	66.1	68.0	92.7	58.5	66.0	57.1	82.4	74.6		73.2
신발	75.2		60.5	68.4	95.4	80.3	91.7[1]		97.6			84.2
피혁 및 피혁제품		73.9	67.5				81.0	72.7	83.4	76.7		90.8
제재 및 목제품	70.6	57.3	103.0	88.9	68.7	81.1	101.1	98.8	93.3	69.3	106.3	100.5
가구	120.4	77.8	78.0	79.3	67.7	79.9	67.5	83.7		71.6		96.9
지류 및 지류제품	166.7	102.2	118.5	102.3	83.6	107.5	112.8	136.7	112.2	109.1		103.9
인쇄 및 출판	175.9	128.9	114.4	112.7	110.6	121.6	125.8	144.9		108.4		
공업용 화학제품	245.4	184.5	102.7	122.3	99.5	125.1	194.3	155.1	104.8	118.3		105.9
기타 화학제품	180.6			104.8			130.6				108.4	103.2
석유 정제업			137.5	128.0			305.9		116.7			
석유 및 석탄제품			136.2		116.9	136.7	113.9			134.1		

	잠비아 (1974)	브라질 (1972)	캐나다 (1974)	미국 (1974)	인도 (1972)	일본 (1974)	한국 (1974)	필리핀 (1971)	영국 (1974)	터키 (1974)	오스트 레일리아 (1974)	소련 (1974)
고 무 제 품	233.8	114.3	97.3	91.6	86.2	98.0	79.8	106.1	104.8	112.7		109.7
풀 라 스 틱 제 품	163.2	101.6	76.7				109.5		96.9			94.8
도 자 기 및 점토제품	98.4						71.7		90.3			95.1
유 리 및 유 리 제 품			108.7	102.7			122.5		107.6			102.5
비 금 속 광 물 제 품	140.0	76.5			66.6	97.8	122.6	124.9	96.1	94.5		105.8
제 1 차 철 강	142.4	110.4	123.8	127.3	106.9	136.6	179.2	126.5	104.0	138.8	113.0	119.1
제 1 차 비철금속			103.9			116.4	152.0		101.6			
금 속 제 품	144.7		105.5	104.3	83.9	101.3	97.2	127.8	96.3	93.6		
기 계	226.9	132.2	111.7	111.8	101.6	113.2	110.7	99.2	98.3	96.6	100.2	
전 기 기 기	200.2	122.8	92.4	94.3	108.8	88.5	92.2	114.3	95.3	103.9		99.7
운 송 용 기 기	166.7	156.5	118.5	124.3	123.9	111.6	136.2	106.1	110.1	129.7	96.8	
과학계측및조정용기기	99.5	87.5	87.4	95.2		93.7	88.3		90.9			
기 타 제 조 업			78.0	79.5	92.5	89.1	73.8	90.6	88.7	77.9	95.0	
V(%)	68.7	32.4	21.0	18.2	17.3	20.8	52.7	29.0	9.2	20.3	8.1	11.3

주: (1) 1972년도치, (2) 남자육체노동자, (3) 성인남자, (4) 사회주의화된 부문.

자료: ILO, Year Book of Labour Statistics (1975) VI에서 작성.

3) 공업화비율과 산업간 임금격차

전술한 바와 같이 호프만의 가설에 따르면, 공업화의 진행과 더불어 산업간 임금격차는 축소되어가는 경향이 있다고 한다. 우리나라의 경우에 이 가설이 타당한가의 여부를 검토해보기로 한다. 우리나라에서는 1971년에서 1977년 사이에 공업화비율이 각각 21.7퍼센트, 23.4퍼센트, 26.3퍼센트, 28.0퍼센트, 28.4퍼센트, 30.0퍼센트, 28.8퍼센트로 계속 증가해온 추세에 있음에도 불구하고, 산업대분류별 임금격차는 같은 기간에 각각 46퍼센트, 58퍼센트, 51퍼센트, 39퍼센트, 58퍼센트, 61퍼센트, 61.7퍼센트로 확대해오는 추세를 나타내고 있다. 이러한 역리현상은 그동안 우리나라의 경제성장이 지나치게 인위적인 불균형성장이었다는 데 기인하는 것 같다. 한편 제조업 업종간의 임금격차율도 1967년 17.6퍼센트, 1969년 25.6퍼센트, 1971년 39.8퍼센트, 1973년 38.1퍼센트, 1975년 51.3퍼센트, 그리고 1977년 54.1퍼센트로 계속 확대되어가는 추세에 있다. 특히 1975년에는 격차율이 대폭적으로 확대되었는데, 이것은 중화학공업의 본격적인 건설에 따라 이들 부문에서의 임금이 급상승하여 상대적으로 임금이 적게 오른 여타 부문과의 임금격차가 확대된 데 기인하는 것이다. 이와 같이 그동안 우리나라 제조업 내에서의 임금구조의 급격한 변동은 바로 공업구조의 급변을 그대로 반영하는 것이라고 볼 수 있다. 따라서 우리나라의 경우에는 호프만 가설은 전혀 타당하지 않은 것으로 나타나고 있다.

우리나라뿐만 아니라 몇몇 개발도상국의 자료도 공업화의 일정한 단계까지는 오히려 격차가 확대되고, 이러한 단계를 지나서야 비로소 격차의 축소가 이루어진다는 것을 가르쳐주고 있다. 따라서 공업화와 더불어 임금격차가 축소된 후에 안정된다는 종래의 가설은 격차의 확대→축소→안정이라는 것으로 수정될 가능성을 가지고 있다.

그러나 수정된 가설이 확정되기 위해서는 더욱 많은 자료의 분석과 연구의 집적이 필요한 것이다.

5. 한국의 산업간 임금격차의 원인

1) 산업간 임금격차의 원인

그런데 격심한 산업간 임금격차를 일으키는 주요한 원인은 무엇일까?

일반적으로 고임금산업은 다음과 같은 특질을 가지고 있다고 한다.17)

① 그 산업의 노동력 중 숙련노동자의 비율이 높다. ② 그 산업의 공장 중 다수가 고임금지역에 위치한다. ③ 그 산업의 총비용 중 노무비의 비율이 낮다. ④ 그 산업의 자본노동비율이 높다. ⑤ 그 산업으로 새로운 기업이 진입하기 어렵다. ⑥ 그 산업이 새로운 산업이며, 평균이윤율이 높다. ⑦ 그 산업의 노동조합 조직률이 높고, 조합이 고수준의 고용보다도 고수준의 임금에 더욱 큰 관심을 가진다. ⑧ 그 산업에서 업적급임금제도(piece-wage system)가 널리 채용되고 있다. ⑨ 새로운 기업의 진입이 곤란하지는 않지만, 만일 진입한다면, 그들이 그 산업에서 이미 지배적인 것으로 되어 있는 임금을 지불하지 않으면 안되도록 되어 있다.

이러한 요인들은 고임금산업이 되기 위한 일반적인 조건들이다. 1970년도 일본의 산업별 임금수준과 제경제변수간의 순위상관계수의

---

17) C. G. Williams, *Labor Economics*, (John Wiley & Sons Inc., 1970), p.151.

절대치가 높은 것부터 차례로 열거해보면 다음과 같다.18)

여자노동자비율 = -0.904
1인당(1시간당) 부가가치액 = 0.885
평균근속연수 = 0.788
남자 17세미만 생산노동자임금 = 0.670
조합조직률 = 0.633
부가가치에서 점하는 임금의 비율 = -0.511

우리나라 제조업의 임금구조에 관한 한 연구에 의하면 1972년도의 시간당 평균임금과 주요 경제변수간의 상관관계는 다음과 같다.19)

근속연수 = 0.6095
연령 = 0.5982
남자 = 0.5389
사무종업원 = 0.4335
고졸이상 = 0.3916
기업규모 500인 이상 = 0.1923
평균노동생산성 = 0.1430

상술한 제 요인을 감안하여 필자가 산업별 임금수준에 영향을 미치는 주요한 요인이라고 생각되는 변수를 골라 산업별 임금수준과 경제변수와의 순위상관계수를 계산한 결과는 표 8과 같다. 순위상관계수가 높은 것부터 차례로 열거해보면 다음과 같다.

1인당부가가치=0.90

---

18) 水野朝夫, 앞의 책, p.101, 표 3-5
19) 鄭康守・金光錫, 『한국제조업의 임금격차구조』 (한국개발연구원, 1975), p.24.

경력연수＝0.82

수습·단순 및 기타 노동자의 비율＝0.77

대졸이상 노동자의 비율＝0.75

노동소득분배율＝0.75

남성노동자의 비율＝0.72

생산직노동자의 비율＝0.42

그리하여 1인당 부가가치, 남성노동자의 비율, 경력연수, 대졸 이상 노동자의 비율이 높은 산업일수록, 그리고 수습·단순 및 기타 노동

[표 8] 산업별 임금수준과 제경제변수와의 순위상관(1977)

설 명 변 수	순 위 상 관 계 수
1인당부가가치[1]	0.90
남성노동자비율[1]	0.72
경력연수[2]	0.82
대졸(전문·초대 포함) 이상 노동자의 비율[3]	0.75
수습. 단순 및 기타 노동자의 비율[4]	0.77
생산직근로자의 비율[5]	0.42
노동소득분배율[6]	0.75

주 및 자료
1) 제조업내의 산업 중 분류별임. 1976년도치임.
  한국은행, 『기업경영분석(임금 및 부가가치)』 (1977).
  노동청, 『사업체노동실태조사보고서 (남성노동자비율)』(1977).
2), 3), 4), 5), 6) 산업대분류별임.
  노동청, 『직종별임금실태조사보고서』 (1977).
4), 5), 6)이 비율이 낮은 것부터 순위를 매김.

자의 비율, 노동소득분배율, 생산직노동자의 비율이 낮은 산업일수록 임금수준이 높다. 따라서 산업간 임금격차는 부가가치생산성·경력· 학력·노동력의 성비(性比), 기능별 노동자의 구성, 직종별 노동자의 구성 등의 여러 가지 복합적인 요인의 종합적인 반영이라고 할 수 있다.

여기에 하나 더 추가해두는 것이 좋으리라고 생각된다. 우리나라의 산업간 임금격차를 격화시키는 요인의 하나로 우리는 노사의 단체교섭의 많은 부분이 산업별 통일교섭의 방식이 아니라, 기업별로 이루어지고 있다는 점을 지적할 수 있을 것이다.

2) 산업간 임금격차와 부가가치생산성

산업간 임금격차를 발생시키는 이상의 여러 요인 가운데서 가장 중요하다고 생각되는 부가가치생산성과 임금과의 관계에 대해서만 더 고찰해보기로 한다.

[표 9] 제조업 업종간 임금, 부가가치, 노동장비율 격차(1978)

(단위: 천 원, %)

구분 / 업종간	임 금 수 준			1인당부가가치			노 동 장 비 율		
	금 액	격차지수	순위	금 액	격차지수	순위	금 액	격차지수	순위
제조업 평균	1419.6	100.0		2774.3	100		3017.6	100	
음·식료품	1540.4	108.5	4	3828.5	137.9	2	3125.1	103.5	3
섬유·의복및가죽	1078.8	75.9	8	2018.4	72.7	8	2200.0	72.9	7
제재 및 가구	1503.5	105.9	6	2560.0	92.2	5	2089.1	69.2	8
종이 및 인쇄출판	1527.8	107.6	5	2816.1	101.5	5	2466.7	81.7	6
화 학·석유·석탄 고무 및 플라스틱	1681.3	118.4	2	3683.7	132.7	3	3050.3	101.0	4
비금속광 물제품	1546.3	108.9	3	3378.2	121.7	4	5165.3	171.1	2
제1차 금속	1804.2	127.0	1	5179.0	186.6	1	10558.7	349.1	1
금속제품기계 및 장비	1500.3	105.6	7	2452.5	88.4	7	2570.3	85.1	5
기타제조업	1051.5	74.0	1	1450.1	52.2	9	992.3	32.8	9

임금수준과 1인당부가가치간의 r_s=0.95
1인당부가가치와 노동장비율간의 r_s=0.867
주: 금액은 연간금액임.
자료: 한국은행, 『기업경영분석(1978)』에서 작성

　표 9는 제조업평균을 100으로 한 9개 중분류업종의 77년도 임금, 1인당부가가치, 노동장비율 사이의 관계를 나타내고 있다.

　부가가치 제1순위인 제1차금속은 임금순위 역시 1위이며, 부가가치 8위와 9위인 섬유·의복 및 가죽과 기타 제조업은 임금순위 역시 8위와 9위로 되어 있고, 여타의 업종에서도 대체로 부가가치의 순위와 임금의 순위가 비슷하다. 그래서 1인당부가가치의 순위와 임금순위 사이에는 0.95라는 매우 높은 순위상관계수가 산출된다.

우리는 표 9에서 임금격차와 부가가치격차의 크기를 비교할 수 있다. 업종간 1인당부가가치격차와 임금격차의 크기는 매우 다르게 나타나고 있다. 이를테면 임금 1순위인 제1차금속의 임근격차지수는 127.0, 임금 9순위인 기타 제조업의 격차지수는 74.0으로서 양자간의 격차는 53퍼센트인 데 비하여, 1인당부가가치 1순위인 제1차금속의 부가가치격차지수는 186.6, 부가가치 9순위인 기타 제조업의 격차지수는 52.5로서, 양자간어 는 134.4퍼센트의 격차를 나타내고 있다. 다시 말하자면 업종별 1인당부가가치의 격차가 임금의 격차보다도 훨씬 크다. 이러한 현상은 1순위와 9순위 사이에만 나타나는 것이 아니라 모든 업종 전반에 걸쳐서 나타나고 있다.

1인당부가가치를 결정하는 가장 중요한 요인의 하나는 노동장비율이다. 부가가치와 노동장비율간에는 다음과 같은 관계가 있다.

즉 부가가치(노동생산성)＝노동장비율×설비투자효율

따라서,

$$1인당부가가치 = \frac{부가가치}{종업원스} = \frac{유형고정자산 - 건물가계정}{종업원수}$$
$$\times \frac{부가가치}{유형고정자산 - 건물가계정}$$

1인당부가가치와 노동장비율 사이에는 0.867이라는 상당히 높은 순위상관계수를 나타내고 있다.

요컨대 산업간 임금격차를 일으키는 가장 중요한 요인 중의 하나가 1인당부가가치의 격차이며, 1인당부가가치의 격차를 일으키는 주요한 요인의 하나가 노동장비율이라는 것이다.

6. 맺음말

필자는 지금까지 산업간 임금구조에 관하여 이미 제시되어 있는 몇 가지 가설을 설명하고, 한국의 산업간 임금구조에 관하여 살펴보았다. 이제 다음과 같은 몇 가지 결론을 내릴 수 있다고 생각된다.

우선 산업대분류별 임금수준에 관해서 고찰해보면, 다른 나라에서는 농업임금이 일반적으로 모든 산업 중에서 최하위의 임금수준을 나타내는 것이 보통이지만, 우리나라에서는 이러한 일반적인 경향과는 달리 그것이 중위 정도의 임금수준을 나타내고 있다. 이것은 우리나라의 급격한 공업화의 결과, 다량의 농촌노동력이 도시로 유출되어, 농촌노동력이 부족한 데서 나타나는 현상이라고 생각된다. 또한 우리나라에서는 건설업의 임금이 제2위로 매우 높은데, 이것은 건설인력에 대한 해외수요의 급증과 국내에서 건설업의 호황에 힘입은 때문일 것이다. 한편 광업의 임금은 중위 정도에 불과한데, 만일 광업에서의 열악한 노동조건을 고려한다면, 이것은 광업에 균형화임금격차가 제대로 작용하지 않는다는 사실을 의미하는 것이다.

한편 제조업 내에서의 산업간 임금격차를 살펴보면, 타국의 경향과 마찬가지로 노동집약적인 경공업부문에서는 임금수준이 낮고, 중화학계열의 장치산업에서는 임금수준이 높다.

우리나라의 산업간 임금격차에서 가장 두드러지게 나타나는 특징은 격차가 타국에 비하여 매우 크다는 점이다. 우리나라의 산업간 임금격차율의 크기는 대체로 타국에 비하여 2배 이상이다. 산업간 임금격차율을 공업화비율과 관련시켜서 생각하더라도 역시 그러하다. 다시 말하자면 우리나라의 산업간 임금격차율을 우리나라와 동일한 공업화비율을 가지고 있는 나라와 비교해보더라도 우리나라의 격차율이 훨씬 더 크다.

한편 산업간 임금격차를 동태적으로 고찰해보면, 우리나라의 경우에는 공업화의 진행과 더불어 산업간 임금격차가 축소된다는 호프만의 가설은 전혀 적용되지 않는다. 우리나라에서는 공업화의 진행과 더불어 산업간 임금격차가 오히려 급격하게 확대되어왔다. 제조업내의 산업간 임금격차도 역시 확대되어왔는데 이것은 중화학공업의 본격적인 건설과 더불어 중화학공업과 경공업간에 격심한 임금격차가 나타났기 때문이다.

마지막으로 필자는 우리나라에서 산업간 임금격차를 일으키는 주요 요인을 임금수준과 경제제변수간의 순위상관계수를 계산하여 살펴보았다. 순위상관계수가 높은 것부터 차례로 열거해보면 1인당부가가치, 경력연수, 수습·단순 및 기타 노동자의 비율, 대졸 이상 노동자의 비율, 노동소득분배율, 남성노동자의 비율, 그리고 생산직노동자의 비율 등이다. 그래서 1인당부가가치, 남성노동자의 비율, 경력연수, 대졸 이상 노동가의 비율이 높은 산업일수록, 그리고 수습·단순 및 기타 노동자의 비율, 노동소득분배율, 생산직노동자의 비율이 낮은 산업일수록 임금수준이 높다. 따라서 산업간 임금격차는 부가가치생산성, 노동력의 경력별·학력별·성별·기능별·직종별 구성, 그리고 노동소득분배율 등의 여러 가지 복합적인 요인의 종합적인 반영이라고 할 수 있다.

한국의 성별 임금격차와 그 원인

1. 머리말

어느 나라에서나 여성의 임금은 남성의 임금에 비하여 상당히 낮은 것으로 되어 있다. 그러나 우리나라에서는 이러한 성별 임금격차가 다른 나라에 비하여 훨씬 더 크게 나타나고 있다. 성별 임금격차는 사회적 차별화의 한 지표로서 남녀에 대한 사회적 차별의 정도를 나타낸다. 또한 격심한 성별 임금격차는 근로자계층 내부에서의 소득분배의 불평등을 확대시키는 하나의 요인이 되기도 한다. 뿐만 아니라 격심한 성별 임금격차는 여성노동의 활용도를 낮추어 사회적 생산력의 극대화를 방해하기도 한다.

이 글에서는 이러한 우리나라의 성별 임금격차의 사실을 정태적·동태적 측면에서 다른 나라의 그것과 비교·검토하고, 격차의 원인을 규명하려고 한다.

2. 남녀간 임금격차의 실태

　1978년도 우리나라의 성별 임금 및 그 격차는 표 1과 같다.

　남자의 평균임금은 13만 5,089원이고, 여자의 그것은 5만 8,662원으로 여자의 임금은 남자임금의 43.4퍼센트에 불과하여 여자가 극심한 차별대우를 받고 있음을 알 수 있다.

[표 1] 성별임금(1978)

(단위: 원, %)

	남	여
임　　　금	135,089	58,662
격 차 지 수	100.0	43.3

자료: 노동청, 『직종별임금실태조사보고서』.

　이것을 표 2, 표 3과 비교해보자. 표 2에서 보면, 일본을 제외한 다른 나라에서는 여자임금이 남자임금의 60퍼센트 이상을 차지하고, 일본에서는 이것이 57.6퍼센트에 불과하여 격심한 성별 임금격차를 나타내고 있다.

　우리나라의 성별 임금격차는 다른 어느 나라에서보다 한층 더 심한 것으로 나타나고 있다.

[표 2] 각국의 남녀간임금격차(제조업, 1974년)

(남자＝100)

국 명(단위)	남자임금에 대한 여자임금의 비율
스 웨 덴 (시간)	84.0
영 국(시간)	65.1
덴 마 크 (시간)	83.8
노 르 웨 이 (시간)	76.7
서 독(시간)	71.6
핀 랜 드(주)	72.4
오스트레일리아(주)	68.6
일 본(월)	57.6[1]
버 마(월)	88.6[2]
이 집 트(주)	63.5[3]

주: 1) 1976년도치, 2) 1973년도치, 3) 1970년도치.
자료: ILO, *Year Book of Labour Statistics* (Geneva: ILO, 1975), Chapter VI 및
　　노동성.
　　『노동백서』 (동경: 대장성 인쇄국, 1977), p.부록 38에서 작성.

　표 3의 미국의 경우를 보면, 백인의 경우에는 여자임금은 남자임
금의 61.3퍼센트, 흑인의 경우에는 71.5퍼센트이다.

[표 3] 미국의 피부색·성·산업별 풀타임[1] 임금 및봉급노동자의 주당수입의 중위수(1971) (단위: 달러)

구분 / 산 업	전인원	통상의 주당수입의 중위수			
		백 인		흑 인	
		남	여	남	여
전산업	139	168(100)	103(61.3)	123(100)	88(71.5)
농업	80	89(100)	-	63(100)	-
광업	168	173(100)	-	-	-
건설업	171	181(100)	119.(65.7)	120(100)	-
제조업	141	165(100)	99(60)	125(100)	86.(68.8)
수송및공익사업	161	178(100)	114(64)	131(100)	108(82.4)
도소매업	119	150(100)	83(53.5)	110(100)	79(71.8)
개인가내노동	40	-	35	-	44
금융·보험및부동산	131	193(100)	103(53.4)	118(100)	100(84.7)
여러가지서비스	132	173(100)	116(67.1)	123(100)	92.(74.8)
행 정	165	183(100)	127(69.4)	156(100)	131(84.0)

1) 주당 35시간 이상 노동자.
2) 괄호 안은 남자임금을 100으로 했을 경우 여자임금의 비율.
자료: Paul O. Flaim and Nicholas Peters, "Usual Weekly Earnings of American Workers",
Monthly Labor Review, Vol. 95 (March 1972), p.35에서 작성.

우리나라의 성별 임금격차는 표 4에서도 잘 나타나고 있다. 남자의 경우에는 11.4퍼센트가 5만 원 미만의 임금계층에 속하고 있는데 비해서, 여자의 경우에는 46.3퍼센트가 여기에 속하고 있다. 여성근로자의 92.8퍼센트가 10만 원 미만의 임금을 받고 있는 데 대하여, 남자는 45.9퍼센트가 그러하다.

표 5는 비록 대분류이기는 하지만 동일직종 내에서의 남녀간의 임금격차를 나타내고 있다. 동일직종 내에서도 상당한 정도의 성별 임금격차가 존재하고 있다. 직종별로는 행정 및 관리직이 100.0 대 73.4로 가장 임금격차가 작고, 이어서 서비스직 100.0 대 60.5, 전문기술직 100.0대 60.3으로 비교적 격차가 작다. 가장 격차가 심한 직종은 사무직으로 여성임금은 남성임금의 47.1퍼센트에 불과하며, 생산직에서는 여성임금은 남성임금의 50.7퍼센트로 절반 정도에 불과하다.

[표 4] 임금계층별 성별 근로자분포(1978)

(단위: %)

성별 임금계층별	계		남　자		여　자	
	구성비	누　적	구성비	누　적	구성비	누　적
30,000미만	3.0	3.0	1.5	1.5	5.3	5.3
30,000~39,999	9.2	12.2	4.1	5.6	16.7	22.0
40,000~49,999	13.3	25.5	5.8	11.4	24.3	46.3
50,000~59,999	12.4	37.9	7.0	18.4	20.3	66.6
60,000~69,999	9.7	47.6	7.8	26.2	12.6	79.2
70,000~79,999	7.1	54.7	7.1	33.3	7.2	86.4
80,000~89,999	5.6	60.3	6.7	40.0	4.0	90.4
90,000~99,999	4.5	64.8	5.9	45.9	2.4	92.8
100,000~149,999	16.1	80.9	23.5	69.4	5.3	98.1
150,000~179,999	5.8	86.7	9.1	78.5	1.0	99.1
180,000~209,999	3.8	90.5	6.1	84.6	0.4	99.5
210,000 이상	9.4	100.0	15.5	100.0	0.5	100.0
평균임금(원/월)	104,132		135,089		58,662	
근로자수 (인)	2,526,148		1,505,917		1,023,231	

자료: 노동청, 『직종별임금실태조사보고서』(1978), pp.938ff.

[표 5] 성별직종별임금(1978)

(단위: 원)

		전 문 기술직	행정및 관리즈	사무직	판매직	서비스 직	농림 · 축산 · 수산 및 수렵직	생산직
남	임　금	226,816	293,559	176,567	126,989	89,853	94,549	100,783
여	임　금	136,747	215,486	83,225	67,319	54,332	54,462	51,113
	격차지수[1]	60.3	73.4	47.1	53.0	60.5	57.5	50.7

주: 1) 남자임금에 대한 백분비.
자료: 표 1의 자료, p.22에서 작성.

표 6은 성별·학력별 임금을 나타내고 있다. 동일학력 내에서도 상당한 성별 임금격차가 존저하고 있다.

학력별로 본 성별 임금격차의 하나의 특징은 저학력일수록 격차가 심하고, 고학력으로 갈수록 격차가 약간 완화되는 경향이 있다는 것이다.

[표 6] 성별 · 학력별임금(1978)

(단위: 원)

		국　졸	중　졸	고　졸	초대졸	대졸 이상
남	임　금	91,853	97,443	133,650	188,656	278,539
여	임　금	49,887	52,141	76,947	111,965	164,684
	격차지수[1]	54.3	53.3	57.6	59.3	59.1

주: 1) 남자임금에 대한 백분비.
자료: 표 1의 자료, pp.1020ff.에서 작성.

표 7은 성별·연령계층볼 임금을 나타내고 있다. 동일연령계층에 속하는 남녀간 임금격차도 매우 심하다. 연령계층별로 본 성별 임금

격차는 30세 미만의 저연령층에서는 비교적 작고, 30세 이상의 고연
령층에서는 매우 크다는 뚜렷한 특징을 갖는다. 18세 미만에서는 여
자임금이 오히려 남자임금보다 약간 더 높다. 가장 격차가 심한 연령
계층은 45~49세로서 여자임금은 남자임금의 35.1퍼센트에 불과하다.

[표 7] 성별·연령계층별 임금(1978)

(단위: 원)

	남	여	
	임　금	임　금	격차지수[1]
18세미만	41,263	41,681	101.0
18-19세	54,695	48,203	88.1
20-24세	74,719	61,324	82.1
25-29세	117,966	85,324	72.3
30-34세	149,735	71,156	47.5
35-39세	172,218	61,851	35.9
40-44세	180,635	64,617	35.8
45-49세	192,763	67,617	35.1
50-54세	206,545	77,222	37.4
55세이상	198,606	85,857	43.2

주: 1) 남자임금에 대한 백분비.
자료: 표 1의 자료, p.41에서 작성.

저연령에서 고연령으로 올라갈수록 성별 임금격차가 격심한 것은
남성의 임금은 전형적인 연공서열형으로 연령의 경과와 더불어 급격
하게 상승하는 데 비하여 여성임금은 그렇지 못하다는 데 기인한다.
이것은 또한 남성은 연령이 많아짐에 따라 임금이 매우 높은 상위의
직계나 관리직으로 승진해가는 데 비하여 여성에게는 사실상 이러한
상위의 직계나 관리층으로의 승진이 봉쇄당하고 있다는 사실과도 밀

접하게 관련되어 있다.

뿐만 아니라 남성노동은 대체로 계속적인 데 반하여 여성노동은 대체로 단속적(斷續的)이기 때문에 성별근속연수의 차이가 성별 임금격차에도 반영되는 것이다.

이상의 여러 가지 사정으로 미루어볼 때 여자는 동일직종, 동일학력, 또는 동일연령 계층 내에서도 남성에 비하여 임금 면에서 상당한 차별을 받고 있음을 알 수 있다.

3. 남녀간 임금격차의 추이

표 8은 우리나라의 남녀간 임금격차의 추이를 나타내고 있다. 1967년에서 1978년 사이에 남녀간 임금격차는 연도에 따라 약간의 기복은 있으나 대체로 안정적이며, 여자의 임금은 평균적으로 남자임금에 비하여 44.4퍼센트에 불과하다.

앞에서 남녀간 임금격차가 가장 심한 나라가 한국이며, 다음으로 일본이라는 것을 지적했다.

그러나 일본에서는 남녀간 임금격차가 시간의 경과와 더불어 점차 축소되어가는 사실을 표 9에서 발견할 수 있다. 1960년경에는 여자임금은 대체로 남자임금의 40퍼센트 정도였으나 1975년에 이르러서는 그것은 대체로 50퍼센트로 상승하여 15년간에 10퍼센트 정도의 성별 임금격차의 축소현상이 나타나고 있다.

[표 8] 남녀간 임금격차의 추이

(단위: 원, %)

	19671)	1970.61)	1971	1972	1973	1974	1975	1976	1977	1978	평균
총평균	8,300	21,600	22,440	22,834	27,300	36,034	46,654	66,308	77,375	104,132	
남(A)	9,800	24,800	27,364	28,047	33,886	44,792	60,319	82,871	102,924	135,089	
여(B)	4,500	10,900	11,793	12,793	15,605	20,790	25,465	36,396	45,199	58,662	
격차 지수 (B/A)	45.9	43.4	43.6	45.6	46.1	46.4	42.2	43.9	43.9	43.4	44.4

주: 1) 광공업, 그밖의 연도는 전산업.
자료: 한국은행, 『임금기본조사보고 1967』(1968), pp.50~51.
　　 한국산업개발연구소, 『임금실태기본조사보고 I』(1970), pp.20~23.
　　 노동청, 『직종별임금실태조사보고서』(1971~78)에서 작성.

[표 9] 일본제조업의 노직 및 남녀간 임금격차의 추이

(단위: 엔, %)

	실		액		남자임금액에 대한 여자임금액의 비율	
	관리,사무및기술노동자		생 산 노 동 자			
	남(A)	여(B)	남(C)	여(D)	(B)/(A)	(D)/(C)
1955년평균	23,431	9,707	16,377	6,935	41.4	42.3
1960	20,301	11,941	20,476	8,557	39.4	41.8
1961	32,755	13,112	221,889	9,514	40.0	43.5
1962	35,420	14,821	23,769	11,044	41.8	46.5
1963	38,015	16,383	26,197	12,250	43.1	46.8
1964	41,316	18,091	29,031	13,502	43.6	46.5
1965	44,363	19,906	31,762	15,285	44.9	48.1
1966	48,218	21,753	35,263	17,755	45.1	47.5
1967	53,715	24,066	39,829	18,340	44.3	46.0
1968	60,195	27,191	45,271	21,040	45.2	46.5

| | 실 | | 액 | | 남자임금액에 대한 여자임금액의 비율 | |
| | 관리,사무및기술노동자 | | 생 산 노 동 자 | | | |
	남(A)	여(B)	남(C)	여(D)	(B)/(A)	(D)/(C)
1969	68,388	31,200	51,913	24,508	45.8	47.2
1970	78,693	36,559	60,904	28,137	46.5	46.8
1971	88,295	42,204	67,981	32,695	47.8	48.1
1972	99,791	48,607	78,189	38,041	48.7	48.7
1973	117,946	58,049	93,802	45,254	49.2	48.2
1974	145,808	73,465	111,034	56,813	50.4	51.2
1975	164,842	84,773	131,525	66,236	51.4	50.4
1976	185,510	93,700	149,539	73,161	50.5	48.9

자료: 노동성 편, 『노동백서』(대장성인쇄국, 1977), p.부록 35.

최근 10년간만 보더라도 약 5퍼센트 정도의 격차축소가 이루어지고 있다.

상술한 바와 같이 우리나라만큼이나 남녀간 임금격차가 심했던 일본에서는 점차로 차별화의 개선이 이루어져가고 있지만, 우리나라에서는 전연 이러한 징조가 나타나고 있지 않다는 데 문제가 있다.

미국의 시간당 임금 데이타는 1959년에 여자는 평균적으로 남자 평균임금의 60퍼센트를 받는 것으로 되어 있다.[1] 1971년 봄 근로자들의 주임금의 중위수에 관한 최근의 수치는 그동안 차별금지법이 시행되고, 여자들이 산업 내에서 더욱 보수가 좋고 더욱 책임 있는 지위로 이동해왔음에도 불구하고, 별로 격차의 변화를 나타내지 않고 있다고 한다.[2] 1960년 이후 미국의 남녀간 임금격차가 대체로

---

1) Victor Fuchs, "Differences in Hourly Earnings between Men and Women," *Monthly Labor Review*, Vol. 94(May 1971), pp.9~15.
2) Paul O. Flaim and Nicholas Peters, "Usual Weekly Earnings of American

306 한국노동경제론

안정적으로 추이해오고 있는 사실은 표 10에서도 제시되고 있다.

[표 10] 미국의 남녀간 임금격차의 추이

(남자＝100, %)

직　　　종		1960	1965	1970
사　무 노동자	회 계 사 무 원 클라스A	80.6	82.6	84.0
	회 계 사 무 원 클라스B	78.7	82.0	80.6
	주 문 계 사 무 원	73.0	73.0	74.6
	임 금 대 장 계 사 무 원	77.5	78.1	78.7
	급　　　　　　사	96.2	66.2	92.6
	제표기조작사무원클라스A	90.1	94.3	90.1
	제표기조작사무원클라스B	90.1	91.7	90.1
	제표기조작사무원클라스C	92.6	91.7	89.3
공　장 노동자	관리인·수위·세탁소직인	83.3	84.7	87.0
	포 장 업 자 · 발 송 업 자	81.3	81.3	85.5

주: 사무노동자는 주당소정임금, 공장노동자는 시간당실수임금.
　　단, 초과근무, 주말근무, 제일(祭日)근무, 교체근무에 대한 할증임금은 포함하
　　지 않는다.
자료: U. S. Department of Labor, Monthly Labor Review(November 1971); 勞
　　　働省統計情報部　編, 『諸外國の賃金・物價・勞使關係』(東京:　勞働法令協會,
　　　1972), p.75에서 전재.

1950~1971년 사이에 영국의 남녀간 임금격차는 표 11에서 보는
바와 같이 역시 대체로 안정적임을 나타내고 있다. 산업계(産業計)로
보았을 때 여자의 임금은 대체로 남자임금의 60퍼센트 정도에서 안정
적 추이를 보이고 있으며, 제조업에서는 여자의 임금은 남자임금의 60
퍼센트에 약간 미달하는 선에서 대체로 안정적 추이를 보이고 있다.
다른 한편 1954~1971년에 걸쳐서 서독의 남녀간 임금격차는 표 12에서

Workers," *Monthly Labor Review*, Vol. 95(March 1972), p.30.

보는 바와 같이 축소의 경향을 뚜렷이 나타내고 있다.

같은 기간에 광·공·건설·에너지 산업노동자의 시간당 실수임금
의 남녀간 격차는 평균적으로 10퍼센트만큼 축소되어오고 있다.

[표 11] 영국의 남녀간 임금격차이 추이 (남자＝100, ％)

	여	자
	산 업 계	제 조 업
1950	62.3	59.8
1955	60.5	58.5
1960	60.5	57.3
1965	59.5	56.9
1970	60.1	57.6
1971	60.6	58.8

자료: *Department of Employment Gazette.*
표 10의 노동성자료, p.112에서 전재.

[표 12] 서독의 산업별 남녀간 임금격차의 추이

(남자＝100, ％)

산　　　　　　업	1954년	1963년	1971년
섬 유 공 업	75	80	80
정 밀 기 기 제 조 업	68	74	77
의 복 제 조 업	67	74	76
건 설 업	63	72	75
전 기 공 업	70	73	74
기 계 제 조 업	68	71	73
철 강 업	72	69	72
피 혁 제 품 제 조 업	61	68	71
화 학 공 업	62	67	70
인 쇄 업	51	58	62
계	60	68	70

주: 광·공·건설·에너지산업노무자의 시간당 실수임금.
자료: 연방통계국, *Wirtschaft und Statistik*에서 작성, 표 10의 노동성자료, p.145에서
　　전재.

지금까지의 데이타를 종합해보면, 일본과 서독은 남녀간 임금격차가 장기적으로 축소되어오고 있으나, 우리나라·미국·영국 등에 있어서 남녀간 임금격차는 대체로 안정적 추이를 보이고 있다. 뿐만 아니라 우리나라의 남녀간 임금격차는 다른 나라에서보다도 훨씬 크게 나타나고 있다.

4. 남녀간 임금격차의 일반적인 원인

어느 나라에서나 정도의 차이는 있지만 여자가 남자에 비해서 임금면에서 상당한 차별을 받고 있다. 우선 이와 같은 성별 임금격차의 일반적인 원인을 살펴보기로 하자. 돕(M. Dobb)은 성별 임금격차의 원인을 남녀간 노동수요 및 노동공급의 차이에서 찾고 있다.

우선 수요측면에서 여성노동의 특이성을 보면 다음과 같다.

수요측면에서 여자의 경우에는 남자만큼 수지맞는 적절한 직업은 한층 적을 것이다. 약간의 경우에는 방적의 어떤 작업이나 아동들을 가르치는 것과 같이 여자가 확실히 우수할 것이다. 반면에 채탄(採炭)이나 주물(鑄物)과 같이 중근작업(重筋作業)에 대해서는 여자가 분명히 부적합하다. 여자가 더욱 질병에 걸리기 쉽거나 또는 일에 대해서 일시적으로밖에 적응하지 못하기 때문에 그들은 이 이유만으로 고용주들에게 소용이 덜 된다고 한다. 또한 어떤 작업에서는 여자를 제외하는 관습의 잠재적인 효과도 여기에 부가할 수 있다.3)

그리고 그는 낮은 여자노동의 공급가격에 대하여 다음과 같이 말하고 있다.

---

3) M. Dobb *Wages* (London: James Nisbet & Co., Ltd., 1928), p.149.

    젊은 여성들은 수입이나 가치독립에 익숙해 있지 않기 때문에,
그들은 몇 쉴링의 획득에 대해서 다른 사람들보다도 높은 평가를
할 것이다. 노동시장에서 여자의 공급에 결정적인 영향을 미치는 것
은 그들의 가족이 남자주수입자(male breadwinner)의 저수입, 실업,
질병 또는 사망에 의하여 궁핍한 상태에 있기 때문에 직업을 구하
는 여성의 공급이다. 이러한 여성들은 빈곤의 압력만에 의하여 일자
리로 몰려온 것이기 때문에 그들은 얻을 수 있는 일이라면 무엇이
나 할 용의가 되어 있을 것이다. 따라서 그들은 더 훌륭하고 확실한
장래의 전망보다도 비록 단속적이고 일시적인 것이라 할지라도 낮
지만 당장의 수입을 더욱 높게 평가할 것이다. 이러한 종류의 여자
노동의 공급은 남자노동의 수입과 반대로 움직이는 경향이 있다는
바로 그 이유 때문에, 남가의 임금을 낮추는 모든 요인은 여자노동
의 공급을 싸게 하고, 또 여자가 남자를 대신할 수 있는 한 그들의
경쟁에 의하여 남자노동의 임금을 한층 더 싸게 하는 적극적인 경
향이 존재할 것이다.4)

    돕은 또한 상술한 여자노등의 공급가격의 저위성, 또는 여성노동
의 궁박판매와 더불어 여성노동의 공급의 비탄력성을 남녀간 임금격
차의 하나의 요인으로 지적하고 있다.

    어느 일정 지역 내에서 여자노동의 공급곡선은 일정점 이후에는
분명히 비탄력적으로 된다는 것이다. 다시 말하자면 그것은 공급의
일정점 이후에는 여자노동의 추가량을 이끌어내기 위해서는 계속
한층 더 높은 가격을 지불해야 한다는 것을 의미한다. 이것은 일정
시점에……직업을 갖기로 결정하는 여자의 수는 상당한 정도로 고
정되어 있다는 데 기인한다. 보통 가정에 머물러 가사에 종사하고
있는 사람들 중에서 상당한 숫자를 노동시장에 참여하도록 하는 데
는 특별한 조건이 필요하다. 일정점을 넘어서 존재하는 이러한 공급

---

4) 같은 책, p.151.

의 비탄력성은 노동에 대한 고용주간 경쟁이 불완전하다는 사실과 결합될 때, 이미 고용되고 있는 여자들의 임금을 저수준에 머물게 하고, 여자노동에 대한 수요증가가 여자노동의 가격을 전반적으로 상승시켜 고용주들에게 불리한 영향을 주지 않을까 하는 두려움을 주어, 고용주들로 하여금 여자의 고용확대를 꺼리게 만든다. 만일 이러한 조건들이 보편화된다면, 여성노동은 비상하게 착취당할 것이며 여자노동에 대한 수요를 확대시킴으로써 여성의 임금을 상승시키는 어떤 경향도 둔화될 것이다.[5]

성별 임금격차를 일으키는 상술한 요인은 노동시장에서의 남녀간 노동수급상의 상이에 관련되는 것이다. 우리는 이것을 성별 임금격차를 일으키는 시장적인 요인이라고 부를 수 있을 것이다.

상술한 시장적인 요인 이외에 우리는 성별 임금격차를 일으키는 하나의 요인으로서 제도적인 요인을 들 수 있다. 이러한 제도적인 요인은 주로 관습과 관련되는 것이다.

여성에 의한 남성의 대체는 상당히 좁은 범위 내에 한정되어 있으며, 상당한 관습의 파괴나 또는 특별한 희생 없이는 확대될 수 없다는 것이 종종 지적되어왔다. …… 만일 실험해본다면 여자도 남자만큼 적당하다는 것이 증명되는 경우라고 하더라도, 고용주로 하여금 여자에게 어떤 직업을 가르치는 것을 싫어하도록 만드는 데 있어서, 그리고 또 여성의 침입에 대한 장애물을 마련하는 데 있어서 관습이 아마도 상당한 역할을 할 것이다. 더욱이 과거에 남성 노동조합은 남자의 임금수준이 보다 값싼 여성노동의 경쟁에 의하여 저하할 위험성이 크게 존재하는 경우에는, 언제나 여성노동자의 진입을 저지하거나 또는 그들을 완전히 제거하는 효력을 가진 계약을 (고용주와) 맺는 데 비상한 노력을 경주해왔다. 따라서 능률과 임금의 균등을 확립하는 대체원리 그 자체가 그것의 작용을 저지시키는

---

5) 같은 책, pp.153~54.

저항을 유발시킨다.6)

여성노동의 저임금은 물론 부분적으로는 여성노동이 남성노동에 비하여 한층 생산력이 낮다는 수요측의 원인에도 기인한다. 그러나 여성의 임금은 생산성을 감안하더라도 한층 낮은 것이다. 레이놀즈는 "동일직무의 남녀임금률에 관한 자료는 미국에는 별로 없다. 다른 나라의 자료들은 이러한 종류의 격차는 보통 작으며 10퍼센트를 넘지 않을 것이다"7)라고 말하고 있다. 그러나 각국에 있어서 남녀간 임금격차는 10퍼센트를 훨씬 초과하고 있다.

남녀간에 있어서 생산성과 임금비(賃金比)의 균등성, 즉 대체원리의 작용을 방해하는 요인으로서 돕이 지적한 것은 요컨대 노동공급측의 요인으로서 여성노동의 공급가격의 저위성과 공급의 비탄력성이며, 제도적인 요인으로서는 관습과 노동조합의 관행인 것이다.

남녀간의 시간당 수입의 격차는 사용주측의 고용의 차별화를 반영하는 것이 아니라, 오히려 우리 사회가 남녀에게 할당한 역할의 상위(相違)의 결과라는 최근의 연구가 있다. 그러한 역할의 상위가 직업의 선택, 작업의 배정, 학교 졸업 후의 투자, 노동시간, 그리고 수입에 작용하는 여타의 변수에 영향을 미친다는 것이다.8)

이러한 사회적인 차별화도 물론 그 사회의 가치관, 따라서 관습적·제도적인 요인에 관련되는 것이라고 볼 수 있다. 고용주 개인에 의한 남녀간 차별이든 또는 사회적 차별(사회가 할당한 성별역할의 차이는 일종의 사회적 차별이라고 볼 수 있다)이든 여성노동에 대한 차별이 상당한 정도로 존재하는 것만은 부인할 수 없는 사실이다.

시장적인 요인이든 또는 제도적인 요인이든간에 남녀간 임금의 차별화를 발생시키는 요인을 한층 더 구체적으로 살펴보면 다음과 같

---

6) 같은 책, pp.152~53.
7) L. G. Reynolds, *Labor Economics and Labor Relations*, 4th ed. (Engle-wood Cliffs, N. J.: Prentice Hall, Inc., 1964), pp.483~84.
8) Victor Fuchs, 앞의 책, p.14.

다.9)

첫째, 여성노동은 대부분이 가계보조적인 것으로서 미숙련 단순작업에 종사하는 관계상 그들의 임금률이 그렇지 않은 남성노동에 비해 낮다.

둘째, 여성은 남성보다 일반적으로 이직율이 높아, 이것이 여성의 노무비를 상대적으로 높인다. 왜냐하면 기업은 결손(缺損)보충을 위한 비용지출을 해야 하고, 기업이 부담하는 기업 내 훈련비용이 피훈련자의 퇴직과 더불어 상실되기 때문이다.

셋째, 법이나 노동협약에서의 여성보호규정은 그 규정을 지키는 데 들어가는 비용만큼 여성의 생산성을 감소시킨다.

넷째, 기혼의 경우에는 남자에 비해 노동시장에 있어서 이동의 자유가 제한되어 유리한 고용기회를 찾아 타지역으로 옮겨갈 수가 없다. 이러한 조건하에서 여성노동은 한계생산력에 일치되는 임금률을 실현하기가 어렵다고 한다.

다섯째, 이상과 같은 모든 이유가 해소되었음에도 불구하고 남녀 간 임금격차가 그대로 존재한다면 그것은 남성중심의 여성에 대한 편견에 기인하는 것이라고 밖에는 볼 수 없다.

현대사회에서 여성노동이 미숙련 단순작업에 집중되는 근거를 다시 한번 살펴보면 다음과 같다.

여성노동은 출산과 육아라는 모성적 기능 때문에 한때 노동력으로서의 계속성이 중단되므로 기업으로서는 여성노동으로 하여금 직장의 경험을 쌓게 하고, 내외 직업훈련을 받게 하는 장기적 시야에 입각한 인적 자원에의 투자를 주저하게 한다. 이리하여 기업은 여성노동을 최소훈련비로 단순노동에 종사케 하며, 이러한 대체성이 높은 노동력의 노동시장은 공급과잉이 되어 수요독점에 의한 차별적 저노

---

9) 김윤환·전기호·김금수, 『조직여성근로자의 근로실태에 관한 조사연구보고서』
   (서울: 한국노동조합총연맹, 1978), pp.99~103.

동조건이 성립되기 쉽다.

일반적으로 남성은 여성으로부터 명령받는 위치에 서는 것에 대해 본능적으로 반발하기 때문에 여성이 실권이 있는 관리직을 차지하기가 힘들다. 따라서 남성과 경합되는 직업이나 직종에서 여성이 철저하게 배제되어 여성노동자들이 상대적으로 저임금의 단순노동에 집중되고 있다. 따라서 동일직종에서의 남녀임금 격차보다 어떤 직업 어떤 직종이 사실상 여성에게 봉쇄되어 있다는 편이 보다 중대할지도 모른다.10)

5. 우리나라의 성별 임금격차의 원인

우리나라의 남녀간 임금격차는 다른 나라에 비하여 매우 크다는 것을 지적하였다. 따라서 남녀간 임금격차의 일반적인 원인은 우리나라의 경우에도 작용하는 것이지만, 우리나라의 경우에 특히 어떤 요인이 강하게 작용하는가를 고찰해보기로 한다.

우리나라에서 격심한 성별 임금격차를 일으키는 요인으로서 우리는 우선 여성노동의 공급가격이 낮다는 점을 들 수 있다.

우리나라에서는 경제개발계획의 추진 이래로 농촌의 과잉노동력이 대량 도시로 진출하여 공장노동에 종사해왔다. 이와 함께 대량의 여성노동도 도시로 진출하여 섬유·의복·가발 등 저임금 산업부문에 취업해왔다. 이러한 여성노동은 대체로 가난한 농민의 딸들이며, 남성에 비하여 학력·연령·근속연수가 월등히 낮다. 뿐만 아니라 대부분이 비가구주이다. 그래서 이들은 가난에 쫓겨서 노동시장에 나

---

10) 같은 책, pp.103~104.

와 노동력의 궁박판매를 강요당하고 저학력·저연령·저경력일뿐만 아니라 비가구주로서 가계보충적이기 때문에 낮은 공급가격의 노동력이다.

제조업에 있어서 조직여성근로자의 부모의 직업을 표 13에서 보면 부의 직종이 농업인 근로자가 전체의 61.7퍼센트로서 압도적으로 높고, 이어서 무직 9.7퍼센트, 상업 8.6퍼센트, 근로자 7.8퍼센트 등이다. 따라서 여성근로자의 대부분은 농민, 무직자, 중소상인, 그리고 근로자의 자녀들이다. 따라서 가난에 밀려서 노동시장에 진출했다고 볼 수 있고, 노동의 궁박판매를 강요당하고 있다.

[표 13] 여성근로자(제조업)의 부모의 직업

(단위: %)

부모＼직업	농 업	상 업	근로자	공무원	어 업	교육자	수공업	무 직	기 타	계
부	61.7	8.6	7.8	3.6	1.4	0.8	0.6	9.7	5.9	100.0
모	44.9	5.6	2.2	0.2	0.3	0.2	0.3	43.3	3.0	100.0

자료: 김윤환·전기호·김금수, 「조직여성근로자의 근로실태에 관한 조사연구보고서」
(서울: 한국노동조합총연맹, 1978), p.62.

[표 14] 성별·학력별 근로자수(1978)

(단위: 명, %)

		총 계	국민학교 졸 업	종 학 교 졸 업	고등학교 졸 업	초급대학 졸 업	대 학 교 졸업 이상
남	근로자수	1,502,917	271,486	496,428	493,767	38,592	202,644
	백 분 비	100	18.1	33.0	32.9	2.6	13.5
여	근로자수	1,023,231	371,532	419,460	207,044	8,760	16,435
	백 분 비	100	36.3	41.0	20.2	0.9	1.6

자료: 노동청, 『직종별임금실태조사보고서』(1978), pp.1020~22에서 작성.

성별·학력별 근로자수를 표 14에서 보면 국졸은 남자의 경우에
는 18.1퍼센트인 데 반하여, 여성의 경우에는 36.3퍼센트로서 3분의
1이상을 차지하고 있다. 중졸은 남성의 경우 33.0퍼센트, 여성의 경
우에는 41.0퍼센트이다. 따라서 중졸 이하는 남성의 경우 51.1퍼센
트인 데 반하여, 여성의 경으에는 77퍼센트나 된다. 여성근로자의
저학력이 여성노동력의 저공급가격을 형성하는 하나의 요인이 된다.

표 15는 성별·연령계층별 근로자수를 나타내고 있다. 20세 미만
의 남성근로자는 7.6퍼센트인 데 비하여 여성근로자는 33퍼센트이며
25세 미만의 남성근로자는 30.3퍼센트인 데 비하여, 여성근로자는
83.7퍼센트이다. 따라서 여성근로자의 대부분은 25세 미만의 저연령
층이다.

[표 15] 성별·연령계층별 근로자수(1978) (단위: 명, %)

	남		여	
	근 로 자 수	백 분 비	근 로 자 수	백 분 비
총계	1,502,917	100	1,023,231	100
18세이하	22,694	1.5	71,271	7.0
18-19	91,687	6.1	266,365	26.0
20-24	219,693	14.6	518,776	50.7
25-29	341,463	22.7	66,160	6.5
30-34	307,725	20.5	25,971	2.5
35-39	234,719	15.6	30,074	2.9
40-44	142,448	9.5	23,942	2.3
45-49	78,321	5.2	12,332	1.2
50-54	38,699	2.6	5,544	0.5
55세이상	25,468	1.7	2,796	0.3

자료: 노동청, 『직종별임금실태조사보고서』(1978), pp.1028~31에서 작성.

표 16은 성별 경력·연수별 근로자수를 나타내고 있다. 남성의 경우에는 1년 미만이 20.9퍼센트, 5년 미만이 66.4퍼센트인 데 비하여, 여성의 경우에는 그것이 각각 28.7퍼센트, 90.6퍼센트이다. 그리고 10년 이상의 근로자수는 남성의 경우 12.2퍼센트나 되는데, 여성의 경우에는 0.9퍼센트에 불과하다.

여성의 경우에는 대부분이 5년 미만의 낮은 경력연수를 갖고 있다.

[표 16] 성별·경력연수별 근로자수(1978)　　　(단위: 인, %)

		총계	1년 미만	1~4년	5~9년	10년 이상
남	근로자수	1,502,917	314,142	684,527	321,459	182,789
	백 분 비	100	20.9	45.5	21.4	12.2
여	근로자수	1,023,231	293,423	633,160	86,974	9,674
	백 분 비	100	28.7	61.9	8.5	0.9

자료: 노동청, 『직종별임금실태조사보고서』(1978), pp.982~85에서 작성.

평균적으로 보아서 남성의 연령은 32세, 경력연수는 4.6년인 데 비하여 여성의 연령은 22세, 경력연수는 2.3년이다.[11] 여성이 남성에 비하여 연령은 10세나 낮고, 경력연수는 절반밖에 되지 않는다.

여성근로자의 대부분이 저연령·저경력연수를 갖고 있다는 것은 특히 우리나라와 같이 연공서열형 임금이 지배적인 사회에서는 남녀간의 임금격차를 심화시키는 큰 요인이 되는 것이다. 뿐만 아니라 남녀간 연령과 경력연수의 격심한 격차는 직계(職階)의 남녀간 격차를 확대시킨다. 우리나라에서는 임금이 상후하박으로 되어 있어서 직계간 임금격차가 크기 때문에 격심한 직계의 격차는 임금의 남녀간 격차를 크게 만드는 또 하나의 요인이 된다.

연공임금의 특징을 일본학자들의 통설에 따라 요약하면 다음과 같다.[12]

---

11) 노동청, 『직종별임금실태조사보고서(1978)』, p.22.

① 일본에서는 기업을 초월한 횡단적 임금률은 성립하지 않고 있고, 임금은 기업마다 독자적으로 결정되고 있다. ② 임금, 특히 초임금의 수준이 낮기 때문에 근로자의 생활을 보장할 필요상 임금은 연령이나 근속연수 등의 속인적 요소에 따라서 결정되고 그 결과로서 임금률체계도 연령·근속에 대응하는 형태로 된다. ③ 그 때문에 임금은 반드시 근로의 질과 양에 대응하는 것은 아니다. ④ 임금의 상하의 폭은 구미의 선진제국의 그것에 비해서 현저하게 크고, 기업의 임금구조는 현저하게 일본에만 특수한 것으로 되어 있다. ⑤ 더욱이 이러한 임금구조의 특징은 대기업의 직원 및 본공(本工)노동자에게 뚜렷이 발견되는 것으로서 기업규모가 작아짐에 따라 희박하게 되고 있다.

쓰미야 미키오(隅谷三喜男)는 이러한 연공임금이 성립한 기반을 일본적 숙련의 형성, 생활임금의 요구, 그리고 자본주의의 독점화의 세 가지로부터 찾고 있다.13)

우리나라에 있어서 연공輯 임금의 성립기반은 생활임금의 요구, 연소근로자의 대량존재, 일본형 임금체계의 영향, 불균형성장정책에 기인하는 독점기업의 대두, 일본적 숙련에 유사한 직무서열 등에 있는 것으로 생각된다.

한국경영자협회가 조사한 바에 의하면 1971년 10월 현재 우리나라 대기업의 45.3퍼센트가 연공서열형 임금체계를 채용하고 있으며, 41.5퍼센트가 연공서열형에 직무급 또는 능률급의 혼합형을 채택하고 있다. 그리고 연공서열형 임금체계를 전연 도입하고 있지 않은 기업체수는 불과 13.2퍼센트에 불과하다.

---

12) 梅村又次, 「年功賃金について」, 西川俊作 편, 『勞働市場』(日本經濟新聞社, 1971), p.248.
13) 隅谷三喜男, 『勞働經濟論』(筑摩書房, 1969), pp.183~96 참조.

[표 17] 한국기업의 임금형태별 분포(제조업) (1971년 10월 현재)

(단위: %)

기업규모 ＼ 임금형태	연공서열형	연공서열형에 직무 또는 능률급의 혼합형	기 타
200~499인	52.0	36.0	12.0
500~999인	37.5	50.0	12.5
1,000인 이상	41.7	41.7	16.6
계	45.3	41.5	13.2

자료: 한국경영자협의회, 『노무관리의 실태조사』(서울: 한국경영자협의회, 1972).

우리나라의 연공형 임금제의 특징을 서유럽제국의 임금체계와 비교해보면 다음과 같다.

우리나라의 연령별 격차는 누진하고, 반면에 선진국의 경우는 35~39세의 연령층까지 급증한 후 거의 변동이 없이 평준화하고, 45~49세에 이른 이후는 일단 임금은 하락을 개시한다. 즉 우리의 경우는 능률·효율을 무시하고 연령에 따라 누진시키는 데 반하여, 선진국의 경우는 생산에 대한 실제 공헌도가 임금결정의 기준이 되는 것이다. 우리나라의 연공형 임금이 주로 생활급의 형태를 취함에 비하여 선진국의 그것은 능률급·생산성급의 형태로 지급됨을 의미한다. 우리의 경우 어떠한 학력의 정도를 막론하고, 또한 소년층이든 청년층이든 취업당초의 초임급(初任給)이 너무나 낮은 수준에서 결정되고 있는 구습이 극단한 저수준의 초임급으로부터 연공에 따라 누증률의 승급을 거듭함으로써 급경사의 경직된 연령별 격차를 이루게 한 것이다.[14]

상술한 연공형 임금제가 성별 임금격차를 심화시키고 있음은 물론

---

14) 대한상공회의소 한국경제연구센터, 『경제발전과 임금정책에 관한 연구』(서울: 대한상공회의소, 1973), pp.168~70.

이다.

표 18은 성별 가구주 여부 근로자수를 나타내고 있다. 남성의 경우에는 62.6퍼센트, 즉 약 3분의 2가 가구주임에 비하여 여성의 경우에는 가구주가 4.4퍼센트에 지나지 않고, 95.6퍼센트가 비가구주이다.

[표 18] 성별가구주 여부 근로자수(1978) (단위: 명, %)

		총 계	가 구 주	비 가 구 주
남	근 로 자 수	1,502,917	941,301	561,616
	백 분 비	100	62.6	37.4
여	근 로 자 수	1,023,231	44,873	978,358
	백 분 비	100	4.4	95.6

자료: 노동청, 『직종별임금실태조사보고서』(1978), p.40에서 작성.

비가구주는 가계보충적이기 때문에 노동의 공급가격이 낮다.

우리나라에 있어서 성별 임금격차가 큰 또 하나의 요인은 근로의 수요측에 있다. 우선 성별·직종별 근로자 구성비를 표 19에서 보면, 가장 고임금직종인 행정 및 관리직에 남성근로자가 7만 1,288명(4.7퍼센트)이고 여성근로자는 1,142명(0.1퍼센트)이다. 따라서 관리직은 대부분 남성이 차지하고 있다. 다음으로 임금이 높은 직종인 전문기술직에 있어서는 남성근로자는 10만 1,964명(6.8퍼센트), 여성근로자는 2만 912명(2.0퍼센트)으로 남성의 수가 여성의 수의 약 5배에 이르고 있다. 다음으로 임금이 높은 사무직에 있어서는 남자는 29만 1,527명(19.4퍼센트), 여자는 16만 9,739명(16.6퍼센트)으로 남성이 훨씬 많다.

[표 19] 성별 직종별 근로자 구성비(1978)

(단위: 명)

		총 계	전 문 기술직	행정및 관리직	사무직	판매직	서비스직	농림·축산·수산및 수렵직	생산직
남	근로자수	1,502,917	101,964	71,288	291,527	11,483	67,653	2,272	956,730
	백 분 비	100.0	6.8	4.7	19.4	0.8	4.5	0.2	63.7
여	근로자수	1,023,231	20,912	1,142	169,739	10,580	37,165	1,047	782,646
	백 분 비	100.0	2.0	0.1	16.6	1.0	3.6	0.1	76.5

자료: 표 1의 자료, pp.86ff.에서 작성.

임금이 낮은 직종인 생산직에는 남성노동자의 63.7퍼센트, 여성노동자의 76.5퍼센트가 종사하고 있어서 여성이 비율로 보아서 상당히 높다. 이와 같이 고임금직종, 특히 관리직과 전문기술직은 여성에게는 상당한 정도로 봉쇄되어 있다고 하겠다. 이것이 성별 임금격차를 일으키고 있다.

표 20은 1977년도 제조업 내에서 여성근로자가 집중된 업종의 평균임금과 여성근로자수를 나타내고 있다. 가장 임금이 낮은 업종인 의복제조업에는 여성근로자의 약 20퍼센트인 14만 3,276명이 종사하고있다.

[표 20] 여성근로자가 집중된 업종의 평균임금 및 여성근로자수

(제조업, 1977)

(단위: 원)

	제조업 전 체	섬 유 제조업	의 복 제조업	고무제품 제 조 업	건기기계 기 구 제 조 업	기 타 제조업
임 금[1)	51,685	45,681	35,789	43,421	49,833	38,051
여성노동자수	743,017	239,253	143,276	49,382	98,866	49,669

주: 1) 남녀를 모두 합친 평균임금임.
   2) 여성 근로자수가 4만 명 이상이며, 남성근로자수보다 많은 업종임.
자료: 노동청, 『한국노동통계연감』(서울: 노동청, 1977), p.54에서 작성.

제조업 전체의 평균임금이 5만 1,685원인 데 비하여 의복제조업의 그것은 3만 5,789원에 불과하다. 여성근로자가 가장 많이 집중되어 있고, 제조업전체의 약 3분의 1이 종사하고 있는 섬유제조업의 임금은 4만 5,681원으로 제조업의 평균임금보다도 훨씬 낮다. 여성근로자가 집중되어 있는 업종의 임금은 모두 제조업의 평균임금보다도 낮다. 이와 같이 임금이 낮은 업종에서 여성노동에 대한 수요가 많다는 것이 성별 임금격차를 크게 만드는 하나의 요인이 된다.

상술한 바와 같은 남녀간 노동수요의 격차가 성별 임금격차를 모두 설명하는 것은 아니다. 왜냐하면 동일직종 내에서도 남녀간에 상당한 임금격차가 존재하고 있기 때문이다.

표 21은 우리나라의 생산직 가운데서 여성근로자의 비율이 비교적 높아서 여성에게 적합하며, 따라서 남녀간에 임금격차가 비교적 작은 세분류별(細分類別) 직종의 남녀간 임금격차를 표시한 것이다.

[표 21] 동일직종의 남녀간 임금격차(생산 및 관련직, 1978)

(단위: 원, %, 명)

	임 금		근 로 자 수	
	남	여	남	여
제재공, 합판제조공 및 관련목 재가공종사자	96,507	62,011 (64.3)	29,006	14,155
방적공 및 권사공	95,283	55,083 (57.8)	11,058	74,320
직조공 및 관련종사사	94,329	54,390 (57.7)	14,159	87,065
표백공 염색공 및 섬유제품완 성공	82,842	52,406 (63.3)	18,651	16,257
재봉공 및 자수공	67,494	46,973 (69.6)	13,932	153,253
전기 및 전자장비 조립공	83,492	51,364 (61.5)	26,125	72,428
고무 및 플라스틱제품 제조공	70,657	48,423 (68.5)	39,381	50,500
품질검사원	67,618	46,502 (68.7)	10,589	32,505

주: 괄호 안은 남자임금에 대한 여자임금의 비율.

자료: 노동청, 『직종별임금실태조사보고서』(1978), pp.106~55에서 작성.

이 가운데서 재봉공 및 자수공, 고무 및 플라스틱제품 제조공, 그리고 품질검사원이 비교적 임금격차가 작은 직종이며, 남자임금에 대한 여자임금의 비율은 각각 69.6퍼센트, 68.5퍼센트, 68.7퍼센트이다. 제재공, 합판제조공 및 관련목재가공종사자, 표백공, 염색공 및 섬유제품 완성공, 그리고 전기 및 전자장비 조립공이 61~64퍼센트 정도이고, 그 외는 57퍼센트 정도이다. 남녀간 임금격차를 시정하기 위하여 ILO 제100호는 남녀동일노동·동일임금의 원칙을 확립하고 있다. 그러나 현실적으로는 동일직종 내에서도 남녀간에 상당한 정도의 임금격차가 존재하는 것이다. 우리나라에서는 특히 남성우위의 유교주의적 전통이 강하게 남아 있기 때문에 이러한 동일직종 내에서의 성별 임금격차는 한층 더 심한 것으로 나타나고 있는 것이다.

6. 맺음말

우리나라는 세계에서 성별 임금격차가 가장 심한 나라 중의 하나이다. 일본도 역시 성별 임금격차가 매우 심한 나라의 하나이지만, 일본에서는 성별 임금격차가 점차로 축소되어가는 과정에 있다. 그러나 우리나라에서는 성별 임금격차가 조금도 완화되는 기미를 보이지 않고, 그대로 지속되고 있는 실정이다.

우리나라에서 격심한 남녀간 임금격차의 원인은 여성노동의 공급가격의 저위성, 여성노동력에 대한 수요가 저임금 업종에 집중되어 있다는 사실, 그리고 동일직종 내에서의 여성의 차별화에 있다고 하겠다. 여성노동의 낮은 공급가격은 여성이 남성에 비하여 노동력의 궁박판매를 강요당한다는 것, 대부분이 비가구주이기 때문에 여성의 수입은 가계보충적이라는 것, 그리고 저학력·저연령·저경력연수를 가진 노동력이라는 사실 등에 기인한다. 여성노동력의 저경력·저연령은 우리나라의 연공서열형 임금체계하에서는 성별 임금격차를 확대시키는 요인으로 된다. 여성노동의 저학력은 학력을 중시하는 우리나라에서는 역시 성별 임금격차를 크게 하는 요인으로 된다.

노동수요의 측면에서 남녀간 임금격차를 발생시키는 것은 여성노동력이 관리직 등 고임금 직종에서는 봉쇄를 당하고 있으며, 주로 저임금 직종이나 업종에 집중되고 있다는 사실이다.

동일직종 내에서의 여성노동의 차별화는 남성우위의 유교주의적 가치관에 기인하는 바 큰 것으로 생각된다. 이것은 제도적인 요인으로 생각할 수 있는 것이다. 특히 동일노동·차별임금은 사회적 생산력의 극대화에 장애요인이 되며, 소득분배의 불평등도(不平等度)를 증가시키고, 더욱이 공정의 원칙에서 바람직하지 못하다.

여성노동의 효율적인 활용을 위해서는 생산성과 비례하는 임금을 남녀 모두에게 지급해야 할 것이다.

한국의 노동시간 단축문제

1. 머리말

6·29선언은 그동안 양적·질적·의식적으로 성장한 노동자계급을 중심으로 한 민주세력의, 독재와 권위주의에 대한 승리를 의미한다. 그러나 이러한 승리는 일거에 끝나는 것이 아니라 장기적으로 내실을 담아가는 긴 여정중의 획기적 한 시점에 불과한 것이다. 이러한 대전환기적 시점에서 사회의 핵심세력으로 성장한 노동자계급도 의사결정방법에서의 민주화와 내용면에서의 인간화를 위하여 사회의 선도적 역할을 담당할 결정적인 책임을 지고 있다.

인간은 생물적으로 생존하기 위해서는 최저한의 물적 생존수단과 휴식(수면·휴식·식사 등)을 필요로 한다. 일정한 휴식시간을 가지기 위해서는 노동시간을 일정한 한계 내에 한정하지 않으면 안된다. 따라서 최저한 생존수단에 해당하는 임금과 최저한 휴식시간을 보장하는 노동시간의 제한은 인간 이전에 생물로서 살아남기 위해서도 필요한 자연적 기본조건의 하나이다. 더욱이 인간답게 살기 위한 일정한 임금수준의 확보와 노동시간의 제한은 인간으로서 너무나 당연한 요구이다.

그러나 자본주의의 확립기인 산업혁명기나 또는 그 직후의 소위 '원생적 노동관계'에서는 어느 사회에서나 탐욕스런 자본은 노동력의 최저한 생리적 재생산에도 미치지 못할 정도의 저임금과 장시간 노동을 보편적으로 강요하고 있었다. 이에 대하여 일찍이 노동자계급은 자본주의 성립초기부터 단결을 통하여 임금인상과 노동시간단축(소위 10시간 노동운동을 중심으로)을 요구하는 노동운동을 줄기차게 벌여온 것은 너무나 당연한 일이다. 이러한 노동운동은 그 이후 노동문제에 국한해서 보면 의사결정 방법에서 노사관계의 민주화와 내용면에서 임금인상 및 시간단축을 그 핵심으로 하는 요구투쟁을 지속적으로 관철시켜왔다. 그리고 그 수준도 초기에는 생물로서 최저한 생리적 욕구에서 점차 인간적인 욕구로 높아졌으며, 따라서 그 범위도 절차상에 있어서 정치·사회의 민주화와 내용면에 있어서 다양한 인간적인 욕구의 증대로 넓어져왔다.

그러나 우리나라는 다른 분야에서는 중진국의 수준을 넘어서 선진국 수준으로 돌입하려는 오늘에도 적어도 노동시간에 관한 한 세계 최장노동시간이라는 가장 원생적인 노동관계에 있는 실정이다. 이제 노동시간은 최저한의 인간적인 욕구를 충족한다는 의미에서나 다른 분야의 발전과 균형을 이룬다는 의미에서 가장 뒤떨어진, 따라서 가장 시급히 해결해야 할 문제 중의 하나로 등장하고 있다.

2. 자본주의와 노동시간

모든 사회구성체를 통해서 노동일(workday)은 필요노동시간과 잉여노동시간으로 나누어진다. 전자는 직접생산자와 그 가족의 1일분의 생활에 필요한 물자의 총량에 해당하는 생산물을 생산하는 데 필요한 시간을 말하고, 후자는 그 이상의 여분의 생산물을 생산하는 시간을 말한다. 자본주의 사회에서는 필요노동시간에 의하여 생산되는 생산물의 가치가 임금으로서 노동자에게 지급되고, 잉여노동시간의 생산물의 가치(잉여가치)는 이윤으로서 자본에 귀속된다. 그러나 자본주의 사회와 그 이전의 계급사회 사이에는 잉여노동을 수취하는 방법에 차이가 있다. 즉 자본주의 이전의 계급사회에서는 직접적 생산자의 잉여노동의 수취는 경제외적 강제(정치·군사적 지배와 신분적 예속)를 통해서 이루어지지만 노동력이 상품화되어 있는 자본주의사회에서는 자본에 의한 잉여노동의 창출은 강제에 의해서가 아니라 법률적·형식적 평등과 계약관계를 기초로 하여 직접적 생산과정에 대한 자본의 노동통제에 의해서 이루어지고, 그것은 시장의 경제법칙(가치법칙)에 기초를 둔 교환에 의해서 실현된다.

이윤을 증대시키기 위해서는 잉여노동시간을 증대시키는 것이 필요하지만, 일정한 사회에서는 필요노동시간은 일정한 길이를 가지고 있기 때문에 결국 노동일을 연장할 필요가 있다.

그러나 노동지출량을 결정하는 것은 절대적인 노동시간의 길이만은 아니다. 노동량의 지출은 노동시간의 절대적인 길이(노동의 외연적 대소), 노동 강도와 숙련의 정도(노동의 내포적 대소), 노동의 생산력의 발달 정도 등 세 가지 요인에 의존한다.

자본주의가 발전함에 따라 고정설비의 비중이 증대되고 이는 장시간노동의 필요성을 한층 강화시킨다. 첫째, 기계장치를 장시간 가동시키는 것은 자본의 회전을 빠르게 하여 연간이윤율을 증가시킨다. 둘째, 기계의 사회적 진부화를 방지하기 위해서도 기계의 장시간 가동은 필요하다.

그래서 기계를 장시간 가동시키기 위해서는 노동자에게 될 수 있는 대로 장시간 노동을 시킴과 동시에 인간의 생리적 한계를 넘어서 기계를 가동시킬 목적으로 교대제도가 나타났다.

그런데 노동자는 살아 있는 인간이기 때문에 노동함으로써 노동력이 소비되는 시간부분과 소비된 노동력의 에너지를 보충하기 위한 시간부분(수면·휴식·식사 등의 시간부분) 사이에 일정한 균형관계를 이룩하지 않으면 안된다. 만일 이러한 균형관계가 노동시간부분의 확대에 의하여 파괴된다면 노동자의 피로의 축적, 여기에 따르는 질병·노동재해의 증대 및 노동능률의 저하 등을 초래하여 노동자는 물론 자본에게도 손실을 가져다준다.

이와 같이 노동력의 소비, 즉 노동의 지출은 육체적·생리적 재생산을 위한 시간에 의하여 일정한 한계가 지워지는데, 이러한 한계는 이른바 노동시간의 물리적·생리적 한계로서 노동시간의 최고한을 결정하는 것이다.

또한 노동자는 자본을 위한 단순한 노동력의 제공자로서만 존재하는 것이 아니라 사회적·문화적 생활을 영위하려는 의욕을 가진 인간으로서 존재한다. 이러한 의욕들을 충족시키기 위한 교양·오락·독서 등에 필요한 시간부분은 첫째, 생산력이나 기술의 발전에 따라 자본이 수요하는 노동력의 질이 변화하게 되는데, 이에 알맞은 기능이나 숙련을 획득하는 데 필요한 교육이나 훈련내용의 변화와 둘째, 임금수준에 의하여 규정되는 노동자의 생활수준의 변화라는 두 가지 요인에 의하여 변화한다. 이를 위해서 필요한 시간부분은 노동시간에서 차감되는데, 이와 같이 물리적·생리적 한계에 추가하여 차감되는 한계가 노동시간의 사회적·도덕적 한계로서 노동시간의 최저한을 규정하는 것이다.

결국 현실의 노동시간은 물리적·생리적 한계를 최고한으로 하고, 사회적·도덕적 한계를 최저한으로 하여 그 사이에서 결정된다. 이러한 노동시간의 두 가지 한계 사이에는 상당한 신축성이 있다. 여기에 최고한에 가까운 노동시간을 결정하려는 자본 측에 대항하여 노조에서는 최저한에 가까운 노동시간을 주장한다.

노동시간을 둘러싼 이러한 노자간의 대립·교섭·상충이 바로 노동시간에 관한 경제법칙이라고 할 수 있다.

노동시간의 역사는 모든 자본주의 국가에서 동일한 과정을 전개한다. 결국, 노동시간은 자본주의의 최초의 시기(산업혁명의 시기)에 두드러지게 연장되고, 그 이후 노동운동 및 사회입법의 발전에 따라 계속 단축되는 방향으로 진행된다. 그러나 특별하게 파시즘 체제에서는 노동시간은 거꾸로 연장된다.

3. 한국의 노동시간 실태

1) 국제비교

한국의 노동시간은 ILO자료에 의하면 세계 최장노동시간이다. 표 1에서 주요국 제조업의 주당 노동시간을 비교해보면 다음과 같은 몇 가지 특징을 발견할 수 있다.

[표 1] 주당 노동시간의 국제비교(제조업)　　　(단위: 시간)

국명 \ 연도	1977	1978	1979	1980	1981	1982	1983	1984	1985	1986
한　　　국	52.9	53.0	52.0	53.1	53.7	53.7	54.4	54.3	53.8	54.7
남	53.2	53.2	52.0	52.8	53.4	53.6	53.9	54.0	53.5	54.4
여	52.5	52.7	51.9	53.5	53.9	54.0	55.0	54.8	54.2	55.2
홍　　　콩	-	50.9	50.1	49.1	46.2	45.2	45.5	44.8	44.8	45.2
남	-	-	-	-	-	-	-	-	47.7	48.1
여	-	-	-	-	-	-	-	-	41.4	41.7

연도\국명	1977	1978	1979	1980	1981	1982	1983	1984	1985	1986
싱 가 포 르	48.8	49.0	48.5	48.6	48.7	48.3	48.9	48.6	47.0	-
남	-	-	-	51.2	51.9	50.5	50.6	50.7	49.0	-
여	-	-	-	46.7	46.2	46.4	47.5	46.9	45.5	-
일　　　　본	40.3	40.6	41.1	41.2	41.0	40.9	41.1	41.7	41.5	41.1
남	41.2	41.4	42.1	42.4	42.1	42.1	42.3	43.0	42.9	42.4
여	38.2	38.5	38.7	38.4	38.3	38.3	38.6	38.8	38.4	38.4
미　　　　국	40.3	40.4	40.2	39.7	39.8	38.9	40.1	40.7	40.5	40.7
핀　란　드	32.8	33.2	33.4	33.2	32.8	32.5	32.4	32.3	32.3	31.9
프　랑　스	41.1	40.8	40.7	40.6	40.3	39.4	38.9	38.7	38.6	38.6
서　　　　독	41.7	41.6	41.8	41.6	41.1	40.7	40.5	41.0	40.7	40.4
남	42.4	42.1	42.3	42.2	41.6	41.1	40.8	41.4	41.1	40.8
여	39.9	39.9	39.9	40.0	39.4	39.1	39.1	39.7	39.5	39.2

자료: ILO, Year Book of Labor Statistics(1987).

첫째, 가장 긴 노동시간이다. 가장 노동시간이 짧은 핀란드에 비하면 한국의 노동시간은 1986년에는 주당 22.8시간이 더 길다.

둘째, 대체로 40시간 미만 또는 40시간 전후에 있는 나라들의 경우에는 노동시간이 비교적 고정되어 있거나(핀란드, 일본, 미국) 시간단축의 경향이 나타나고 있다(프랑스, 서독). 노동시간이 비교적 긴 싱가포르의 경우에도 시간단축의 경향이 약간 나타나고 있으며, 특히 1977년 50시간이 넘는 홍콩의 경우에는 대폭적인 시간단축의 경향이 나타나고 있다. 이에 비하여 한국의 노동시간은 50시간이 넘는 최장노동시간이면서도 거꾸로 연장되는 경향을 보이고 있다.

셋째, 어느 나라에서나 모성보호를 위하여 여성의 노동시간이 남성의 그것보다 짧지만 한국의 경우에는 여성의 노동시간이 더욱 길다.

표 2에서 제조업 생산노동자의 연간 실노동시간을 비교해보면 노동시간의 격차는 더욱 늘어나 한국은 프랑스에 비하여 1,237시간, 75퍼센트 더 긴 것으로 나타나고 있다.

[표 2] 연간 총실노동시간의 국제비교

(제조업생산노동자, 1985) (단위: 시간)

	총 실 노 동 시 간	비고(프랑스=100)
일 본	2,168	132.0
미 국	1,924	117.1
영 국	1,952	118.8
서 독	1,659	101.0
프 랑 스	1,643	100.0
한 국	2,880	175.3

자료: 일본노동협회, 『노동백서』, 1987년판.
한국의 경우에는 노동부, 『직종별임금실태보고서』 (1985)에서 산출.

표 3에서 보면 한국의 경우에는 소정 노동시간이나 시간외 노동시간이 다른 나라에 비하여 월등히 길며, 법정 주휴일수와 연차유급휴가일수는 비교가 안될 정도로 적다.

2) 산업별 노동시간

표 4에서 산업별 노동시간을 보면 광업이 가장 짧고, 제조업이 가장 길다. 특수한 근로조건을 가진 광업을 제외하면 노동시간수와 급여액 사이에는 대체로 역함수 관계가 있어서 노동시간이 긴 산업일수록 급여액이 낮다.

주당노동시간의 실태를 산업별로 한국노총의 정기조합원 임금조사결과에 따라 살펴보면 1986년 현재 관광 48.4시간, 금융 51.8시간, 항운 55.3시간, 철도 55.5시간, 섬유 57.5시간, 화학 58.2시간, 전매 58.8시간, 자동차 62.0시간, 출판 65.9시간 등으로 나타나고, 업종별로 살펴보면 화학의 시멘트 62.8시간, 요업 63.0시간, 합성수지 69.1시간, 제혁화 69.4시간, 제분 97.1시간, 자동차의 관광 72.3시간, 화물 80.4시간을 기록하고 있어 노동시간이 엄청나게 길게 나타나고 있다.

[표 3] 연간노동시간의 국제비교

구분 나라	연간총 노동 시간	소정 노동 시간	시간외 노동 시간	법정 주휴일	정휴수	주휴일 이외의 휴일수	최저연 차유급 휴가 일수	연차유 급휴가 사용 일수	비 고
한 국	2,906	2,345	562	52일	18.1일	3~8 일	-		84년 제조업 생산직 대상 단, 주휴일 이외의 휴일수 는 제조업 전체 대상
일 본	2,136	1,945	191	83.4	18.1	6 (15.3)	9.6		83년 제조업 생산직 대상( ) 내는 실제연차유급휴가부여 일수임
미 국	1,851	1,731	120	104.0	9.1	-	19.5		82년 제조업 생산직 대상
서 독	1,682	1,604	78	104.0	10.6	3주	30.2		82년 제조업 생산직 대상
프랑스	1,707	1,644	63	104.0	10.0	5주	25.0		82년 제조업 생산직 대상
영 국	1,881	1,758	130	104.0	8.0	5주 (단체 협약)	22.5		82년 제조업 생산직 대상
대 만	2,532	2,340	192	-	-	-	-		84년 제조업 대상

자료: 한국은 노동부, 『매월노동통계보고서 및 임금근로시간제도종합조사보고서』(1983).
　　　기타는 일본, 노동순보사에서 간행한 『임금과 사회보장』 1985년 1월 하순호.

[표 4] 산업별 근로시간수 및 월평균급여액

산업 \ 구분	근로시간수(월)	월평균급여액(원)
전 산 업	225.4	386,536
광 업	170.6	384,769
제 조 업	234.6	328,696
전기 · 개스 및 수도사업	217.2	698,967
건 설 업	208.9	453,203
도·소매 및 음식·숙박업	214.8	447,085
운수 · 창고 및 통신업	225.1	410,403
금융 · 보험 ·부동산 및 사 업 서 비 스 업	196.9	612,629
사 회 및 개인서비스업	200.2	557,515

자료: 노동부, 『매월노동통계조사보고서』(1987. 12).

3) 직종별·학력별 노동시간

직종별 노동시간을 살펴보면, 전문기술직과 행정관리직이 가장 짧고(202.5시간, 203.5시간) 생산직이 가장 길다(240.4시간). 노동시간수와 급여액 사이에는 대체로 역함수관계가 있어서 노동시간이 길수록 급여액이 낮다. 또한 표 6에서 학력별 노동시간 및 급여액을 보면 학력이 낮을수록 노동시간이 길며 급여액은 낮아서 양자 사이에는 완벽한 역함수관계가 존재한다.

[표 5]직종별 총근로시간수 및 월급여총액

직　　　　　종	총근로시간수(월)	월급여총액(원)
전　　기　　종	227.2	293,633
전문기술및관련직종사자	202.5	479,025
행정 및 관리직종사자	203.5	700,533
사무 및 관리직종사자	208.1	319,324
판 매 종 사 자	211.1	281,164
서 비 스 직 종 사 자	222.9	215,879
농업·축산업·임업·수산업·수렵업종사자	205.4	277,262
생산및관련종사자·운수장비운전사및단순노무자	240.4	232,953

자료: 노동부, 『직종별임금실태조사보고서』(1986)

[표 6] 학력별 총근로시간수 및 월급여총액

직　　　　　종	총근로시간수(월)	월급여총액(원)
전　　학　　력	227.2	293,633
중　졸　이　하	239.6	225,363
고　　　　졸	224.5	274,122
초 대 (전 문) 졸	209.8	351,330
대 졸 이 상	199.9	574,745

자료: 노동부, 『직종별임금실태조사보고서』(1986).

4) 기업규모별 노동시간

표 7에서 보면 기업규모가 클수록 오히려 노동시간이 긴 경향이 나타나고 있다. 그리고 시간당 임금률도 기업규모가 크다고 해서 결코 높은 것이 아님을 알 수 있다. 즉 노동운동이 발달하지 못한 우리나라의 경우에는 자본의 규모가 클수록 자본의 운동원리가 철저히 지켜지고 있다는 것이다.

[표 7] 기업규모별 총근로시간수 및 월급여총액(전학력)

규 모	총근로시간수 (월)	월급여총액 (원)	시간당임금률 (원)
전 규 모	227.2	293,633	1,292
1규모 (10~29인)	212.5	289,039	1,360
2규모 (30~99)	223.7	292,472	1,307
3규모 (100~299)	232.4	289,454	1,245
4규모 (300~499)	229.1	302,255	1,319
5규모 (500인이상)	232.8	297,375	1,277

자료: 노동부, 『직종별임금실태조사보고서』(1986).

5) 연령계층별·성별 노동시간

표 8에서 연령계층별 노동시간을 보면 전체적으로나 남자의 경우에는 연령이 높아질수록 노동시간이 짧아지는 노동시간에 있어서의 연공형이 뚜렷이 나타나고 있다. 성별로 보면 이러한 경향은 여성의 경우에는 변형된 형태로 나타나고 있다. 즉 25~34세에서는 결혼과 육아 등 여성 특유의 조건으로 노동시간이 비교적 짧아지고, ~17세어

서 18~19세 및 40~44세 이후에는 연공적인 현상이 나타나고 있다.

여기서 특히 지적하고 싶은 것은 ~17세 및 18~19세의 노동시간이 가장 길게 나타나 노동시간면에서 연소근로자의 보호규정은 전연 지켜지지 않고 있고, 연소근로자와 여성근로자는 보호를 받기는 커녕 오히려 더욱 학대받고 있다는 점이다.

[표 8] 연령계층별 · 성별 총근로시간수

성별 연련계층별	계	남　자	여　자
전연령	227.2	225.3	230.9
~17세	240.5	241.2	240.4
18~19	237.1	239.0	236.5
20~24	231.4	235.1	230.1
25~29	224.6	226.4	218.3
30~34	224.2	223.8	227.6
35~39	226.1	224.5	235.9
40~44	226.2	223.6	238.0
45~49	225.2	222.2	237.4
50~54	221.6	218.9	233.8
55~59	219.1	216.0	232.7
60~	210.2	207.1	233.2

자료 : 『직종별임금실태조사보고서』(1986), 노동부.

6) 기타

배무기·박윤재의 제조업 생산근로자에 대한 조사에 의하면 1976
년 6월말 현재 주당 1~17시간이 0.6퍼센트, 18~35시간이 1.0퍼센
트, 36~53시간이 25.7퍼센트, 54~71시간이 53.5퍼센트, 72시간 이
상 19.2퍼센트이다. 54~71시간이 가장 많고 72시간 이상의 장시간
노동도 약 20퍼센트에 이르고 있다. 이 조사에 의하면 수출용판매액
비율 0퍼센트의 노동시간은 61.0시간, 0.1~10.0퍼센트의 노동시간은
55.6시간, 10.1~50.0퍼센트 60.0시간, 50.1~100.0퍼센트 62.3시간
으로 50퍼센트 이상을 수출하고 있는 경우에 노동시간이 더욱 긴
것으로 나타나고 있다.

최근 조사된 몇 가지 사례를 보면 장시간 노동의 실태를 알 수
있다.

사례 1: H엔진(울산), 생산직: 1,500여 명
　　　　보통 주야 2교대, 아침 8시~저녁 8시: 12시간
　　　　휴일특근을 8시간 하는 경우 주당 72시간
　　　　(자료: 한국사회연구소, 『동향과 전망』, 태암, 1988)

사례 2: S기업(인천), 전기제품 제조
　　　　초임: 일당 3,350원
　　　　매일 4시간의 잔업이 의무적(4×25＝100시간)
　　　　일당이 너무 낮아서 잔업이 없으면 당장 먹고 살기가 힘듦

사례 3: S실업(인천), 양복제조(봉제)
　　　　미싱사 초임: 3,340원, 시다 초임: 3,200원
　　　　매일 강제잔업 2시간(기본 작업)
　　　　화, 목, 금 2시간 추가잔업

　　　　　월평균 1~2회 철야
　　　　　월평균 잔업시간: 80~90시간

　　　사례 4: H알미늄(인천)
　　　　　남자초임: 4,210원, 여자초임: 3,650원
　　　　　매주 연근 3번 12×3=36시간(철야)
　　　　　잔업 3번 4×3=12시간
　　　　　특근 1번 8×1=8시간
　　　　　기본시간 8×6=48시간
　　　　　　　합계 104시간
　　　　　주당 잔업시간: 56시간
　　　　　한 달 잔업시간: 215~244시간
　　(이상 사례 2~4의 자료: 인천기독교민중교육연구소 편, 『87노동자
　대투쟁』, 풀빛, 1988.)

이상은 전형적인 장시간 노동의 사례이다. 특히 사례 4는 주당 104시간으로 살인적 노동시간이라고 할 수 있다.

4. 장시간노동의 원인

우리나라에서 장시간 노동의 원인으로 다음과 같은 몇 가지를 지적할 수 있겠다.

(1) 대외의존적·수출지향적 경제개발방식: 외국의 주문은 매우 변동이 심하기 때문에 한꺼번에 많은 노동자를 고정적으로 둘 수 없고, 주문이 많은 시기에는 소수인원에 의한 잔업·철야노동으로 주문에 대응한다.

(2) 저임금: 최저생존이 불가능하기 때문에 사용자는 장시간 노동을 근로자에게 강요할 수 있고, 근로자는 최저생존을 위해 이를 받아들이지 않을 수 없다. 소위 포괄역산제식 저임금은 장시간 노동의 기본원인이다(노동시간과 급여액의 역산관계).

(3) 노동세력의 열세와 노동시간에 대한 소극적 투쟁: 그동안 노동운동에 대한 정부의 강력한 규제로 노동조건을 결정하는 데 있어 사용주의 전제적 지배가 보편적이었다. 뿐만 아니라 노사간의 세력관계에서 열세에 있는 노동조합일망정 주로 임금인상에 투쟁의 주된 목표를 두었고 노동시간 단축을 위한 투쟁에서는 상당히 소극적이었다. 단체협약의 체결에 있어서도 비금전적인 노동시간에 관해서는 근로기준법을 복사해놓은 경우가 많았다.

이 이외에 법률적 요인도 지적할 수 있다.

5. 노동시간 단축의 필요성과 효과

1) 노동자에게 인간다운 생활보장

우리나라의 장시간 노동의 극단적 사례는 생리적 최고한에 이르고 있다. 평균적으로 보더라도 외국에서 표준화되어 있는 주 40시간에 비하면 15시간 더 길다. 인간으로서의 정상적인 생활은 도저히 불가능하다. 노동시간은 정상적 한계 이상이면 그 한계고통은 더욱 체증적이며 인간으로서의 생활리듬은 완전히 파괴된다. 근로자의 정신적·육체적 건강을 지키고 인간다운 생활을 할 수 있도록 노동시간은 단축되어야 한다.

2) 산업재해 예방

산업재해는 대부분 장시간 노동과 노동 강도의 강화에 기인하는 피로 때문에 발생한다는 것이 대체로 일치된 견해이다. 표 9에서 보는 바와 같이 우리나라의 제조업 산업재해 도수율·강도율은 일본에 비해서는 말할 것도 없고 싱가포르에 비해서도 도수율은 약 2배, 강도율은 약 6~7배로 높게 나타나고 있다. 이로 인한 근로손실일수는 1986년의 경우 3,817만 535시간이다.

[표 9] 제조업 산업재해 도수율·강도율의 국제비교

(단위: %)

연도 \ 나라구분	한 국		일 본		싱 가 포 르	
	도 수 율	강 도 율	도 수 율	강 도 율	도 수 율	강 도 율
1975	15.68	2.10				
1980	10.61	1.95				
1981	11.34	1.87	2.36	0.27	6.6	0.382
1982	12.99	1.88	2.12	0.26	6.2	0.320
1983	12.28	1.86	1.97	0.22	5.4	0.216
1984	12.59	1.95	1.81	0.20		
1985	11.16	2.92				
1986	10.89	2.79				

자료: 한국은 노동부, 『산업재해분석』 각 년호.
　　　일본은 노동대신관방정책조사부, 『노동통계연보』(1983).
　　　싱가포르는 싱가포르 『노동통계연감』(1983).

주:1)도수율 $= \dfrac{\text{재해건수}}{\text{연근로시간수}} \times \text{백만}$

　　2)강도율 $= \dfrac{\text{근로손실일수}}{\text{연근로시간수}} \times 1000$

3) 교육훈련의 필요성

기술진보가 급속한 오늘날에는 이에 적응하는 교육훈련을 위해서 노동시간의 단축이 필요하다.

4) 정신적 피로회복

노동의 희석화와 더불어 오늘날의 노동은 단순반복적인 단조노동으로 정신적 피로가 심하고, 이를 회복하기 위해서는 여가시간의 이용이 요구된다. 따라서 노동시간의 단축과 임금수입의 증가가 요구된다.

5) 생산성 향상

노동시간을 단축하는 경우에 1시간당 생산량은 물론이고 총생산량이 증가하는 경우도 종종 있다는 것이다. 버논 등은 제1차 세계대전 중에 영국의 군수공장에서 주 노동시간을 66시간으로부터 48.6시간으로 26퍼센트 감소시키더라도 시간당 생산량은 68퍼센트 증가하고, 주 생산량도 15퍼센트 상승한다는 사실을 발견했다. 이러한 효과는 작업이 과중하면 과중할수록 그리고 수작업(手作業)을 깊이 포함할수록 크게 나타난다고 한다. 물론 이러한 효과는 노동시간의 길이, 작업방법, 작업내용 등에 따라 매우 다르게 나타날 것이다.

6) 실업자 감소

단순히 산술적으로 계산하면 주 48시간 노동을 주 40시간 노동으로 단축하면 20퍼센트만큼의 고용이 증가한다. 그러나 여기에는 필요한 자질을 가진 노동자의 존재여부, 생산성 상승효과, 노무비의 증가 등으로 인하여 이러한 효과는 어느 정도 상쇄될 것이다.

어쨌든 앞으로 공장의 자동화 등 새로운 기계기술의 도입, 경영의 합리화 등이 급속히 진전될 것이고 특히 기술적 실업의 증가를 방지하기 위해서는 노동시간의 단축이 필요하다(노사분쟁·원화절상 등에 기인한 자동화 촉진).

7) 통상압력·원화절상 압력회피

장시간 노동과 저임금은 소셜 덤핑으로 판정받아 통상압력과 원화절상압력을 외국으로부터 강요받는 하나의 요인이 된다. 이를 회피하기 위해서도 시간단축은 필요하다. 또한 국제수지의 흑자 폭이 상당히 큰 동안에는 계속 이러한 압력을 받을 것이기 때문에 흑자 폭을 줄이는 방법을 시장개방·원화절상 등으로 외국에 유출시키는 방법에서 찾지 말고, 국내노동자들에게 시간단축·임금인상을 통해서 혜택을 제공하는 데서 찾는 것이 훨씬 더 좋을 것이다.

6. 노동시간 단축의 정책방향

첫째, 정부는 상술한 시간단축의 필요성과 효과를 감안하여 노동시간단축의 정책의지를 적극적으로 나타내고 이를 추진해나가야 할 것이다. 경제에 대한 충격을 줄이기 위하여 노동시간이 매우 열악한 사업장으로부터 단계적으로 시행해나가는 것이 좋을 것이다. 주로 저임금계층이 장시간노동인 점을 감안하여 생계보장을 위하여 임금절하 없는 시간단축이 바람직할 것이다. 그러기 위해서는 시간당 임금률은 인상시켜야 할 것이며 소정시간내의 임금으로 생계비를 보장해주는 선에서 임금률을 결정하도록 유도해나가야 할 것이다.

수출이 장시간 노동의 한 요인이라고 한다면 시간단축을 위해서 내수산업과 수출산업이 균형을 이룩할 수 있도록 산업구조를 유도해나가야 할 것이다. 노동시간단축에 따라 발생할지도 모르는 기능 인력의 부족을 메우기 위한 보완정책도 필요할 것이다.

둘째, 노동조합은 노동시간의 단축을 위하여 더욱 적극적으로 투쟁해나가야 할 것이다. 이를 위하여 노동시간에 대한 실태조사나 교육선전활동도 병행해나가야 할 것이다.

기업간의 공정경쟁을 위하여 노동시간에 관한 지역별·업종별·산업별 교섭을 확대시켜나가야 할 것이다.

셋째, 사용자는 노동시간단축 및 시간당 임금률의 인상에서 오는 충격을 완화시켜나가기 위해서 노동의 인간화 방향에서 기술혁신을 통한 생산성 향상을 추구해나가야 할 것이다.

넷째, 장기적으로 '노동의 인간화'의 방향으로 노동시간과 그 배분에 관한 정책을 추진해나가야 할 것이다.

ILO는 1976년에 PIACT(작업조건·노동환경 개선계획)이라는 종합계획을 추진하기 시작했다. 이 계획은 1975년 ILO 사무총장이 총회에 제출한 「노동을 보다 인간적으로」라는 보고서에 그 기초를 두고 있다.

PIACT는 다음과 같은 6개의 정책분야를 제시하고 있는데 그중의 하나가 노동시간과 그 배분에 관한 것이다. 그 가운데서 새로운 방향을 제시한 것으로 생각되는 중요한 몇 가지를 들면 다음과 같다.

(1) 신축성 확대: ① 개인의 자유시간 증가나 편의 도모, 이를테면 플렉스 타임. ② 유급교육휴가의 신축적인 부여. 노동생애에 있어서 기술혁신의 진전에 적응할 수 있도록 유급휴가의 시기를 신축성 있게 부여. ③ 퇴직연령 인하.

(2) 자유시간 존중: 노동자가 자유시간을 의미 있게 사용할 수 있도록 하는 정책을 개발할 것.

(3) 일의 내용의 개선: ① 육체적인 힘이나 단조노동이 불가피한 경우에는 소정시간의 단축이나 퇴직연령의 인하 등 시간면에서 배려하는 정책이 보고되고 있다. ② 교대근무제의 경우 소정시간단축, 초과노동에 대하여 유급휴가를 대상으로 제공할 것. ③ 고령자에 대한 파트타임 노동 제공.

제4부 한국의 노동운동과 노사관계

노동운동의 역할

1. 노동운동이란 무엇인가

　'죽은 자가 산 자를 잡고 산 자가 죽은 자를 되살리는'역사의 흐름은 어떻게 보면 무상하고 변덕스러운 것처럼 보이기도 한다. 그러나 이러한 변덕은 변덕 자체를 위해서가 아니고 역사의 어떤 일관된 맥락을 갖기 위한, 오히려 변덕을 부정하기 위한 인간의 노력이며 역사의 엄정함을 나타내기 위한 역설적 표현이기도 하다.

　이러한 의미에서 이 글은 노동운동이 사회발전을 위해서 어떠한 기능을 했으며, 또 오늘날 어떤 역할을 하고 있고 그리고 앞으로 어떤 과제를 안고 있는가를 역사적 맥락 속에서 찾아보고자 하는 것이다.

　우선 노동운동이란 무엇인가? 노동운동이란 자본주의 사회에서 임금노동자계층이 스스로의 경제적·사회적 생활조건을 개선하기 위하여 전개하는 자주적 조직 활동의 일체를 말한다.

　자본주의 사회에서는 자본과 임금노동이 가장 주요한 2대 범주이며, 양자는 확연하게 구별되어 협력과 대립의 반복 속에서 발전한다. 자본제사회의 발전과 더불어 한편으로는 자본의 집적과 집중이 발생하고 다른 한편으로는 이에 대응하여 노동자들이 단결하여 조직 활동을 전개한다.

노동과 자본의 관계는 협력적·대립적인 양면성을 가지고 있지만 언제나 대립적인 관계가 전면에 나서게 된다. 이러한 이해대립 속에서 노동운동은 발전하고 사회관계도 발전한다.

노동운동은 사회가 상이함에 따라 또는 같은 사회일지라도 그 사회의 자본주의 발전단계에 따라 여러 형태로 전개된다. 그러나 일반적으로 말하면 어느 자본주의 국가이든 노동운동은 정치운동·노동조합운동·협동조합운동·공제조합운동의 형태를 가진다. 이러한 운동들은 서로 밀접한 관련을 가지고 있을 뿐만 아니라 서로가 서로를 확대·강화·촉진시키기도 한다.

2. 노동운동의 전형

자본주의 사회의 민주화된 노동운동의 가장 전형적인 전개모델로서 영국을 꼽는 데는 누구도 이의를 제기할 수 없을 것이다. 우리는 자본주의의 발전에 따른 노동운동전개의 모델로서 영국의 노동운동을 살펴보기로 한다.

영국에서는 17세기 중엽에 자본주의적 제 관계를 광범하게 발전시켰다. 그래서 종래 장인의 신분이 보장되어 있던 직인이 일생동안 임금노동자로 전락함으로써 그들은 노동과 생활의 제 조건을 유지·개선할 목적으로 고용주에 대항하여 대결할 필요성을 느끼고 17세기말에는 지방적 직업그룹 형태의 원시적인 노동조합형태가 조직되었다.

이들의 숫자는 점차로 증가하였으며 1790년대에는 수공업의 숙련직 인간에 이루어진 운동이 신공장 중심지인 랭카셔의 면방직공 속으로 확대되어갔다. 이에 대항하여 신흥자본가들은 정부와 결탁하여 1799년에서 1800년 사이에 걸쳐 '단결금지법'(Combination Acts)을

만들어 노동운동을 탄압하였다. 그러나 근로자들은 '형제의 맹약'이
나 '의식'(儀式)에 의하여 비밀단체인 노동조합을 결성하여 활약하였
다. 이들은 점차 발전하여 전국적인 조직으로 진전되었으며, 여러 직
종간의 유대도 점차 강화되어갔다.

1811~26년에는 노팅검을 비롯한 전국면공업지대에 러다이트운동
(Ludites Movement)이 파급되었는데, 이것은 기계의 발달로 직업을
잃거나 기아적 저임금에 허덕이게 된 숙련직공들의 기계파괴운동이
다. 이들은 기계의 파괴로부터 방화·살인에 이르기까지 실업과 저
임금에 대항하는 자연발생적인 측면과 극비리에 형성된 투쟁지도부
의 의식적 지도의 양면성을 동시적으로 가지고 있으나, 근로자들의
저항이 단결금지의 불가능을 명백히 해갈 때 산업혁명도 마무리 단
계에 들어가고 자본가나 정부의 태도도 변화하여 1824~25년간에
'단결금지법'은 철폐되었다.

1832년 선거법 개정시 근로자들의 선거권이 확보되지 않게 되자 근
로자들은 오웬(R. Owen)의 지도하에 전국근로조합대연합(The Grand
National Trades Union)으로 뭉쳐서 사회주의 수립을 목표로 평화적
운동을 벌였으나 이것은 곧 붕괴되고 1837년 이후에는 차티스트운동
(Chartist Movement)으로 전개되었다. 이것은 표면적으로는 보통선거
권을 중심으로 하는 6개조의 국민헌장(Peoples'Charter)의 실현을 목
표로 하는 의회개혁운동이지만 내용적으로는 근로자계층의 정권장악
을 위한 세계 최초의 조직적 운동이라고 볼 수 있다.

1838, 1842, 1848년 3회에 걸친 대중적 '청원운동'을 조직하여 운
동을 벌였으며, 이 운동의 말기에는 근대적 노동자정당의 맹아형타
까지 발생하였다. 그러나 이 운동은 영국의 경제적·사회적 제 조건
의 변화에 따라 1848년 이후 급속히 소멸되어갔다. 하지만 이러한
대중운동의 결과 그 후 '10시간 노동법', '탄광법', '공장법'등 사회
입법이 제정되는 성과를 거두었다. 1851년에는 전국적인 규모의 강

력한 직업별조합인 '신형조합'(New Model Union)이 결성되었는데, 이들은 사회체제의 변혁을 목적으로 하는 것이 아니라 자본주의 체제를 긍정하고 나서 특정직종의 노동공급을 제한함으로써 임금노동조건의 개선을 도모하였다. 이 조합의 특징은 조합원의 자격을 숙련공에 한정했고 고액의 조합비를 징수하였으며 직업적인 상임간부를 둔 중앙집권적이며 배타적이고 귀족적인 조직이었다.

또한 이들은 노동공급의 제한을 효과적으로 수행하기 위하여 공제활동을 강화시켜나갔다. 1868년 이들 조합의 전국회의로서 '영국노동조합회의'(TUC)를 소집하고 그 이후 설치된 'TUC의회대책위원회'는 노동조합법 등을 비롯한 활동을 진행시킴과 동시에 국제적인 활동도 벌였다.

1880년대에는 기술진보로 숙련공의 지위가 저하됨에 따라 노동운동의 대중화가 발생했다. 즉 점차로 미숙련공이 기간노동력으로 됨에 따라 미숙련공을 조직주체로 하고, 산업이나 직업에 관계없이 조합에 가입할 수 있는 일반조합(General Union)의 결성을 위한 '신조합주의'(New Unionism)가 발생하여 1888년 이후에는 항만·가스·철도·해운·탄광 등에서 이러한 형태의 조합이 속속 결성되어 노동운동에서 이전의 배타성은 붕괴되었다.

또한 사회주의 운동이 부활되어 1883년에는 마르크스주의적인 '사회주의연맹'(SDF), 1889년에는 사회개량주의인 '페비언협회', 1893년에는 신조합운동과 사회주의 사상의 결합 위에 성립된 '독립노동당'(ILP) 등이 만들어졌다. 1900년에는 TUC, 독립노동당, 사회주의연맹, 페비언협회의 대표를 모아 노동자대표를 의회에 보내기 위한 '노동대표위원회'를 구성했으며 이것은 1906년 '노동당'으로 개칭되었다. '노동당'은 1906년에 29명의 의원을 당선시켜 '노동쟁의법'을 제정케 하여 조합측에게 쟁의행위에 의한 손해배상의 책임을 지게 한 태프베일의 판결을 무효화시켰으며 피켓팅을 합법화시켰다.

1910~14년 신조합운동과 생디칼리슴의 사상이 결합하여 일반적 조합을 산업별 조합으로 전환시키려는 운동이 일어나고, 이래서 성립된 탄광·철도·운수 세 개의 산업별 조합은 1914년 공동투쟁을 위한 3자 동맹을 결성하였다.

그동안에 조합원수는 1907~09년의 200만 명에서 1913년에는 400만 명으로 증가하였다. 노동당은 1915년 연립내각에 참가하였다. 1918년 노동당은 명확한 정당의 형태를 갖추었으며, 1924년에는 142명의 의원을 당선시켜 자유당과 연합으로 제1차노동당내각을 성립시켰으며, 1945년에는 의석의 3분의 2를 차지하여 다시 노동당 내각이 탄생되었다. 그래서 노동운동을 억압하던 1927년의 노동조합법 폐지, 탄광을 비롯한 주요산업의 국유화, 종합적 사회보장제도의 실시 등 국가 자본주의형의 정책을 실시하였다. 1951년 선거에서는 다시 정권이 보수당으로 돌아갔다.

지금까지 간략하게 영국의 노동운동사를 소개한 것은 노동운동의 전형으로서 영국의 노동운동이 어떠한 역사적 맥락 위에서 전개되었는가를 알아보기 위해서였다. 그것은 한마디로 말하면 노동의 현장에서 직접 노동의 삶을 살아온 사람들의 고통을 제거하고 인간다운 노동생활을 하기 위한 인권운동의 연속이며 또한 민주주의를 발전시키기 위한 운동의 연속이라고 말할 수 있다.

이러한 운동은 주로 노동조합운동, 대중적인 정치운동, 정당운동이 중심이었으며 또 한편으로는 협동조합운동도 전개되었다.

따라서 노동운동의 주된 기능은 선진국에서는 근로자들의 사회경제적인 지위의 개선 즉 민주화·인간화의 진전에 있는 것이다. 자본주의의 전개와 함께 공장노동자들의 수가 증가해갈 뿐만 아니라 노동현장에서의 생생한 구체적 경험을 통하여 사회의 모순점을 절감하고 이를 해결하기 위한 운동에 의해서 인권신장·민주화·인간화를 진전시키는 자각과 운동으로 나타나게 된다.

3. 현대자본주의와 노동운동

오늘날의 자본주의는 일찍이 1870년대에 이미 독점단계에 들어서고 있었다. 그리고 독점단계의 자본주의는 위기에 직면하여 국가독점자본주의로 진전되었다. 독점자본주의의 발전된 단계인 국가독점자본주의는 전시통제와 같은 자본주의 위기상황 속에서 성립되어 1920년대의 자본주의 세계경제의 위기를 맞으면서 일반화되었다. 이제 국가독점자본주의는 선진자본주의 국가에서는 독점자본주의 단계의 일반적 상황으로 정착되었다. 뿐만 아니라 제2차대전 후의 신생제국에서 추진된 경제개발계획의 과정에서 국가자본주의적 영역의 확대는 국가독점자본주의로의 전화가능성을 보이고 있다.

노동문제에 대응하는 주체적인 사회적 실천은 자본주의 발전에 따른 노동자계급의 성숙으로, 보다 높은 차원의 것으로 될 수밖에 없으며, 이에 대한 자본의 대응 또한 경제외적인 것으로 변화하면서 확대와 심화의 과정을 겪게 된다. 즉 자본과 임노동간의 상호관계는 자본주의 경제제도의 발전에 따르는 자본논리의 변화에 의해서 크게 규정되는 것이다.

독점자본주의 단계에서 자본운동에 관한 이론화는 레닌의 『제국주의론』에서 체계적인 형태로 정립되었다. 레닌은 독점자본주의를 제국주의의 경제적 본질로 파악하고, 제국주의를 '자본주의의 독점단계'로 보았다.

독점자본주의 단계의 중요한 특징은 생산의 집적에 기초한 독점체의 형성이다. 또한 생산의 집적에 기초한 독점의 형성에 의해 생산의 사회화, 노동의 사회화는 더욱 확대·심화된다. 그러나 생산의 사회화가 크게 확대·심화되는 반면 점유는 여전히 사적인 것으로 남아 있다. 그 결과 생산의 사회적 성격과 소유의 사적 성격간의 모순이라는 자본주의의 기본모순은 더욱 격화된다. 독점적 대기업의 거대공장으로의 노동자 집중, 노동자조직의 발전, 상대적 잉여가치 생산의 비약적 증대를 가져오는 대량생산방식의 채용 등에 따른 노동강도의 증대는 직접적 생산과정에서의 노동운동의 형태를 변화시킨다. 즉 노동운동의 새로운 대상은 호황기의 축적기간에도 발생하는 노동조건의 계속적인 변화, 산노동의 축출 및 숙련의 무용지물화에 집중된다. 그 결과 직접적 생산과정에서의 노동운동은 더욱 격화되지만 상대적 과잉인구의 대량 창출은 필연화되어 노동자계급의 상태는 전반적으로 불안하게 된다.

전체적 자본주의는 전보다 더 급속히 성장한다. 그러나 이 성장은 일반적으로 더욱더 불균등하게 되고 모순적으로 된다. 즉 독점자본주의 단계에서는 경쟁과 독점, 성장과 정체라는 서로 모순적인 경향이 통일되어 있는 것이다.

자본주의의 사회적 재산산 즉 자본주의적 생산관계의 재생산에 있어서 국가는 자본주의의 전 역사(발전단계)를 통해 항상 결정적인 역할을 해왔다. 즉 노동운동을 억제하는 국가장치와 이데올로기적 국가장치의 역할은 기본적으로 자본주의적 생산관계의 저생산 즉 경제적 축적과 정치적 지배의 이중체계의 재생산을 보증하는 것이다. 독점자본주의 단계에서는 국가는 가치증식과정 그 자체에 개입해서 자본의 노동력에 대한 잉여가치 수취를 촉진시키고 경기순환을 완화시키고 이윤율 저하 경향에 대한 반대경향들을 동원하는 등 자본축적을 촉진한다. 이와 같이 국가는 경제적 재생산에 직접 개입하고, 격렬화되는 노동운동—경제투쟁의 격화와 정치투쟁의 본격적 대두—에 더욱 강력히 개입할 것이 요청되어 노동자·자본가의 대립을 노동자·국가간의 대립으로 이전시켜 이 대립을 국가의 공권력으로 억압한다.

국가독점자본주의하에서 국가는 노동운동에 있어서 정치투쟁뿐만 아니라 임금, 기타 노동조건 등을 둘러싼 모든 형태의 경제투쟁에도 직접 개입한다. 단결권, 단체교섭권, 단체행동권 즉 노동3권에 대한 법률적 규정, 근로기준법·노동조합법·노동쟁의조정법 등의 노동관계법, 최저임금제도·실업보험제도 등의 사회정책 등을 통해 국가는 노동운동에 제도적으로 개입한다. 여기서 국가는 이러한 개입유형을 통해 노사간의 계급투쟁을 제도적 틀 안으로 국한시켜 계급투쟁의 제도화, 노동운동의 체제내화를 유도하려고 한다.

독점자본주의 단계(국가독점자본주의의 단계도 포함)에서는 현실의 자본운동이 모순된 경향의 통일 속에 존재하는데, 경쟁의 격화 속에서의 경쟁제한 즉 독점의 형성, 성장의 가속화 속에서의 정체경향의 출현, 계급투쟁의 전면적 격화 속에서 그 개량주의적 변형 즉 혁명적 노동운동 노선과 개량적 노동운동 노선의 대립 등이 나타난다.

이러한 국가독점자본주의가 노동문제에 대해서 갖는 의미는 노동운동의 정치성의 제고이다. 왜냐하면 구체적으로 독점자본의 축적과 관련을 갖는 국가정책은 이제 보다 적나라하게 국가의 계급적 본질을 드러내놓음으로써 자본주의적 경제법칙에 대응하는 노동운동을 이들 국가와 결합된 자본운동에 대응하는 것으로 하지 않을 수 없기 때문이다.

이제 노동운동은 한쪽으로 자본에 대응하는 것이 아니라 자본과 정치권력의 유착에 대응하는 것이어야 하며, 정치권력의 민주적 운용을 위한 참여를 요구하는 것으로 되고 있다. 그리고 이런 것들은 변혁과 이행에서 구체적 조건의 구축과 확보로 되어야 한다. 그렇게 하는 것만이 노동자들의 생활향상을 위한 보다 유효한 길이 되는 것이다.

한국의 노동운동과 그 방향

1. 머리말: 자본주의와 노동운동

1987년 7~9월 노동자 대투쟁을 경험하면서 노동문제 특히 노동운동에 대한 사회적 관심이 고양되었다. 원래 노동운동은 자본가계급의 착취에 대항하여 자신들의 노동과 생활 조건을 유지·개선하기 위한 근대의 임금노동자계급의 운동이므로 자본주의적 생산관계의 발생과 동시에 시작되었다고 할 수 있다. 우리나라에서는 제국주의 열강의 침략이 개시된 19세기 말엽 부두노동자를 중심으로 노동운동이 시작되었다. 노동운동이 우리나라의 자본제적 생산관계의 진전에 따라 100여 년간 우리 생활의 중심에서 전개되어왔지만, 식민지시대의 가혹한 탄압과 분단시대의 이념적 탄압에 편승한 각종 규제에 의해서 정치적·사회적 변화과정에서 뚜렷한 역할을 해내지 못함으로써 변혁주체로서의 노동운동은 관심 밖의 일로 도외시되었다.

자본주의적 생산관계는 상품생산의 경제, 생산의 무정부성, 노동력의 상품화로 요약될 수 있는데, 자본축적이 진행되어 확대재생산이 이루어짐에 따라 노동자계급의 종속화와 상대적 궁핍화가 심화되어, 그것에 대한 반발과 투쟁이 발생하게 된다.

원래 노동력이라는 상품이 지니고 있는 특수성 때문에 노동자계급과 자본가계급은 대립하지 않을 수 없다. 즉 노동력의 판매는 그것의 소유권과 사용권 모두를 자본가에게 이전시키는 것이 아니라 노동력의 사용권만 자본가에게 이전되고 그 소유권은 여전히 노동자에게 남아 있기 때문에 소유권자와 사용권자는 동등한 권리를 가지고 노동력의 사용을 둘러싸고 대립·투쟁하게 된다. 또한 노동력의 가치도 노동자와 그 가족의 생활에 필요한 생활용품의 생리적인 최저한도를 가리키는 것이 아니라 사회적·역사적 발전을 반영하고 있기 때문에, 노동자계급의 투쟁의 성패는 임금수준의 결정에 큰 역할을 하게 된다.

이처럼 생산과정에서의 노동력의 사용기간과 사용방법, 그리고 교환과정에서의 임금의 결정은 노사대립을 내포하고 있는데 자본축적의 진행과 기계화의 촉진, 생산과 자본의 집적과 집중은 노동자계급의 종속화와 상대적 빈곤화를 가속화시켜 자본주의적 생산관계에서 노동운동의 발전을 필연화시킨다.

본고는 이러한 노동운동의 한국적 상황을 1980년 이후를 중심으로 살펴보려는 것인데 한국자본주의의 발전에 따른 노동운동의 변화에 대해 먼저 살펴보고 80년 이후 한국의 노동운동을, 운동의 발전적 변모과정의 측면에서 서술한 다음 노동운동의 실천적 과제에 대해 언급하고자 한다.

2. 한국 자본축적의 특수성과 노동운동

일반론적으로 제시되는 노동문제는 구체적인 한 나라에 있어서 자본주의전개의 특수성에 따라 그 발현 양식이 다르게 나타난다. 그리고 그렇게 될 수밖에 없는 것은 자본주의 전개의 구체성에 따라 자본·임노동 관계에서 주어지는 모순의 정도와 그 발현양식이 다르기 때문이라고 할 수 있다.

한국자본주의의 전개에서 그 구체성을 본다면 먼저 역사적으로 그 단초가 식민지종속형적 자본주의 전개에서 주어지고 있다. 자본주의 전개의 식민지·종속형적 성격은 다른 두 개의 유형(선발선진자본주의형, 후발선진자본주의형)에 대하여 시민혁명의 결여, 국민경제의 이중구조와 낡은 것의 온존, 경제외적인 것의 주요 축적계기로서의 비중, 이식된 사회적 생산력과 식민지수탈을 위한 상품경제에의 편입, 그리고 민족경제와 국민경제의 괴리 등에서 자기 특징이 주어진다. 이런 것들이 노동문제에서 갖는 의미는, ① 기본적인 시민적 권리의 부정(시민혁명의 결여), ② 식민지 초과이윤에의 요구와 이것을 위한 것으로서의 경제외적인 제수단의 동원(경제외적인 것의 주요 축적계기, 국민경제와 민족경제의 괴리, 식민지 권력의 축적의 중요 지렛대로서의 작용), ③ 과잉인구의 광범한 존재와 취업기회의 부족(이중구조와 낡은 것의 온존, 이식된 사회적 생산력, 식민지 수탈을 위한 상품경제에의 편입), ④ 민족문제와 노동문제의 상호결합(민족경제와 국민경제의 괴리), ⑤ 농업의 과잉인구의 '풀'로서의 존재(국민경제의 이중구조와 낡은 것의 온존)라는 데 있다. 그리고 이런 것들이 현상적으로 노동문제의 열악화로 된다는 것은 자명하다.[1]

일제의 제국주의적 침탈과 함께 전개되기 시작한 한국자본주의의 전개과정 때문에 한국의 노동운동은 그 맹아적 형태에서부터 민족해방운동의 성격을 띠게 되었다. 특히 1928년 이후에 진보적 지식인과 각성된 노동자들의 결합에 의하여 전개된 노동운동은 점차 계급적이고 혁명지향적인 것으로 전환되었다. 또한 중일전쟁(1937) 이후 노동자들은 비합법 지하 노조운동을 혁명적으로 전개했는데, 이러한 기조는 당시의 노동운동이 한편으로는 사회개량주의자들의 일제에

---

1) 박현채 외, 『한국노동운동론』(미래사, 1985), pp.47~48.

대한 무저항주의를 극복하는 과정에서 다른 한편으로는 합법운동·
경제투쟁 등 모든 노동운동에 가차 없는 탄압이 내려지던 상황하에
서 취해진 운동노선이었다.[2]

　1945년 해방 이후 미군정기에는 좌익진영의 '조선노동조합전국평
의회'(전평)가 당시의 노동운동을 계급지향적으로 주도했지만 세계경
제의 재편과정에서 한국을 사활적 이해가 걸려 있는 지역이라고 판
단한 미국과 보수우익진영이 '대한독립촉성노동총연맹'(대한노총)이
라는 반공노동단체를 급조하여 노-노(勞-勞) 대립양상을 격화시켰
다. 그 후 1948년 정부수립 이후에 대한노총이 유일한 합법적인 노
동조직으로 되었지만 자유당정권하에서는 정치권력의 기간단체적 성
격에서 벗어나지 못한 채 내부적 파쟁을 되풀이하였다. 이러한 대한
노총의 반노동자적 행태를 극복하기 위해 기층노동자들은 대한노총
과는 별도의 독립된 조직[3]을 결성하여 4·19혁명의 중요한 터전을
마련하였다. 4·19 이후 노동운동의 상대적 고양은 5·16군사쿠데타
에 의하여 다시 침체되었으나 1960년대에 들어와서도 생존을 위한
기층노동자들의 투쟁은 그치지 않았고 1970년대에도 현장 중심의
노동운동이 활발히 전개되었다.

　1970년의 전태일 분신자살사건, 1974년의 파월 한진 노동자의
KAL빌딩사건, 현대조선소 2만여 노동자의 폭발적 저항, 1978년의
사우디 현대건설 노동자의 투쟁을 비롯한 중동노동자의 파업 등이 대
표적 사례였다. 1970년대에는 미국과 일본 독점자본의 운동에 따라
정치적으로는 독재가 심화되어가고, 경제적으로는 외자도입을 통한
대외의존적 수출주도형 경제구조가 확대재생산 과정을 거치면서 70
년대 전반기는 경공업 중심으로, 후반기는 중화학공업을 중심으로

---

2) 같은 책, pp.84~95.
3) 1959년 9월 기층노동자 및 민주노조지도자들은 '전국노동조합협의회'를 결성했
　는데 당시 전노협의 발표에 의하면 전국 541개 단위노조 중 311개 노조로 구성
　되었다.

미·일에 대한 의존도를 심화시켜갔다.

이와 같은 상황하에서 한국의 노동조합운동은 국가권력과 자본 측으로부터 가해지는 극심한 노동통제에 대해 조직적 투쟁을 통하여 적극적으로 대처해야 하는 본래적인 자기 임무를 수행하기보다는 총자본의 하부기관적 행태를 띠었다. 그 단적인 예로 유신체제의 지지와 유신체제가 표방했던 노사협조주의의 수용 및 노동조합의 자체민주화 요구에 대한 억제를 들 수 있다. 이러한 노총과 산별노조의 어용화·무력화에 대응하여 밑으로부터의 노동조합 민주화 내지 민주노동조합운동이 치열하게 추진되어왔다. 청계피복노조·동일방직노조·원풍모방노조·콘트롤데이타노조·반도상사노조·YH무역노조 등에서의 민주노동조합운동이 그것이었으며 이러한 민주노조운동은 1980년대에도 그 맥락을 이어나가게 된다.

이러한 노동운동 행태는 우리나라의 분단이데올로기와 자본축적의 파행적 구조와 밀접한 관련을 가지는 것이다. 해방 후 한국자본주의는 식민지적 경제구조를 청산하지 못하고 도리어 그 구조를 확대재생산하며 관료자본주의적 성격으로 미·일 독점자본의 운동논리를 그대로 수용하였다. 따라서 노동자들은 외국자본과 국내자본의 중층적이고 이중적인 억압구조하에 놓이게 되었다. 그것은 또한 경제적 억압과 함께 경제외적인 정치권력의 매개에 의한 억압이라는 이중의 것으로 된다. 그리고 이런 것들은 보다 많은 경제잉여의 수취를 위한 노력 속에서 노동통제를 강화하게 되고 노동조건을 열악하게 만든다. 따라서 노동운동도 통제하의 노동조합운동과 기층노동자들의 현장운동으로 괴리되어 나타났다. 이것은 노동조합운동 상층부를 총자본이 기층노동자와 분리해서 통제·회유하고, 기층노동자의 자연발생적 현장운동에 대해서는 물리적으로 억압·분쇄함으로써 총자본의 이익을 원만히 유지해나가려는 것이다.

3. 한국 노동운동의 현황과 전망

1) 80년대 노동운동의 객관적 조건

한국자본주의에서 노동운동은 자본축적의 한 축인 저임금을 유지하기 위해 강력하게 억압되었다. 그러나 1970년대 말의 불황으로 생존권 투쟁을 위해 노동운동이 격화되고, 이에 뒤이은 유신체제의 붕괴는 노동운동의 폭발적 고양을 가져왔다. 이에 국가권력과 자본가측은 자본축적의 위기에 직면하여, 1980년 초반 군부의 정치개입으로 이를 극복하였다.

80년 정치권력은 지지기반의 결정적 결여와 전 국민의 저항에 직면하여 지배체제의 모순을 더욱 첨예화시키는 형태로 권력을 재편하였다. 즉 국내적 지지기반의 결여로 인해서 세계경제의 구조적 동시불황을 일시적으로 해소하기 위한 신냉전논리를 기축으로 블록경제를 강화시키고, 국가독점자본의 축적위기를 자본자유화와 수입개방을 중심으로 해소시켰다. 따라서 선진자본주의제국의 한국경제에 대한 수탈은 노골적으로 진행되어 노동자들의 상태는 지극히 열악하였고 80년대 초에는 상대적으로 더욱 악화되는 경향마저 보여주고 있다. 더구나 1982년 이래 지속된 경제안정화시책은 노동자들의 임금 억제를 바탕으로 한 것이기 때문에 노동자들은 저임금·장시간노동·노동 강도의 강화라는 최악의 노동환경에 직면하였다. 또한 1985년의 3저 호황 이래 국제수지의 만성적 적자가 흑자로 전환되고 경제성장이 가속화되면서 고용이 증대되었지만 노동자들에게 돌아온 몫은 폭력적인 노동통제로 인한 노동시간의 연장, 노동 강도의 강화뿐이어서 계급적 모순은 심화·발전되었다.

이러한 노동문제는 한국자본주의의 구체성을 표현하는 것일 뿐만 아니라 한국자본주의의 정치권력의 계급적 성격을 노정하는 것이다. 이것은 또한 1987년 6·29선언 이후 7~9월 노동운동의 폭발적 고양의 경제적 기초가 되는 것이기도 하다.

이렇게 80년대의 사회·경제적 배경을 객관적 조건으로 한 노동자들의 지속적인 투쟁은 한국자본주의의 모순구조를 정확하게 폭로해내면서 노동자계급으로서의 자각을 심화시켜가고 있다. 또한 노동운동이 사회변혁운동의 주도역량이 되기 위한 조직적 기초를 마련하고 있으며, 근본적인 변혁운동으로서의 자기정립을 요구받고 있다.

2) 80년대 전반기의 노동운동

1979년말 불황기에 유신체제의 붕괴와 동시에 진행된 노동운동은 1960년대와 70년대에 걸친 자본축적 과정에서 누적된 파행적 발전과 분배상의 불균형으로 폭발적인 양상으로 전개되었다. 그러나 1980년 5·17 이후 노동운동은 군사정권의 제도적·물티적 억압이 가중됨에 따라 일시적인 침체국면을 맞이하였다. 특히 군사정권은 자본 측의 요구에 부응하여 1970년대 중반 이후 노동운동의 큰 맥을 이뤄왔던 민주노조를 파괴해나갔다. 즉 청계피복, 반도상사, 서통, 콘트롤데이타, 원풍모방 등 1970년대 민주노조운동의 성과들은 그들의 강력한 저항에도 불구하고 대부분 파괴되었다. 또한 1980년 8월 21일, 노동조합법 개정으로 전국단위 산별노조가 기업별 단위노조로 개편되는 한편 106개 지역지부가 강제 해산되었다.

이에 따라 노동조합의 조직력은 극도로 악화된 반면 사용자의 극심한 부당노동행위가 일반적인 것이 되었다. 이러한 사회적 분위기를 반영하여 노동자들이 노조가입을 두려워하고 기피하는 현상이 빈발하여 노동자들의 조직력은 더욱 약화되었다.

하지만 와해된 운동역량을 회복하기 위하여 변화된 상황 속에서 새로운 방향을 수립하고, 내적인 조직역량을 구축하려는 시도도 이루어진다. 특히 1980년 광주항쟁 이후 참다운 민주화를 위해 민중의 조직적 역량을 절박하게 인식한 지식인들은 기층노동자와의 직접 접촉을 위해 노동현장에 활발히 뛰어들었다. 이들은 선진적인 노동자들과 함께 비공개 소모임 학습활동 등을 추진하면서 대중적 노동운동의 발전을 모색한다. 또한 노동자들의 누적된 불만의 표출로서의 집단적 저항은 소규모적이고 고립·분산적이나마 지속적으로 나타난다. 1983년말까지의 노동자대중의 역량강화를 위한 노력에 의해서 일정 정도의 조직적 역량이 축적되고 부분적 투쟁성이 회복된 이후 노동자대중의 경제적 요구에 대한 적극적 투쟁을 통해 노동운동의 운동적 역량을 비약적으로 성장·강화하려는 노동운동 내부의 적극적인 움직임이 1983년말의 유화국면을 계기로 이루어진다. 이것은 곧 '노동자복지협의회'라는 공개 노동운동기구의 건설로 나타난다.

노동자복지협의회는 그간의 개별사업장 단위의 고립·분산적인 투쟁의 한계를 넘어 연대의 틀을 창출하고 노동운동의 정치투쟁으로의 발전을 모색하여 단위사업장 지원활동과 블랙리스트 철폐투쟁, 노동악법개정투쟁을 전개하게 된다. 그러나 노복협은 개별현장단위의 고립·분산적인 노동자투쟁을 수렴하여 보다 높은 차원의 투쟁으로 발전시키려는 적극적 의의에도 불구하고, 이를 주도하던 노동운동가들이 단위사업장의 노동자 대중과 괴리되어 유기적 결합을 갖지 못함으로써, 본래의 의의를 크게 달성하지는 못하였다.

한편 이 시기의 열악한 노동조건에 대해 고조되어가는 노동자 대중의 불만은 1984년 택시기사 시위운동과 1985년의 대우자동차 파업투쟁으로 폭발하였다. 1984년 택시기사들의 집단시위는 5·17 이후 최초의 대규모 노동자투쟁이었던바, 자연발생적인 성격을 띠기는 하지만 지역적 파업이 전국적 운동으로 발전되어갔다는 점에서 통일

적운동의 새로운 가능성을 보여주었다. 또 1985년 4월 대우자동차 노동자들의 파업농성은 중화학공업 남성노동자들이 대규모적이면서도 조직적인 운동을 벌였다는 점, 대학출신 노동자와 일반노동자가 강한 유대적 결합을 보여주었다는 점에서 주목할 만하다.

신규노조결성 및 어용노조 민주화의 추진도 84년 이후 본격화되었다. 대우어패럴노조·효성둘산노조·선일섬유노조·가리봉전자노조 등 민주노조가 결성되어 기업 측의 탄압에 대한 적극적 대응, 연대활동의 강화 등 민주노조운동의 새로운 차원을 열었다.

권리쟁취를 위한 노동자들의 연대투쟁은 1985년 6월의 구로지역 연대파업에서 특징적으로 나타났는데, 이는 80년대 노동운동의 커다란 전기를 마련해주는 것이었다. 구로지역 연대파업은 그간 축적된 노동운동 역량이 대규모의 경제투쟁과 지역단위 연대투쟁의 형태로 나타나 내용적으로 볼 때는 경제투쟁이었지만, 본질적으로는 실제 그 투쟁과정에 정권과의 직접적 대립과 투쟁으로 전개되면서 노동자 대중의 정치적 각성과 연대의식의 성장에 기여하였고, 노동자 대중이 정치투쟁의 주체로 나서야 할 필요성이 노동운동 내에서 강하게 제기되는 계기를 마련하였다. 즉 구로지역 연대파업 이후 지역단위의 통일적 노동자 조직역량의 구축과 이것에 의한 정치투쟁의 지속적 수행이라는 문제제기는 비합법 노동자대중정치조직으로서 '서울노동운동연합'으로 결실을 보게 되었는데, 그밖에도 여러 지역에서 자주적인 노동운동 조직체가 형성되었다.

이 같은 조직체의 형성은 전반적인 노동조합운동의 어용성과 무기력성에 대한 반발과 노·자협조적인 노동조합주의의 청산을 전제로 한 새로운 운동주체의 구축을 지향하는 가운데 추진되었다는 데에 의의가 있다.

1986년에 들어 그간의 확대된 노동자 대중의 경제투쟁과 부분적 정치투쟁의 경험 속에서 축적된 노동운동의 역량이 지역단위 운동역량의 구축과 보다 적극적인 정치투쟁을 꾀하면서 일반노동자 대중과의 조직적 결합 및 다양한 시행착오와 오류를 반복하면서 끊임없이 성장하여간다. 그러나 한편으로 노동운동의 주도권이 비합법 조직에 의해 주도됨으로써 이념적 선도성과 정치지향성이 지나치게 강조되자, 각 단위노조는 많은 편차를 보이며 현장대중과 지도부가 유기적 관계를 지속하지 못하는 모습도 나타난다. 이러한 80년대 전반기 노동운동은 다음과 같은 특성을 가지며 전개되었다고 볼 수 있다.[4]

첫째, 노동운동의 이념적 기초와 운동노선의 측면에서는 변혁지향적이고 과학적인 입장에서의 운동노선이 치열하게 모색되었다. 특히 85년 구로지역 노동조합들의 연대파업투쟁과 몇몇 노동조합이 전개한 과감한 투쟁은 노동조합주의를 극복하려는 실천적 모색이 표출된 것이다. 또한 구로지역 동맹파업의 성과를 기초로 결성된 '서울노동운동연합' 그리고 '인천지역노동자연맹' 등의 자주적 노동운동조직들은 변혁지향적 운동이념을 분명하게 내세웠다. 이 같은 시도는 노동운동의 질적 고양에 중대한 의의를 가지는 것이었으나 여러 가지 시행착오를 나타내기도 했다. 예컨대 대중노선에 대한 인식불철저, 정치투쟁의 일면적 강조, 스스로를 노동운동의 지도역량으로 규정하는 자세 등을 들 수 있다. 이러한 오류는 운동의 발전과 함께 점차 극복되어갔지만 전체적으로 볼 때 변혁지향적이고 과학적인 운동이념을 정립하려는 시도가 광범한 노동자들의 투쟁을 통해 검증되고 구체화되지는 못했다고 평가할 수 있다.

둘째, 조직형태와 역량이라는 측면을 보면, 통일적인 조직체계를 확보하지 못했고 조직역량이 광범하고 공고하게 결집되지 못했다. 노동조합 조직은 기업단위 노동조합 조직형태가 갖는 폐쇄성·어용성·편협성으로 인해 조직의 지역별·산업별 및 전국적 통일체계를

---

4) 김금수, 「한국노동운동 현황과 과제」, 『사상과 정책』, 경향신문사, 1988년 여름호, pp.100~02.

확보하지 못했고, 조직 확대를 위한 효과적 활동도 추진하지 못했다. 특히 민주적인 신규노조의 설립이 정치권력에 의해 봉쇄됨으로써 노총을 중심으로 한 기존 노동조합의 어용성·무기력성이 부분적으로라도 극복될 가능성이 극도로 축소되었다. 한편 자주적 노동운동조직들은 활동상의 제약과 운동원칙의 미확립으로 인해 대중적인 기반을 확보하지 못했다. 또한 내부의 노선상의 차이로 통일브다는 분화되는 경향이 두드러졌다. 노동대중의 조직화가 효과적으로 이루어지지 않은 것은 무엇보다도 1984년 9월 이후 신규노동조합 결성의 시도가 정권과 자본의 노골적인 탄압에 의해 좌절되었기 때문이다. 그런데 노동운동권 내부에서는 심지어 노동운동의 기본적 대중조직으로서의 노동조합이 가지는 으의와 임무가 아예 부정되는 경향이 나타나기도 하여 노동대중의 조직화에 장애가 되었다.

셋째, 투쟁양태와 성격이라는 측면에서는 전체적으로 볼 때 자연발생적 고립분산적 투쟁으로부터 점차 조직적·계획적인 투쟁으로 전환되어가는 양상을 나타냈고, 또한 정치투쟁의 고양가능성이 증대되었다. 또한 1984년 9, 10월의 청계피복노동조합의 합법성 쟁취투쟁에서 취해진 가두시위는 정치투쟁의 새로운 확대가능성을 보여주었다. 그리고 노동운동과 학생운동 등 여타 민중민주운동간의 연대투쟁도 발전해가는 모습을 보여주었다. 이와 같은 운동양태와 성격의 변화는 노동대중의 의식향상과 운동역량 확대의 결과라고 볼 수 있다. 그러나 80년대 전반기의 노동운동에서는 경제투쟁에 함몰되거나 또는 정치투쟁을 지나치게 강조한 나머지 경제투쟁과 정치투쟁의 변증법적 통일이 이루어지지 못했고 다양한 요구에 따른 올바른 투쟁방식이 실천을 통해 관철되지 못했다. 특히 1985년 이후에는 노동운동 활동가들이 주도한 운동에서는 정치투쟁으로의 발전을 일면적으로 강조하여 대중적 운동을 저해하는 모습이 두드러졌다.

넷째, 민중운동과의 곤련성이라는 면에서는 노동자계급이 사회변혁의 주체이고 전체 민중운동의 주도적 핵심체라는 인식이 확대되었고, 노동운동의 고양이 타부문 민중운동의 발전을 촉진하게 되었다. 그러나 80년대 전반기의 노동운동은 타부문 민중운동을 적극 지원하지도 못했고 주도하지도 못했다. 그것은 노동운동 역량의 한계에서 빚어진 결과였던 것으로 보인다. 어떤 면에서는 노동운동이 학생운동·민주화운동·문화운동 등으로부터 직접·간접적인 지원을 받은 면이 더욱 컸다. 특히 지식인들의 노동운동 참여는 소시민적 속성에서 연유하는 많은 부정적 영향에도 불구하고 노동운동의 발전에 심대한 영향을 미쳤다.

요컨대 80년대 전반기 노동운동은 87년 7~9월 노동자 대투쟁으로 표현되는 80년대 후반기 노동운동의 질적인 전환과 고양을 위한 준비기였다.

그러나 노동운동의 정통성과 주체성 확립이라는 기준에서 볼 때 그 근거가 미흡한 점이 많고, 노동운동의 이념적 기초와 운동노선의 과학적 정립, 조직·투쟁 역량의 강화, 전체 한국사회변혁운동에서의 독자적 위치와 역할 등 여러 측면에서 보완되어야 할 구체적인 문제점들을 제시하였다.

4. 87년 7~9월의 노동운동

직선제개헌과 군부독재타도를 내세운 1987년 6월의 민주화운동은 소위 중산층의 주도하에 6·29선언으로 일단락된다. 그러나 6·29선언 이후에 이어진 운동은 정치적 요구보다도 노동자계급의 생존권적 투쟁이 사회전면에 부각됨으로써 민주화운동의 본질이 자본·임노동 관계를 기본으로 하고 있음을 입증했다.

1987년 7~9월에 걸쳐 폭발적으로 제기된 노동운동은 한국에서 임금노동자계급이 형성된 이래 가장 대규모적인 자본·임노동간의 모순표출이었다. 즉, 노동자들은 대외의존적 경제성장의 귀결인 노동계급의 빈곤화, 소외 그리고 억압적인 노동통제에 대하여 전면적인 저항을 하고 나선 것이다. 따라서 7~9월의 노동운동은 한국노동운동사에서 또 하나의 획을 긋는 커다란 사건으로 기록될 수 있다. 이 운동은 노동자계급의 전반적인 계급의식과 역량이 크게 성숙되었다는 사실과 노동운동이 사회변혁운동의 주체로서 기능할 수 있는 가능성을 보여주었다.

노동부의 집계에 따르면 1987년 9월 30일 현재 발생한 노동쟁의는 3,365건으로, 이중 3,241건이 6·29 이후 집중적으로 분출되었다.

이것은 1980년 서울의 봄 이후의 407건 그리고 그간의 노동쟁의 발생건수를 크게 웃도는 것이라는 점에서 우리 역사상 초유의 광범한 노동자계급의 대중운동이었음을 보여준다. 이를 업종별·기업규모별로 보면, 우선 업종별의 경우 제조업에서는 1,767건으로 가장 많으며, 운수업이 1,247건, 광업이 127건, 기타 195건 등이다. 기업규모 면에서는 종업원 수 1천 명 이상 사업장이 221건, 300~999명이 567건, 100~299명이 1,347건, 50~99명이 750건, 50명 미만이 480건으로 300명 미만의 중소기업이 전체의 77퍼센트를 차지한다. 종업원 수 1천명 이상의 대기업은 342개이므로 이들 대기업의 65퍼센트가 이 쟁의에 휩쓸린 것으로 제시되고 있다.

한편 노동자들의 요구내용을 보면 크게 임금인상, 노조설립·어용노조퇴진, 근로조건 개선 등 세 가지로 묶어볼 수 있다. 우선 임금인상요구는 그간의 저임금정책을 반영하여 모든 노동쟁의 사례마다 거의 예외 없이 분출되었다. 그러나 임금문제가 노동문제의 핵심이기는 하지만 이번 노동자 대중운동의 추동적 동인은 일시적인 임금인상보다는 사회전반적인 민주화 대세에 조응한 노동현장의 민주화 요구였다. 민주노조 설립이나 어용노조 퇴진으로 표출된 노동현장의 민주화 요구는 단결권과 단체행동권 등 노동자들의 권익을 보다 장기적으로 보장하는 것과 관련된 요구라 하겠다.

또한 이 시기 노동운동의 특징은 어용노조의 퇴진에 대한 요구가 현저하게 증가되었다는 사실이다. 노동자들은 기존 노조집행부 또는 6·29 이후 회사측의 지원을 받아 신설된 노조에 대하여 노조집행부교체, 위원장 직선제, 노조활동 및 회비 공개 등을 요구했다. 이와 같은 노조민주화 요구는 노사분쟁이 발생한 사업장의 70퍼센트 이상에서 제기되었다.

그리고 이밖에도 노동자의 요구는 인간다운 대우, 근로기준법 준수 등 다양하게 제기되었다. 이것은 노동자들의 기본권에 대한 권리의식이 높아졌음을 말해주는 것이다.

쟁의형태는 전부가 노동쟁의조정법의 테두리를 뛰어넘는 것으로 농성이 2,227건으로 가장 많았고, 파업이 1,138건, 시위 88건, 기타 5건의 순으로 나타났다.

7~9월 노동자 대투쟁의 특징은 그것을 보는 시각에 따라 다양하게 나타날 수 있지만 현상적으로 본다면 대체적으로 다음과 같은 점이 지적될 수 있다.

첫째, 전국 전산업에 걸친 동시다발적인 문제의 제기에 일차적 특징이 있다. 이것은 '사실상의 총파업'과 같은 것이다. 둘째, 이것은 지도된 것이 아닌 자연발생적 성격의 것으로 6·29 이후의 상황변동에 의한 것이다. 이 점은 수동적인 지식인들의 노동운동 참여를 재평가하게 하고 있다. 셋째, 요구수준이 경제적 차원을 벗어나지 못하고 있으며, 그 내용 또한 개별사업장의 차원에 머무르고 있다. 이것은 자연발생성이 갖는 한계의 표시이기도 하고, 전술적인 능동성의 표현일 수도 있다. 전술적인 능동성은 쟁의 형태에서 파업·농성·시위 등의 집단행동으로부터 시작하여 조직을 형성한 이후에 협상으로 옮아가는 과정에서도 잘 나타난다. 넷째, 지역별·재벌그룹별·산업별 동맹과 연대투쟁이 주요한 투쟁형태로 나타났다. 지역별 동맹파업의 형태는 울산·광주·부산·전주·서울·군산 등지의 운수노동자 동맹파업에서 이루어졌다. 또 재벌계열별 동맹파업은 대우중공업의 경우 창원(8월 4일), 인천(8월 6일), 영등포·안양(8월 7일)의 네 군데 사업장의 동맹파업과 울산 현대정공과 창원 현대정공의 동맹파업 그리고 울산중공업지역내 현대그룹계열 하청 노동자들의 동맹파업 등에서 나타나며 특히 현대그룹 노동조합협의회를 통한 연대투쟁 등은 한국노동운동사상 새로운 운동형태를 정립한 것이다. 이것은 독점의 확대에 따른 자본의 연대가 노동자계급의 연대성을 강화하게 한 것의 표현이다. 다섯째로 이번의 노동운동은 중화학공업의 남자노동자들이 전체운동을 선도했다는 데서 전환기적 의미를 지니고 있다. 이는 85년의 대우자동차 노동자들의 농성투쟁에서부터 예고된 것이지만 7~9월 운동에서 본격화되었다. 이러한 사실은 중화학공업의 발전이 전체산업을 주도함에 따라 점차 고도로 생산이 집적된 대규모 사업장이 생산의 중심부로 정착되었다는 것과, 그와 같은 생산과정에서 결합되고 훈련되고 조직된 남성노동자들이 노동운동의 주력으로 대두되었음을 말해주는 것이다. 즉 이제 한국 노동운동의 주축이 대기업 중심의 중화학공업으로 그리고 여성노동자 중심에서 남성노동자 중심으로 바뀌고 있음을 보여주는 것이라고 할 수 있다.

87년 7~9월 노동자운동은 실로 한국 노동운동에 있어 하나의 커다란 대사변이었는데, 노동운동의 발전에 있어서 다음과 같은 중대한 의의를 가지고 있다.

첫째, 7~9월의 노동운동은 광범한 노동자를 단련시키고 의식과 조직을 발전시키는 결정적인 계기가 되었다. 노동자대중은 스스로 운동의 전면에 나섬으로써 자신들을 억압하는 체제와 각종 제도의 구조를 분명하게 인식하였다. 또한 노동자들은 자신들의 힘과 단결의 의미를 깨닫게 되었고 사회적 무력감이나 패배주의를 어느 정도 극복하게 되었다. 그리고 운동과정에서 노동자들은 조직적 지도력의 중요성과 연대의 필요성을 인식하게 되었으며, 실제로 많은 사업장에서 노동조합이 조직되었고 노동조합간의 조직적인 연대의 구축이 시도되었다.

둘째, 이 운동은 노동자계급의 정치적 진출을 위한 대중적 토대를 마련하는 계기가 되었다. 노동자들은 운동과정에 개입한 정치적 탄압을 경험하면서 정치적 의식을 높일 수 있었다. 즉 노동자들은 자신들의 운동이 총자본에 대한 대항으로서의 성격을 갖는다는 것을 확인하였다.

셋째, 7~9월 노동운동의 의의는 노동자 자신들의 사회 내에서의 지위와 역할을 주동적으로 파악하고, 자각하는 커다란 계기가 됨으로써 이후 노동자 대중의 자주적 진출이 활성화되었다는 점이다.

1987년 7~9월의 노동운동을 1980년 '민주화의 봄'에 진행되었던 노동운동과 비교해보아도 그 성격에 있어서 획기적인 질적 변화가 있음을 알 수 있다.

첫째, 80년은 경제성장률 마이너스 5.7퍼센트, 물가상승률 38.9퍼센트, 국제수지적자 40억 달러로 사회의 경제적 토대가 위기에 빠진 시기였던 데 비해 87년은 6월까지의 경제성장률 13.15퍼센트, 물가상승률 3퍼센트, 국제수지흑자 등 86년에 이어 소위 고도성장의 시기였다. 이런 점에서 80년의 노동운동은 기본적으로 지배 권력의 내분과 경제적 토대의 상대적 위기를 조건으로 하여 생존권이 위기에 처한 시기에 노동자 대중이 진출한 생존권 투쟁으로 당시의 주된 요구가 체불임금지급 등이었던 데 반해 87년의 노동운동은 6월 항쟁에 의해 조성된 권력의 내분과 후퇴에 따른 민주진영의 진출이라는 정세에 의해 규정되는 노동자 대중의 주체적 진출이었고, 6월의 부분적인 민주화의 획득의 한계를 전면적 긴주화의 요구로 승화시킨 6월 투쟁의 연속인 것이다. 또 87년의 노동운동은 80년의 노동운동에 비해 경제적 규정성보다 정치적 규정성이 우선적인 것이라 할 수 있다.

둘째, 80년 노동운동은 10·26 이후 4개월이 경과한 흐 전국적인 임금인상시기에 일어나고 확산되었던 것으로 80년의 '전국성'은 임금인상시기에 의해 규정받는 '전국적 규모'였고 일상적인 경제투쟁의 리듬에 따라 전개된 투쟁이었으나, 87년 7~9월의 운동은 임금인상시기가 마무리되어가던 시기인 6월, 민중항쟁에 연이은 운동으로 일상적인 경제투쟁의 리듬과는 상관없이 진행된 것이었다. 실제로 7~9월 운동의 기폭제가 된 현대엔진 노동자들의 요구가 임금인상과는 관계없는 '민주노조건설'이라는 노동자의 민주적 권익투쟁으로 출발했던 것에서도 이 점을 알 수 있다. 그리고 이 시기의 임금인상 요구조차 대부분 재인상 요구였던 것이다. 따라서 이것은 사회적 부정과 불평등에 대한 경제적 민주화의 요구였고, 나아가 전사회의 민주화에 대한 염원과 신념이 그 기초가 되어 있다고 하겠다.

셋째, 80년 노동운동이 조직상에 있어서는 기존의 노조나 운동의 형태에 있어서는 합법적 형터를 중심으로 진행되었으나, 87년 노동운동에서는 기존의 노조는 거의 아무런 역할도 하지 못하고 운동의 형태도 비합법적 형태가 축을 이루었다. 이것은 다시 말해 80년의 노동운동이 기본적으로 제도내적인 것이었다면, 7~9월 운동은 제도내적인 틀을 붕괴시키면서 진행된 새로운 제도에 대한 요구를 반증하는 6월 투쟁의 계승인 것이다.

넷째, 80년 운동에서는 대자본 특히 대표적인 재벌자본에 대한 투쟁이 거의 없었던 데 반해 7~9월 운동에서 우리나라 1천 명 이상 고용업체 총수 349개 중 221군데서 투쟁이 일어났고, 그 구성의 주된 부분은 재벌자본이었다. 80년을 포함하여 그간 재벌자본에서 투쟁이 없었던 근본이유가 경제적 혜택 등이라기보다는 재벌자본과 권

력간의 강한 유착 위에서 이데올로기적·물리적·법적 탄압의 정도
가 여타 중소자본과 비교가 안될 정도로 강했기 때문이라고 한다면,
7~9월 운동에서의 재벌자본에 대한 광범한 투쟁은 바로 노동자계급
의 진출과 권력의 후퇴라는 정치적 정세의 연장선 위에서만 나타날
수 있었던 것이다.

7~9월 노동운동은 이와 같은 의의에도 불구하고 커다란 한계를
갖는다. 그것은 기본적으로 7~9월 운동이 조직적 역량을 기반으로
한 계획된 운동이라는 성격보다는 즉자적이고 자연발생적인 성격을
많이 가지기 때문이다. 우선 7~9월 운동의 방향에서는 경제주의적
개량주의의 경향이 극복되지 못하였다. 또한 운동의 지도력이 취약
하고, 강력한 쟁의를 벌이고도 그것이 조직적 역량으로 결집되지 못
한 예가 많았다. 특히 어용노조 민주화운동은 실패로 끝난 경우가
압도적으로 많았다. 운동방식에서는 연대투쟁이나 통일투쟁이 초보
적인 수준에 머물렀을 뿐 전면적으로 추진되지 못했다. 또한 운동
목표에서는 단위 사업장내의 경제적 요구를 전체 노동자의 입장에서
제도적·구조적 요구로 발전시키지 못했다는 점, 여타 사회운동과의
관련에서 상호간의 긴밀한 유대가 획득되지 못했다는 점도 한계로
지적될 수 있다.

이러한 한계 때문에 9월 이후 정권과 자본의 공세가 강화되자 운
동의 열기는 급속히 위축되었으며, 많은 신규노동조합들이 파괴되거
나 무력화되었다. 그러나 7~9월 노동자운동이 노동자 대중의 '주체
적 자각'에 의한 '자주적 진출'로 커다란 조직적 성과를 이루어냄으
로써 한국노동운동의 방향과 그 과제의 설정에 중요한 전기를 마련
하였다. 그럼으로써 그간 노동자 대중의 역동성에 관한 추상적 파악
의 한계를 탈피하고, 구체적이고 생생한 자기 근거를 가질 수 있게
되었다.

5. 88년 상반기의 노동운동

87년 7~9월 운동의 경험이 축적되어 있고, 대거 결성된 신규노조들의 경우 비교적 조직적으로 임금투쟁을 준비하는 가운데 맞이하게 된 88년 상반기 운동은 객관적 조건의 측면에서도 대통령선거 후 생필품가격의 폭등, 주택가격(전세 포함)의 급등과 호황의 지속으로 임금인상에 대한 기대심리가 높고 게다가 총선의 사회적 분위기마저 겹쳐 있어서 임금투쟁을 중심으로 활발히 전개될 것으로 예상되었다.

상반기 노동운동의 추세로 볼 때 이러한 예상은 거의 적중하였다.

88년 상반기 노동쟁의 발생건수는 7월 19일 현재 1,259건으로 나타났다. 이는 87년 7~9월 사이에 발생한 3,241건에 비하여 크게 감소한 것이나, 지난해 같은 기간에 일어난 130여 건의 노동쟁의보다 9배 이상 증가한 것이다.

그리고 이러한 운동은 공장노동자·광산노동자·운수노동자·서비스직노동자 들로부터 사무직노동자·병원노동자·연구직노동자, 급기야는 공무원인 철도노동자들에게까지 확산되었다. 또한 상반기의 운동은 철저하게 87년 7~9월 대중운동의 연장선 위에 있다는 것을 알 수 있다. 예년에 볼 수 없던 높은 발생건수와 대기업·중화학공업 노동자의 급격한 진출이 그러하다.

운동형태를 보면 농성이 58.8퍼센트로 가장 높은 비율로 나타났으며, 작업거부가 40.2퍼센트, 시위는 단 4건인 0.3퍼센트의 발생률을 보였다. 이러한 양상변화는 88년 노동운동의 성격을 단적으로 표현하고 있는데, 그것은 '선협상 후농성'으로 요약된다. 다시 말해 단체교섭이나 임금협상을 벌이다가 협상이 결렬될 때 노동자의 힘을 과시하는 방법으로 파업에 들어가고 농성형태와 결합한 것이다. 그 결과 노동쟁의의 대부분은 노동조합을 중심으로 단체교섭→쟁의신고→준법

투쟁→파업돌입'이라는 전형적 쟁의형태를 보였다. 이는 노동자 측의 교섭력이 강화되고 단위사업장내에서의 노사관계의 관행이 어느 정도 정착되고 있음을 의미한다. 그 예로 6월말까지의 쟁의 발생신고건수가 1,060건으로 지난해 같은 기간의 24건과는 비교도 안될 정도로 증가한 것을 들 수 있다. 그러나 완전합법투쟁의 형태로 타결된 것은 극소수에 불과하고, 대부분 파업과 농성까지 가는 모습을 보여주었으며 구사대 폭력에 대해서는 치열한 전투성을 보여주고 있기 때문에 이를 노동자 대중의 투쟁성 약화라고 평가하기는 힘들다.

한편으로 '준법투쟁'전술이 많이 활용되었다. 잔업거부, 태업, 리본달기, 1인1벽보, 작업복 거꾸로 입기, 집단월차휴가, 집단조퇴, 집단으로 화장실가기, 점심시간 지연 등의 방법이 사용되었다.

또한 7~9월 운동에 비하여 연대활동의 양과 질에서 한층 발전된 모습을 보이고 있다는 사실도 1988년 상반기 운동에서 빼놓을 수 없는 특징이다. 연대활동은 크게 두 수준으로 나누어볼 수 있다. 하나는 노동조합 수준에서의 지역별·업종별 연대의 강화 차원이고, 다른 하나는 노동조합과 민중운동세력간의 연대강화이다. 전자는 87년 12월 마산·창원 노동조합 총연합이 결성된 것을 시발로 하여, 전북·서울·인천·진주·성남 등의 지역에서 자주적인 노동조합협의회의 결성과, 병원노조협의회·청계피복·제화·인쇄 등의 영세기업 서울지역노동조합결성, 자유금융노련, 택시노련으로 표출되었다. 민중운동세력과의 연대는 멕스테크위장폐업 철회운동, 현대엔진노조탄압 규탄운동, 한독금속, 제일병원, 합동전자 등에서의 지역민주노조 지원운동 등에서 대표적으로 나타났다.

그리고 88년 상반기 운동에서 나타난 또 하나의 특징은 쟁의시 최소한의 무장이 나타났다는 점이다. 87년 운동의 경험은 노동자뿐만 아니라 자본가들의 대응방책에도 영향을 미쳤다. 그리하여 쇠파이프·각목을 비롯하여 덤프트럭까지 동원한 구사대의 무장력과 직업적 깡패를 동원하는 등 노동자 탄압세력에 대항하기 위해서는 노동자들도 최소한의 자기보호를 위한 무장의 필요성이 증대되었던 것이다.

88년 노동운동을 형태면에서 볼 때 자연발생적인 노동쟁의에서 목적의식적이고 조직적인 운동으로, 수동적인 운동에서 농동적인 운동으로 발전하고 있음을 알 수 있다.

자본의 대응전술 측면에서는 위장폐업·직장폐쇄가 새로운 유형의 방식으로 나타났고, 구사대 폭력이 작년에 이어 자본 측의 공공연한 대응전술로 사용되었다. 현대엔진·대원전기·대림통상 등에서 각기 수십 명의 부상자를 낼 정도로 잔혹한 구사대 폭력이 행사되었고 그에 대해 노동자들은 방어적 폭력으로 맞섰다. 위장폐업은 멕스테크·대하기계·제일병원 등에서 일어났는데 이는 노동조합의 와해책동으로서 노동조합 자체를 부정해온 과거의 관행에 익숙해 있는 자본가들이 주요한 전술로서 고안해 낸 것이다. 한편 직장폐쇄는 자본가들이 합법적으로 사용할 수 있는 초강경수단으로 대우조선·한독금속 등 27개 사업장(1985. 5. 16 현재)에서 실행되었다. 특히 대우조선과 같은 독점대기업에서 협상의 주도권과 민주노조세력의 고립화를 위해 쓰임으로써 대기업에서 빈번히 사용될 것으로 보인다.

요컨대 88년 상반기 운동은 대중역량의 성숙을 바탕으로 전개되었는데, 1월에서 3월 사이에는 위장폐업·직장폐쇄·구사대폭력 등에 맞서 민주노조수호운동을 단호하게 벌여나갔으며, 4월 초순부터는 최저생계비 쟁취와 노동조건 개선을 위한 임금인상투쟁을 활발하게 전개하였고 임투가 마무리되어가던 6월 초순부터는 노동운동 탄압분쇄와 노동법개정을 위한 운동을 활발히 전개하였다.

88년 상반기 노동운동의 흐름을 살펴볼 때 현재의 노동운동의 가장 두드러진 특징은 노동자 '대중'과 '노동조합'이 운동의 중심으로 확고히 자리잡아가고 있다는 점이다. 이는 과거 선진적인 소수 활동가, 또는 노동운동단체가 운동의 중심이었던 것과 확연히 대조된다. 이제 노동운동은 몇몇 선진적 노동자나 소집단에 의해 추진되는 것이 아니라 광범위한 노동자 대중들에 의해 대중운동으로 전개되고 있는 것이다.

그러나 노동자 대중의 역량 강화에도 불구하고 88년 상반기의 운동은 대부분 경제투쟁에 머물렀고, 연대의 수준이 협의의 단계에 머물렀다. 또 연대의 범위도 대부분 일정지역을 벗어나지 못했고, 대중적 역량이 뒷받침되지 않는 상황에서 조합을 결성하여 운동을 전개함으로써 향후의 활동을 어렵게 만든 조직형식주의와 조급성 등이 문제로 지적될 수 있다. 또한 진보적인 노동운동 단체나 조직과 대중적인 노동조합과의 관계설정이 원활하게 이루어지지 않은 점 등도 문제다.

자연발생적이고 비조직적인 운동이 대중역량 강화를 바탕으로 하여 목적의식적이고 조직적인 운동으로 발전·전화되어가고 있으나 아직도 노동자계급의 이해를 전면에 내걸고 운동을 추진할 정도로 발전하고 있지는 못하다. 이런 점에서 전국의 30여 개의 진보적인 노동운동 단체와 조직이 '전국노동운동협의회'를 결성하고 노동법개정운동5)을 전개하고 있는 것은 중요한 의미를 갖는다. 즉 노동법개정운동은 지금까지의 경제투쟁 중심의 노동운동을 제도개선 투쟁과 정치투쟁으로 발전시키고, 그러한 투쟁을 기반으로 하여 노동조합과 노동운동 단체의 전국적 통일을 제고시켜나가고 있는 것이다.

현재의 노동운동 역량은 비록 낮은 단계의 것이지만 대중조직 차원에서의 조직적 연대를 현실화시키고 있다. 진보적 노동운동세력은 현단계의 노동법 개정을 중심으로 한 노동운동을 통해 노동자의 대

---

5) 노동자들은 ① 냉각기간, 직장폐쇄, 공무원과 공익사업·방위산업체 근무자의 쟁의금지 등을 규정하는 노동쟁의조정법의 폐지, ② 노조결성의 완전한 보장, ③ 노조의 정치활동 보장, ④ 제3자 개입금지 조항 폐지, ⑤ 부당해고 및 부당노동행위의 처벌 등을 요구하며 노동법 개정운동을 전개하고 있다.

중역량을 강화하고, 조직적 연대의 수준을 제고시키려는 노력에 온
힘을 쏟고 있으며, 노동자 대중의 계급적 이해의 실현과 전체 민중
운동의 변혁적 지향을 확실히 담보하기 위하여 새로운 발전을 추진
하게 될 것으로 전망된다.

6. 한국 노동운동의 과제

한국의 노동운동은 87년 하반기부터 비약적인 발전을 보이고 있
는데, 노동운동이 갖는 역사적 과제를 달성하기 위해 이젠 구체적인
과제를 설정하고 이를 해결해나가는 방향으로 운동이 전개되어야 할
것이다.

1) 노동운동의 방향 정립

한국노동운동의 발전을 위해서는 무엇보다도 노동운동의 방향을
정립하여 노동운동을 구체적인 것으로 하여야 한다. 그러나 노동운
동의 방향을 구체적으로 정형화시키는 것은 쉬운 일이 아니다. 따라
서 여기서는 노동운동의 방향을 정립하는 데 필요한 기본적인 시각
부터 살펴본다.
첫째, 노동운동의 방향은 기본적으로 노사협조를 근간으로 하는
노동조합주의의 극복을 전제로 해야 하며, 그것은 억압과 착취의 근
저에 놓여 있는 사회적 모순의 극복을 위한 사회변혁을 목표로 하는
과학적인 입장에서 정립되어야 한다. 또한 그것은 노동운동의 보편적
성격인 대중성과 계급성을 통일하고 노동운동의 기본임무인 경제투

쟁과 정치투쟁을 통일할 수 있는 것이어야 하며, 200~300년에 걸친 노동운동 역사의 승리와 비약, 패배와 정체 속에서 집약된 운동발전의 법칙에도 합치되는 것이어야 한다.

둘째, 노동운동은 노동자적 이익에 투철한 것이어야 한다. 이것은 노동운동이 처음부터 초계급적인 요구 위에 서는 것이 아니라 노동자들의 이익 위에서 기본적으로 출발해야 한다는 것을 의미한다. 그리고 노동운동이 해결해야 할 것은 자본·임노동 관계 위에서 주어지는 각종 모순이고 종국에는 높은 차원의 인간해방이어야 한다. 이것은 한 사회에 대한 인식에서 인간간의 사회적 관계에서의 경제잉여의 수취를 둘러싼 대립관계를 전제로 하고 있다.

셋째, 노동운동은 낮은 것에서 높은 것으로 장기적인 전망을 갖고, 이론과 실천의 변증법적 통일 속에서 대중에게 지나치게 기울거나, 관념적인 추상성에 얽매이는 것을 거부하는 것으로 되어야 한다. 이것은 먼저 노동운동이 운동으로 되기 위하여는 지속적이어야 하고 단계적인 전술·전략을 가져야 할 뿐 아니라 관념적인 편향에서 벗어나 이론과 실천, 그리고 일반성과 구체성의 통일 위에서 주어져야 한다는 것이다.

넷째, 노동운동은 노동자계급의 이익에서 출발하여야 함에도 불구하고 사회발전과 민족문제에서 노동운동이 갖는 중요성이나 역할에 비추어 민족문제와의 관련에서 그 방향이 정립되어야 한다. 이것은 우리나라 민족문제의 성격이 민족의 자주·자립과 통일이라는 민족적인 것과 민중적인 것, 그리고 민주주의의 실현이라는 데서 주어지고 있으므로 노동운동 또한 이것에 충실한 것으로 되어야 한다는 것이다.

다섯째, 노동운동은 한 사회의 성격에 대한 정확한 인식에 기초하여 노동조합주의적 한계를 극복하는 것으로 되어야 한다. 자본주의 발전의 독점자본주의 단계에서 국가권력의 중립성은 기대하기 어렵다. 따라서 이 단계의 노동운동은 노동조합주의적인 한계에서 벗어나 정치적 차원의 운동에서 자기 요구의 실현 가능성을 브여야 한다는 것이다. 그러나 이것은 경제투쟁이 불필요하다거나 반드시 유해하다는 것을 의미하는 것은 물론 아니다.

한편 현재 노동대중에게 있어 권리의식과 초보적 정치의식은 고양되고 있는 반면 구체적인 노동운동의 방향에 대해서는 모호한 점이 많이 존재한다는 점을 감안하면 노동대중의 보다 철저한 자각이 촉구되며, 올바른 운동원칙을 치득하는 것 역시 중요한 과제로 제기되고 있다.

2) 노동운동의 주체 형성

한국사회의 발전을 위한 노력에서 노동운동은 그 기간운동이다. 그것은 한국사회의 성격에 대한 규정에서 주어지듯 우리 사회가 안고 있는 제 모순이 노동자계급과 관련되고 있기 때문이다. 곧 한국사회에 대한 성격규정은 자본·임노동 관계를 기본적인 것으로 하면서도 안으로 민중·민주적 요구와 밖으로 민족주의적 요구에 따른 민족자주적인 과제를 1차적인 것으로 하지 않을 수 없게 한다는 것이다. 그런 의미에서 노동운동의 고양과 그것을 위한 주체 형성은 한국사회의 발전을 위한 주요한 과제로 될 수밖에 없다.

노동운동의 새로운 주체성을 확립하기 위해서는 조직역량의 확대·강화가 선행되어야 하는데, 이를 위해 신규노조의 결성, 어용노조의 민주화 등이 지속적으로 추진되어야 한다. 우리나라의 노동조합조직률은 아직 매우 낮은 수준이며 그중에서도 민주적인 노동조합은 소수이다. 신규노조의 확대는 특히 영세·중소기업에서, 기존노조의 민주화는 대기업에서 중심적으로 추진되어야 하는 과제이다.

영세업체 노동자의 조직화를 위해서는 이제 출발단계에 있는 지역별·직종별 노동조합이 확대·발전되어야 한다. 한편 이른바 민주조조6)라고 불릴 수 있는 노동조합의 내적 조직역량도 보다 다져져 확고한 민주적 규율이 갖추어져야 한다. 이를 위해서는 노동조합에 포섭된 노동자에 대한 지속적인 의식화·조직화 작업이 수행되어야 한다.

조직역량의 강화를 위한 또 다른 핵심적인 과제는 연대의 강화를 통해 기업별 노조의 한계를 극복하는 일이다. 현재 추진되고 있는 지역별 민주노조협의회는 다양한 실천 활동을 통해 내실을 갖추어야 하며 전국적인 통일조직을 구축해내야 한다. 산업별·업종별 협의체도 발전되어야 하며 여기에 소속된 노동조합들의 통일적인 활동을 발전시켜 산별노조로 발전해가야 한다. 특히 업종별·산업별 연대조직은 업종의 고유한 활동에 매몰되지 않고 노동운동에서 제기되는 당면과제를 폭넓고 과감히 수행해나가야 할 것이다. 한편 동일 재벌그룹에 소속한 노동조합간의 연대활동 역시 기업별 노조의 한계를 극복하는 방법이 될 수 있다.

이와 아울러 선진노동자들의 조직화 역시 과제로 제기된다. 이는 노동운동내의 정치역량의 고양이라는 측면에서 중요하게 요청된다. 그러나 이것이 과거 '서울노동운동연합'등이 보여주었던 것과 같이 현장대중과 유리되는 방향으로 나아가서는 안될 것이다. 즉 이들은 기성 노동조직 안에서의 새로운 민주적 노조의 생성을 위한 노력과 함께, 기성 노동조직 밖에서의 새로운 노동조직의 생성을 위한 노력을 병행하여 전체 노동조직의 실질적 주체 형성을 위해 지렛대로 작용하여야 할 것이다.

---

6) 현재 한국노총은 대략 4,800여 개의 단위노조와 150여만 명의 조합원으로 구성되어 있는데 이중 1/10의 단위노조 및 조합원이 민주노조에 속해 있다고 볼 수 있다.

3) 운동형태의 전환

87년 하반기 이후 노동자들의 경제투쟁 영역이 크게 넓어졌고 광범위한 경제투쟁이 치열하게 전개되고 있다. 그러나 노등운동은 전술한 바와 같이 아직도 많은 법적·정치적 제약하에 놓여 있다.

이러한 조건은 경제투쟁과 정치투쟁의 통일적인 전개를 시급히 요청하고 있다. 특히 대중이 주체가 되는 정치투쟁의 전개는 투쟁형태 전환의 핵심적인 내용이 되고 있다. 물론 이때의 경제투쟁 또한 도외시되어서는 안된다.

경제투쟁은 노동운동 전체의 항시적인 현상이고, 자본주의하에서는 언제나 필요하고 또한 어떠한 시기에도 없어서는 안되는 투쟁형태의 하나이다. 일상적 필요에 기초한 경제투쟁은 노동자계급에게는 사활적인 의미를 지닐 뿐만 아니라 보다 높은 투쟁에로의 발전을 촉진하게 된다. 즉 노동자계급은 경제투쟁을 통해서 사회구조의 성격을 총체적으로 인식하게 되고 보다 근본적인 과제 해결의 필요성을 인식하게 된다.

한편 경제투쟁만으로는 노동운동을 제약하는 제도적·법적 굴레를 극복할 수 없고, 나아가 노등자의 생활상태를 근본적이고 항구적으로 개선할 수는 없다. 정치투쟁을 통한 구조적인 변혁이야말로 모순을 근본적으로 해결하는 방법이 된다.

따라서 경제투쟁의 정치투쟁에로의 전화, 그리고 경제투쟁과 정치투쟁의 결합이야말로 노동운동의 기본적인 과제이다. 또한 정치투쟁은 부분적인 제도개선을 요구하는 운동에서 전면적인 구조적 개혁을 목표로 하는 운동을 발전시켜가야 한다. 즉 저차적인 정치투쟁의 고차적인 정치투쟁에로의 발전 역시 주요한 과제로 제기된다.

이와 아울러 노사협조 이데올로기를 비롯한 각종 지배이데올로기에 대한 이념적 투쟁의 전개도 요구되고 있다. 이는 노동운동 내부

에서의 잘못된 이념적 경향이나 노선에 대한 투쟁과 함께 추진되어야 할 것이다.7)

4) 다른 사회운동과의 관계정립

사회발전과 변혁에서 노동운동의 역할은 기본적이고 주된 것이다. 그리고 이런 것들은 한 사회가 시민혁명을 불철저하게 치르고 대외적 관계에서 종속상태에 가까운 모습으로 되어 있는 경우에는 민주주의의 실현과 종속에서의 해방을 위한 과제까지를 노동운동에 부과함으로써 노동운동의 역할을 보다 중요한 것으로 위치지우게 한다.

한국자본주의가 갖는 성격이나 모순구조에 비추어볼 때 계급모순과 민족문제는 상호 밀접한 연관성을 지니고 있다. 이것은 노동자계급의 계급모순을 해결하기 위한 노동운동의 발전이 곧 민족문제의 해결을 위한 노력으로 되고, 노동자계급의 민족문제를 해결하기 위한 노력이 곧 계급모순의 해결을 위한 노력으로 된다는 것이다. 또한 계급모순·민족문제의 해결에 있어서는 민주주의의 실현이 주요한 매개고리로 작용한다.

따라서 노동운동의 과제인 계급모순의 극복, 민족문제의 해결, 민주주의 실현을 성취하기 위해서는 노동자계급을 중심으로 한 민중·민주세력의 동맹이라는 과제가 제기된다. 이 동맹은 가능한 폭이 넓은 것이어야 하고 이를 위해서는 노동운동의 지도적 역할이 확립되어야 한다. 현재 한국에서 민중·민주운동 역량의 증대 가능성은 갈수록 확대되고 있고 이에 관련된 노동운동의 주도적 역할은 한층 더 강조되고 있다. 즉 한국에서의 노동운동은 노동자계급만의 요구가

---

7) 김금수 외, 『사상과 정책』, 경향신문사, 1988, pp.105~09.

아니라 전민중적인 요구를 수렴하는 것이어야 하므로 조직노동자뿐
만 아니라 비조직노동자, 중소기업 노동자, 실업자, 도시빈민, 그리고
농민까지도 전민중적 연대와 순환계열상의 동일한 성격에 의해 동맹
되어야 하고 노동운동은 그 기본적 성격에 비추어 이들 운동을 지도
하고 주도하는 것이어야 한다.

7. 맺음말

한국의 노동운동은 이상에서 살펴본 바와 같이 80년대에 들어서
서 그 이념적 방향성이나 조직역량의 면에서 큰 질적 변환을 이루어
내고 있다. 그러나 이러한 성장에도 불구하고 80년대말의 노동운동
은 더욱 어려운 과제를 짊어지고 있다. 즉 정치투쟁으로의 발전을
위한 여러 시도에도 불구하고, 정치투쟁의 대중투쟁화가 이루어지고
있지 못한 상태에 있다.

한편으로 노사협조주의와 기업 내 노조주의의 발판을 구축하는 데
힘을 집중하고 있는 국가와 독점자본의 전략은 상당 부분 효력을 발
휘할 것으로 판단된다. 이것은 국가와 자본의 조직적 대응과 덜 체
계적이고, 임기응변적인 노동자조직의 대응 사이에서 나타나는 상호
관계의 결과라 볼 수 있다. 그러나 이러한 국가와 자본의 전략이 갖
는 효력이 즉각 민주노조세력의 약화 내지 노동운동권의 대중들로부
터의 고립을 의미하는 것은 아니다. 전체적으로 노동운동이 고양기
에 있기 때문에 힘의 열세에도 불구하고, 민주노조세력의 활동 폭이
나 목소리는 커지는 추세이고 노동운동권의 대중노선도 성과를 거두
고 있는 것이다.

지금의 노동운동수준과 세력관계를 볼 때 노동운동에서 여전히 시

급한 과제는 민주노조의 강화·발전에 있다. 이것이 전제되지 않는 이상 노동운동의 정치적 지향의 확보는 어렵기 때문이다. 민주노조의 강화·발전을 위해서는 단위사업장의 민주노조건설이 기초가 되어야 하지만 그것 못지않게 지역차원의 노조연합의 구축이 강조되어야 할 것이다. 지역 연대조직은 한편으로 개별 민주노조의 보호와 역량 강화에 필수불가결한 요소가 되며, 다른 한편으로 장차 민주노조 중심의 산별체제로 전화해나가기 위한 매개고리로서의 역할을 담당해야 하는 것이다.

이러한 독자적인 노동운동 연합체의 결성은 기존 노동조합연합체의 자기반성을 촉구하는 동인을 제공할 뿐만 아니라 한국노동운동의 질과 폭을 더욱 심화시켜나갈 것이다.

한국 노사관계의 정립방향

1. 머리말

6·29선언 이후 그동안 잠재적인 상태로 누적되어온 노동자들의 요구와 불만이 대거 폭발하여 1987년 하반기에 이어 88년에도 노사분쟁이 끊임없이 발생하고 있다. 노동부 집계에 의하면 1987년 6·29선언 이후 10월말까지 4개월 동안에 무려 3,443건의 노사분쟁을 기록했는데 이것은 1980년 이래 1986년말까지 발생한 노사분쟁 총 건수 1,433건에 비하여도 2.4배나 되는 숫자이다. 88년에 들어서도 노사분쟁은 계속 발생하여 5월 18일 현재 776건을 기록했다.

이것으로 미루어볼 때 6·29선언은 그동안 잠재적으로 내재되어 왔던 노사분쟁의 불씨를 현재화시켜 타오르게 한 계기가 되었으며 우리 사회로 하여금 노사관계의 중요성을 다시 인식하게 만든 획기적인 사건이라고 볼 수 있다.

사회의 민주화 요구에 부응하기 위하여 작년 10월말에 노사관계 제법이 대폭적으로 개정되어 노동3권을 비롯한 노동자들의 권리가 크게 신장되었다. 이러한 노사관계제법의 개정으로 노사분쟁의 양상도 크게 달라지기 시작했다.

어쨌든 1987년과 1988년을 계기로 하여 노사관계에 대한 새로운 인식과 시각, 그리고 새로운 처방전을 우리에게 강요하고 있다. 따라

서 여기서는 우선 노사관계의 본질을 생각해보고, 우리 사회에서의
노사관계제도나 현실의 변천과정을 살펴본 다음 과거를 반성하면서
새로운 노사관계의 정립방향을 모색해보기로 한다.

2. 노사관계의 본질

자본주의 사회는 직접적 생산자의 노동력이 상품화되고(임금노동),
화폐가 자본으로 전화되고, 자본에 의한 상품생산이 잉여가치의 생
산(자본에 의한 임금노동의 잉여노동수취)과 그것의 확대축적을 목
적으로 행하여지는 상품생산이 생산의 지배적 형태로 발달된 상품생
산사회 이다.[1)

모든 사회구성체를 통해서 노동일은 필요노동시간과 잉여노동시간
으로 나누어진다. 전자는 직접생산자와 그 가족의 1일분의 생활에
필요한 물자의 총량에 상당하는 생산물을 생산하는 시간을 말하고,
후자는 그 이상의 여분의 생산물을 생산하는 시간을 말한다. 자본주
의 사회에서는 필요노동시간에 의하여 생산되는 생산물의 가치가 임
금으로서 노동자에게 지급되고, 잉여노동시간의 생산물의 가치(잉여
가치)는 이윤으로서 자본에 귀속된다. 자본에 의한 잉여가치의 수취
를 둘러싸고 자본가계급과 노동자계급은 서로 대립하게 된다. 그러
나 자본주의 사회와 그 이전의 계급사회간에는 잉여노동을 수취하는
방법에 차이가 있다. 즉 자본주의 이전의 계급사회에서는 직접적 생
산자의 잉여노동의 수취는 경제외적 강제 즉 정치·군사적 지배와
신분적 예속을 통해서 이루어지지만, 노동력이 상품화되어 있는 자

---

1) 岸本英太郎, 「勞働經濟論の對象と方法」, 岸本英太郎 編, 『勞働經濟論入門』, 有斐
   閣雙書, 1969, p.1.

본주의 사회에서는 자본에 의한 잉여노동의 수취는 경제외적 강제에 의해서가 아니라 직접적 생산과정(노동과정)에 대한 자본의 노동통제에 의해서 이루어지고 시장의 경제법칙(가치법칙)에 의하여 실현된다. 또한 노동력상품은 그 공급에 있어서 긴급성(저장할 수 없는 상품이기 때문에), 경직성(이동이 곤란한 상품이기 때문에) 및 경합성(상대적 과잉인구 창출의 법칙에 기인하는 과잉공급성)이라는 특징을 가지고 있기 때문에 매매거래에 있어서 매우 불리한 상품이다.

노동력상품의 매매는 개개의 자유로운 임금노동자와 개개의 고용주간에 이루어지는 임의적·쌍무적인 계약관계이기 때문에 양자는 법적으로는 대등한 입장에 있다.

노동자들은 전술한 자본의 노동통제에 대응하고, 노동력상품의 불리한 매매조건을 완화하기 우해서 노동조합을 결성하게 되어 집단적 노사관계가 필연적으로 나타나게 된다.

노사관계(industrial relations)라는 용어는 영국에서 저1차 세계대전을 계기로 하여 노사 양 단체의 전국적 중앙집권적인 단체교섭이 지배적으로 된 이후에 일반적으로 쓰여지게 되었는데, 이것은 원래 단체교섭에 의한 산업자치의 개념에서 유래한 것이다. 이것은 산업수준에서의 노동조합과 사용자단체 또는 사용자와의 관계를 의미하고 있었으나 그 후 정부도 당사자에 포함시켜, 노동자와 그 조직, 경영자와 그 조직, 그리고 정부의 3당사자간의 상호관계를 의미하게 되었다. 특히 우리나라에서는 노동조합의 조직형태가 주로 기업별로 되어 있을 뿐만 아니라 단체교섭도 대체로 기업별로 이루어지고 있기 때문에 산업별 수준에서의 3당사자의 상호관계뿐만 아니라 기업별을 포함한 모든 레벨에서의 3당사자의 상호관계를 포함하는 것으로 해야 할 것이다.

그러면 이러한 노사관계의 본질이 조화적·협조적 관계인가, 그렇지 않으면 대립적·투쟁적 관계인가, 또는 조화적 관계와 대립적 관계를 동시에 가지는 이중성을 가진 관계인가. 이에 대한 인식의 차이가 노사관계의 정립 방향에 크게 영향을 미치는 것이기 때문에 이에 대한 해명은 매우 중요한 것이다.

신고전학파 경제학에서는 노사관계를 기본적으로 조화적·협조적인 관계로 보고 있다. 신고전학파 경제학에 따르면 가계와 기업 등 모든 경제주체들은 자신의 합리적 계산에 입각하여 생산요소를 교환할 때 상호간의 이익이 극대화되며, 그 과정에서 받은 보수(=요소가격)는 그 한계생산력, 즉 생산에 대한 공헌도를 반영하기 때문에 정당한 분배가 이루어지므로 노사간에는 아무런 대립도 없는 조화로운 관계가 지배한다는 것이다. 그러나 노사관계의 본질이 조화적·협조적이라는 견해는 노사관계가 기본적으로 대립과 항쟁으로 점철되어 왔다는 역사적 사실에 비추어볼 때 수긍하기 어려운 이론이다. 뿐만 아니라 이론적인 측면에서는 신고전학파 경제학이 기본적으로 본래적 의미의 생산 및 분배이론을 갖고 있지 않으며, 생산과 분배라는 독자적인 경제범주는 모두 생산요소의 매매교환의 범주로 환원·해소시켜버리는 유통주의적 오류에 빠져 있다는 비판을 면할 수 없다.2)

그리고 우리나라에서 지금까지 시행되어온 노사관계에 대한 국가정책이나 경영 측의 정책도 이러한 조화적·협조적 노사관계관에 입각하여 노동계층의 기본권을 억압하여 협조적 노사관계를 물리적 강제력으로 창출하려고 하였으나 그것은 노사관계의 대립을 한층 더 격화시켜 6·29선언 이후의 폭발적인 노사분쟁을 야기시킨 점에서 보더라도 현실적인 유용성을 갖지 못한 견해라고 하지 않을 수 없다.

다음으로 노사관계는 생산면에서는 협조적인 관계이며 분배면에서는 대립적인 관계라는 후지바야시(藤林敬三)의 이원적 노사관계론3)

---

2) 曺永建·鄭成基, 「1980年代 우리나라 勞使關係의 安定化에 관한 研究」, 慶南大學校 勞動福祉研究所, 『勞福研究論叢』, 제4집, 1985, p.8 참조.

을 검토해보기로 하자.

그에 의하면 경영 대 종업원 관계인 제1차 관계에서는 고용계약에 의하여 일정한 대가를 받고 노동력을 제공키로 근로자가 약속한 이상, 근로자는 사용자, 즉 경영자가 지시하는 일정한 장소에서 일정한 시간 동안 경영자의 지휘감독을 받으면서 노동을 하지 않으면 안 될 뿐만 아니라, 노사가 협력하여 부가가치생산성을 높이면 노사쌍방에게 돌아갈 분배의 덩어리가 커지기 때문에 노사쌍방에게 이익이 되므로 노사관계는 친화·우호·협력의 관계로 된다는 것이다. 반면에 경영 대 조합관계인 제2차 관계는 원래 임금 및 노동제 조건, 즉 단체교섭의 중심적인 사항을 대상으로 한 이해대립, 때로는 노사가 상쟁하는 관계이며, 특히 부가가치의 배분을 둘러싼 분배면에서의 노사관계는 서로 많은 몫을 분배받으려는 대립적·투쟁적인 관계가 되지 않을 수 없다고 한다.

그러나 생산에 있어서의 노사관계는 과연 본질적으로 조화적·협조적인 노사관계이며 생산성을 증가시키는 것이 노사쌍방에게 반드시 이익이 되는가.

생산성을 증가시키는 모든 방법은 노동 강도를 강화시켜 노동자의 고통을 가중시킨다. 그래서 노동자들은 대부분의 경우 자본의 합리화운동에 반대해온 것이 역사적 사실이다. 생산성을 증가시키기 위한 테일러의 과학적 관리법의 제1원리는 노동과정에서 노동자의 숙련을 분리시키는 것이다. 노동과정은 숙련과 전통, 노동자의 지식으로부터 독립되고 따라서 그것은 노동자의 능력이 아니라 관리의 실천에 의존한다[4] 그리고 그 제2원리는 실행(execution)으로부터 주상(conception)을 분리시키는 것이다.[5] 정신노동은 우선 육체노동으로부터 분리되고

---

3) 이 점에 관해서는 배무기, 『노동경제학』, 經文社, 1984, pp.313~317 참조.
4) Harry Braverman, *Labor and Monopoly Capital*, Monthly Review Press, New York, p.113.
5) 같은 책, p.114.

정신노동 자체도 동일한 원리에 따라 세분된다.

기계기술의 발전, 자동화의 진전은 자본단위당(또는 생산량 단위당)필요노동량을 절감시켜 고용에 부정적인 영향을 미친다. 뿐만 아니라 그것은 전통적인 숙련을 분해·세분화하여 노동자로 하여금 단순 반복적인 작업에 종사시켜 전반적인 숙련수준을 저하시키고 단순한 기계의 부속물로 전락시킨다.

요컨대 생산량을 증대시키는 모든 방법은 노동자 자신에 의한 노동과정의 통제기능을 제거시키고, 이를 자본(자본정신을 실천하는 관료기구이든 또는 기계이든 불문하고)의 통제하에 집중시키는 과정이기 때문에 노동자의 자립성은 점차 축소된다.

이상과 같이 생산성의 향상이 노동자에게 반드시 유리하게 작용하는 것은 아니며 따라서 생산면에서의 노사관계가 반드시 조화적·협조적인 관계인 것은 아니다. 생산성의 향상은 주로 자본의 이윤동기에 의해서 이루어지는 것이기 때문이다.

분배 면에서는 물론이고 생산 면에서도 노사관계는 조화적·협조적 관계라기보다 대립적인 관계가 더욱 본질적인 것이라고 보아야할 것이다.

한국 노사관계의 방향을 정립하는 경우에도 이러한 노사관계의 대립적인 본질을 외면할 것이 아니라, 그것을 전제로 하여 노사쌍방의 세력을 균등하게 함으로써 대립 속의 균형과 조화를 이루도록 해야 할 것이다.

3. 한국 노사관계의 변천

1) 미군정하의 노사관계

해방 후 남한에 설치된 미군정은 치안유지법 등 일제의 탄압법들을 폐기하고 일반노동임금에 관한 법령, 노동문제에 관한 공공정책 및 노동부설치에 관한 법령, 최고노동시간에 관한 법령 등 노동에 관한 여러 법령을 공포·시행하였다.

이 시기의 노동입법은 노동보호법에 국한되었고 집단적 노사관계법은 제정되지 않았으며 다만 노동쟁의를 조정하기 위하여 1945년 12월 28일 군정노동즈정위원회가 설치되었다.

미군정하에서는 일제와의 경제적 단절, 남북분단 등으로 인한 경제적 파탄 속에서 다량실업, 저임금과 물가폭등으로 인한 실질임금의 계속적인 저하, 식량난, 물자부족 등 노동대중의 열악한 생활조건을 객관적 조건으로 하고 일제하 좌익비합법 지하노동운동의 맥을 이어받아 노동조합들이 활발하게 조직되었으며 많은 노동쟁의가 발생하였다.

미군정하에서 노동운동을 주도했던 단체는 1945년 11월 5일 결성된 좌익계의 조선노등조합전국평의회(전평)이다. 1946년 9월 총파업까지의 전평은 미군정과 협력하면서 온건한 합법적·타협적 경제투쟁으로 개량주의적 노선을 걸어왔다. 전평의 이러한 방침에도 불구하고 기층노동자들은 1945년에는 주로 일인소유공장의 자주관리투쟁을 전개하였다. 그러나 전평은 미군정의 전평 부인에 따라 미군정 반대의 정치투쟁으로 노선을 수정하였으며, 이것은 전평 지도하의 1946년의 9월 총파업과 1947년의 3월 총파업에서 단적으로 나타난다. 1947년 미·소공동위원회가 아무런 결실 없이 결렬되자, 미군정은 1947년 6월 드디어 전평을 불법화시켰다. 사실상 불법화된 전평은 1948년에 들어와서 2·7파업과 5·8남조선 단선·단정 반대투쟁 총파업을 감행하여 지하투쟁을 벌였으나 이것이 분쇄된 후 사실상 와해되었다.

전평과는 정치적 입장을 달리하는 좌익노동단체로서는 1946년 3월 10일에 결성된 대한노총이 있다. 그러나 대한노총은 순수한 의미에서 노동조합이라고 보기는 힘들다.

한마디로 말하여 대한노총은 노동조합의 일반적 필수요건인 경제투쟁의 인식기반 위에 성립된 것은 아니었고 우익정치인과 자본가, 그리고 미군정의 지원을 바탕으로 반공투쟁을 통하여 기존의 노동조합운동을 분쇄하는 정치적 기능을 행사하는 노동 단체적 형식을 취한 반공단체로서의 특성이 두드러졌던 것이다.6)

어쨌든 미군정기의 노동조합을 보면 전평은 초기의 노동조합 본연의 역할에서 벗어나서 정치단체(조선공산당)의 종속기구화 함으로써 노동자들로부터 외면되어 해소되고 말았으며 대한노총은 노동단체로서 필수적인 기초, 즉 임금노동자의 기반과 노사관계에서의 노동자의 경제이익을 위한 확고한 지위를 정립하지 못하고, 역시 우익정치단체의 하부조직으로서의 반공단체에 머물렀다.

그리고 미군정기의 노사관계는 노·사·정의 상호관계가 아니라 노동자와 군정당국의 직접적 대응관계로 되어, 기업은 부차적 보조역할을 하는 데 불과했다. 따라서 임금인상을 비롯한 대부분의 쟁의는 미군정의 강제조정에 의하여 해결되었고, 총파업 등은 무력에 의하여 분쇄되었다. 이러한 미군정하 노동단체의 정치도구화·어용화와 노·사 또는 노·사·정 관계가 아닌 노·정 관계에 의한 노동문제 해결 방식은 그 이후 한국 노사관계 전개의 주류를 형성하고 있다.

---

6) 曺永建, 「미군정기 임금노동 史的 研究」, 건국대학교 박사학위논문, p.167.

2) 자유당정권하의 노사관계

우리나라에서 노사관계를 규율하는 제도적 장치가 마련된 것은 대한민국정부수립 후 1953년 3월 8일에 공포·실시된 노동조합법, 노동쟁의조정법, 노동위원회법과 1953년 5월 10일자로 공포되어 90일 후에 실시하게 된 근로기준법이 탄생된 이후부터이다.

1953년에 마련된 근로기준법의 기준은 그 당시의 우리나라의 현실에 비추어 비교적 높은 것이라는 것이 지배적 여론이었다. 그러나 집단적 노사관계법은 노등조합의 자유설립주의, 노동조합의 대내적 민주성과 대외적 자주성의 확보, 협약자율, 자주적 조정의 원칙, 자유로운 쟁의행사 등을 내용으로 하는 자유주의적 노사자치주의를 그 기반으로 하였다.7)

그러나 자본축적과 공얼화가 낮은 수준에 머물러 있고 노동력이 과잉공급상태에 있으며, 노동세력이 미약한 상태에서, 그리고 법질서가 존중되지 않은 자유당독재정권하에서 노동관계법질서가 제대로 지켜질 수 없었다.

미국의 원조체제에 기반을 둔 자유당정권하의 노동운동은 노동관계제법의 제정을 기반으로 한 새로운 노동운동의 대두외 전평을 타도하고 한국전쟁에 적극 협력했던 대한노총의 정치도구화·어용화 및 부패와 파쟁으로 특징지어진다. 그러나 한국전쟁 이후 경제가 서서히 부흥되어감에 따라 노동자의 수는 증가되었고, 이에 따라 표 1에서 보는 바와 같이 조직노동자수도 1953년에 비하여 1960년에는 약 3배로 증가하였다.

---

7) 金亨培, 『勞動法』, 개정 2판, 박영사, 1986, p.94.

[표 1] 1950년대 조직노동자 증감추이

연 도	단위조합수	조합원수
1953	194	112,731
1954	342	151,960
1955	562	205,511
1956	578	233,904
1957	572	241,680
1958	634	248,507
1959	558	280,438
1960	914	321,097

자료: 1953, 54년은 한국은행조사부, 『경제연감』(1957).
　　　1955~60년은 보건사회부, 『보건사회통계연보』(1960).

노조상층부의 어용화에도 불구하고 기층노동자들의 단위사업장에서의 임금인상 및 노동시간단축을 위한 쟁의가 증가하여 1953년에는 쟁의가 9건, 참가인원 2,272명이었던 것이 1957년에는 45건 9,394명, 59년 95건, 4만 9,813명으로 대폭증가하였다. 가장 중요한 노동쟁의로서는 기층노동자들의 요구에 의해서 제기된 노동시간단축쟁의를 들 수 있다. 노동기준법에서 8시간노동일이 제도적으로는 확립되어 있었음에도 불구하고, 섬유노조 산하 3만 6천여 방직업체 종사 조합원들은 하루 12시간 노동을 강요당하면서 생계비의 절반에도 훨씬 못 미치는 저임금을 받고 있었는데, 1958년 쟁의를 통하여 임금의 절하 없는 8시간노동제의 실시를 위한 단체협약이 전국섬유노조연맹과 면방업체 대표들 사이에 체결되었다.

1950년대의 노사관계는 단체협약의 체결건수가 극소수 기업체에 제한되어 있었고, 그 내용 또한 근로기준법의 비경제적 조건을 실현하는 수준에 머물러 있었다는 점에서 매우 낮은 단계에 있었다고 할 수 있다.

3) 4월 혁명과 노동운동

무능·부패·독재·대미예속의 상징이었던 자유당정권은 1960년 4·19혁명에 의하여 붕괴되고 사회 각처에서 민주화에 대한 요구가 요원의 불길처럼 타오르고 있을 때, 노동운동 역시 폭발적으로 고양되어갔다.

4·19하에서의 노동운동의 특징은 다음과 같이 요약될 수 있다.8)

첫째, 노동쟁의가 비약적으로 증가했으며(1959년 95건, 49,813명에서 60년 227건, 64,335명) 그 형태도 가두시위투쟁이 중심이었고 임금인상 등 경제투쟁과 노동조합결성이 중심이었다. 둘째, 어용노조간부를 규탄하는 노조민주화운동과 급증한 신규노조결성(60년 3월의 589개 단위조직에서 60년 12월의 904개로 급증) 셋째, 정신노동자인 교원·언론인·금융노동자의 노동조합결성투쟁이었으며, 넷째, 노동법의 대상이 되지 않는 실업자구호대책문제를 제기한 전국실업자구호대책위원회의 결성이다.

4·19로 인한 정치정세의 변화로 노동운동은 급격히 성장했으나 노동대중의 밑으로부터의 요구인 임금인상 등 경제투쟁, 노동조합결성, 노조민주화운동 등 자연발생적 요구가 집약되어 민주·민족 운동의 실현 가능성을 제시했을 뿐 구조적 모순을 해결하기 위한 운동으로 전화되지 못했고, 이를 위한 정치적 조직도 만들지 못했으며, 정권에 참여하지도 못했다.9)

---

8) 장명국, 「해방후 한국노동운동의 발자취」, 김금수·박현채 외, 『한국노동운동론』 미래사, 1985, p.123.

9) 같은 책, p.125.

4) 1960년대 이후의 노사관계

(1) 노사관계제도

4·19 이후에 폭발적 고양을 보였던 노동운동은 1961년 5·16군
사쿠데타에 의해 좌절된다. 군사정부는 임금을 5월 15일 수준으로
동결하고 노사쟁의를 일체 금지하며 기존노동조합 및 노동단체를 해
체하는 포고령을 발표하고, 수백 명의 노조간부 및 노동운동가를 구
금하였다. 그러나 1961년 8월 군사정부는 그들이 지명한 9인의 재
건조직위원회로 하여금 위로부터 하향식 노동조합조직을 재편성하도
록 하였다. 이에 따라 한국노동조합총연맹(한국노총)이 결성되고, 그
후 하향식으로 산업별 노동조합이 결성되었다.

5·16 이후에는 경제개발5개년계획을 연속적으로 추진하면서 자
본축적과 경제성장을 가속화하는 것을 정책의 목표로 삼게 되었다.
더욱이 수출주도형·정부주도형 경제성장정책을 채택한 결과, 한편
으로는 자본 측에게는 금융·세제 등 다양한 혜택을 제공하면서 다
른 한편으로는 노동 측에게는 저임금을 강요하고, 산업평화를 유지
하기 위하여 노동권을 제한하고 노동조합과 노동운동을 억압하는 방
향으로 노사관계법이 수차에 걸쳐 개악되었으며, 이러한 노동관계법
과 더불어 정부와 자본의 각종 노동통제기구가 노동자들의 정당한
요구를 계속 억압하였다.

5·16 이후 1962년의 제3공화국 헌법에서는 근로자의 이익균점권
을 삭제하고 공무원의 단결권, 단체교섭권 및 단체행동권, 소위 노동
3권을 제한하였다. 이에 앞서 1961년에는 근로기준법을 개정하여 현
실과의 괴리를 좁힌다는 명목으로 하향조정하였다. 1961년에는 직업
안정법, 1963년에는 산업재해보상보험법이 제정되고 동년 노동조합
법·노동쟁의조정법·노동위원회법에 대한 개정이 있었고, 노동행정
담당기구를 노동청으로 개편·승격시켰다.

이상의 노동제법 개정과 저정에서 알 수 있는 바와 같이 이 시기의 노동입법의 변모 양상은 국가의 개입강화, 공익 중심의 노동행정, 노동쟁의의 제한, 부당노동행위의 구제책 마련, 노사협의제의 도입, 노동보호입법의 강화 등으로 요약할 수 있다.10)

1970년대, 특히 유신체제하에서는 노사관계에 대하여 노동탄압을 위한 정부의 개입이 한층 더 노골적으로 나타나기 시작하였다. 1970년에는 외국인 투자기업의 노동조합 및 노동쟁의에 관한 임시 특례법을 제정하여 외국자본의 대한투자를 보호함과 동시에 우리나라 노동자의 노동권을 대폭 제한하였다. 1971년 12월 6일에는 국가비상사태를 선언하여 국가안보우선주의로 전환하고, 동 27일에는 국가보위에 관한 특별조치법을 제정하여 단체교섭권과 단체행동권의 행사는 미리 주무관청에 조정을 신청하여 그 결정에 따르도록 하였다. 1972년 12월 27일에 공포된 유신헌법에서는 노동3권을 법률유보부 기본권으로 만들었다. 또한 1973년에는 노사관계법·산업재해보상보험법·직업훈련법이 개정되었다.

유신헌법 제정 이후에 개정된 제반노동관계 법령의 주요내용을 간추려보면 노동조합의 산별체제의 지양, 노사협의제의 구체화, 공익사업 범위의 확대 및 노동쟁의의 규제강화, 국가에 의한 노동행정의 강화, 산재보험의 적용대상 범위의 확대 및 기업주 부담의 경감 등을 들 수 있다.11)

1970년대에는 노사관계에 대한 이러한 법률적·제도적 개입 이외에 중앙정보부·경찰·행정기관 등 정부권력기관에 의한 개입이 빈번하였고, 이 기관들은 노총간부의 선출이나 노조활동·노동운동에 대한 규제적·탄압적 역할을 하여 노조의 활동과 노동운동을 크게 위축시켰다.

---

10) 金亨培, 앞의 책, p.96.
11) 金亨培, 앞의 책, p.98.

제5공화국 수립 이후 1980년말 노동관계제법에 대한 대폭적인 개정이 있었으며, 노사협의회법이 새로 제정되었다.

노동조합법과 그 시행령의 중요한 개정사항을 보면 노조 설립요건의 강화, 직접 근로관계를 맺고 있지 않은 자의 노동문제에 대한 개입 금지, 사업(기업) 단위의 노동조합체제의 의무화, 유니언 숍 제도의 삭제 등이다.

노동쟁의조정법에서 개정된 주요내용은 공익사업의 범위 확장, 쟁의행위에 대한 제3자의 개입금지, 냉각기간의 연장, 일반사업의 노동쟁의에도 직권으로 중재에 회부할 수 있도록 규정한 것 등이다.

한편 제5공화국 헌법에서는 단체행동권의 행사는 법률이 정하는 바에 의하도록 함으로써 단결권과 단체교섭권에 대한 법률유보를 삭제하였으며, 이에 맞추어 1981년 12월에는 국가보위에 관한 특별조치법을 폐지하였다.

(2) 노사관계의 실상

지금까지 보아온 바와 같이 1980년까지 노사관계에 대한 제도의 변천과정은 자본축적을 지원하기 위한 노동기본권의 제한, 노사관계에 대한 국가의 개입과 통제의 강화과정이라고 볼 수 있다. 1962년의 헌법개정과 1963년의 노동관계법개정은 경제개발계획의 수행을 통해서 자본축적을 가속화시키기 위해서 국가에 의한 노동통제를 강화하는 법적 기반을 마련하는 것이었다.

한국경제는 60년대의 수출주도형 공업화정책을 통해서 고도성장을 이룩했고, 이에 대응하여 노동자계급의 수의 증가와 질의 변화를 초래했다. 이를테면 1965년 총취업자 8,206천 명 중에서 노동자(피용자)는 2,635천 명으로 32.1퍼센트를 차지했으나 1971년에는 총취업자 10,066천 명 중에서 노동자는 3,957천 명, 39.3퍼센트로 되어 절대 수에 있어서뿐만 아니라 상대적인 비중에 있어서도 대폭 증가해왔다. 뿐만 아니라 노동자의 구성에도 제조업노동자의 비중이 커지고, 그 절대 수는 대폭 증가했다. 「광공업센서스보고서」에 의하면 제조업(5인 이상 사업체)의 노동자수는 1959년에는 26만 427명이었으나, 1968년에는 74만 8,307명, 1973년에는 115만 7,829명으로 대폭 증가했다. 뿐만 아니라 노동자들이 대규모사업체로 집중되는 경향을 가지게 되고, 이에 따라 경영체내에서 조직되고 훈련된 노동자들의 자각의식도 발전하기 시작한다.

조직노동자의 수도 증가하여 표 2에서 보는 바와 같이 1961년에는 10만 명 미만이었으나 1970년에는 약 50만 명에 이르고 있다.

1960년대 이후부터 노무관리담당의 전임직제(부, 과, 계)의 설치를 위시해서 개별자본의 노동통제체계도 발달하기 시작한다. 저임금과 열악한 노동조건, 국가와 개별자본에 의한 노동통제의 강화에 대응하여 양적·질적으로 성장한 노동자계급은 1960년대 말에서 1970년대 초에 들어오면서 자연발생적 경제투쟁을 격렬하게 전개한다. 1970년 청계피복노동자 전태일의 분신자살 사건은 이의 절정을 이룬다.

[표 2] 1960~70년대 조직노동자 증가추이

연도	지부수	분회수	조합원수	증가율 (%)	조직률 (%)	피고용자 (천 명)
1961	172		96,831			
1962	279	1,526	176,165	81.9		
1963	313	1,820	224,420	27.4	9.3	2,413
1964	341	2,105	271,579	21.0	11.4	2,389
1965	356	2,205	294,105	8.3	11.2	2,635
1966	359	2,359	336,974	14.6	12.0	2,808
1967	373	2,662	366,973	8.9	12.0	3,069
1968	394	2,656	399,909	8.9	11.7	3,431
1969	416	2,902	444,372	11.1	12.4	3,589
1970	418	3,080	496,003	5.5	12.4	3,780
1971	437	2,995	493,711	5.3	12.5	3,957
1972	432	2,957	504,624	2.2	12.8	3,959
1973	415	2,891	530,949	5.2	12.6	4,211
1974	428	3,267	614,561	15.7	13.6	4,507
1975	483	3,450	712,001	15.9	14.8	4,803
1976	511	3,776	845,630	18.8	16.3	5,197
1977	531	3,969	954,682	12.9	16.5	5,764
1978	545	4,088	1,054,621	10.5	16.8	6,293
1979	551	4,387	1,088,061	3.2	16.7	6,519

자료: 한국노총, 「사업보고」, 1962~1979.

　　　노동청, 『한국노동총계연감』, 1971~1979.

　　한편 1960년대 중반부터 본격적인 차관도입과 수출증대에 의하여 고도의 축적이 이루어지고, 독점자본이 형성되지만 1970년대에 들어오면서 한국자본주의는 자본축적의 위기에 직면하게 된다.

　　고도축적을 주도하던 차관기업의 부실화(수익성의 위기), 차관원리금 상환기간의 도래에 따른 국제수지의 악화, 광범한 중소기업의 조업단축 및 휴업·폐업 등이 그 위기의 중심적 내용이었다. 이와 같은 노동자계급의 경제투쟁의 격화와 자본축적상의 위기는 결국 형성기 독점자본의 위기를 가져왔다.[12]

　　이러한 자본축적상의 위기를 극복하기 위하여 군사정부는 1971년

국가비상사태를 선포하고 1972년 이후의 유신체제하에서 헌법과 노동관계법의 개정을 통하여 노동계급에 대한 국가통제를 강화하였다. 이러한 노동통제의 강화는 1973년 이후에 본격적으로 진행된 중화학공업 건설, 이를 통한 독점자본의 가속적 축적과 국가기간산업을 위시한 경제에 대한 독점자본의 전면적 지배를 위한 제도적·권력적 기초를 제공했다.

그런데 국가권력에 의해 단체교섭권과 단체행동권이 부정되고 노사협의회를 통한 노사협조노선이 강요됨에 따라 개별자본의 노동과정 내에서의 노동통제는 더욱 전제적이고 일방적인 것이 되었다. 개별자본은 단체교섭을 합법적으로 거부하고, 단체교섭에서 이루어져야 할 사항들을 자본의 일방적 논리가 관철되는 노사협의회로 이관하여 처리하였다. 그래서 노동과정내의 개별자본의 위계적 노동통제는 노동조합이 존재한다고 하더라도 자본의 전제지배를 일정하게 제한할 수 있는 합법적 수단이 박탈되어 있었기 때문에 보다 용이하게 수행될 수 있었다.13)

1970년대의 본격적인 중화학공업의 건설과 더불어 노동자의 수는 증가하여 1980년에는 총취업자 1만 3,706천 명 중에서 노동자는 6,485천 명으로 47.3퍼센트를 차지하게 되었다. 뿐만 아니라 노동자 구성에서도 중화학공업분야의 노동자구성비가 급격히 증가하고, 노동자의 대규모공장에의 집중은 더욱 가속화된다. 전술한 「광공업센서스 보고서」에 의하면 공장노동자수는 1973년에는 115만 7,829명이었던 것이 1978년에는 211만 1,925명으로 대폭 증가했다.

공장노동자의 집중현상을 보면 1963년에는 100인 이상 사업체의 공장수는 532개, 전체공장수의 2.9퍼센트(그중 100~499인 460개,

---

12) 金炯基, 「韓國의 獨寡占 資本蓄積과 賃勞動의 構造變化」, 서울대학교 박사학위논문, 1987, p.283.
13) 金炯基, 앞의 논문, p.285.

2.5퍼센트, 500인 이상 72개, 0.4퍼센트), 노동자수에 있어서는 17만 3,810명, 전체공장노동자의 43.2퍼센트(100~499인 8만 4,418명, 21.0퍼센트, 그리고 500인 이상 8만 9,392명 22.2퍼센트)이었던 것이 1973년에는 공장 수 1,901개, 전체공장수의 8.1퍼센트(그중 100~499인 1,499개, 6.4퍼센트, 500인 이상 402개 1.7퍼센트), 노동자수에 있어서는 82만 3,809명, 전체공장노동자의 71.2퍼센트(그중 100~499인 31만 7,982명, 27.5퍼센트, 500인 이상 50만 5,827명, 43.7퍼센트), 그리고 1978년에는 공장 수 3,718개, 전체공장수의 12.5퍼센트(그중 100~499인, 3,075개, 10.3퍼센트, 500인 이상 643개, 2.2퍼센트) 노동자수에 있어서는 156만 2,935명, 전체 공장노동자수의 74.0퍼센트(그중 100~499인, 63만 5,816명, 30.1퍼센트, 500인 이상 92만 7,119명, 43.9퍼센트)로 크게 집중화되었다. 노조노동수도 표2에서 보는 바와 같이 1970년에는 약 50만 명(조직률 12.4퍼센트)이었던 것이 1979년에는 약 109만 명(조직률 16.7퍼센트)으로 폭증했다.

유신체제하의 각종 노동통제의 제도적 장치 속에서 노동자계급의 양적·질적·의식적 성장이 계속됨에 따라 국가의 통제기관에 의한 권력적 노동통제는 한층 더 강화되어갔으며 그 와중에서 한국노총과 산업별 노동조합, 그리고 기업수준의 단위노동조합의 대부분은 국가 또는 개별자본의 보조적 노동통제기구로 어용화되어갔다.

이러한 강력한 노동통제하에서 1970년대의 기층노동자들의 노동운동은 임금인상 등 경제투쟁, 기존 노조의 민주화와 새로운 민주노조건설 등 노조의 민주화투쟁, 그리고 노동법개정, 노동시간 단축, 최저임금제 실시 등 제도개선 투쟁을 중심으로 전개되었다.

1970년대말경부터 1980년대에 이르는 동안 이러한 노동통제와 노동운동의 모순 속에서 오일쇼크를 계기로 나타난 세계적·불황의 한국자본주의 강타, 중화학공업의 과잉투자, 부실기업의 속출, 실업률의 증가, 국제수지 적자폭의 확대, 외채누증 등 경제위기가 겹치면서 이것은 드디어 1979년 10·26에서 1980년 5·17로 이어지는 전반적 정치위기로 폭발한다.

이러한 한국자본주의의 위기는 계엄령하에서 노동운동과 정치활동의 금지로 일시 중단되고, 1980년 10월 제5공화국 헌법이 개정되고 동 12월에는 노동관계제법이 개정된다. 그 주요 내용에 관해서는 전술 했거니와 요컨대 국가에 의한 노동통제를 한층 더 강화하는 것이었으며, 이에 따라 불필요하게 된 국가보위에 관한 특별조치법은 1981년 12월에 폐지된다.

[표 3] 80년대 조직노동자 추이

연 도	단 위 노조수	조합원수	증가율 (%)	조직률 (%)	피고용자 (천 명)
1980	2,618	947,736	-12.9	14.7	6,464
1981	1,790	853,289	-10.0	12.9	6,605
1982	1,665	843,257	-1.2	12.3	6,839
1983	1,641	811,387	-3.8	11.3	7,171
1984	1,903	838,815	3.4	11.0	7,632
1985	1,967	775,940	-7.5	9.6	8,104
1986	2,263	938,921	21.0	11.1	8,433
1987	3,394	1,174,862	25.1	-	-

주: 1) 1980. 8. 21. 정화조치르 지역지부 105개가 해산되고 종전 지역지부산하 분회가 지부로 승격됨
2) 1980. 12. 31자 노동조합법개정으로 종전의 지부 및 분회가 기업단위노조로 통합 개편됨.
3) 87년의 경우 한국노총의 잠정집계임.
자료: 한국노총, 『사업보고』, 1980~1987 각 연도.

뿐만 아니라 5·17 이후 노동계에 대한 정화조치로 물리적 강저에 의하여 노조의 지역지부 106개가 해체되고, 200여 명의 민주노

조간부가 노동자 대중으로부터 분리된다. 그래서 표 3에서 보는 바와 같이 1980년 이후 85년까지 단위노조수와 조합원수는 급격하게 감소한다.

이제 단체협약에 관하여 살펴보기로 하자. 1960년대 이후의 한국 자본주의의 성장 속에서 노동자수, 특히 공장노동자수가 증가하고 조직노동자수가 증대됨에 따라 노사간의 단체협약에 의하여 노사문제를 자치적으로 해결해가는 경향이 증대하기 시작했다.

[표 4] 섬유노련 산하조합 단체협약체결건수 및 체결률 동향

구별 \ 연도별	1970	1975	1979	1980	1981	1982	1983	1986
대상업체수	136	249	304	308	263	230	226	183
체결업체수	99	229	249	299	130	155	104	85
체결률(%)	72.8	92.0	81.9	97.1	49.4	67.4	46.0	46.4
미체결업체수	37	20	55	9	133	75	122	98

자료 : 섬유노조사무국, 『사업보고』, 각 연도.

[표 5] 보위법폐지 이전의 임금결정 기구   (단위: %)

결정 \ 업종별	어 유	자동차	화 학	금 속	전 체
회사의 임금관리방침	1.3	3.0	20.7	19.5	12.2
단 체 교 섭	41.3	42.4	15.2	27.6	30.3
별 도 의 임 금 교 섭	21.3	19.7	26.1	20.7	22.2
노 사 협 의 회	20.0	21.2	33.7	31.0	27.2
행정관청의 직권조정	13.4	13.6	4.3	1.1	7.5
기 타	2.7	0.0	0.0	0.0	0.6

참고: 섬유, 금속, 화학, 자동차 업종 중 노조가 있는 사업장의 대표이사 147명, 노조
조합장 155명의 설문지 응답을 기초로 한 것임(1982년 11월 조사).
자료: 김황조, 「임금교섭의 현황 및 개선방안」, 『노동경제논집』, 제6권(한국노동경제
학회, 1983).

[표 6] 82년도의 임금인상 결정기구   (단위: %)

결정기구 \ 업종별	섬 유	자동차	화 학	금 속	전 체
회사의 임금관리방침	2.8	0.0	17.4	10.6	8.7
단 체 교 섭	43.7	43.8	17.4	31.6	34.2
별도의 임금교섭	21.1	31.3	18.5	16.6	21.8
노 사 협 의 회	29.6	25.0	45.7	14.2	34.3
기 타	2.8	0.0	1.1	0.0	1.0

자료: 표 5와 같음.

표 4에서 보는 것처럼 섬유노련 산하조합 단체협약 체결건수는 1970년대에는 계속 증가해오고 있으며, 체결률도 1980년에는 97.1 퍼센트에 이르고 있다. 그러나 1981년 이후에는 체결건수 및 체결률 모두 대폭적으로 감소하고 있는데 이것은 노사협의회법이 새로 제정

되어 노사협의가 단체교섭을 대체한 때문인 것으로 생각된다.

소위 '보위법'이 단체교섭에 미친 영향을 표 5와 표 6에서 비교해 보면 보위법폐지 이전에는 단체교섭에 의한 자금결정이 30.3퍼센트인데 비하여 보위법이 폐지된 1982년에는 그것이 34.2퍼센트로 증가한 것으로 보아 보위법이 단체교섭에 의한 임금결정을 억제하고 있었음을 알 수 있다.

그러나 보위법하에서의 단체협약의 체결과정이 더욱 문제가 된다. 보위법하에서는 그때까지의 노사간에 자율적으로 이루어져오던 단체교섭은 사실상 제한·억제되고 말았다. 그러면서도 국가보위법이 발효된 1971년 12월 하순부터 이 법이 폐기된 1981년 12월 17일까지의 10년 동안 노동조합은 있으되 노동조합의 핵심기능인 단체교섭을 정상적으로 행사하지 못하는 상태에서도 해마다 단체협약은 경신되는 기현상이 되풀이되었다. 이 기간에 단체협약의 경신은 단체교섭에 의해서가 아니라 노사협의를 통해 변칙적으로 이루어졌기 때문이다. 노사간의 임금인상문제도 '교섭'에 의해서가 아니라 '협의'를 통해 이루어졌고, 임금인상을 위한 노사간의 협의가 잘 이루어지지 않을 때에는 관계당사자는 주무관청에 조정신청을 내게 되어 있었고, 관계관청에서는 이에 대하여 직권으로 조정결정을 내려주면 그 결정내용을 받아 이를 단체협약상에 넣는 것이 곧 단체협약의 경신이었다.14)

노사협의나 직권조정에 의한 결정이 단체교섭에 의한 단체협약으로 위장되어 있는 것이다. 따라서 보위법하에서의 단체협약은 그 성질상 진정한 의미의 단체협약이라고 보기 어렵다. 뿐만 아니라 제5공화국하에서 노조의 결성과 활동이 극도로 제약되고, 특히 노동3권의 핵심이 되는 단체행동권이 사실상 불가능한 상태에서의 단체협약도 진정한 의미에서의 단체협약이라고 하기는 어려울 것이다.

---

14) 尹性天, 「制度的 側面에서 본 賃金交涉의 問題點」, 경희대학교 경영대학학원 노사관계 노사관계 세미나자료, 『임금교섭 무엇이 문제인가』, 1988, pp.9~10.

1980년대 들어와서도 국가와 개별자본의 강화된 노동통제하에서 노동자계급의 양적·질적 성장은 지속되었으며, 노동운동은 특히 83년 이후로 더욱 고양되었다.

노동자수는 1986년에는 843만 3천 명(총취업자의 54.4퍼센트)에 이르렀으며 조직노동자수는 1986년 이후 다시 증가하기 시작하여 1987년에는 약 117만 5천 명에 이르러 비로소 1979년 수준을 능가하기 시작했다.

노동운동의 고양과 더불어 노사분쟁도 급증하여 1982년(88건)에 비하여 1985(265건)과 1986년(276건)에는 3배 이상으로 늘었다.

노동자·도시빈민·농민들의 생존권 및 민주화투쟁과 대학생·재야 등 지식인을 중심으로 한 각계각층의 민주화투쟁의 승리로 1987년 6·29선언이 이루어지고, 헌법 및 노동관계법이 대폭 민주화의 방향으로 개정됨에 따라 노사관계에 대한 새로운 시대를 열게 되었다.

4. 6·29선언 이후의 노사관계

1) 1987년 하반기 노사분쟁

1987년 6·29선언 이후에 그동안 국가와 개별자본의 강력한 통제에 의하여 잠재되어왔던 노동문제에 관한 제 모순이 통제력의 약화와 민주화의 조류를 타고 폭발적으로 드러났으며, 이의 현상적 표현이 노사분쟁의 격화라는 형태로 나타났다. 고도성장하에서의 저임금과 열악한 노동조건, 노동기본권에 대한 법적 규제 및 국가와 자본에 의한 노동의 전제적 지배, 노동자에 대한 경영 측의 비인간적 대우, 광범한 불완전취업과 고용불안, 불충실한 노동복지 등을 기저적

원인으로 하여 노사분쟁을 예방·조정·해결하기 위한 노사관계 당사자의 행태와 제도의 왜곡 속에서 노동자계급의 양적·질적·의식적 성장이 이러한 대규모의 노사분쟁을 야기시켰다.

이러한 노사분쟁의 몇 가지 특징을 살펴보면 다음과 같다.15)

첫째, 과거의 평균 100여 건 정도의 분쟁에 비하여 6·29 이후 10월말까지 3,443건으로 일찍이 유례를 찾을 수 없을 정도로 단기간에 집중적·폭발적으로 발생했다는 것이다. 그동안 노동자들의 욕구불만이 얼마나 심각하게 잠재되어왔는가를 보여주는 것이다.

둘째, 노사분쟁이 전국적 전산업적 범위에 걸쳐서 거의 동시적으로 발생했다는 것이다. 과거 제조업에서의 노사분쟁은 주로 섬유·의복 등 경공업부문에서 발생했던 것과 비교하여 87년 하반기에는 금속·기계·전기전자·운수장비 등 중공업부문에서도 60~80퍼센트 정도의 노사분쟁이 발생하였다는 점이다. 이것은 그동안 중화학공업부문의 급속한 성장에 따라 이 부문에서도 노동관계의 모순이 심화되어왔다는 것을 말한다.

셋째, 노사분쟁이 합법적 절차나 한계를 뛰어넘어 제기되었고, 노사분쟁의 주된 형태가 근로자 측의 파업이라는 극단적인 형태를 취하고 있다는 점이다. 이것은 합법적 쟁의 제기의 길이 제도적·현실적으로 불가능했다는 것을 말해준다.

넷째, 노사분쟁이 노동조합의 지도와 통제를 벗어나 제기되었다는 점이다. 이것은 많은 사업체에서 노동조합이 조직되어 있지 않거나 설사 조직되어 있다고 하더라도 노동조합이 어용화되어 조합원들의 요구를 제대로 반영하지 못하여 제 기능을 상실했다는 것을 의미한다.

다섯째, 노사분쟁에서 노동자들의 요구내용은 임금인상 등 생존권

---

15) 金錦守, 「노동운동과 노동정책의 과제」, 중앙대학교 사회개발대학원 학술세미나 자료, 『先進韓國을 향한 社會發展의 課題』, 1987 및 韓國生産性本部, 『87勞使紛糾와 勞使關係改善方案에 관한 調査研究』, 1987 참조.

보장에 관한 것과 노조결성 등 기본권 요구에 관한 것이 주류를 이루고 있다는 점이다. 따라서 노동자들의 요구내용은 지극히 당연한 요구라고 보아야 할 것이다.

여섯째, 노사분쟁의 조정장치가 마비·위축되어 그 타결이 완결적이지 못하여 타결이 이루어진 후에도 재차·삼차 분쟁이 발생한다는 것이다. 그동안 노사자치에 의한 분쟁해결의 룰이 전혀 확립되어 있지 못했기 때문이다. 뿐만 아니라 노사분쟁을 조정·타결하기 위한 노사 당사자의 실세가 불분명하여 분쟁이 쉽게 타결되지 않는 경향이 있었다.

2) 노사관계법의 개정

각계의 민주화 요구에 발맞추기 위해 1987년 10월말 노동관계법이 대폭적으로 개정되었다. 이것은 그동안 쌓여왔던 노동관계의 심각한 모순이 6·29선언 직후를 통하여 폭발하게 되어 다시 한번 한국자본주의의 자본축적상의 위기가 도래하자 이에 대하여 국가와 자본이 노동 측에 일정한 양브를 하지 않을 수 없게 된 것을 의미한다.

우선 개정헌법에서 노동관계조항의 주요 개정내용을 살펴보면 최저임금제의 실시를 의무화하였고, 단체행동권의 법률유보를 삭제하여 노동3권을 완전히 보장하였다. 단 공무원인 근로자의 노동3권의 법률유보는 그대로 존속하며 주요방위산업체 종사근로자의 단체행동권 역시 법률유보부로 되어 있다.

노동조합법 중 주요 개정내용은 노동조합 조직형태의 자율성 보장, 노동조합 설립요건의 완화, 정부의 노조해산명령권 삭제 등 노동조합의 내부운영과 활동의 자율성 보장, 단체교섭권의 자유로운 위임보장, 노동조합이 사업장근로자의 3분의 2 이상을 대표할 경우 단체협약으로 노동조합의 가입을 의무화하는 소위 유니언 숍 제도의 조건부 인정 등이다.

노동쟁의조정법 중 주요 개정내용은 공익사업의 범위 축소, 쟁의행위 금지대상 범위의 축소, 냉각기간 단축(일반사업은 20일에서 10일로, 공익사업은 30일에서 15일로) 및 노동쟁의조정기간 단축, 노동쟁의에 대한 행정관청의 적법성 판정조항 삭제, 행정관청에서 행하던 알선기능을 노동위원회로 이관한 것 등이다.

노동기준법 중 주요 개정내용은 당사자간의 합의가 있는 경우에는 4주간을 평균하여 1주간의 근로시간이 48시간을 초과하지 아니하는 범위내에서 특정일에 대하여 8시간, 특정주(特定週)에 대하여 48시간을 초과하여 근로할 수 있는 소위 변형근로시간 조항을 삭제한 것이다.

3) 1988년 상반기의 노사분쟁

1988년 상반기에 진행 중인 노사분쟁은 노동관계법이 상술한 바와 같이 대폭 민주적인 방향으로 개정된 이후에 일어난 것이기 때문에 매우 시사하는 바가 크다고 생각된다.

6·29 이후 대폭적인 노조의 조직 증대가 진행되어 1988년 3월말 현재 단위노동조합총수는 4,238개, 조합원총수는 130여만 명으로 집계되고 있다. 특히 6·29선언 이후에 현대·삼성·럭키금성·대우그룹 등 국내 4대 재벌그룹 산하 106개 계열기업 중 59퍼센트인 69개가 노동조합을 결성 하여 지난해 6·29 이전의 29개사에 비하여 2배 이상 늘어났다. 그러나 삼성그룹에서는 계열사 24개 가운데 6·29 이전에 노조가 결성되었던 동방생명 이외에는 노조가 결성되지

않았다고 한다.16)

1988년의 노사분쟁 발생건수는 5월 18일 현재 전국적으로 776건을 기록했다.17)

1988년에 진행되어온 몇 가지 특징을 지적하면 다음과 같다.

첫째, 4월 23일 현재 발생한 413건의 노사분쟁을 원인별로 보면 임금인상(196건)과 단체협약(54건)이 237건으로 57퍼센트를 차지하고 있다. 그 이외에도 근로조건 41건, 해고 31건, 부당노동행위 21건 등의 순이다. 또한 파업기간 중 임금지급 여부가 노사간에 중요한 쟁점이 되었다. 근로자의 요구내용은 임금인상, 노동조건 개선 이외에 유니언 숍 조항 체결, 노조간부 전임 인정, 인사권참여 등으로 다양화되고 있다.

둘째, 노동쟁의의 방법으로는 농성(304건)과 작업거부(99건)가 413건 중 403건으로 대부분을 차지하고 있고, 시위는 단 1건밖에 없어서 비교적 온건한 방법을 채택하고 있으며 적법절차에 따라 노동쟁의를 해결하려는 경향이 현저하게 증대하고 있다. 노동관계법 개정이후 법절차에 의한 노동쟁의 발생 신고가 계속 증가하고 있다.

셋째, 작년과 마찬가지로 노사 당사자의 대표성이 문제로 되어 있는 경우가 많다. 어용노조에 대한 시비로 노·노분쟁이 일어나는가 하면 노조집행부가 없어 대화의 통로가 단절된 경우, 반집행부 그룹의 존재 등으로 노조간부의 리더십이 제대로 발휘되지 않아 교섭대표간의 합의사항이 총회에서 부결되는 경우도 나타나고 있다.

이러한 대표성의 문제는 사용자 측에도 존재한다. 현장책임자가 실질적인 교섭권한을 가지고 있지 않아 본사의 재가를 얻는 동안에 근로자들의 불만과 요구조건이 증가하는 경우가 있다.

넷째, 노사양측의 노사관계를 저해하는 행위의 유형을 보면 사용

---

16) 『한국경제신문』, 1988년 5월 24일자.
17) 『동아일보』, 1988년 5월 19일자.

자 측의 행위로서는 구사대동원, 단체교섭기피, 경직되고 권위주의적인 교섭자세(특히 재벌회사와 국책기간산업 등 공기업의 경우), 그리고 노조결성의 조짐이 있을 경우 폐업신고나 집단해고를 하는 경우 등을 들 수 있다. 근로자 측의 행위로서는 냉각기간중의 소위 준법투쟁으로서 집단외출, 조퇴, 지각, 일제휴가신청 등을 들 수 있다.

노동운동의 측면에서 최근에 나타난 몇 가지 두드러진 양상을 보면 제2금융권·언론·연구기관·대학직원 등 화이트 칼라의 노조설립이 활발해졌다는 점, 소위 민주노조가 독자적인 노동운동방향을 모색하고 있다는 점, 그리고 특히 총선 이후에 노조의 정치활동 요구가 점차 증가해가고 있다는 점 등을 들 수 있다.

5. 노사관계의 정립방향

이제 노사관계의 본질이나 노사관계의 과거에 비추어보아 우리나라 노사관계의 정립방향을 생각해보기로 하자.

한국전쟁 이후 지금까지 한국자본주의는 세 번의 체제적 위기를 맞이한다. 첫 번째 위기는 1960년 4월 혁명과 이어 발생한 5·16군사쿠데타에 의하여 수습되고, 1970년대 초의 위기는 유신체제로의 전환에 의하여, 그리고 1970년대 말과 1980년대 초에 걸친 위기 역시 군의 무력개입에 의하여 수습된다. 이러한 체제위기의 수습과정이나 직후에는 언제나 노동관계법의 개악이 뒤따랐고, 이것은 모두 노동자의 권리를 제한·억제·축소시켜 그들에게 위기의 부담을 전가시키고 자본에게는 가일층의 축적을 보장해주는 것이었다. 그 결과 1987년의 노동법개정이 이루어지기 이전에는 노동자들은 특히 집단적 노사관계에 있어서는 거의 무권리 상태에 놓이게 되었다. 그러나 1980년대에 계속된 체제위기는 이제 그 희생을 노동자들에게만 전가할 수 없을 정도로 노동자계급의 양적·질적·의식적 성장이 이루어졌다. 이러한 사실에 비추어볼 때 앞으로의 노사관계의 기본방향은 우선 민주화의 방향이어야 한다.

해방 이후 우리나라의 노사관계는 국가의 제도적·권력적 개입의 강화라는 과정을 밟아왔기 때문에 노·사 관계가 아닌 노·정 관계로 되어왔고, 사용자 측은 언제나 노사관계에 대하여 보조적인 역할에 머물러 있었으므로, 그 중요성을 인식하지도 못했다. 사용자는 국가의 제도적·권력적 비호 아래 노동자들을 전제적으로 지배하여 그들로부터 잉여가치를 뽑아내면 충분했기 때문에 노사관계의 제도나 관행을 발전시킬 여지가 없었다. 권력기관과 야합하여 노조결성을 적극 방해하고, 설사 노조가 결성된다고 하더라도 특히 기업노조체제하에서 그것을 쉽게 어용화시켜 경영의 노동통제에 대한 보조적 기구로 전락시킬 수 있었다. 이러한 과거를 돌이켜보면 앞으로 노사관계의 정립방향은 자율화(=노사자치주의)의 방향이어야 한다.

이러한 민주화와 자율화라는 방향으로 노사관계를 발전시키려고 할 때 정부정책이나 사용자 측과 노동자 측이 해야 할 역할을 좀더 구체적으로 말하면 다음과 같다.

1) 정부의 노사관계정책

1987년의 노사관계법개정으로 과거에 비하여 노동기본권은 크게 신장된 것이 사실이지만 아직도 그것이 완전하게 보장되지 못하고 있다. 공무원 및 사립학교 교원의 노동기본권, 노동조합의 정치활동, 제3자의 노동쟁의 개입, 경영참가권, 쟁의행위의 완전한 자유 등은 계속 규제되고 있으며, 복수노조의 신설도 금지하고 있어서 제도적 측면에서의 노동통제를 계속 잔존시키고 있다.

공무원의 노동기본권에 대한 완전한 통제는 국가 자신의 노사관계에 대한 태도를 나타내는 모델로서 민간의 노사관계에 대하여 매우 중요한 영향을 미칠 것이다. 공무원도 당연히 인간으로서 기본적 인권을 가져야 할 것이다. 일본에서는 총평산하의 관공노조원만 하더라도 300만 명이 넘는다(물론 관공노조는 대부분 총평산하에 가입되어 있지만). 공무원이라는 특수신분 때문에 단체행동권이 제약을 받는다는 것은 이해가 되지만 그들의 단결권이나 단체교섭권까지 박탈할 이유는 명백하지 못하다. 사립학교 교원의 노조결성 금지는 이해하기 어렵다. 이들의 노동기본권은 완전히 보장되어야 한다.

노동조합의 정치활동은 보장되어야 한다. 앞으로는 노동자들의 이념을 수용할 수 있는 정당이 만들어져야 하고, 그것을 위한 기초로서 노동조합의 정치활동은 보장되어야 할 것이다.

그리고 전술한 바와 같이 노사관계는 본질적으로 대립적인 관계라는 인식 위에서 대립 속의 조화를 이루는 방향으로 정책을 전개해나가야 할 것이다. 그러기 위해서는 노사간에 자율적인 교섭을 통해서 단체협약을 많이 체결하도록 노사를 유도해나가야 할 것이다. 만일 굳이 협조적인 관계로 노사관계를 이끌어가려면 근로자의 경영참여를 제도적으로 보장한 후 노사협의제를 활성화시켜나가야 할 것이다. 근로자들이 경영에 참여하지 않은 상태에서는 노사관계를 조화적·협조적인 관계라고 생각하기는 어려울 것이다.

노동부는 '노동통제부'가 되지 않도록 노동자들의 권익옹호에 정책의 중점을 두어야 할 것이다. 그리고 국가의 노동통제의 사령탑으로 알려져 있는 노동대책회의는 해체되어야 한다. 중앙노동대책회의는 안기부 국장을 핵심으로 대검찰청 공안부장, 치안본부 4부장, 보안사 국장 그리고 노동부 국장을 구성원으로 하여 주요 노동문제에 관해 노동행정의 주무관서인 노동부를 제치고 사실상 노동행정의 주도권

을 장악, 이 기구의 결정사항이 입법·사법·행정의 영역에까지 영향
을 미치는 막강한 권한을 가지고 있는 것으로 전해진다.18) 노동문제
를 전담하는 기관으로는 노동부로 충분하며, 만일 노동부의 능력이
모자란다면 노동부의 기구나 인원을 늘리는 방향이 옳을 것이다.

어쨌든 정부의 노동정책은 지금까지 너무나 억눌렸던 노동자들의
권익을 신장시키기 위해 노동기본권을 완전히 보장하고 노사의 자율
적 교섭에 의하여 노사문제를 해결하는 방향으로 유도해나가야 할
것이다.

2) 사용자

사용자는 우선 노조를 인정하고 성실하게 단체교섭에 응해야 할
것이다. 노동조합이 경영에 방해가 된다는 일방적인 사고로 노동조
합의 결성을 방해하거나 어용조합으로 만들 경우에는 경영은 더욱
어려워질 것이다. 사용자가 직접 노동자를 통제하는 것보다는 노동
조합을 통해서 노동자를 통제하는 것이 훨씬 용이할 것이며 그렇게
하기 위해서는 노동조합이 충분히 기층노동자들의 의견을 수렴할 수
있어야 한다. 노동자들의 정당한 권리주장을 구사대와 같은 폭력배
를 동원하여 진압하려는 것은 안정적인 노사관계의 정립을 위해서는
백해무익인 것이다.

경영자들은 언제나 기업경영을 비롯한 중요사항을 근로자들에게
알리고 설득으로 근로자들의 이해를 구하는 태도를 가져야 할 것이
다. 물론 경영상태를 근로자들에게 공개하기 위해서는 소위 준조세
(準租稅)라는 은밀한 거래가 없어져야 한다는 것이 전제로 된다.

---

18) 『한겨레신문』, 1988년 5월 15일자.

또한 경영자들은 평소에 사내 노동 복지를 확충시키고 노동의 인간화에 노력하여야 할 것이다. 선진국에서는 반(半)자율적 작업집단의 형성, 컨베이어 시스템의 폐지와 같은 소위 '노동의욕을 고취시키려는 운동'(QWL: Quality of Working life)을 경영자들의 주도하에 실시하고 있는 경우가 많다. 노동자들이 보람을 느낄 수 있도록 작업조직이나 노동환경을 바꾸어나가야 할 것이다. 이러한 노동의 인간화정책도 물론 노동조합과의 협력하에 이루어져야 할 것이다.

3) 근로자

근로자 측에서는 우선 노동조합의 조직률을 제고하는 데 힘을 기울여야 할 것이다. 노동력이라는 상품의 판매 이외에는 생계의 수단이 전연 없는 노동자들에게는 막강한 자본의 힘에 대응하기 위해서는 단결만이 유일한 무기이다. 최근 우리나라의 노동조합조직률은 10퍼센트를 약간 상회하는 수준으로서 조직률이 높은 서구는 말할 것도 없고 일본에 비하더라도 절반에 미치지 못한다.

노동조합의 조직과 운영을 민주화해나가야 할 것이다. 어용노조의 민주화와 새로운 민주노조의 결성이 병행되어야 할 것이다. 조합 내 민주주의를 달성하지 않고는 사회의 민주화를 이룩하지 못할 것이며, 그 일차적인 희생자가 노동자계급이라는 것은 우리의 과거가 여실히 말해주고 있다.

기업별 노조의 약점을 보완할 수 있는 노조간의 연대관계가 만들어져야 한다. 기업별노조는 어용화되기 쉽고, 단체 교섭력이 약하기 때문에 이를 방지하기 위한 지역별·업종별·산업별 등 다양한 연합조직이 이루어져야 할 것이다.

마지막으로 노동기본권의 완전한 획득을 위하여 노력하여야 할 것이며, 그 전제로 우선 노동조합의 정치활동을 보장받아야만 한다. 그리고 장기적으로는 노동자들의 권익을 대변할 수 있는 정당의 창설에까지 나아가야 할 것이다.

마지막으로 노동자들은 사회변혁주체로서의 자기형성을 위하여 부단히 노력하여야 하며, 그러기 위해서는 특히 노동조합에 의한 조사·연구·교육 활동이 활발하게 이루어져야 한다.

한 · 일 노사관계의 비교

1. 이른바 '일본적 노사관계'

1987년의 하반기 노사분쟁을 겪으며 경영계 일각에서는 마치 일본의 노사관계가 바람직한 노사관계의 모델이며, 현재 한국의 노사관계가 격심한 진통을 겪고 있는 가운데 앞으로 나아갈 방향이 일본의 모델일 것이라는 환상을 가지고 있는 듯하다.

물론 그동안 일본의 안정된 노사관계가 일본경제의 고도성장, 나아가서 일본을 경제 강국으로 만드는 데 중심적인 기능을 담당해왔다는 것은 부정할 수 없는 사실이며, 이러한 일본의 안정된 노사관계는 많은 사람들이 지적하는 바와 같이 소위 '경영가족주의'에 의거한 '일본적 노사관계'와 어느 정도 관계가 있다는 것도 사실일 것이다. 이에 비하여 현재 우리 사회는 노사간의 심각한 갈등을 빚고 있고, 또한 이것이 국민경제에 큰 타격을 주고 있으며, 심지어 사회 안정과 민주화라는 정치일정의 전개에도 큰 차질을 가져오지 않을까 하는 우려를 낳게 하고 있는 것 또한 엄연한 현실이다. 그러나 일본의 노사관계가 마치 이상적인 모델로 과장되어 우리가 지향해야 할 방향이라고 비약해서는 안된다. 뿐만 아니라 소위 '일본적 노사관계' 의 내용이라고 많은 사람들이 지적하고 있는 종신고용제·연공형임금승진제·기입별노동조합이 일본 노사관계의 본질이며, 그것이 현재에도 완전무결하게 적용된다고 생각해서도 안된다.

이를테면 나카니시(中西洋)는 일본의 노동조합은 '기업별 조합'이
아니라 '기업 내조합'이며, 일본의 노동조합의 대부분은 고용기한이
없는 정규의 종업원만으로 조직된 소위 '본공(本工)조합'으로 동일한
기업에서 일하는 임시공·계절공·파트타이머·사외공(社外工) 등 동
료를 인정하지 않기 때문에 '이윤결사'(利潤結社)로서의 경영관리조
직일 수는 있어도 '우애결사'(友愛結社)로서의 '노동조합'은 아니라고
신랄하게 비판하고 있다.[1] 그리고 유럽의 통념으로는 노동조합이란
장소적으로도 이념적으로도 기업의 외부에 조직된 노동자의 결사에
다름 아니다.[2]

또한 나카니시는 생산고용(生産雇傭)과 연공임금(年工賃金)에 관해
서도 예리한 비판을 가하고 있다. 명치 초기부터 오일 쇼크 후의 감
량경영(減量經營)이라는 이름의 합리화에 이르기까지 일본의 민간기
업이 일관하여 취해온 고용정책은 기업이 필요하다면 언제라도 대량
해고를 서슴지 않았으며, '생애고용'이란 이러한 인원조정을 할 때에
기업이 선택하여 온존한 '유용하고 충실한'종업원 그룹에만 타당한
'결과로서의'관념에 불과하다는 것이다. '연공임금'이라는 지표는 옳
지 않을 뿐만 아니라 오해라고 한다. '연공임금'이라고 불리는 것은
seniority wage인 경우는 적고 일반적으로 '개인별 사정(査定)임금'
이라는 것이다. 바꾸어 말하면 그것은 지능생활 등에 대한 배려를
포함하면서도 결국 기업충성을 척도로 하는 다분히 자의성을 포함한
승급제, 즉 '권리화되어 있지 않은 임금'이라는 것이다.[3]

나카니시가 지적한 일본적 노사관계의 허구성은 차치하더라도 현
재 일본적 노사관계의 특색이 점차 사라져가고 있다는 것은 사실이

---

1) 전일본자치단체노동조합, 『自治勞通信』1986. 1. 1.
2) 『日本勞働協會雜誌』, No. 300, 1984. 4. 5.
3) 같은 책.

다. 오일 쇼크, 엔고 등으로 경영환경이 악화된 기업들이 중견직원 등을 해고시키고 있고, 젊은 화이트 칼라들은 보다 좋은 일자리를 찾아 유동하고 있기 때문에 일본의 종신고용제는 서서히 퇴조하고 있다.4) 연공형임금제도 상당히 수정되어 능력주의가 가미되어가고 있다.

여기서 우리는 다시 한번 노사관계를 사회과학적인 시각에서 논리적으로 정리해보기로 하자.

우선 자본주의체제에서는 기업의 이윤을 기본적인 동기로 하여 생산 활동을 하며, 따라서 자본간의 경쟁 속에서 기업의 극대이윤추구 활동은 기업이 살아남기 위한 필수적인 조건이다. 일본의 종신고용제나 연공제가 실제로 존재했다고 하더라도(여기에 대해서는 나카니시의 이론처럼 다른 견해가 얼마든지 있을 수 있다) 그것이 기업의 이윤추구에 긍정적으로 작용한다는 전제하에서만 존재할 수 있으며 만일 그것이 기업의 이윤추구에 부정적으로 작용할 때에는 언제나 포기할 수 있는 제도이다. 뿐만 아니라 노동자 측에서 이것을 받아들이지 않으면 또한 지속될 수 없는 제도이다. 소위 일본적 노사관계의 퇴조는 바로 이 양측에서의 환경의 변화를 의미하고 있으며, 일본적 노사관계가 앞으로도 지속될 수 있을지는 의문이다.

또 하나 지적해두고 싶은 것은 노사관계란 대립관계를 기본으로 하고 있으며 협조관계는 부차적인 관계라는 것이다.

혹자는 노사관계는 파이의 덩어리를 크게 하여야 나누어가질 몫도 커진다는 의미에서 생산에서는 협조 내지 조화의 관계가 되며, 분배 면에서는 일정한 파이를 누가 더 많이 가지느냐의 문제이기 때문에 대립관계가 된다고 할지 모른다. 그러나 생산의 측면에서도 생산성을 올리기 위한 합리화정책은 반드시 노동 강도를 높이는 것이기 때

---

4) 『한국경제신문』, 1987년 7월 16일자 참조.

문에 반드시 조화로운 관계라고 할 수 없다.

문제의 올바른 해결방법은 힘에 의하여 강제로 조화로운 관계를 만들어내는 데 있는 것이 아니라 대립관계를 전제로 하여 어떻게 그것을 적절하게 조정해나가느냐에 있다.

2. 한·일간 노사관계의 유사점

한국과 일본의 노사관계에서 가장 유사한 점은 노동조합조직의 기본단위가 기업별로 되어 있고, 따라서 합계별(合系別)조직이 이 노동조합활동의 중심이 되어 있다는 점이다. 그래서 노사간의 단체협약도 특수한 예외를 제외하면 기업별로 사용주와 노동조합간에 체결된다.

이러한 합계별 조직주의는 한·일간 노사관계에 있어서 가장 유사한 점인 동시에 가장 두드러진 특징이다. 앞에서도 지적된 바와 같이 서유럽에 있어서 노동조합은 장소적으로나 이념적으로나 기업의 외부에 존재하며, 그것이 산업별 조합이든 직업별조합이든 노사간의 단체협약은 이러한 산업별 조합이나 직업별조합과 사용자단체간에 전국협약으로 체결되는 것이 일반적이다.

기업별 조합의 조직상의 특징은 다음과 같은 것이다.

첫째, 조합원의 자격이 개별기업과 정식 고용관계에 있는 종업원에게 한정되어 주어지기 때문에 서구의 공장위원회에 해당되는 것으로 노동조합적인 성격과 종업원 대표제로서의 공장위원회적인 성격을 동시에 갖는다.

둘째, 그 회사의 종업원이 일괄가입의 형태로 그대로 조합원이 되기 때문에 직종·계층·숙련도 등을 불문하고 블루 칼라와 화이트 칼라가 동일한 조합 내에 조직되는 혼합조합인 경우가 많다. 그러나 사용자의 이익을 대표하는 자는 조합원이 될 수 없으며, 어떤 직계까지를 사용자의 이익을 대표하는 것으로 보는가는 경우에 따라 다르다.

셋째, 기업별 조합은 독자적인 조합규약과 재정을 가지고 독자적으로 운영되고 있다.

한국이나 일본에서는 이러한 기업별 조합의 상부조직으로서 산업별 조합 또는 전국중앙조직이 있지만 이들은 기업별 조합의 연합체 또는 산업별 조합의 연합체의 성격을 가지며 일반적으로 단체교섭은 기업별로 이루어진다.

우리나라에서는 제5공화국의 출범과 더불어 노동관계제법을 개정하여 노사관계제도의 골격이 일본식의 기업별 조합제도와 노사협의제를 근간으로 하는 체제로 만들어졌다. 이것은 아마도 일본식의 협조적 노사관계제도를 이상적인 모델로 상정하고 이를 법적·제도적 장치로써 정착시키려고 했던 것으로 추측된다.

그러나 동일한 기업별노동조합 조직을 가지고 있다 하더라도 한·일간에는 뚜렷한 차이가 발견된다. 물론 일본에서도 정부는 1949년 노동조합법의 개정을 통하여 기업별로 노동협약을 체결하도록 강력하게 행정지도를 함으로써 노동조합의 활동을 기업 내에 봉쇄시키는 정책을 추구하였다. 그러나 현행 노동조합법에는 기업별 조합을 강제하는 조항은 없으며 다만 전통이나 관행에 따라 기업별 조합으로 되어 있을 뿐이다. 그리고 실제로 전일본해원(海員)조합이라는 산업별조직이 존재하고 있는 것이다.

이와는 대조적으로 우리나라의 경우에는 현행 법률에 의하여 기업별 조합이 강제되고 있기 때문에 노동조합의 조직형태에 대한 근로자들의 선택권이 완전히 배제되고 있다.

어쨌든 기업별 조합은 종업원조직과 조합원조직이 일치하며 조합의 간부 역시 그 회사에 직장을 가진 아마추어 노동운동가들이다.

그러므로 노동조합 간부들은 회사로부터 자율성과 독립성을 유지하기 어려우며 경영 측과 유착될 가능성이 매우 크다. 따라서 한국이나 일본의 노사관계는 구미보다 평화적이며 경영계획에 협조적으로 될 가능성이 크다. 이것이 한국과 일본의 경제의 고도성장에 크게 기여했다고 생각된다. 다만 최근 한국의 격렬한 노사분규는 그 원인을 기업별노조가 아니라 다른 데서 찾아야 할 것이다.

기업별노조의 교섭력은 서유럽의 산업별노조나 직업별노조에 비하여 훨씬 미약할 수밖에 없다. 일본의 경우에는 경제력이나 서구에 비하여 근로자들은 장시간 노동과 노동 강도의 강화를 감수할 수밖에 없으며, 반면에 성과배분은 이에 미치지 못하여 낮은 노동분배율을 나타내고 있다. 한국의 경우에도 근로자들은 세계 최장시간 노동과 높은 산업재해를 감수해야 하며, 노동분배율은 매우 낮은 수준에 머물러 있다. 기업별노조는 교섭력이 약하여 임금이나 근로조건의 개선에 무력하다.

영어로 어용조합을 Company Union라고 하는데 여기에는 물론 회사측이 자기에게 충성하는 조합을 의도적으로 만든 것이라는 의미도 포함되어 있겠지만 기업별 조합이 어용조합이 된다는 의미를 강하게 풍기고 있다.

6·29선언 이후 우리나라에서 폭발되고 있는 노사분규 가운데서 많은 분규가 기존노조의 어용시비와 새로운 민주노조의 조직이라는 조직분규를 포함하고 있는데, 이것은 기업별 노조가 어용조합이 될 가능성이 크다는 것을 단적으로 말해주고 있다.

3. 한·일간 노사관계의 상이점

동일한 기업별조직을 기초로 하면서 전술한 일본적 노사관계의 내용이 된 종신고용제와 연공제는 한국에도 존재했던가. 물론 그 내용이 완전히 동일하지는 않지만 한국에도 이와 유사한 제도가 존재했다. 한국에서도 대기업의 사무직에 국한되기는 하지만 연공형임금승급제는 존재했으며, 현재는 비록 퇴색되어가고 있기는 하지만 역시 존재하고 있다. 종신고용의 경우는 어떤가. 비록 아무런 보장이 없는 것이기는 하지만 계속 고용이 관행상으로 이루어져왔고, 이 제도 역시 최근 상당히 퇴색되어가고 있다.

그렇다면 앞에서 말한 소위 일본적 노사관계의 내용이 비록 완전히 동일하지 않다고 하더라도 한국에도 유사한 형태로 존재해왔고, 또 그 가운데서 종신고용제(한국의 경우에는 보장 없는 계속고용이라고 할 수 있다)나 연공제는 비록 그것이 과거에 존재했다고 하더라도 일본에서나 한국에서나 퇴색되어가고 있다면 이런 점에서 한·일간의 노사관계의 상이점을 찾을 수는 없다.

오히려 한·일간 노사관계의 근본적인 차이는 한국의 경우에는 노사관계에 대한 정부의 제도적·권력적(행정적) 개입이 노골적으로 행해져왔는 데 비하여 일본의 경우에는 전후 초창기를 제외하면 정부는 노사관계에 대한 개입을 삼가하여왔고, 따라서 노사관계는 노사 양당사자의 자치주의 원칙에 따라 형성되어왔다는 데서 찾을 수 있다. 특히 한국에서는 70년대 초의 유신체제하에서 노동3권들 가운데서 단체교섭권과 단체행동권은 행정기관의 자의에 맡겨졌고, 제5공화국하에서도 단체행동권의 행사는 현실적으로 거의 불가능하도록 규제되어왔다. 노동자의 단결권마저도 법률상으로는 보장되어왔지만 조합의 조직에 대한 정부의 직접·간접적인 규제적 개입이 이루어졌

고, 이러한 정부의 정책을 배경으로 하여 사용자의 부당노동행위로
말미암은 단결권의 제약 또한 비일비재였다. 반면에 일본에서의 노
사관계는 노동3권의 완전한 보장이라는 토대 위에서 상술한 바와 같
이 노사자치주의적 원칙에 의하여 전개되어왔다.

이러한 한·일간 노사관계의 근본적인 차이에서 다음과 같은 몇
가지 구체적인 상이점이 나타났다.

우선 노동조합의 조직률의 차이를 들 수 있다. 1984년 현재 한국
의 노조조직률은 11.0퍼센트(노총기준)인 데 반하여 일본의 추정조
직률은 29.1퍼센트이다. 우리나라의 조직률은 일본의 약 분의 1에
불과하다. 우리나라의 경우에도 1978, 1979년에는 조직률이 약 17퍼
센트에 이르러 피크를 기록했으나 1980년 이후 제5공화국에서는 노
동조합에 대한 정화조치, 지역지부의 해산, 기업별 조합체제의 강제
화, 그리고 그 이외의 노동조합에 대한 규제강화 등으로 노동조합조
직률은 점차로 감소해왔다.

일본에서도 전후에 노동조합조직률은 매우 높아서 1950년에는 46.2
퍼센트에 이르렀으나 점차 감소하여 1984년에는 29.1퍼센트에 이르렀
다. 그러나 이것은 정부의 규제에 의한 것이 아니라 노동조합의 기반
이 되는 노동시장의 변화와 노동운동의 정체에 기인하는 것이다. 노동
시장의 변화란 제3차산업노동자·파트타임노동자·여자노동자 등 조
직하기 어려운 노동자층이 증대하고 있음을 의미한다. 뿐만 아니라 노
동운동의 보수화·정체화로 말미암아 노동조합에 대한 기대감·의존
도가 저하해가는 것도 조직률 저하의 원인으로 지적되고 있다.

한국의 노동조합 조직률이 현저히 낮은 것은 우선 객관적인 조건
으로서 법률에 의하여 노동조합을 조직할 수 없도록 규정한 근로자
의 범위가 너무 넓다. 비록 조직이 가능한 대상사업장이나 대상근로
자에 대해서도 각종 제약 때문에 조직 확대에 많은 곤란이 따른다.
구체적인 조건으로서는 경영자들의 노동조합에 대한 인식부족, 기피

증과 노조활동의 취약성 등이 조직률 저하의 주요한 원인이 되고 있다. 6·29선언 이후 8월말 현재까지 전국사업장에 새로 조직된 노동조합이 810개라는 사실 하나만 보더라도 앞으로 여러 가지 규제가 완화되면 조직률이 대폭 상승하리라고 기대할 수 있다.

다음으로 노조의 운동노선의 획일성과 다양성이라는 차이점을 들 수 있다.

우리나라에서는 제도권내에서는 전국중앙조직으로서 한국노총이 유일한 존재이며, 반공이데올로기와 순수조합주의가 그 기본적인 운동노선이다. 이것은 물론 남북분단이라는 상황하에서 혁신적인 이데올로기나 운동이 직·간접적으로 크게 제약된 결과이며, 운동노선은 매우 경직되어 있고 보수적이다. 그러나 최근 제도권 외부에서 진보적인 이데올로기나 노선을 주장하는 계층이 있기는 하지만 아직 그들은 통일된 조직을 갖고 있지 못하다.

반면에 일본에서는 좌익노조로서 일본 노동조합총평의회(총평)가 있고, 우익노조로서 전일본노동총동맹(동맹)이 있으며 기타 전국산업별 노동조합연합(신산별), 중립노동조합연락회의(중립노련)가 있다. 모두 4개의 전국중앙조직이 있는 셈이다. 1984년 현재 이들 4조직의 조직상황을 보면 다음과 같다.

총평에는 49단산(單産), 443만 1천 명의 조합원이 가입되어 있으며, 전조직노동자의 35.6퍼센트를 차지하고 있는 일본 최대의 중앙조직이다. 총평은 관공(官公)노동자를 중심으로 조직되어 있어서 67.9퍼센트에 이르고 32.1퍼센트가 민간노동자이다.

동맹에는 30단산, 217만 7천 명의 조합원이 가입되어 있으며 전조직노동자의 17.5퍼센트를 차지하고 있다. 동맹은 민간노동자를 중심으로 조직되어 있어서 93.1퍼센트에 이르고 있다. 신산별(新産別)은 5단산, 6만 명, 전조직노동자의 0.5퍼센트의 조합원을 가지고 있으며 대부분 민간노동자로 구성되어 있다. 중립노련은 10단산, 151

만 2천 명, 전조직노동자의 12.1퍼센트의 조합원을 가지고 있으며 거의 민간노동자로 구성되어 있으며 관공노동자는 44인에 불과하다 어느 중앙조직에도 가입하고 있지 않은 노동조합원수는 483만 6천 명이며 전조직노동자의 38.8퍼센트를 차지하고 있다. 2개 이상의 중앙조직에 가입하고 있는 조합도 있다.

그 이외에 협의체로서 전민노협(54단산, 483만 5천 명, 전조직노동자의 38.8퍼센트, 전민간조직노동자의 53.3퍼센트), IMF·JC(금융노협 201만 2천 명, 전조직노동자의 16.1퍼센트), ICEF·JAF(화학에네르기노협, 657만 인, 전조직노동자의 5.3퍼센트)가 있다. 일본에서는 좌익노조이든 우익노조이든 극단적인 입장은 취하지 않고 있는 것이 특징이다.

또 하나 지적해두어야 할 차이점은 한국에서나 일본에서나 단체교섭은 기업별 수준에서 이루어지지만 일본에서는 이의 약점을 보완하는 방식으로서 소위 '춘투'(春鬪)가 있으나 한국에서는 전국적으로 계획적으로 이루어지는 임금투쟁방식이 존재하지 않는다는 것이다. '춘투'란 춘계(春季)에 임금투쟁이 집중되는 전후(戰後)의 관습을 조직화한 것으로써 산업별 조합에서 요구를 통일시키고 은동의 계획을 세움으로써 기업별교섭에 통일성을 주고 독점자본간의 경쟁 때문에 곤란하게 되었던 임금인상교섭의 곤란을 타개하고자 하는 일본 특유의 교섭방식이다.

1985년 '춘투'의 스케줄을 보면 다음과 같다. 우선 노조중앙조직인 노동4단체와 전민노협에 의하여 임금투쟁연락회를 조직하고 임금을 7퍼센트 이상 인상하기로 결정했다.

우선 선행투쟁을 3월말~4월 상순에 걸쳐서 하기로 결정했는데 선행투쟁은 호황업종을 선행시켜 고액의 임금인상 회답을 받아 주요 조합에 반영시킴으로써 고액의 춘투시세를 형성할 목적으로 이루어지는 것인데, 동년의 선행투쟁업종으로는 매스컴·유통·금속·화학의 일부가 선정되었다.

이어서 4월 제2주를 중심으로 중핵투쟁이 이루어지는데 금속노협 등 주요 노조가 이를 담당한다. 이어서 4월 제3~4주에는 중소기업의 노조의 투쟁, 그리고 4월 하순~5월에는 공기업체노조의 투쟁이 이어진다.

'춘투'방식은 기업별노조의 미약한 교섭력을 보충하여 임금을 인상하고, 산업별 통일요구를 제시함으로써 임금격차를 축소시키고 대산업별 조합의 탄생을 촉진시킨다는 기능을 갖고 있다.

우리나라에서는 아직 기업별 조합의 취약한 교섭력을 보완하고 산업별로 요구액을 통일시키는 체제가 전혀 마련되어 있지 못하다. 이러한 춘투 방식은 노사자치주의 원칙에서 오랜 시일에 걸쳐 발전되어온 방식이다. '춘투'시에 파업이 계획되는 경우는 종종 있으나 이것이 실행되는 경우는 드물다.

한·일간 노사관계에서 가장 큰 차이점은 다음과 같은 데 있다고 본다. 일본에서는 노사자치주의 원칙에서 노사가 그 나름대로 교섭방법을 발전시켜 일정한 틀을 마련하고 노사가 상호승인하에 별다른 소요 없이 그 틀에 따라 교섭을 평화적으로 진행시키고 있다. 이에 비하여 한국에서는 노사관계에 대하여 정서권력이 너무 깊이 개입을 해왔고 특히 노조의 조직이나 활동을 지나치게 억압해왔기 때문에 노사교섭에 있어서 일정한 틀이 마련되어 있지 못하고, 교섭기술도 미숙하다. 뿐만 아니라 노사쌍방의 상호 승인이 없는 상태이며 특히 사용자의 노동조합에 대한 금기현상이 강하다. 그리고 교섭당사자인 노사쌍방이 허세인 경우가 종종 있다. 전문경영인에게 최종적인 결정권이 없는 경우가 많고, 노동조합의 경우에도 어용노조 시비로 기층근로자의 지지를 받지 못하는 경우가 종종 있다. 따라서 어떤 일을 계기로 노사분쟁이 일어나면 바로 행동에 옮겨 폭동화하는 경우가 종종 있다.

4. 맺는 말

우리는 산업별노조·종신고용제·연공제를 기초로 하는 소위 일본식 노사관계를 우리의 노사관계의 모델로 삼을 필요는 없다. 앞에서도 이미 말한 바와 같이 이러한 일본식 노사관계는 이미 일본 자체에서도 사라져가고 있다. 또 설사 그것이 일본에서 유효하게 기능했고 현재 일본의 노사관계를 규정하고 있는 기본요인이라고 하더라도 기업에 대한 근로자의 무한의 충성, 사용주의 근로자에 대한 시혜로서의 복지의 제공과 같은 것은 결코 바람직한 것이 못된다.

우리의 경우에도 서유럽이나 일본에서와 같이 노동3권이 완전히 보장된다는 전제 위에서 노사자치주의의 원칙에 따라 노사관계의 기본 틀이 형성·발전되어가야 한다. 다만 다음 두 가지 점을 추가로 지적해두고 싶다. 우선 기업별노조를 법률로 강제하는 조항을 삭제하여 노조의 조직형태는 근로자의 선택에 맡겨야 하며, 그런 경우에도 아마 기업별노조가 중심적인 노조의 조직형태가 될 것인데, 이러한 기업별노조의 약점을 보완하여 교섭력을 강화시키고 단체교섭에 있어서 전국적 통일성을 제공할 수 있는 보완적인 틀을 형성·발전시켜 나가야 한다는 것이다.

다음으로 근로자수의 증대, 의식의 고양, 사회전체의 민주화에 대한 요구의 증대, 사회의 다양화에 따라 정치에서나 노동운동에서 이념이나 운동노선의 다양화·탄력화가 요구된다.

한국자본주의의 발전과 발전적 노동정책

1. 머리말

민주화를 향한 범국민적 열기가 전국적으로 뜨겁게 분출했던 1987년 6월 민주화투쟁은 이른바 '6·29선언'으로 일단의 성과를 거둘 수 있었다. 그리하여 국민대중 속에 뿌리 깊은 패배주의가 불식되고, 민주화란 국민 스스로의 힘으로 쟁취해야 한다는 자각이 용솟음치게 되었다. 이러한 자각은 곧 사회 각계각층의 생활현장에서 그동안 억눌려온 생존권 보장과 민주적 권리를 요구하는 '노동운동'으로 가시화되어 나타났다. 그러나 이러한 문제에 대한 정부나 기업주의 시각과 대응책은 대부분이 일시적 미봉적인 것이어서 역사적 순리에 합당한 장기적 전망을 제시하지 못하고 있다. 그러나 이젠 경제발전을 유효하게 지속하고, 산업관계를 안정적으로 유지하기 위해서는 노사관계의 올바른 정립이 무엇보다도 중요하다는 것을 인식해야 할 시점인 것이다. 그리고 노동문제에 대한 장기적이고 합리적인 대책을 세워나가야 하는데, 이는 우리 경제의 발전과정에서 배태된 문제점을 먼저 인식하고, 이를 극복하려는 노력에서 출발하여야 할 것이다.

2. 한국자본주의의 발전과 중앙집권적 노동통제

1) 한국자본주의의 발전과 그 성격

한국자본주의의 전개는 조선 후기 봉건제의 태내에서 존재하였던 자본주의 맹아(萌芽)의 계승·발전이라는 형태로서가 아니라 외래자본주의의 침략에 의한 식민지 종속상태에서 출발하였다. 따라서 한국에서의 자본주의적 발전과정은 일제 식민지 지배하에서 그 단초를 갖게 되었고, 식민지하 한국에서의 일본자본의 운동은 한국자본주의를 종속적인 것으로 하면서, 한국자본주의의 상황을 규정하게 된다.[1]

그런데 해방 후 한국경제는 식민지 잔재를 청산하지 못하고 낡은 사회경제적 관계를 근본적으로 개혁함이 없이 재편되었고 노동자의 총체적 빈곤을 기본으로 한 자본축적구조가 온존되었다. 그리고 경제외적이고 해외의존적인 면에 자본축적의 계기를 잡는 관료자본의 형성기반이 주어지게 되고, 이것은 그 뒤로 이어지는 축적의 과정에서 한국자본주의의 해외의존적이며 전근대적인 천민성을 기초짓는 것으로 되었다. 특히 1960년대의 경제개발계획의 추진 이후부터는 정부는 경제발전을 자본축적과 동일시하였기 때문에 경제정책의 핵심을 자본축적에 두어왔으며, 분배의 공정이나 노동자의 복지 등은 부차적인 것에 불과했다. 자생적 민부(民富)의 성장에 의한 자본축적의 계기가 결여된 채, 부존자원의 부족이라는 조건 속에서 정부는 대외의존적 경제성장을 시도해왔다. 또한 남·북한간의 경쟁에서 앞서려는 경쟁심에서 정부는 성급한 경제성장을 서둘렀다. 특히 미·

---

[1] 박현채, 「한국자본주의 전개의 제단계와 그 구조적 특성」, 『한국사회의 재인식』 (한울, 1985), p.19.

일과의 정치·군사 면에서의 유대강화는 경제에 있어서의 유대강화로 연결되어 대외의존적 경제성장을 더욱 촉진시켰다. 가공조립적인 수출주도형 경제개발은 급격히 무역량을 확대시키면서 수출증가 이상의 수입유발을 초래하여, 경상수지의 적자폭을 증가시켜왔고, 이것은 결국 외자도입에 의하여 충당되었다. 심지어는 외자의 원리금상환을 위한 외자도입도 이루어져왔다.

이러한 외자도입의 과정은 국내자본이 외국자본에 편승·결합함으로써 해외의존적 성격의 자본축적을 광범하게 진전시키게 되었다. 이렇게 진전된 자본축적은 국가주도의 경제개발계획의 강력한 추진과 함께 확장적 재정금융정책과 금융특혜, 그에 따른 인플레이션의 만성적 구조화, 저농산물 가격정책, 노동력의 무제한적 공급상황과 저임금체계 등을 고질화시키는 주요 계기가 되었다. 이 같은 대외의존성의 심화는 세계경제의 불안정을 흡수할 수 있는 조정기능을 갖지 못하게 했고, 독점체제의 강화를 초래했다.

이와 같은 상황은 80년대에도 새로운 변화 없이 지속되었고, 독점자본을 중심으로 한 자본축적구조를 유지하기 위한 정책이 강화되었던 실정이었다. 즉 선진제국의 요구증대와 관련되는 상품수입자유화·자본자유화·증권자유화가 추구되기도 하고, 생산성향상을 위한 기술개발 및 기술도입정책, 산업구조조정과 산업합리화 등이 경제성장의 지속을 위해 추진되어왔다. 그러나 이 같은 정책은 대외의존을 가중시켰고 경제적 위기의 극복을 위한 효과적인 방책은 되지 못하였으며, 이와 함께 정권적 차원의 노동통제의 정책은 필연적인 것이었다. 이러한 노동통제는 저곡가 및 수입개방을 보장해줌으로써 노동력의 가치를 하락시키고, 그로부터 필연화하는 농민의 전층적 하강분해가 지속되었다. 이와 함께 비농촌지역인 도시의 상대적 과잉인구를 형성시켰고, 제 산업분야에서의 저임금체제를 유지하는 순환구조를 확립하는 것이다.

2) 노동에 대한 중앙집권적 관리·통제

자본주의적 생산과정의 조직은 노동자계급의 저항을 억누르고, 상대적 과잉인구의 부단한 창출에 따른 노동의 수요공급법칙을 자본의 가치증식 욕구에 적합한 궤도내로 관철시킴과 동시에 경제적 제 관계의 강제에 의해 노동자에 대한 지배를 확립하려 시도하게 된다. 그리고 독점자본주의 단계에서는 생산 및 노동의 사회화가 한층 확대되고, 노동에 대한 자본 및 국가의 지배통제가 강화된다. 또한 세계적 수준에서는 국가독점자본주의에 의해 침략당하고, 종속당하게 될 여러 나라에서의 노동자와 민중은 자본수출에 의하거나 혹은 국제적인 독점체제에 의한 시장의 독점적 분할을 통해 수탈당하고 억압당하게 된다.[2]

한국의 경우에는 급속한 자본축적의 과정과 계기들에 비추어볼 때 국가권력을 매개로 한 통제와 지배는 보다 강화되어왔으며, 그것은 노동자계급의 성장에 대한 억압적 대응으로 나타났다.

(1) 국가에 의한 관리·통제

제2차 세계대전 종료 이후 미군정기에 있어 노동운동에 대하여 취해진 노동에 대한 심한 통제와 지배는 1953년 노동관계법 제정 이후에 원생적(原生的) 노동관계가 국가권력의 지배와 개입을 통해 지속되었다. 여기에서는 노동자에 대한 탄압과 노동조합의 어용화, 기간단체화가 주요한 수단으로 되었던 것이다. 60년대에 들어와 5·16군사정부의 등장으로·국가주도적 경제개발이 추진되면서 '노·사관계'에 대한 국가권력의 통제·지배는 점차 제도적이고 정책적인 방향에서 강화되었다.

---

2) 김금수, 「노동운동발전의 이른적 기초」, 『한국노동운동론 I』(미래사, 1985), pp.2
  7~28.

1963년 4월과 12월에 노동관계법이 개정되었는데 이 개정에서 국가는 제2노동조합의 조직을 봉쇄함으로써 기존 노동조합의 독점적 권한을 보장하고, 국가권력의 지배를 용이하게 할 수 있는 제도를 마련하였다. 그리하여 노사협의회를 설치토록 함으로써 단체교섭의 약화와 자본에 대한 노동의 종속을 강화시켰다. 또한 노동조합의 정치활동을 금지시켜 정치투쟁을 법적으로 규제하고, 노동조합의 설립절차를 신고주의로 전환시켜 노조결성을 억제하며, 노동조합의 운영에 대한 국가개입을 확대코자 한 것도 분명한 목표였다. 또 부당노동행위에 대한 처벌주의의 폐지와 노동조합의 조직체계에 대한 개입 등은 집단적 노동관계에 대한 국가개입의 강화방침을 뚜렷이 드러낸 것으로 볼 수 있다.

1970년대에 들어와서는 한국자본주의의 종속적 전개의 귀결로서 나타난 위기적 국면과 거기서 배태된 노자간의 모순 증대로 외국자본에 대한 노사관계 특례법이 제정되고 노사협의제가 구체화되어, 자본편향적 국가노동정책의 기반이 더욱 확대되어갔다. 1980년대에 들어와서는 그간에 누적되어온 한국경제의 구조적 모순이 현재화(顯在化)되는 가운데 새로운 정권이 등장하게 되었고, 이와 함께 대외의존적 독점자본을 중심으로 한 자본축적 구조를 유지하기 위한 노력은 강력한 노동관계 통제체제의 재구축을 수반하게 되었다. 1980년 12월 국가보위입법회의에서의 대폭적인 노동법 개정은 노동조합 설립요건의 강화를 비롯하여, 노조의 산별체제를 기업별체제로 강제 전환하였으며, 유니언 숍 제도를 불법화하였고, 제3자의 개입금지 조항을 신설하고, 노동쟁의의 제한 금지를 더 한층 강화했다.

그러나 성장한 노동자세력의 줄기찬 노동법 개정요구로 86년 노동법의 일부개정과 '외국인 투자기업의 노동조합 및 노동쟁의 조정에 관한 임시특례법'이 폐기되었으나 노동자들의 요구에는 크게 미흡한 것이었다. 그리하여 87년 6월 민주화 투쟁에 뒤이은 유화국면에서 다시 노동관계법의 일부 개정이 있었는데, 여기서 조직형태의 자율적 결정과 유니언 숍 제도가 회복되었다. 그러나 공무원의 노동기본권 확보, 노동조합의 조치활동 보장, 경영참가권 보장, 쟁의행위의 완전한 자유 등은 계속 규제되고 있으며, 복수노조의 신설을 금지하고 있어 제도적 측면의 노동통제는 내부적으로 잔존하고 있다.

(2) 자본에 의한 관리·통제

자본에 의한 노동관계 관리·통제의 일반적 특징은 노자관계에서의 일방적이고 절대적인 힘의 장악을 통해 강권적이고 전제적인 관계의 형성 및 유지를 추구하고 있다는 점에 주어지고 있다. 이와 같은 일반적 특징은 부당노동행위의 자행, 단체교섭의 왜곡화, 노사협의제의 노무관리기구화, 분쟁 조정절차의 배제와 노동자의 저항에 대한 억압적 지배 및 노무관리 일반의 전근대성 등에서 명백히 드러나고 있다. 부당노동행위와 관련해서는 노동조합법 제39조에서 다섯 종류의 부당노동행위가 구체적으로 규정되어 있다. 그러나 자본가 측에 의한 노동자의 조직결성이나 노동조합활동에 대한 통제 및 지배수단으로서의 부당노동행위는 격심하게 자행되어왔다.

특히 1980년 노동관계법 개정 이후에는 부당노동행위가 급증하는 양상을 나타내고 있을 뿐만 아니라, 그 유형이나 방법에서도 탈법적이고 강압적인 성격이 두드러지게 나타나고 있다. 즉 ① 노조탈퇴·해산을 강요하는 폭력행위, ② 조합원과 비조합원간의 대립유도, ③ 조합원 또는 조합간부에 대한 매수·회유, ④ 사직강요 및 징계처분 위협, ⑤ 노조비방 및 허위사실 유포, ⑥ 설립신고서 탈취 및 반려 기도, ⑦ 노조간부에 대한 접촉방해 및 동태감시, ⑧ 단체교섭의 거부·해태(懈怠), ⑨ 부당해고 및 부당전출, ⑩ 노조결성대회 방해 및 저지, ⑪ 노조의 노무관리조직으로서의 대체강요, ⑫ 어용노조설립 등의 행위가 그러한 것이다.

그리고 우리의 경우 단체교섭과 노사협의회가 기업단위에서 다 같이 성립·운영되고 있다. 원래 단체교섭의 기능은 기업단위 교섭체제에서는 극히 위축되거나 왜곡될 수 있는 가능성이 대단히 큰 것이다. 왜냐하면 기업별 교섭방식은 노동조합의 교섭력 취약성, 노동조합의 어용적 편향성, 기업간의 경쟁조건 불공정이라는 자기 특징을 갖고 있고, 노사협의회와의 기능적 분리가 불가능하기 때문이다. 더욱이 우리의 경우 단체교섭에 있어 노동자 측의 교섭력을 뒷받침할 수 있는 단체행동권이 철저히 제약되어 있고 단체교섭권한의 위임이 원칙상 금지되어 있어 단체교섭의 기능발휘는 기대하기 어려운 상태에 있다.

한편, 노자간의 분쟁제기와 관련해서 노동조합이 조직되어 있지 않은 기업에서는 물론이고, 노동조합이 조직되어 있는 기업에서도 단체협약상의 몇몇 규정에도 불구하고 분쟁조정을 위한 자율적이고 합리적인 절차가 확립되어 있지 못하다. 쟁의권이 노동관계법에 의해 극히 제한되거나 금지되고 있는 조건하에서의 분쟁은 법률에 저촉되는 경우가 대부분이이서 국가권력의 통제대상이 되며, 이 경우 노동자 측의 적극적인 요구제기나 저항은 자본가 측에 의해 억압당하기가 매우 용이한 것이다. 말하자면 기업 내에서 제기되는 분쟁은 노자간의 자율적인 조정의 대상이 아니라, 국가권력을 뒷받침으로 하는 노동자에 대한 억압의 구실이 되는 것이다. 따라서 분쟁의 조정의 자율적 장치나 절차는 배제되게 되는 것이다.

3. 노동자계급의 실태

한국 자본주의의 대외의존적 관료독점자본주의의 성격과 외국자본의 주변부 초과이윤 추구, 국가권력과 결탁한 독점자본의 최대한 이윤추구 등으로 '노동력지출의 절대적 증가'가 한국 노등자계급의 존립조건이 되고 있다. 노동자들이 자기의 존재를 부각시킬 수 있는 노조 조직률 및 조직노동자수를 보면 표 1에서와 같이 1980년대 이래 매년 감소추세에 있음을 알 수 있다. 이것은 정부가 사회안정을 적극 내세우면서 새로운 노동법을 앞세워 노사간 협조를 강조한 결과이기도 하다.

이러한 상황하에서 노동자들의 여러 조건을 살펴보기로 한다.

[표 1] 연도별 조직노동자수 및 조직률 추이

(단위: 명, %)

연 도	조직노동자 (노총)	피 용 자	조 직 률
1974	655,847	4,507,000	14.5
1976	845,630	5,197,000	16.3
1978	1,054,621	6,293,000	16.8
1980	947,736	6,485,000	14.6
1981	853,289	6,624,000	12.9
1982	843,257	6,867,000	12.3
1983	811,387	7,184,000	11.3
1984	838,815	7,630,000	11.0
1985	775,940	8,104,000	9.5
1986	938,921	8,433,000	11.1

$$주\text{:}조직률 = \frac{조직노동자}{피용자} \times 100.$$

자료: 한국노총, 「사업보고서」(1987).
　　　경제기획원, 「한국통계월보」.

1) 임금조건

임금은 노동력의 가격이며, 노동력 이외에 어떠한 생산수단도 소유하고 있지 못한 노동자에게는 유일한 생계유지 수단이며 원천인 것이다. 그러나 우리나라에서는 임금과 노동력가치간에 심한 괴리가 존재하고 있음을 알 수 있다. 즉 노동력의 최저가격이라 할 수 있는 최저생계비(4인 가족 기준)와 현실임금을 비교해보면 86년 2/4분기 현재 월임금은 총액으로 33만 9,474원, 정액급여로는 25만 5,408원으로 나타나고 있는데, 같은 기간의 생계비는 4인 가족을 기준으로 할 때 52만 4,113원으로 생계비충당률은 총액의 경우 64.8퍼센트, 정액의 경우 48.7퍼센트에 불과하다(자료: 한국노총, 「정책연구보고서」, 1987 p.150). 또 이러한 최저생계비(4인 가족 기준)를 만족시킬 수 있는 도시노동자는 남자의 경우 23.2퍼센트, 여자의 경우 2.3퍼센트에 불과하다(표2참조).

[표 2] 최저생계비 미만 임금근로자 비율

(단위: 원, %)

연　　도	최저생계비	최저생계비 미만 임금근로자 비율
1986	524,113 (4.0인 기준)	남: 76.8 여:97.7 전체: 84.0

자료: 한국노총, 「노총 임금인상지침」(1986. 11).
　　　노동부, 『1986, 직종별임금실태조사보고서』(1987).

[표 3] 단신근로자 최저생계비 미만 저임금근로자 비율

(단위: 명, %)

연 도	성 별	단신근토자 최저생계비(A)	근로자총수(B)	A미만 임금 근로자수	A미만 임금 근로자비율
1986	남	200,242	2,377,380	324,487	13.6
	여	200,684	1,241,581	824,032	66.4

주: 임금계층별·성별 근로자수에 보간법을 이용, 산출.
자료: 한국노총, 『노총 임금인상지침』(1986. 11).
　　　노동부, 『1986, 직종별임금실태조사보고서』(1987).

그리고 1986년 현재 남자노동자의 13.6퍼센트, 여자노동자의 66.4 퍼센트는 단신노동자가 최저생계비에도 못 미치는 저임금을 받는 것으로 나타나고 있다(표3 참조). 그러나 표 2, 표 3을 산출할 때 사용한 임금은 정액급여 외 초과급여 및 특별급여까지 포함한 임금총액 기준이기 때문에 기본급을 기준으로 할 경우와 크게 차이가 난다는 점에 유의해야 할 것이다. 또한 이처럼 열악한 임금수준조차 노동자 내부에서 심한 격차를 보이고 있다. 생산직 노동자의 임금은 관리직의 30퍼센트, 사무직의 60퍼센트 정도에 그치고 있으며, 중졸 노동자의 임금은 대졸자의 3분의 1에 불과한 실정이다. 그리고 이러한 급여마저도 매우 불합리하게(기엽가의 입장에서는 극히 합리적으로) 짜여져 있다. 임금총액에서 차지하는 정액급여는 평균 62퍼센트에 불과하다. 이에 따라 노동자는 항상 자의적인 급여에 불안을 느껴야 하며, 잔업·철야 등 초과노동을 항상적으로 제공해야만 하는 것이다.

2) 노동조건

노동조건은 노동력 상품의 매매에 따르는 제반 조건을 의미하는 것이지만, 여기서는 노동시간과 산업재해에 한정지어 좁은 의미에서의 노동조건에 관해 살펴본다.

(1) 노동시간

현실적인 노동시간의 외연적(外延的) 장단(長短)은 노동자의 1일 24시간의 생활 시간 가운데 노동자의 육체적·생리적 한계를 최고한도로 하고, 노동자의 사회적·도덕적 한계를 최저한으로 하여 그 사이에서 결정되게 된다. 그러나 일반적으로 노동시간은 자본주의의 발전에 따라 점차적으로 단축되어왔으며, 거의 대부분의 나라들이 8시간노동제를 실시하고 있다. 그러나 우리나라 노동자는 최소한의 생존을 위해서 무한정의 노동공급을 행할 수밖에 없다. 1986년 전산업 노동자의 평균 총 노동시간은 월 222시간으로 주당 51시간이다. 이중 제조업의 생산직 노동자는 주당 54.6시간의 노동을 지출하고 있다.

한국의 노동시간이 세계 제1이라는 것은 이미 널리 알려진 사실이며, 더욱이 정부와 자본가들은 이것을 자랑스럽게 이야기하여왔다. 그런데 이러한 노동시간마저 꾸준히 증가하여왔다. 87년 4월 노동시간은 235시간으로 증가하였으며, 제조업의 경우는 같은 기간 중 237시간에서 245시간(주당 56.3시간)으로 크게 증가했다. 더욱이 87년 들어 경제호황의 지속으로 각 공장들이 풀가동해온 것으로 미루어보아 노동시간은 더욱 증대되었을 것이다. 또한 중화학공업화 및 자동화의 진행에 따른 노동 강도의 강화도 빠른 속도로 증가해왔을 것이라는 것을 쉽게 추정할 수 있다.

(2) 산업재해

생산력의 발전에 따라서 생산과정에서의 물리적·화학적 에너지는 점차 거대화되고, 거기에 비해 노동자에 대한 방어가 이에 뒤따르지 못하게 됨으로써 산업재해의 위험성은 점점 증대되었다. 더구나 우리

나라 노동자는 급여의 불안정성, 장시간 노동에서 피로의 누적, 노동
능률의 저하로 말미암아 산업재해 발생빈도는 어느 나라보다도 높다.
 정부의 통계에 의하더라도 85년 한 해 동안에 산재보상보험 적용
사업장 6만 6,803개소에 근무하는 449만 5,185명의 노동자 중에서
14만 1,890명이 4일 이상의 요양을 요하는 재해를 당하였으며, 이중
1,700명이 목숨을 잃고 1만 9,824명이 불구자로 되었다. 산재로 인
한 사망자는 70년 639명에서 80년 1,273명, 81년 1,295명, 82년
1,230명, 83년 1,452명, 84년 1,667명, 85년 1,718명으로 매년 크게
늘어나고 있다. 특히 광업과 건설업에서의 사망재해 도수율은 대략
적인 국제평균치의 약 7.4배와 5.7배를 보이고 있으며, 전산업에 있
어서의 지표는 일본의 17.5배, 미국의 9.2배, 우리보다 후진국이랄
수도 있는 필리핀의 약 2.9배에 달하고 있는 실정이다(자료: ILO, 『
노동통계연보』, 1983).

(3) 고용조건

 고용조건은 노동자의 생활을 규정하는 가장 결정적인 조건이라 할
수 있다. 그러나 고용조건은 노동자가 마음대로 또 자기가 원하는
대로 조정되는 것이 아니다. 즉 고용조건은 자본의 특성과 축적 여
하에 따라 만들어지는 것이다. 정부통계에 의하면 86년 9월중 완전
실업율은 3.0퍼센트로 전년 동월에 비해 0.5퍼센트 감소하였고, 실업
자 수도 50만 1천 명으로 나타나고 있는데 이 정도라면 고용조건은
심각하다고 말할 수 없다.
 그러나 좀더 깊게 파들어 가보자. 우선 임시고용·일일고용 등 불
안정고용이 계속해서 크게 늘고 있다는 사실이다. 전체노동자 속에
서 상용노동자가 차지하는 비중은 83년 68.1퍼센트에서, 84년 63.2
퍼센트, 85년 62.7퍼센트, 86년 9월 51.8퍼센트로 급속히 저하되고
있다. 이는 그만큼 일시 및 임시고용의 숫자가 증대하고 있음을 나

타낸다. 86년 상반기 현재 임시고 또는 일용노동자는 전체노동자 823만 3천 명 가운데 370만 2천 명에 달한다. 이와 같은 고용의 불안정성 역시 생활을 크게 위협, 결국 낮은 임금과 장시간의 노동시간을 감수할 수밖에 없도록 만들고 있다.

4. 노동정책의 문제점

1) 노동정책의 본질

자본주의 경제는 성립·발전 과정에서 노동력을 둘러싸고 대체로 3가지 형태의 정책을 수행해왔다. ① 자본주의 경제의 성립기에는 자유스러운 '노동력'의 일정량을 임노동으로 창출해서 훈련시키는 형태로, ② 그렇게 창출된 임노동을 건전한 '노동력'으로서, 산업사회 총체로 보전해야 할 필요에서, 그리고 ③ 자본주의 경제의 발전에 따라 노동자들이 의식을 가지고 노동조합 등을 조직해나갈 때, 그 '노동력'을 산업사회 총체로서 확보해야 할 필요에서 행해졌다. 이러한 노동운동에 대한 정책은 소위 '당근과 채찍'(carrot and stick)이라는 이중의 정책으로 행하여진다. 즉 노동운동이 체제내적인 경우에는 이를 용인 또는 보호·조장하고 이것이 자본주의 체제를 전복하려는 반체제적인 성격을 가질 경우에는 이를 가차 없이 탄압·분쇄한다.

이러한 정책은 현대의 자본주의 경제가 상품생산사회로 성립·발전하기 위해서는 불가피하였다. 즉 노동정책이 도덕적 또는 정치적 입장에서 행해진 것이라기보다는 자본제경제 그 자체 내의 경제적 필연성에 의해서 생겨난 것이다. 자본의 원시적 축적기에 국가의 노동정책에 의해 창출된 노동력은 19세기 이후 각국의 '공장입법(工場立法)＝노동보호법'에 의해 건전한 임노동으로 보전되는데, 그것은 개개의 자본에 의해 노동력의 남용(濫用)이 심화되면 노동자의 피로 누적, 재해의 증대, 능률의 저하 등으로 노동력이 조기 소모되어 경제사회의 생산계획을 지속할 수 없을 것이란 위기감에서 시작되었다.3) 노·자관계의 정상적 유지를 위한 국가의 개입은 경제정책고 사회·노동 정책으로 대별할 수 있다. 경제정책이란 기본적으로 개정금융정책을 통한 총수요 관리로 산업생산을 일정수준 이상으로 유지시키고, 그럼으로써 실업의 크기를 일정수준 이하로 끌어내리려는 것이다. 이에 대해 국가의 사회·노동 정책은 자본의 노동력 통제에 직접 관련되는 것으로서 그 주요 영역은 ① 노사관계정책, ② 노동 기준 보호정책, ③ 노동시장·고용 정책, ④ 임금·소득정책, ⑤ 사회보장정책으로 구분할 수 있다.4)

먼저 노사관계정책을 보면, 산업별 조합의 결성과 노동조합운동의 활발한 전개로 국가는 노동조합의 단결권·단체교섭권·단체행동권을 승인하지 않을 수 없게 된다. 노동자들의 이 같은 요구를 적대시하고 억압하는 것만으로 자본의 지배체제가 유지될 수 없었기 때문이다. 그러나 이 경우에 있어서도 국가와 자본의 노동조합에 대한 '당근과 채찍의 원칙'은 고수된다. 즉 자본의 노동조합을 체제내적인 개량조합으로 만들어 그들 초과이윤의 일부를 노동자계급 상층부에 제공하여 자본에 의한 노동지배의 울타리는 고수하는 것이다. 하지만 노동자들이 노동조합을 통한 체제변혁을 시도할 때는 자본의 힘을 배경으로 막강한 물리력을 행사하여 이를 저지하는 것이다. 또 기술혁신과 합리화로 노동 강화가 추진되는 경향 속에서도 노동기준

---

3) 大河內一男·吾妻光俊, 『勞働事典』, 1975, pp.20~21.
4) 相澤與一, 「國家の勞働政策と勞使關係」, 『現代日本企業と勞使關係』(勞働旬報土, 1981), p.212.

보호를 위한 법률이 마련된다. 이는 공장제도의 확대와 대규모공장 건설에 의한 생산력발전을 기초로 성립된 것이지만 동시에 노동자들의 단결과 노동운동의 정치적 역량 증대 및 노동자계급의 국제적 연대활동 등의 강화(ILO의 결성 등)로 나타나는 투쟁의 결과이기도 하다. 생산과정에서의 노동기준 보호는 표준노동일의 강제, 부인과 아동노동의 보호규제, 작업장의 안전과 위생기준을 규정하는 공장입법을 대표적으로 들 수 있다.

노동시장·인력 정책으로는 교육과 직업훈련제도를 들 수 있다. 국가는 학교교육을 통해 예비노동자를 교육시키고, 공공직업훈련제도, 직업소개제도를 통해 실직자의 재취업을 돕는다. 이러한 제도의 도입은 국가가 재훈련제도와 직업소개제도를 운영함으로써, 자본은 불필요한 '과잉노동력'을 쉽게 배출할 수 있으며, 필요로 하는 분야의 노동력을 원활하게 공급받을 수 있게 되는 것이다. 임금정책으로는 최저임금제의 실시를 특징적인 것으로 들 수 있다. 국가는 노동조합과 사용자단체간에 맺어진 노동협약에 일반적 구속력을 부여하거나, 의회의 입법을 통해 최저임금을 설정한다. 이러한 제도가 독점자본의 지배에 저항하는 노동자들의 투쟁에 의해 도입될 때에는 그것은 노동자들의 연대와 조직화를 촉진하고, 상태의 개선에 기여한다는 점에서 진보적이라 할 수 있다. 그러나 노동조합이 국가와 독점자본에 종속되어 노동자통제를 위한 조직기구 속에 편입되어 있을 때에는 이 같은 '노동조건의 사회화'가 오히려 자유로운 단체교섭과 노동쟁의의 억압구실을 할 수도 있다.5)

마지막으로 사회보장정책을 보자. 빈발하는 노동재해에 대해 개별적인 임의 보험으로는 충분히 대처할 수 없고, 따라서 국가는 비용부담의 풀(pool)에 의해 국영의 재해보상보험을 도입한다. 노동재해

---

5) 相澤與一, 『現代社會と勞働＝社會運動』(勞働旬報社, 1981), p.112.

뿐만 아니라 심각한 사회문제로 제기되는 실업에 대허서도, 국가는 실업노동자의 지원책을 강구하지 않을 수 없다. 이러한 제도는 노동력의 재생산비의 '부분적 사회화'를 의미하는 것으로서 노동자계급의 오랜 요구에 의한 산물이었다. 그러나 독점자본과 국가는 이러한 제도의 운영에 개량주의적 노동조합과 노동자계급 상층부를 선별적으로 참여시킴으로써 노동조합을 독점자본의 논리에 끌어들이고 노동자계급을 회유하기 위한 도구로 이를 활용한다.

2) 우리나라의 노동정책과 문제점

우리나라의 노동정책은 개발도상국 일반의 특징이라 할 수 있는 급속한 자본축적을 위한 '노사관계에의 국가개입'이라는 관점에서 보아야 할 것이다. 노사관계정책에서는 노동조합의 설립과 그 활동 정치활동 규제는 조합의 활동을 경제투쟁에 국한시키고 있으며, 노동조합의 설립 및 단체교섭의 위임금지 등은 노동조합의 활동을 어렵게 하고 있다. 이에 더하여 쟁의행위에 대한 제3자 개입 금지, 조제냉각기간의 설정, 긴급중재 등의 규정은 노동조합의 가장 중요한 투쟁인 '쟁의'를 사실상 불가능하게 만들고 있다. 법률규정에 의거한 이 같은 노동조합의 규제 말고도 노동조합 간부의 정부각료로의 임명, 국회의원으로의 발탁은 조합간부의 투쟁성을 현격히 약화시키는 요인이 되는 것이다.

노동조합의 활동에 대해서는 이처럼 규제하는 대신, 정부는 노사협의회의 설치를 적극 권장하고 강제한다. 그러나 노사협의회는 노동조합을 대신할 수 있는 성격의 것이 아니다. 정부는 노사협의회의 보급을 통하여 단체교섭을 불필요한 것으로 왜소화시키고, 노동조합의 투쟁성을 제거하여 궁극적으로는 노동자를 자본의 지배에 복종하고 '합리화'에 협력하는 협조자로 만들려고 꾀하는 것이다.

다음에 노동기준 보호에 관해서 보자. 노동시간에 관한 근로기준법 규정을 보면 1일에 8시간, 1주에 48시간을 기준으로 노동하도록 규정하면서도 예외적으로 노동시간을 연장할 수 있도록 허용하는 규정을 덧붙임으로써 자본의 장시간 노동을 합법화시켜주고 있다. 작업장의 안전과 노동자의 보건에 관해서는 근로기준법과 그 시행령, 근로안전규정, 근로보건관리규정, 산업안전보건법 등이 제정·시행되고 있다. 이들도 그 기준이 낮게 정해져 있는 것은 말할 것도 없고, 근로감독관의 절대수 부족과 그로 인한 불철저한 감독으로 그 기준마저 철저히 지켜지지 않고 있는 실정이다.

노동시장과 고용에 관한 정책으로서 먼저 지적할 수 있는 것은 농민의 임노동자화 정책이다. 농업부문에서의 노동력 창출정책은 현재에도 끝난 것은 아니며, 농업의 기계화, 정부 양곡 수매가격의 저위성, 농산물 수입의 자유화 등에 의한 농민분해를 통하여 최근에는 한층 더 적극화되어 노동력의 공급을 원활하게 하고 있다. 이러한 노동공급측면에서의 과잉인구는 임금과 노동조건 개선을 더욱 어렵게 하고 있다. 그리고 우리나라의 임금·소득 정책은 임금억제와 저임금방치로 특징지울 수 있다. 원래 한국의 임금은 지속적 노동력 창출에 의한 풍부한 상대적 과잉인구, 노동조합활동에 대한 규제조치로 직접적인 임금억제 노력이 없다 해도 낮아질 수밖에 없게 되어 있다. 그러나 정부는 이 같은 간접적 임금규제책말고도 직접임금 인상의 억제를 유도한다. 국제경쟁력과 물가안정의 유지, 임금격차의 해소(임금의 하향평준화) 등을 명목으로 한 임금억제 노력은 여러 가지 경로를 통해 실시된다. 저임금계층에 대한 보호의 결여는 최저임금제 실시에 대한 지연으로 잘 나타나고 있다. 이같이 저임금을 감내해야 하는 노동계층은 전가구원 취업과 장시간 노동으로 저소득을 벗어나려 하지만, 이 같은 대응방안은 자녀의 교육기회를 빼앗는 결과를 초래하여 빈곤을 세습화시키고, 노동공급의 증대를 반복시켜 더 한층 임금을 저하시킨다.

끝으로 사회보장정책을 보면 우리나라에서는 아직 사회보장이라 할 수 있는 실질적인 보장제도가 갖춰지지 않은 상태에 있다. 노동자계급 일반에 관련되는 사회보장제도로서는 오직 산업재해보상보험과 의료보험제도가 있고, 실업과 노령에 대비한 소득보장책이 없는 실정이다. 이중 산업재해보상보험을 보면 아직도 광공업을 제외한 많은 산업이 보험적용의 대상에서 제외되어 있고, 보상금이 생계유지에 미치지 못하는 낮은 수준에 머물러 있어 사회보장으로서의 역할을 다하지 못하고 있는 실정이다. 의료보험제도의 경우 비록 보험이 적용되는 노동자라 하더라도, 본인이 지급해야 하는 의료비부담 때문에 크호를 필요로 하는 저소득층 노동자는 의료시설 이용을 거의 못하는 형편이고, 상대적 고소득계층이 오히려 수혜자로 되고 있다.

이와 같이 한국의 사회·노동 정책은 '노동조합에 대한 강력한 규제'와 '실질적인 생활지원책의 불비'라고 특징지울 수 있다. 이러한 상태에서 노동운동을 단지 법령이나 행정적 통제만으로 억압하기는 쉽지 않다. 이 같은 어려움에 대한 대응책으로서 정부는 비용이 들지 않는 통제책인 이데올로기적 통합노력을 강력하게 추진하여, 장시간노동의 고통과 저임금의 원인을 노동자들 자신의 탓으로 돌리고, 독점자본의 지배로 인한 모순을 숨기려 하고 있다.

5. 노동자계급의 대응양태

이상과 같은 노동자들의 사회·경제적 존재기반을 배경으로 노동자들은 합법·비합법의 노동쟁의를 끊임없이 전개해왔다. 이러한 상

황을 배경으로 6·29선언 이후 폭발적 양상으로 전개되었던 노동운
동을 분석·검토하여 노동정책의 한 방향을 제시하고자 한다. 87년
이 건국 이래 최대 규모의 노동쟁의가 발생한 한 해였다는 것은 통
계상으로도 분명하게 나타나고 있다. 이른바 6·29선언 이후 10월 5
일까지 발생한 노동쟁의 건수만 해도 무려 3,479건에 이른다. 전국
각 지역의 거의 모든 업종에서 쟁의가 발생했다고 해도 과언이 아닌
것이다.

1) 87년 하반기 노동자 투쟁의 내용

거의 전사업장에서 한결같이 노동에 대한 정당한 대가(임금인상)
및 인간적 대우의 요구가 전면에 부각되어, 생존권 보장은 물론 권
위주의적 관리체계의 타파를 요구하였다. 그러나 이 기간 동안의 노
동자 투쟁은 이전의 단순한 임금인상 투쟁이나 일상투쟁에서의 생존
권 투쟁과는 상이한 수준의 진일보한 측면을 드러내 보이고 있음을
주목할 필요가 있다. 그것은 임금인상 요구나 노동조건 개선 요구와
더불어 노동조합결성 또는 어용노조 민주화 요구가 많은 사업장에서
강하게 분출된 점이다. 이러한 민주노조쟁취투쟁은 그동안 억눌려온
노동자들의 초보적 권리인 노동3권(단결권·단체교섭권·단체행동
권)에 대한 정치적 자각을 반영하는 것으로서 이전의 단순한 생존권
투쟁에서 한걸음 나아간 노동자들의 의식상태를 반영하는 것이다.
따라서 이번 노사분규의 성격은 단순한 분배의 몫을 크게 해달라
는 이익분쟁의 측면뿐만 아니라 노사간의 역학관계의 재편과정으로
규정될 수 있다. 노동자들의 요구내용을 보면 크게 임금인상, 노조설
립·어용노조퇴진, 근로조건개선 등 세 가지로 묶어볼 수 있다. 우선
임금인상 요구는 그간의 저임금정책을 반영하여 모든 노동쟁의에서

거의 예외없이 분출되었다. 한편 정률인상이 아니라 정액인상 요구도 많이 나타났으며, 보너스 등 상여금 인상, 가족수당, 근속수당 등 각종 수당의 신설이나 인상요구도 적지 않았다. 그나 임금인상 문제가 노동문제의 핵심이긴 하지만 이번 노사분규의 내재적 동인(動因)은 일시적 임금인상보다는 사회전반적인 민주화 대세에 조응한 노동현장의 민주화 요구였다. 민주노조 설립이나 어용노조퇴진으로 표출된 노동현장의 민주화 요구는 단결권과 단체행동권 등 노동자들의 권익을 보다 장기적으로 보장하는 것과 관련된 요구라 하겠다.

이러한 요구는 이번 노사분규 기간 중 노동조합 결성의 활성화로 나타났다. 노동부에 따르면 6·29 이후 새로이 설립된 단위노조는 1,060여 개(87년 7월~9월 10일까지)에 이른다. 이로써 9월 10일 현재 국내단위노조는 모두 3,785개로 늘어났다. 또한 이번 노사분규의 경우 어용노조퇴진 요구가 현저하게 많이 제기된 것이 특징적이다. 노동자들은 기존노조집행부 또는 6·29 이후 회사측의 지원을 받아 신설된 노조에 대하여 노조집행부 교체, 위원장 직선제, 노조활동 및 회비공개 등을 요구했다. 이와 같은 노조민주화 요구는 노동자투쟁이 발생한 사업장의 70퍼센트 이상에서 제기되었다(『경향신문』9. 14). 또 인간다운 대우, 근로기준법 준수 등의 요구도 다양하게 제기되었다. 예컨대 두발자유화, 생산직과 사무직간의 임금차별 등은 차치하더라도 작업복이나 문자 등의 색깔차별 철폐 등 권위주의적 노무관리에 대한 항의가 분출했으며, 관리직과 동일한 통근버스 이용, 간부식당 폐지, 간이세면대 설치, 체조시간 폐지 등 비인간적인 대우에 대한 불만이 터져 나오기도 하였다. 그런가 하면 3교대근무제 실시(8시간 근로제), 초과 근무시 법정잔업수당지급, 연월차 유급휴가, 법정유급휴가, 생리휴가, 국경일 휴일인정, 도급제 폐지 등 근로기준법 준수 요구들이 부각되기도 했다. 인간다운 대우 요구나, 근로기준법 준수 요구는 그동안 일방적인 노사관계에 대한 반발로서 노동자들의 기본적 권리의식이 높아졌음을 반영한다고 하겠다.

2) 노사분규의 특징

최근의 노사분쟁은 합법적 절차나 한계를 뛰어넘어 제기되었다는
사실이다. 그와 같은 사실은 합법적 절차에 의한 요구제기의 통로가
봉쇄되어왔기 때문에 나온 결과이기도 하다. 그리고 노사분쟁이 노
동조합조직의 지도와 통제를 벗어나 제기되었다는 사실도 주목할 만
하다. 즉 와일드 캣 스트라이크(wild cat strike)의 형태를 취했다는
것이다. 이것은 노동조합이 조직되어 있지 않거나, 조직되어 있다 하
더라도 자기 기능을 상실하고 있음을 말해주는 것이다. 또한 노사분
쟁의 조정장치가 마비·위축되어 있어 그 타결이 완결적이질 못하다
는 사실이다. 그것은 노사분쟁 조정제도가 노동자의 쟁의권을 크게
제한하고 있고, 노사자치주의를 배제시키고 있기 때문이다.

한편 지역별·재벌그룹별·산업별 동맹과 연대투쟁이 주요한 분규
형태로 창출되었다. 지역별 동맹파업의 형태는 울산·광주·부산·
안양 등지에서의 운수노동자 동맹파업에서 잘 나타났다. 또 재벌기
업의 계열별 동맹파업은 대우 중공업의 경우 네 군데 지역사업장에
서 동맹파업이 일어났으며, 울산의 현대그룹계열 하청업체 노동자들
의 동맹파업, 울산 현대정공과 창원 현대정공의 동맹파업 등에서 나
타났다. 특히 현대그룹 노동조합협의회를 통한 연대투쟁 등은 우리
나라 노동운동사상 새로운 분규형태로 정립되었다.

6. 올바른 노동정책의 방향

1) 국가적 차원의 노동정책 과제

(1) 노동관계법의 전면 개정

최근 노사분규의 근본원인이 과거 잘못된 노동정책에 있다는 사실은 누구도 부인하기 어렵다. 앞으로 정부의 노동정책의 기본방향이 노사자치주의 원칙에 다라야 한다는 점에 대해서는 이론의 여지가 없다. 따라서 정부는 올바른 노사관계의 정립을 위한 제도적 장치를 마련하고, 정책방향도 새로이 설정해야 할 것이다. 우선 노동관계법을 전면적으로 개정하여, 노동3권을 완전히 보장한 상태에서 자율적인 노사간의 단체교섭을 확대시키는 방향으로 노사관계를 유도해가야 할 것이다.

(2) 혁신정당의 육성

큰 차원에서는 사회의 발전에 따라 나타나는 다양한 계층의 욕구를 골고루 반영할 수 있도록 하기 위하여 '건전한 혁신정당'의 육성도 필요하다. 일반적으로 서구의 발전과정을 보면, 노동운동은 '정당운동'과 '노동조합운동'을 2대지주로 하여 발전되어왔으며, 사회민주당이 발달된 곳에서는 사회주의 혁명이 발생하지 않았다는 역사적 경험도 참고할 필요가 있을 것이다. 이런 맥락에서 본다면 노동조합의 정치활동을 보장해줌으로써, 앞으로 사회민주주의적인 노동자정당의 기반을 마련해주는 방안도 충분히 검토할 가치가 있다고 생각된다. 건전한 혁신정당의 육성은 우리나라 민주화의 최대 장애요인인 남북분단 문제를 해결하는 데도 도움이 될 것이다.

(3) 자주적 노동조합의 보전

최근의 노사분규를 통해서, 올바른 노사관계의 정립을 위해서는 무엇보다도 기층노동자들의 요구를 대변할 수 있는 자주적 노동조합의 존재가 얼마나 필요한가를 우리는 알게 되었다. 어용노동조합과 단체교섭을 하더라도 대부분의 근로자들이 이를 따르지 않기 때문에 노사분규는 해결되지 않는다. 사용자의 입장에서 볼 때에도 어용조합의 존재는 단체교섭상대의 불분명으로 오히려 혼란을 가중시킬 뿐이다. 그리고 자주적 노동조합이 존재하여, 노사간에 자율적인 단체교섭이 이루어질 때에만 비로소 노사분규는 해결되는 것이다. 대부분의 노동자를 설득할 수 있는 자주적 노동조합의 존재야말로 올바른 노사관계 정립을 위한 필수요건인 것이다.

2) 사용자 차원의 노무관리 과제

(1) 경영의 민주화

노사관계의 올바른 정립을 위해 사용자 측이 서둘러야 할 일 중의 하나는 경영의 민주화이다. 즉 의사결정과정이 민주적으로 이루어져야 한다는 점이다. 밑으로부터 많은 노동자들의 의견이 수렴되어 의사결정에 반영되어야 한다. 그 회사의 최고 경영자가 경영에 관하여 최종적인 결정권을 갖는 것도 중요하다. 즉, 자주적인 노동조합의 존재에 대응하여 최종적인 결정권을 가진 그 회사의 경영 측대표의 존재가 노사관계의 안정을 위해서 필수적이다. 요컨대 실세(實勢)끼리의 대화와 교섭이 중요하다는 것이다. 경영의 민주화와 더불어 기업의 경영상태를 노동자들에게 공개하는 것도 중요하다. 자기 회사를 파산시킬 정도로 무리한 요구를 내세울 노동자들은 별로 없다고 생각되기 때문이다.

(2) 노동환경 개선

서구나 북구 사회, 미국, 일본 등에서는 소위 노동생활의 질(QWL, Quality of Working Life) 즉, 노동의 인간화가 진전되어 노동조건의 개선, 노동자들의 자율적인 의사결정 및 참여의 확대, 고된 육체노동 분야의 자동화, 컨베이어 시스템의 폐지 등이 이루어지고 있다. 우리의 경우에도 노동환경의 개선이나 노동자들의 자율적인 의사결정과 참여의 확대 등이 올바른 노사관계의 정립뿐만 아니라 능률향상을 위해서도 필요할 것이다. 능률은 노동자들이 자기의 일에 대해서 자부심을 갖고, 그것을 자기실현의 하나로 생각할 때 극대화될 것이다. 올바른 노사관계의 정립은 노동존중·인간존중·민주화·자율화라는 방향에서 이루어져야 하는 것이다. 이런 방향에서 현실적인 제도나 정책 또는 관행이 정착되어가는 과정에서만 비로소 그 뿌리를 내릴 수 있다는 것을 명심해야 할 것이다.

●**저 자**●

전기호

1938년 경남 밀양 출생
경희대학교 경제학과 교수
경희대학교 강사·조교수·부교수
일본 東京大 객원연구원
경희대교수협회 회장
노동경제학회 회장
경희대학교 정경대학 학장
경희대학교 경영대학원 원장
4월혁명연구소 이사장
한국사회경제학회 이사

• **주요 저서** •

『경제개발과 소득분배』(공저)
『노동경제학』
『부당노동행위사-례연구』

한국노동경제론

초판 인쇄	2004년 8월 25일
초판 발행	2004년 8월 31일
지 은 이	전기호
펴 낸 이	채종준
펴 낸 곳	한국학술정보㈜
	경기도 파주시 교하읍 문발리
	파주출판문화정보산업단지 526-2
	전화 031) 908-3181(대표) · 팩스 031) 908-3189
	홈페이지 http://www.kstudy.com
	e-mail(e-Book사업부) ebook@kstudy.com
등 록	제일산-115호(2000. 6. 19)
가 격	25,000원

ISBN   89-534-1991-3 93320 (paper book)
        89-534-1992-1 98320 (e-book)